国家出版基金项目
NATIONAL PUBLICATION FOUNDATION

"十二五"国家重点图书出版规划项目

神话学文库
叶舒宪 主编

米诺王权与太阳女神
——一个近东的共同体

MINUO WANGQUAN YU TAIYANG NÜSHEN

［美］南诺·马瑞纳托斯 著

王 倩 译

陕西师范大学出版总社有限公司

图书代号　SK13N1282

Minoan Kingship and the Solar Goddess:A Near Eastern Koine
© 2010 by the Board of Trustees of the University of Illinois

经由美国伊利诺伊大学出版社授权同意，陕西师范大学出版总社有限公司出版发行简体中文版。

版权登记号：25-2013-290

图书在版编目（CIP）数据

米诺王权与太阳女神：一个近东的共同体／（美）马瑞纳托斯著；王倩译. —西安：陕西师范大学出版总社有限公司，2013.12
（神话学文库）
ISBN 978-7-5613-7541-9

Ⅰ.①米… Ⅱ.①马… ②王… Ⅲ.①神话—研究—古希腊 Ⅳ.①B932.545

中国版本图书馆CIP数据核字（2013）第270273号

米诺王权与太阳女神——一个近东的共同体

[美]南诺·马瑞纳托斯　著　　王　倩　译

责任编辑	王丽敏
责任校对	谢勇蝶　梁　菲
装帧设计	田东风
出版发行	陕西师范大学出版总社有限公司
	（西安市长安南路199号　邮编　710062）
网　　址	www.snupg.com
印　　刷	西安新华印务有限公司
开　　本	720mm×1020mm　1/16
印　　张	19.5
插　　页	1
字　　数	283千
版　　次	2013年12月第1版
印　　次	2013年12月第1次印刷
书　　号	ISBN 978-7-5613-7541-9
定　　价	38.00元

读者购书、书店添货或发现印刷装订问题，请与本公司营销部联系、调换。
电话：（029）85307864　85305629　传真：（029）85303879

国家出版基金项目

"十二五"国家重点图书出版规划项目

国家社科基金重大招标项目"中国文学人类学理论与方法研究"阶段性成果

"神话学文库"编委会

主　编

叶舒宪

编　委

（以姓氏笔画为序）

马昌仪	王　杰	王孝廉	乌丙安
户晓辉	尹虎彬	田兆元	冯晓立
吕　微	刘东风	李西建	杨利慧
杨儒宾	陈连山	陈岗龙	陈建宪
陈器文	钟宗宪	徐新建	高莉芬
唐启翠	萧　兵	朝戈金	彭兆荣
楼家本	谭　佳		

国家出版基金项目

"十二五"国家重点图书出版规划项目

国家社科基金重大招标项目"中国文学人类学理论与方法研究"阶段性成果

"神话学文库"学术支持

上海交通大学文学人类学研究中心

中国社会科学院比较文学研究中心

中国神话学会

"神话学文库"总序

叶舒宪

神话是文学和文化的源头,也是人类群体的梦。

神话学是研究神话的新兴边缘学科,近一个世纪以来,获得了长足发展,并与哲学、文学、美学、民俗学、文化人类学、宗教学、心理学、精神分析、文化创意产业等领域形成了密切的互动关系。当代思想家中精研神话学知识的学者,如詹姆斯·乔治·弗雷泽、爱德华·泰勒、西格蒙德·弗洛伊德、卡尔·古斯塔夫·荣格、恩斯特·卡西尔、克劳德·列维-斯特劳斯、罗兰·巴特、约瑟夫·坎贝尔等,都对20世纪以来的世界人文学术产生了巨大影响,其研究著述给现代读者带来了深刻的启迪。

进入21世纪,自然资源逐渐枯竭,环境危机日益加剧,人类生活和思想正面临前所未有的大转型。在全球知识精英寻求转变发展方式的探索中,对文化资本的认识和开发正在形成一种国际新潮流。作为文化资本的神话思维和神话题材,成为当今的学术研究和文化产业共同关注的热点。经过《指环王》《哈利·波特》《达·芬奇密码》《纳尼亚传奇》《阿凡达》等一系列新神话作品的"洗礼",越来越多的当代作家、艺术家、编剧和导演意识到神话原型的巨大文化号召力和影响力。我们从学术上给这一方兴未艾的创作潮流起名叫"新神话主义",将其思想背景概括为全球"文化寻根运动"。目前,"新神话主义"和"文化寻根运动"已经成为当代生活中不可缺少的内容,影响到文学、艺术、影视、动漫、网络游戏、主题公园、品牌策划、物语营销等各个方面。现代人终于重新发现:在前现代乃至原始时代所产生的神话,原来就是人类生存不可或缺的文化之根和精神本源,是人之所以为人的独特遗产。可以预期的是，神话在未来社会中还将发挥日益明显的积极作用。大体上讲，在学术价值之外，神话有两大方面的社会作用：

一是让精神紧张、心灵困顿的现代人重新体验灵性的召唤和幻想飞扬的奇妙乐趣；

二是为符号经济时代的到来提供深层的文化资本矿藏。

前一方面的作用，可由约瑟夫·坎贝尔一部书的名字精辟概括——"我们赖以生存的神话"（Myths to Live by）；后一方面的作用，可以套用布迪厄的一个书名，称为"文化炼金术"。

在21世纪迎接神话复兴大潮，首先需要了解世界范围神话学的发展及优秀成果，参悟神话资源在新的知识经济浪潮中所起到的重要符号催化剂作用。在这方面，现行的教育体制和教学内容并没有提供及时的系统知识。本着建设和发展中国神话学的初衷，以及引进神话学著述，拓展中国神话研究视野和领域，传承学术精品，积累丰富的文化成果之目标，上海交通大学文学人类学研究中心、中国社会科学院比较文学研究中心、中国民间文艺家协会神话学专业委员会（简称"中国神话学会"）、中国比较文学学会，与陕西师范大学出版总社有限公司达成合作意向，共同编辑出版"神话学文库"。

本文库内容包括：译介国际著名神话学研究成果（包括修订再版者）；推出中国神话学研究的新成果。尤其注重具有跨学科视角的前沿性神话学探索，希望给过去一个世纪中大体局限在民间文学范畴的中国神话研究带来变革和拓展，鼓励将神话作为思想资源和文化的原型编码，促进研究格局的转变，即从寻找和界定"中国神话"，到重新认识和解读"神话中国"的学术范式转变。同时让文献记载之外的材料，如考古文物的图像叙事和民间活态神话传承等，发挥重要作用。

本文库的编辑出版得到编委会同人的鼎力协助，也得到上述机构的大力支持，谨在此鸣谢。

是为序。

谨将此书献给古代世界的知音斯泰拉诺斯·亚历克西乌与奥思玛·基尔。

前　言

撰写此书之际，我正打算对《米诺宗教》（1993年出版）一书做补充，以便以新的证据对其做充分修订。但我错了。经过几个月的初步工作，我才意识到，对于一本在20世纪90年代写就的论著而言，补充工作远远不够。这些年，我关于米诺社会与宗教的观点有了进展，甚至在一些观点上有了本质性的改变。我感到现在需要去做的不是修订，而是创建一种新的阐释框架。我对埃及学、近东文学与历史知识的不断熟悉开拓了我的眼界，而这些都是以前我所忽略的，不过我对过去那些学派的不断了解在这方面也占据同样的地位。当阅读与重读伊文思先生四卷本的《米诺宫殿》时，我被这位伟人的巨大成就所震撼，他分析（很大程度上是诠释）了在他那个时代所了解的关于米诺的所有事物，试图创建一种没有文本支持的物质遗物历史。另外，伊文思还将这种历史置于埃及和（少许程度上）近东语境中。伊文思关于米诺对爱琴地区影响面程度的观点（这一点在他与艾伦·韦斯的论辩中被发挥到了极致）已经被斯派雷登·马瑞纳托斯（Spyridon Marinatos）在锡拉（Thera）的发掘所证实。伊文思甚至预测了米诺遗物在埃及三角洲的存在，而这一点被曼弗雷德·比塔克（Manfred Bietak）在埃及泰尔·埃里·达巴（Tell el Dab'a）的发掘验证了。

另外，爱琴研究正在远离伊文思所开拓的道路，结果使得伊文思最为基本的一些洞见面临遗失在过去的重重迷雾之中的危险。伊文思的论点之一便是米诺文明史与王权历史彼此密切交织。伊文思在其《米诺宫殿》中开篇就是关于宫殿时代诞生的介绍，而以科诺索斯最后一位君王的驾崩收尾。现代学者一般对由国王所统辖的相互关联的历史世界不大感兴趣，倒是源自部落社会研究的理论人类学模式让他们颇为激动。我在本书中要回到伊文思所倡导的那种研究模式之中去。

我要向那些给予我无私帮助的同事与朋友谨致谢忱，他们的思想奠定了我的观点。沃尔特·伯克特（Walter Burkert）向古典学者提出了文化共同体（cultural koine）这样的概念。我同时要向奥思玛·基尔（Othmar Keel）致以更为深厚的谢意，因为是他向我介绍近东或圣经时代的视觉性共同体。基尔创造了一种概念性的机制，近东的图像志与《圣经》文本因此而变得富有意义并彼此相关。谨以此书献给奥思玛·基尔与斯泰拉诺斯·亚历克西乌（Stylianos Alexiou）。

我同时要感谢奥思玛·基尔在弗里堡、伯尔尼以及苏黎世的同事与学生，尤其是托马斯·斯托比（Thomas Staubli）、西尔维亚·施罗尔（Sylvia Schroer）和克里斯托夫·尤林格（Christoph Uehlinger）。

感谢克里特赫拉克利昂博物馆的那些朋友，他们向我介绍了自己的发现，并与我分享了他们的一些想法。我在这里特别要感谢诺塔·戴蒙普劳（Nota Dimopoulou）与乔治·雷塞米塔科斯（George Rethemiotakis）两位友人。

在米诺研究领域，英格·皮尼（Ingo Pini）已经通过米诺与迈锡尼戒指的出版，创建了可能性的最高规范。如果没有德国玛堡出版的《米诺与迈锡尼印章中的塞浦路斯》这部论著，本书不会付梓。

我要向宗教史领域的朋友致以谢意，他们已经阅读此书各种版本的手稿。以姓氏为序，他们分别是：保罗·格里菲思（Paul Griffiths）、迪米特里斯·凯利塔塔斯（Dimitris Kyrtatas）、埃纳·托马斯森（Einar Thomassen）、尼古拉斯·怀亚特（Nicolas Wyatt）。本书最后成稿时，肯尼斯·拉帕廷（Kenneth Lapatin）、托马斯·斯托比提供了一些非常宝贵的建议。

编辑瓦西里科·普利亚斯卡（Vassiliki Pliatsika）、比尔·赖格尔（Bill Regier）、塞巴斯蒂安·安德森（Sebastian Anderson）为本书的编辑付出了汗水。他们敏锐，富有耐心，他们的建议使我受益匪浅。

书中错误之处在所难免，我本人独自承担这一切。

南诺·马瑞纳托斯

目 录

第一章　导论 / 001

第二章　艺术中的国王与王后 / 017

第三章　作为大祭司的国王与王后 / 042

第四章　诸神的御座——国王的御座 / 065

第五章　神明的居所 / 085

第六章　谁面对面看见了神明 / 101

第七章　米诺预言与王室权力 / 112

第八章　作为边界的宇宙山 / 133

第九章　双面斧、十字架与公牛头 / 146

第十章　圆花饰、半圆花饰与向内弯曲的祭坛 / 166

第十一章　米诺的彼世信仰 / 177

第十二章　王权下的太阳女神 / 191

第十三章　风暴神 / 212

第十四章　宗教共同体中神明的转化 / 236

第十五章　结语：献给伊文思 / 245

参考资料 / 248

图　录 / 278

译名表 / 287

译后记 / 296

第一章 导 论

> 在其整个过程中,米诺文明不断地从亚洲汲取营养……
> ——亚瑟·伊文思(1921)

> 克里特-迈锡尼文化圈绝对属于安纳托利亚与北部叙利亚文化共同体。
> ——赫尔穆特-西奥多·博塞特(1944)①

二战之前,对于人们来说,将克里特视为近东世界的一个组成部分这种观念是非同寻常的。不过这种状态逐步得到了改善:在爱琴海研究领域,一条无形的界线将东方从西方世界割裂出来。米诺人的克里特已成为希腊文化与考古学的一个分支;另一方面,近东部分则与小亚细亚西部地区尚无多大关联。近东地区地图并不包括克里特,反之,爱琴地区地图同样不包括近东地区。我在本书中的任务就是在新的精神地图上重新定位宫殿时代的克里特。具体说来,这张地图包括安纳托利亚、叙利亚、黎凡特地区与埃及。我认为这种尝试性的再创造,即公元前2000年乌迦特居住着国王的假说应该被视为理所当然的一种现实。在我看来,克里特理应被纳入近东观念性与政治地理学架构之中,这一点毋庸置疑。

尽管现代一些通俗作家将克里特与米诺及迷宫联系在一起,但我们关于古代近东的资料中并没有论及它们。②对于居住在叙利亚-巴勒斯坦与埃及沿海地区的人们而言,与克里特岛名字类似的是迦斐托(Kaphtor)或迦斐塔鲁(Kaptaru),

---

① 题记部分出自 Evans PM I, p. 15 与 Helmut T. Bossert. *Ein Hethitisches Königssiegel: Neue Beiträge zue Geschichte und Entzifferung der Hethitischen Hieroglyphenschrift*. Istanbuler Forschungen 18. Berlin: Wasmuth, 1944.

② 多数关于米诺时代克里特的流行书籍都将科诺索斯与迷宫联系在一起。参见 Time-Life Education. *Wondrous Realms of the Aegean: Lost Civilization*. Alexandria, Virginia: Time-Life Education, 1993; Harald Siebenmorgn, ed. *Im Labyrinth des Minos: Kreta-die erste europäische Hochkultur. Ausstellung des Badischen Landesmuseums 27.1. bis 29.4.2001*, Karlsruhe, Schloss. München: Biering & Brinkmann: Archäologische Veröffentlichungen des Badischen Landesmuseums, 2000.

居住在这个地区的人们被称为凯弗提乌（Keftiu）。①该岛屿被视为位于世界西方之地的一座岛屿，它位于大海中央。

与迦斐托（乌迦特语是 kptr）相关的表述保存在埃及、乌迦特与《圣经》资料中。②在乌迦特神话中，克里特是工艺之神科萨哈－安德·希斯（Kothar-and-hasis）的国度，迦斐托指"他居住的大海"③。"夏普什（Shapsh），……将我的声音带到了克里特的科萨哈－安德·希斯那里"，我们在乌迦特的一段祷文中读到了这些语句。④

这个最后信息的出现令人诧异不已：谁是那位有着双重名字的乌迦特国王？他为何与克里特相关？我们通常都会强调这位国王是一位工艺之神。一般都很少知道他还是太阳女神夏普舒［Shapsh（u）］的一位领航者，是他将太阳女神渡

---

① 多数学者非常肯定地认为，米诺人时代的克里特人就是埃及的凯弗提乌，他们有着叙利亚人的血统，迦斐托就是克里特岛屿。不过一些场合，叙利亚同样被冠以此名。具体参见 Wolfgang Helck. *Die Beziehungen Ägyptens und Vorderasiens zur Ägäis bis ins 7. Jahrhundert v. Chr.* Darmstadt: Wissenschaftliche Buchgeschaft，1979，pp. 26-27；Effie Sakellarakis and Yannis Sakellarakis. "The Keftiu and the Minoan Thalassocracy"，in Robin Hägg and Nanno Marinatos，eds. *The Minoan Thalassocracy: Myth and Reality. Proceedings of the Third International Symposium at the Swedish Institute in Athens，31 May -5 June 1982.* SkrAth 4°，32. Stockholm: Paul Åströms，1984，pp. 199-202. 还有一些比较老但富有批评性建议的一手资料，参见 Helmut T. Bossert. *Altkreta: Kunst und Handwerk in Griechenland Kreta und in der Ägais von den Anfangen bis zur Eisenzeit.* Berlin: Wasmuth, 1937, pp. 62-72; Jean Vercouter. *l'Egypte et le monade égéen préhellénique: étude critique des sources égyptiennes（du début de la XVIIIe à la fin de la XIXe dynastie）.* Bibliothéque d'Étude t.22. Cairo: Impr. de l'Institut français d'archéologie orientale，1911; Wolfgang Helck. *Die Beziehungen Ägyptens und Vorderasiens zur Ägäis bis ins 7. Jahrhundert v. Chr.* Darmstadt: Wissenschaftliche Buchgeschaft，1979，pp. 26-35.

② 关于凯弗提乌的探讨，参见 Arthur J. Evans. PM II, p. 719；亦见上文注释①。扩展性阅读参见 Jean Vercoutter. *l'Egypte et le monade égéen préhellénique: étude critique des sources égyptiennes（du début de la XVIIIe à la fin de la XIXe dynastie）.* Bibliothèque d'Étude t. 22. Cairo: Impr. de l'Institut français d'archéologie orientale，1911.《圣经》资料参见《圣经·旧约·阿摩司书》9：7："以色列人哪，我岂不看你们如古实人吗？我岂不是领以色列人出埃及地，领非利士人出迦斐托，领亚兰人出吉珥吗？"这些参照皆与黑铁时代相关。

③ KTU 1.3 vi 15; Nicolas Wyatt. *Religious Texts from Ugarit: The Words of Ilimiku and His Colleagues.* The Biblical Seminar 33.2d ed. Sheffield: Sheffield Academic Press，2002，p. 89.

④ KTU 1.3 vi 15; 将迦斐托等同于克里特并非有十足的把握，不过看上去最为真实。具体参见 Nicolas Wyatt. *Religious Texts from Ugarit: The Words of Ilimiku and His Colleagues.* The Biblical Seminar 33.2d ed. Sheffield: Sheffield Academic Press，2002，p. 89，n.83. 同时参见 KTU 1.100 v 45; Nicolas Wyatt. *Religious Texts from Ugarit: The Words of Ilimiku and His Colleagues.* The Biblical Seminar 33.2d ed. Sheffield: Sheffield Academic Press，2002，p. 383.

回了冥界。①这位神明将其住所迁移到遥远之地克里特,这一信息并非毫无意义,它暗示着乌迦特人将克里特理解为作为太阳憩落之地的遥远的西方世界。就这种效果而言,埃及纸草中一段文字"远到凯弗提乌"提供了支持。②克里特就这样被视为接近西方文明世界的边缘之地,一座与神明接近的岛屿,太阳的憩落之地。(参见图1-1)[在后期希腊人的思想中,这种类似的角色被赋予了长寿的埃塞俄比亚人(Ethiopians)以及虚构的淮阿喀亚人(Phaecians),他们同样居住在世界的边缘,与神明很亲近。] 在埃及与乌迦特人的思想中,克里特的神话位置是众所周知的。

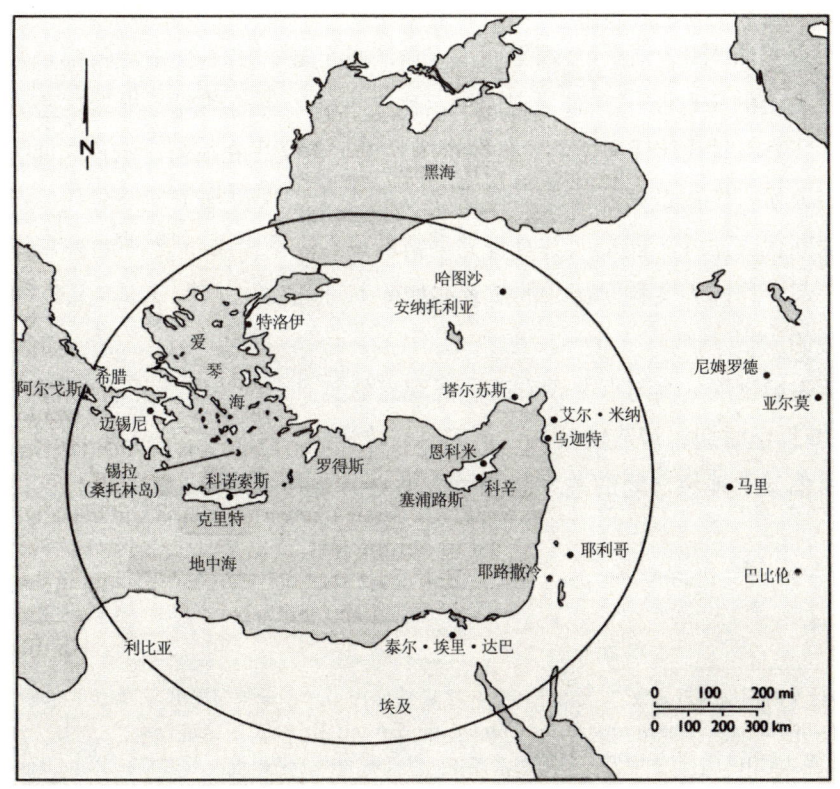

图1-1 东部地中海 克里特位于圆周西部

---

① Nicolas Wyatt. *The Mythic Mind: Essays on Cosmology and Religion in Ugaritic and Old Testament Literature*. Bible World. London: Equinox, 2005, pp. 19-20. 双重名字或许指的是神明属于这个世界与冥界的双重属性。

② *Papyrus Leiden* I, in Helmut T. Bossert. *Altkreta: Kunst und Handwerk in Griechenland Kreta und in der Ägäis von den Anfangen bis zur Eisenzeit*. Berlin: Wasmuth, 1937, p. 55; Wolfgang Helck. *Die Beziehungen Ägyptens und Vorderasiens zur Ägäis bis ins 7. Jahrhundert v. Chr*. Darmstadt: Wissenschaftliche Buchgeschaft, 1979, p. 35. 克里特被视为"西方的世界"。赫尔克(Helck)将克里特视为世界西方的极地,而将潘特(Punt)看作位于东方的极地。

年表

本书所涉及的时代为新宫殿时代，即公元前 1650—前 1390 年。① 该时期被亚瑟·伊文思爵士划为米诺文明的黄金时期，一个和平而繁荣的时期，被冠以"米诺盛世"（Pax Minoica）之名。它与喜克索斯王朝晚期保持一致，与埃及第十八王朝初期也符合，同时与迈锡尼的竖井墓（Shaft Graves）所处时代也是一致的。新宫殿时代因科诺索斯毁灭而结束，时值埃及法老阿蒙霍特普三世统治时期。②

不过，要对这个时期做一种绝对的划分是非常困难的，主要因为爱琴地区与埃及、近东的同步化是一个棘手而尚未解决的问题。当下很多主张都是基于自然科学之上的一种断代方法，它们注定比考古学要更为精确。根据这些方法的测定，新宫殿时代比伊文思测定的要更为精确。伊文思在彼得·沃伦与弗鲁内·汉基二人所订正的共时化方案（参见表 1-1）中多次讲到了这个时代，但自然科学的断代方法并不能证明其自身完全精确或者完全没有争议。③ 自然科学家与假说一起工作（人文科学领域的学者亦如此），他们的方法与工具或许与其自身是冲突的。

年表精密度的高与低并没有改变我观点的实质，因为在公元前 17 世纪与公元前 16 世纪时期，塑造埃及与近东王权的政治性与经济性因素是相同的，但本书中所倡导的地域之间的关系却与伊文思所倡导的较为低级的年表是保持一致的。④

---

① 这个时期仅为近似数，主要基于沃伦与汉基二人 1989 年的论著而提出。具体参见 Peter Warren and Vrowny Hankey. *Aegean Bronze Age Chronology.* Bristol: Bristol Classical Press, 1989.

② 在 LMIIIA 上下文中发现了阿蒙霍特普三世拥有的许多圣甲虫，具体参见 Peter Warren and Vrowny Hankey. *Aegean Bronze Age Chronology.* Bristol: Bristol Classical Press, 1989, p. 137.

③ 关于年代学的资料汗牛充栋，除了这些论著之外，一些基本的文字资料包括：Peter Warren and Vrowny Hankey. *Aegean Bronze Age Chronology.* Bristol: Bristol Classical Press, 1989; Sturt W. Manning. *A Test of Time: The Volcano of Thera and the Chronology and History of the Aegean and East Mediterranean in the Mid-Second Millennium B. C.* Oxford: Oxbow, 1999; Manfred Bietak. "Review of Manning, W. 'A test of Time.'" *Bibliotheca Orientalis* LXI: 199-221, 2004; Malcolm Wiener. "Time Out: The Current Impasse in Bronze Age Archaeological Dating", in K. Pollinger Foster and R. Laffineur, eds. *Metron, Measuring the Aegean Broze Age.* Aegaeum 24. Liège: Université de Liège, 2003, pp.363-395.

④ 比如，印章与戒指上的图像。在埃及第十八王朝之前，LMIA/LHI（本书第十三章）中，国王乘坐战车的情节单元并没有出现。

表1-1 米诺王国权威分期与历史时期

公元前3650—前3000年	EM I	前宫殿时期
公元前2900—前2300年	EM II	
公元前2300—前2160年	EM III	
公元前2160—前1979年	MM IA	
公元前1979—前1700/1650年	MM IB—MM IIIA	旧宫殿时期
公元前1650年	MM IIIB LM I	新宫殿时期 火山爆发期 公元前1500年
公元前1425—前1390年	LM II	科诺索斯崩溃
公元前1390—前1370年	LM IIIAI	

来源：近似数据源自 Peter Warren and Vrowny Hankey. *Aegean Bronze Age Chronology*. Bristol: Bristol Classical Press, 1989.

历史草图

如果我们采取伊文思精确度不太高的年表，那么米诺文明在公元前17世纪与公元前14世纪达到巅峰（公元前1550—前1450年为其鼎盛时期）。正如前文所述，此为埃及喜克索斯王朝晚期与第十八王朝的统治时代，该时期正值米坦尼（Mitanni）帝国与埃及帝国争夺叙利亚-巴勒斯坦地区。从公元前15世纪开始，该地区主要的国际语言是以阿卡迪亚语形式出现的。威廉·莫兰（William Moran）为此论及"楔形文化"——一种促使国王与其臣子交流的书面语言。[1] 除了这种公用的书面语言之外，我们也可以探讨公共文化与意识形态。马克·范德·迈鲁普认为，统治了埃及大半王国与近东的王室家族，他们做起事来仿佛是这个大家庭的一部分，并且整个世界就是一个村落；他甚至还讲到了"极权的联合"。[2] 迈鲁普明白，迈锡尼人的希腊是这个家族的一部分，但他并未对此

---

[1] William Moran. *The Amarna Letters*. Baltimore: Johns Hopkins University Press, 1992, pp. xv-xxvi; Eric Cline. "'My Brother, My Son': Rulership and Trade Between the Later Bronze Age Aegean, Egypt and Near East", in Paul Rehak, ed. *The Role of the Ruler in the Prehistoric Aegean. Proceedings of a Panel Discussion presented at the Annual Metting of the Archaeological Institute of America, New Orleans, Louisiana, 28 December 1992*. Aegaeum 11. Liège: Université de Liège, 1995, pp. 143-150.

[2] Marc Van de Mieroop. *A History of the Ancient Near East*. Oxford: Blackwell, 2004, pp. 130-135. 他主要讲到了公元前1500—前1200年这个时期。

多做阐释，因为缺乏可以利用的历史性书写资料。①在迈鲁普的阐释中，克里特是缺席的，这一点不足为奇，因为缺乏可依据的可读性文本。

不过伊文思透彻而准确地看到了克里特在这种国际性环境中的作用。他指出克里特是一个巨大的首府，拥有八万两千左右居民。"科诺索斯的地位是无可比拟的，甚至在地中海盆地东部亦如此。当然在叙利亚海岸，不存在被城墙所围而拥有重重藩篱的城市，……它们要么拥有宽广的地域,要么拥有众多的人口。"②"此种盛况从来都不会再有了"，伊文思接着写道："直到罗马人的首席官终止了希腊城市之间多年存在的世仇，而世仇是克里特人极为喜爱的一种独特财富……关于这一点有很多资料，它使得我们注意到在帝国盛世时期那些被罗马盛世时期（Pax Romana）所哺育的存在物。"③

从历史角度而言，伊文思关于米诺王国的洞见看上去非常有道理。④我们可以很容易地将其看作"极权联合"的一个成员，假如这样的话，它必定与这个时期共享一些宗教、意识形态及文化共同体。克里特不得不向近东国王奉献一些他想要的东西：富有权力的海军。不幸的是，关于凯弗提乌（米诺人）与埃及伟大国王（Grosskönige）、米坦尼国王、赫梯国王，以及塞浦路斯国王与乌迦特国王之间的政治关系的特殊属性，我们尚缺乏文字证据。但可以这样尝试性地断言，海军力量的联盟是近东帝国统治者所梦寐以求的。⑤到图特摩斯三世统

---

① Marc Van de Mieroop. *A History of the Ancient Near East*. Oxford: Blackwell, 2004, pp. 121-125; Joan Aruz. "Syrian Seals and the Evidence for Cultural Interaction between the Levant and Crete", in Walter Müller, ed. *Sceaux Minoens et Mycéniens*. CMS Beuheft 5. Berlin: Gebr. Mann, 1995, pp. 2-21. and Annie Caubet. *l'Acrobat au Taureau: Les découvertes de Tell el-Dab'a et l'archéologie de la Méditerranée orientale. Acted du Colloque Organisée au musée du Louvre*, 3 Décembre 1994. Paris: Musée du Louvre, 1999.

② Evans PM II, p. 564.

③ Evans PM II, p. 571.

④ 关于对伊文思研究方法批评的案例，参见 Louise A. Hitchcock and Paul Koundounaris. "Virtual Discourse: Arthur Evans and the Reconstructions of the Minoan Palace at Knossos", in Yiannis Hamilakis, ed. *Labyrinth Revisited: Rethinking "Minoan" Archaeology*. Oxford: Oxbow, 2002, pp. 48-58. 支持的一方参见 Stylianos Alexiou. "Minoan Palaces as Centres of Trade and Manufacture", in Robin Hägg and Nanno Marinatos, eds. *The Function of the Minoan Palaces. Proceedings of the Fourth International Symposium at the Swedish Institute in Athens*, 10-16 June 1984. SkrAth 4°, 35. Stockholm: Paul Åströms, 1987, pp. 251-253.

⑤ Annals of Tuthmosis III, and Leidon papyrus I, 344, 8; Helmut T. Bossert. *Altkreta: Kunst und Handwerk in Griechenland Kreta und in der Ägais von den Anfangen bis zur Eisenzeit*. Berlin: Wasmuth, 1937, p. 55.

治时期（公元前 14 世纪），米诺国王肯定是法老的臣子，这是他们在鲁克密利（Rekmire）、森穆特等人的墓穴中被表述为纳贡人的原因。①不过臣子并不意味着被奴役，而是具有联盟性质的一种等级关系。法老或者其他地方的统治者，诸如赫梯国王可能会作为宇宙的统治者与地域政策的制定者而为人所知，但他不一定从克里特强征赋税。因为如果没有可信赖的联盟，就无法管理帝国，其他的国王或许会遵从其政策，他会根据国际事务要求属下忠心耿耿。②对于那些渴望贸易安全与掌控海域的亚洲或埃及统治者而言，克里特的海军对于任何世界而言都是无价的。近东也存在类似的王权模式，它拥有可以信赖的爱琴舰队，这一点后文还会论及。就在公元前 16 世纪，吕底亚的伟大之王克罗萨斯（Croesus），埃及国王阿玛希斯（Amasis），还有波斯人，为了寻求希腊海军的帮助，就与希腊国王建立了关系。③

与克里特文化进行互动的并非只有一些大国。一些拥有城邦而政治威望不太高的地区（比如乌迦特）对这种研究同样重要，尤其是塞浦路斯、叙利亚与黎凡特地区。尤其是叙利亚，在这种探讨中一定具有典型作用，因为它是诸文明的重大交汇点。"这个地方是所有道路的交汇点，希腊的、赫梯的、胡利安人的、美索不达米亚人的，以及埃及的。"④马丁·韦斯特（Martin West）在阐释有关公元 1 世纪到公元 10 世纪时期的叙利亚时曾经这样写道。

① Evans PM II, pp. 740-741. 相关探讨参见 Helmut T. Bossert. *Altkreta: Kunst und Handwerk in Griechenland Kreta und in der Ägäis von den Anfangen bis zur Eisenzeit.* Berlin: Wasmuth, 1937, pp. 62-72, with pls. 536-550, 其中讲到了爱琴文物之间一些基本的关联原则。这方面的探讨同时参见 Wolfgang Helck. *Die Beziehungen Ägyptens und Vorderasiens zur Ägäis bis ins 7. Jahrhundert v. Chr.* Darmstadt: Wissenschaftliche Buchgeschaft, 1979, p. 33; Effie Sakellarakis and Yannis Sakellarakis. "The Keftiu and the Minoan Thalassocracy", in Robin Hägg and Nanno Marinatos, eds. *The Minoan Thalassocracy: Myth and Reality. Proceedings of the Third International Symposium at the Swedish Institute in Athens, 31 May -5 June 1982.* SkrAth 4°, 32. Stockholm: Paul Åströms, 1984.

② 在黎凡特与小亚细亚，法老与其臣子之间的关系在阿玛纳的信件中表现得比较明显。参见 William Moran. *The Amarna Letters.* Baltimore: Johns Hopkins University Press, 1992, pp. xvi-xvii.

③ 具体阐释参见 Mark H. Munn. *The Mother of the Gods, Athens and the Tyranny of Asia: A Study of Sovereignty in Ancient Religion.* Berkeley: University of California Press, 2006, pp. 178-221. 一种很大的可能就是将克罗萨斯与梭伦（Solon）的瓜葛看作为了确保雅典人获得帮助而隐藏意图的一种行为，尽管希罗多德描述说克罗萨斯寻求斯巴达人的联盟。在希罗多德的论著中，埃及人阿玛希斯与波斯人大流士、萨摩斯人波里克勒的统治者之间的关系得到了很好的论述。（Hdt., 3, 128）其中最富有启发性的是关于雅典人庇西特拉图家族（Peisistratids）与波斯王族之间的关系。

④ Martin West. *East Face of Helicon: West Asiatic Elements in Early Poetry and Myth.* Oxford: Clarendon Press, 1997, p. 4; Joseph Wiesner. "Die Kunst Altsyriens", in Jürgen Thimme, et al. *Frühe Randkulturen des Mittelmeerraumes: Kykladen, Zypern, Malta, Altsyrien. Kunst der Welt.* Baden-Baden: Holle, 1968, pp. 141-173.

尽管克里特在国际事务中扮演了一个角色,但埃及阿玛纳(Amarna)档案馆的资料却缺乏源自凯弗提乌国王的信件。原因就是在埃及法老阿蒙霍特普三世统治之际,科诺索斯显然已经陷落了。[①]根据伊文思的观点,这种毁灭是由本土的发展所导致的,至少是本土的发展——一连串的地震所引起的。[②]

不过,地震并不能完全解释克里特王权的崩溃。[③]很难彻底弄清楚为何王室房屋在这次灾难后没有修复,为何科诺索斯并未被大规模地重建。为了解这些情况,我们必须返回并将爱琴地区另外一场重要的自然灾难——锡拉火山的喷发考虑在内。火山学专家近期推断,这是地球上有史以来最为重大的火山爆发之一。[④]在科诺索斯最后的崩溃之前,这样的事件已经发生了几十年;但很难相信它对克里特后来的命运没有本质性的影响,这一点已被众多学者所探讨。[⑤]相反,有理由推断,火山喷发一定以一种重要的方式改变了社会面貌。

我们已经看到,一种短期的效果一定就是海军力量的毁灭,海军是克里特获得世界事务地位的重要保障。另外一个直接的挑战一定是这场危机的主导:在废墟中清理死者,处理有毒水井,照顾那些无家可归者与伤者,应对饥荒与恐惧。考古学中记录了存在较为明显的长期效果:该岛屿上一些主要场所的附属性宫殿已经消失了,只有科诺索斯被重建。一个更为中心化的或许是更为严密的机构取代了原来的机构。

科诺索斯存在了几十年。正如我们所料,地震再次发生,伊文思这样写道:

[①] Eric Cline. "Amenhotep III and the Aegean: A Reassessment of Egypto-Aegean Relations in the 14th Century BC", *Orientalia* 56: 1-36, 1987, p. 20.

[②] Evans PM IV, pp. 942-944.

[③] 关于迈锡尼王宫的崩溃,同样有学者持怀疑态度,参见 Jonathan M. Hall. *A History of the Archaic Greek World*. Oxford: Blackwell, 2007, pp. 54-55.

[④] 我个人与佛洛伊·麦科伊(Floy McCoy)做过交流,他的实验表明,这次火山爆发比十年前想象的要更具毁灭性。

[⑤] 米诺宫殿被火山喷发所毁灭的观点由斯派雷登·马瑞纳托斯(Spyridon Marinatos. "The Volcanic Destruction of Minoan Crete", *Antiquity*, 1939, 13, pp. 425-439)提出。该理论已经以这样的理由被探讨过了:锡拉缺乏 LMIB 时期的陶器。相关的概要参看伦福儒(C. Renfrew)的总结,具体参见 David A. Hardy, Christos G. Doumas, John A. Sakellarakis, Peter M. Warren, eds. *Thera and the Aegean World III. Proceedings of the Third International Congress*, Santorini, Greece, 3-9 September 1989. Vol 1. London: Thera Foundation, 1990, pp. 11-12. 不过,事实上,在好几个地方都同时存在 LMIA 时期与 LMIB 时期风格的陶器,比如在斯卡纳拉姆珀斯(Sklavokampos),尤其在扎格罗斯(Zakros)更是非常明显。一种不可避免的结论就是它们在时间上非常接近,中间相隔不过五十年,这一点就像伊文思所做的归纳一样。这种主张在普拉同的论文(Lefteris Platon. "To Anaglypho Rhyto tis Zakrou Kato Apo Ena Neo Semasiolokiko Prisma", in A. Vlachopoulos and K. Birtaham, eds. *Argonautis: Fetschrift for Prof. Doumas*, Athens: I Kathimerini, 2003, pp. 331-366.)中得到了详尽的发展。

"这种终结非常突然,证据再次指向了作为起因的地震,接下来是一场大火灾,毫无疑问,剩下来的就是毁灭性的掠夺。不过在这种场合,灾难是最后的结果。"①事实一定是这样:这场地震摧毁了一个早已摇摇欲坠的国家,或许对于自然灾难而言,它因其极权化而过于庞大,并且过于脆弱,难以采取措施应对一个不断变化的世界。

伊文思做了几个颇为重要的论断。第一个论断就是科诺索斯的最后一个王朝比其祖先要更加神权化,这就意味着它与近东的神权结构更为接近:"随着崇拜某种宗教符号时尚的出现,祭司制度不断发展,后者是科诺索斯最晚近的宫殿时代的特征化,这些看上去大部分归结于埃及人与东方人的影响。"②这种观察意味着克里特与埃及之间的密切关联,或许是严格的附属关系。伊文思的这种观点被埃及墓穴内关于米诺人的描述所证实,墓穴所在时代为图特摩斯三世统治时期,并且在泰尔·埃里·达巴(Tell el Dab'a)的关于米诺人的壁画中被证实,其时代相当于哈特谢普苏特(Hatshepsut)或早一些的图特摩斯三世统治时期。③

伊文思的第二个论断就是米诺王朝比其前朝要更为穷兵黩武与富有侵略性。他断言,米诺国王征服了米诺半岛并最终将权力中心转移到了这个地方。④如果严肃对待这两条结论,我们就可能达成一种可能性的方案,即将克里特不断变动的政治境况纳入科诺索斯崩溃前最后几十年的国际背景中考虑。考察伊文思另外一个重要的结论后,我们应当返回该方案中。

尽管伊文思知道科诺索斯的最后一个君主采用了一种新的官方语言,那就是写在泥版上的线形文字 B,不过伊文思并不知道这是希腊语言——直到1952年这种文字才被破译,此时伊文思已经过世了。无论如何,他并不愿意相信在米

---

① Evans PM IV, xxiii.
② Evans PM IV, p. 882.
③ 图特摩斯三世的统治时间为公元前1479—前1425年;参见 Manfred Bietak, Nanno Marinatos, Clairy Palyvoy. *Taureador Scenes in Tell el Dab'a (Avaris) and Knossos.* Vienna: Österreichische Akademie der Wissenschaften, 2007, pp. 13-43.
④ Evans PM IV, xxiii, pp. 884-887.

诺王权的最后一个阶段,本土部族征服了克里特。①现在我们已经理所当然地认为,所有这一切都发生过:说希腊语的迈锡尼人接管了科诺索斯,确立了其语言与文化,并通过征服统治了克里特。倘若以今天的观点来看待伊文思的主张,他无疑是错误的。②

我要提出一种修正性的假说。我认为在科诺索斯与迈锡尼中间存在一种朝代性的联合,或许是通过婚姻进行的,它导致了一种公共性的米诺-迈锡尼官方语言的诞生、一种公共的宗教、一种公共的对外政策,时间在克里特的最后一个王朝。我同时设想了一种克里特与埃及之间的更为紧密的联合,埃及人将其视为一种臣属关系。

总之,科诺索斯最后一个统治者的民族身份与克里特王权机制的历史评判具有少许关系。不论其文化性根源是什么,科诺索斯最后一个国王无法应对公元前1390年那一场由地震导致的自然灾难。科诺索斯被毁灭了,成为非法移民的居所。伊文思这样写道:"在惠尔吉格时代(Whirlgig of time),古老的祭司王的休息之所不应该被新的外来者再度占领,这一切都是命中注定。"③

在当下,科诺索斯崩溃的原因一定还不明晰。不过,采用一种跨越地域的宽广视角,或许可以解决这个难题。如果从爱琴地区的另外一面出发的话,那么在不久的将来,或许可以揭开米诺王权崩溃的谜底。

一种视角

倘若我们将米诺人视为权力世界的一部分,我们就必须理解王族之间交流的国际编码。我们必须努力建构一个视角,通过这个视角,能够破解米诺人的图像,并最终能够将其解读为这个宽泛地区视觉性共同体的一部分。这是现在我

---

① 伊文思的观点被贴上了"泛克里特主义"与"泛米诺主义"的标签,有一部分学者并不赞同其观点,但是其推论是非常可靠的。伊文思及其助手邓肯·麦肯齐(Duncan Mackenzie)都知道,LMI 时期与 LMII 时期的图像与陶器风格,以及艺术表述风格具有类似性。LMII 时期的陶器风格证明了克里特与希腊大陆之间存在一种类同性。这样,最富有推理性的结论就是,在米诺和平时代,这种风格表明了一种统一性的疆土,那时克里特是领袖。在这个时代与 LMIII 时期之间才开始有断裂,时间是在科诺索斯崩溃之后。这种解释具有同质性,我们现在并不需要断定一位米诺国王统治了迈锡尼,我们亦无须断定一位迈锡尼国王统治了科诺索斯。关于克里特中心观点的探讨,参见 J. Leslie Fitton. *The Discovery of the Greek Bronze Age*. Cambridge: Harvard University Press,1996, pp. 132-134; Joseph A. MacGillivray. *Minotaur: Sir Arthur Evans and the Archaeology of the Minoan Myth*. London: Jonathan Cape,2000, pp. 272-275.

② 相关的较为规范的探讨,参见 Sinclair Hood. *The Minoans: Crete in the Bronze Age*. London: Thames and Hudson,1971.

③ Evans PM IV, p. 1018.

们能够做得最好的事情，因为我们缺乏可读性文本。

什么是视觉破译？一种语言学的界定或许可以提供一种有用的分析，正如约翰·查德威克（John Chadwick）所倡导的那样："密码学是一门演绎的科学，也是一种可以操控的实验；假说是被建构的与被测验的，但时常被丢弃。"[1]为了检验其假设，语言学家要依靠两种或三种语言的文本。

图像是一种带有编码的书写系统，或许可以使用密码学的方法将其破译。假如有可能，那么我们就需要源自爱琴海两岸的多种文化的可视性数据；没有哪一种系统能够根据自身而被破译。视觉符号需要根据其形态被赋予意义，其结构亦需要观察，其序列（符号的联合）需要比较与分析。这样我们才能够提出一种假设。一个视角是被建构起来的，通过这个视角而进行的解读需要证据来检验。

传统的视角就是希腊神话。我们想当然地认为，米诺文化反映了希腊神话。但这个假说（就像其他假说一样）或许需要进行再验证。希腊神话的假说并不需要解释，这也颇有道理；为了解读米诺宗教，此处我们需要对伊文思视角中最为薄弱的地方进行考察。当我们在艺术品中看到它们时（参见第十二章至第十四章），将希腊神话置于过去这种做法并不能令人满意地解释米诺的神明。我的假设是，如果借助于源自埃及、叙利亚、黎凡特与安纳托利亚资料的帮助，少许程度上借助于美索不达米亚的资料，或许可以更好地理解米诺社会与宗教。当然，上述这些文化皆有其鲜明特征，但其中有些相同的部分可以被冠以"共同体"之名。[2]这种更为宽泛的地域性共同体就是我们的视角，通过它可以破译王权图像与米诺时代克里特的诸神图像。

历史时期的希腊与近东存在一种宗教性与文化性的共同体，这种观点已被证实，但沃尔特·伯克特（Walter Burkert）与马丁·韦斯特二人对此尚存合理的质疑。[3]伯克特甚至断言，如果忽略了揭示爱琴海两岸文化的交流的因素，我们就无法正确理解希腊文化："让我们努力去看看，在希腊精神出现之前还有什么，这不是仅仅庆祝单个的成就，而是在持续的东部地中海共同体之内阐释这种互

---

[1] John Chadwick. *The Decipherment of Linear B*. Cambridge: Cambridge University Press, 1970, p. 67.

[2] 关于方法论方面的汇编资料，参见 Othmar Keel. *The Symbolism of the Biblical World: Ancient Near Eastern Iconography and the Book of Psalms*. Transl. T. J. Hallett. New York: Seabury Press, 1978.

[3] Martin West. *East Face of Helicon: West Asiatic Elements in Early Poetry and Myth*. Oxford: Clarendon Press, 1997; Walter Burkert. *Babylon, Memphis, Persepolis: Eastern Contexts of Greek Culture*. Cambridge: Harvard University Press, 2004.

动与对话的结果。"①

物质嗜好：米诺与迈锡尼金戒指

在本书中，我所使用的主要资料之一就是黄金戒指，但这绝非唯一资料。这些金戒指代表了下文推论的一种具有偏爱性色彩的物质。

在公元前 2000 年，有权使用黄金并非易事。从在阿玛纳发现的王室信件中可以明确推断出这一结论，阿玛纳是公元前 14 世纪埃及帝国的首府。在埃及法老与其"兄弟"（盟友或臣子）来往的信件中，探讨的话题经常是黄金。实际上这些信件的书写者是如此渴慕黄金，以至于不惜采用各种阿谀方式提出请求以达到其目的。譬如，米坦尼的统治者图什拉塔（Tushratta）就央求其"兄弟"给予自己比父亲更多的黄金。②他甚至给阿蒙霍特普三世的妻子写信，也就是阿蒙霍特普四世的母亲忒基（Teje），请求她为此做担保。③

统治者都非常明确地知道自己为何需要黄金：他们想用黄金来装饰自己的宫殿或陵墓，以此提高自己的威信。亚述的国王阿述尔－乌巴列（Assur-uballit）这样写道："黄金在你的国度就是烂泥，垂手而得。为何你还这般吝啬？我正建造一座新宫殿。给我足够多的金子来装饰宫殿。"④

在法老收到的信件中，因黄金的质量而发牢骚的信件比比皆是。"你给我的黄金就像我给你的祝福礼一样多。六年里唯一发生的事情就是三十磅的黄金看上去就像银子一样。"⑤以上是巴比伦国王向其埃及"兄弟"发出的牢

---

① Walter Burkert. *Babylon, Memphis, Persepolis: Eastern Contexts of Greek Culture*. Cambridge: Harvard University Press, 2004, p. 124; Vassos Karageorghis and Nikolaos Stambolidis, eds. *Easter Mediterranean: Cyprus, Dodecanese, Crete 16th-6th cent, BC. Proceedings of the International Symposium, Rethymnon, 13-16 May 1997*. Athens: University of Crete, A. G. Leventis Foundation, 1998; Alexandra Karetsou, ed. *Crete and Egypt: Three Thousand Years of Cultural Links (Herakleion Archaeological Museum)*. Athens: Greek Ministry of Culture, 2000.

② William L. Moran. *The Amarna Letters*. Baltimore: Johns Hopkins University Press, 1992, p. 44; EA no. 19.

③ William L. Moran. *The Amarna Letters*. Baltimore: Johns Hopkins University Press, 1992, pp. 84-86; EA no. 26.

④ William L. Moran. *The Amarna Letters*. Baltimore: Johns Hopkins University Press, 1992, p. 39; EA no. 16.

⑤ William L. Moran. *The Amarna Letters*. Baltimore: Johns Hopkins University Press, 1992, p. 43; EA nos. 1, 24, etc.

骚。①另外一位国王伯尔-伯利亚什（Burr-Buriash）向埃及法老写信说："至于派遣给我的信使，他带来的三十锭黄金不知去向。当金子倒入窖中时，看上去都不到五锭。"②

有这么多国王表述他们从埃及得到的金子的数量与质量，这就使得范德·迈鲁普断言，黄金这种自然物质是埃及在公元前2000年后半叶的垄断产品。因为在公元前1000年，我们拥有《圣经》文本：所罗门王向泰尔（Tyre）王请求黄金（《圣经·列王纪上》11：14，《圣经·历代志下》8：18）。

对黄金这种珍稀金属的有限拥有与需要有助于我们理解米诺戒指上的图像。如果克里特国王因黄金而依赖埃及，他们当然不会那么轻易地放弃黄金。米诺百官要依赖王室去获得象征个人荣耀的黄金。因此，我们可以推论，国王只向那些值得信赖与重视的臣子颁发黄金戒指。倘若如此，戒指上的图像就受控于王室。这就导致了更为深远的思索，即图像反映了王族希望提升自身地位并加强与诸神关系的愿望。因为这个原因，米诺戒指是令人痴迷的东西。

尼古拉斯·怀亚特（Nicolas Wyatt）写道："历史编撰已经成为一种公共与集体的书写类型，它表达了一个集团内部一种凝聚性与公共性传统的立场；传统上它服务于统治阶层的利益，该统治阶层有权力压制一些集团过去的非正统的故事，因此它首先在王室舆论上扎根……其目的是意识形态的。"③我们可以就米诺时代的克里特戒指做出同样的结论：它们是王室意识形态的档案，并非是当地富庶的中产阶级的个人档案与艺术实验品。④

---

① William L. Moran. *The Amarna Letters*. Baltimore: Johns Hopkins University Press，1992，p. 19; EA no. 3; Donald B. Redford. *Akhenaten: The Heretic King*. Princeton: Princeton University Press，1984，p. 41; Marc Van de Mieroop，*A History of the Ancient East*. Oxford: Blackwell，2004，p. 133.

② William L. Moran. *The Amarna Letters*. Baltimore: Johns Hopkins University Press，1992，p. 19; EA no. 10.

③ Nicolas Wyatt. "Ilimilku's Ideological Programme: Ugaritic Royal Propaganda, and a Biblical Postscript"，*Ugarit-Forschungen，Internationales Jahrbuch für die Altertumskunde Syrien-Palästinas* 29: 775-796，1997，p. 775.

④ Christos Doumas. *Museum of Prehistoric Thera*. Athens: Ministry of Culture，2000，p. 34. 该论著宣称，锡拉人（Therans）拥有本土的官僚系统，它并不依赖克里特。根据该论著的观点，米诺印章在锡拉岛的出现意味着这些货物是从克里特进口的。这种理论并不能解释这样一种事实，即戒指并不仅仅盖在货物上还盖在资料上。如果是这样，那么这些印章就是米诺统治者在锡拉岛统治的有力证据。

推测米诺人时代克里特戒指持有者的角色是一件富有诱惑性的事情。① 我将他们设想为在王宫中服务的高层官员。我将这些戒指视为这些官员身份的符号象征。这些戒指上的图像不能反映戒指持有者的特殊身份，却反映了戒指持有者所渴慕去结交的国王与王后的身份。这种观点与近东专家所说的圆筒印章所具有的角色是一致的。② 我们通常会发现，国王与神明是圆筒印章上的主角，印章的持有者是神明与国王的奴仆。③

我认为迈锡尼戒指的持有者与米诺戒指的持有者具有类似的角色，二者皆为国王的使者。迈锡尼文化时期的珠宝与米诺文化时期的珠宝具有同样的图像，许多迈锡尼时代的戒指一定是米诺人创造的，其中有些是传家宝。并没有真正的图像学标准将米诺戒指与迈锡尼戒指区分开来；因此，我认为在分析王权方面，源自克里特岛屿与希腊半岛的戒指标本具有同等作用。

就像我在前文中所说的那样，尽管民族起源不同，米诺人和迈锡尼人看上去已经在王权意识形态层面合为一体了，甚至在王权意识形态出现之前就已经融合了。在今天看来，"米诺人－迈锡尼人"这个术语含糊不清，但它依然极为有用，只不过需要重新将其复原。"米诺人－迈锡尼人"这个语词能够很好地解释米诺图像与迈锡尼图像在王权意识形态层面的统一。④

如何理解神话

在很多方面，本书与我在 1993 年出版的《米诺宗教》一书存在重大差异。

---

① 埃里克·哈拉格尔（Eric Hallager. *The Minoan Roundel and Other Sealed Documents in the Neopalatial Linear A Administration*. Aegaeum 14.2 vols. Liège: Université de Liège，1996）相信，戒指被政府所拥有。关于戒指的特殊价值的探讨，参见 Pini, in CMS II. 6 XXI-XXIX；皮尼并没有将自己陷于任何一种关于戒指持有者身份的理论之中。

② Irene Winter. "Le Palais Imaginaire: Scale and Meaning in the Iconography of Neo-Assyrian Cylinder Seals"，in Christoph Uehlinger，ed. *Images as Media. Sources for the Cultural History of the Ancient Near East and the Eastern Mediterrance（1st Millennium BCE）. Proceedings of an International Symposium Held in Fribourg，25-29 November 1997. Orbis Biblicus et Orientalis 175.* Fribourg: Academic Press Fribourg and Göttingen: Vandenhoeck and Ruprecht，2000，pp. 51-87.

③ 普鲁塔克写到，阿尔塔薛西斯将其戒指给了一个朋友，以此作为辨别朋友的记号（Plutarch, Artaxerxes, 18）。我们知道这些戒指上的形象：舞蹈的卡亚替德斯。这个故事表明，这个现象与戒指的持有者之间原本不具任何关系，这种关系是任意的，是由文化建构的。我非常感谢 D. 凯利塔塔斯提供了这种参照。

④ 在约翰·G. 杨格（John G. Younger）的主题汇编中，米诺戒指与迈锡尼戒指之间尚无图像差异（John G. Younger. *The Iconography of Late Minoan and Mycenaean Sealstones and Finger Rings.* Bristol: Bristol Classical Press，1988），皮尼已经讲到，在寻找米诺与迈锡尼戒指的图像标准差异方面，他遇到了重重困难。

在那部论著中，主导研究方法是将图像系统分类为一系列类型并创造一些社会范畴（譬如通过仪式）。我后来才想到，我们本该通过人类学的帮助来理解米诺宗教。我的分类标准证明它们的确具有一定的作用，但其功效非常有限。我后来认为女神是自然哺育者的化身，她们与自然相关，而男性神明表达了与动物相关的力量与好战精神。我现在的研究巩固了早期的这种思想，但又远远超出了这一切，因为我增添了一种叙述性的内容。只有采纳近东共同体这种观点才能够取得这种进展。在《米诺宗教》一书中，我看到了这种模式，但尚找不到合适的视角去阅读这种叙述。我同时改变了自己关于一些问题的看法，譬如，"大祭司"这个术语的使用，该语词（就像我现在所知道的那样）在神权政治中很少具有社会意味。同样，我最终采用了"神显"（epiphany，与迷狂相关）这个语词来表述观点，这一点与马茨（Fr. Matz）一样，不过我在此提供了一种新的视角，"神显"一词具有一种社会学视角，并将国王与王后置于体验中心。①

采用近东视角的最大成功之处就在于，它破译了米诺宗教的核心符号——双面斧。我在1993年写道："我们并不知道，对于米诺人而言，双面斧具有何种意义。令人感到似是而非的是，它一般由女神而不是天气男神所持有。双面斧显然表示权力，但还有更多的东西我们无法论及。"②当将双面斧与符号视为与近东相关的图像时，将近东视角应用于米诺图像，就确立了一种释读米诺图像序列的新范式。我已经意识到，这些符号表述了一种与王权机制密切相关的宇宙论体系，传统上王权机制在世界版图层面会投入很多。

书写资料与王室书库

在尚未破译的以线形文字 A 写就的手稿中，米诺人或许有其文字性书写材料。事实上，现存下来的唯一记载就是书写在泥版上或刻在石制器物上的一些书面材料，这些都是历史的机缘巧合，因为皮革与纸草都无法保存下来。我们千万不要断言，泥版是唯一的或者甚至是主要的文字载体。实际上这种假设根本就不可能。极有可能，在米诺时代的克里特与迈锡尼时代的希腊社会，文字书写的主要载体是皮革或纸草，因为它们尤其适合书写线形文字（与楔形文字相对立）手稿。③因为这些物质不复存在，这就很可能意味着我们永远无法复原

---

① Friedrich Matz. *Göttererscheinung und Kultbild im minoischen Kreta*. Abhandlungen der Geistes und Sozialwissenschaftlichen Klasse, Akademie der Wissenschaften und der Literatur in Mainz vol. 7. Wiesbaden: Akademie der Wissenschaften und der Literatur, 1958.

② Nanno Marinatos. *Minoan Religion: Ritual, Image and Symbol*. Columbia: University of South Carolina Press, 1993, p. 5.

③ Walter Burkert. *Babylon, Memphis, Persepolis: Eastern Contexts of Greek Culture*. Cambridge: Harvard University Press, 2004.

米诺的文字资料。

那么,书写形式的米诺文献存在的概率是多少?我想概率还是很高的。几乎克里特沿岸的所有王国(或大或小)均有其书库。为什么克里特就是例外呢?较之于科诺索斯,乌迦特的书库是最为质朴的,但它却异常丰富并且是多种语言的文库:在书库内甚至发现了以乌迦特语、阿卡迪亚语、塞浦路斯-米诺语等形式书写的泥版,还有以其他语言形式写成的泥版。①因此我们可以做出一种具有历史性的合情合理的推论(实际上是一种不可避免的推论),即米诺王宫拥有文书库与文献。倘若如此,就很容易理解神话为何被传播并且是怎样传播的:文字资料通过爱琴海而被交换,这极有可能大大促进并传播了关于神话和符号的观念性共同体与宗教性共同体。

当然,从未被发现的米诺书库不大可能出土。幸运的是,正如前文所言,图像同时也讲述了一个故事。在以下的章节中,我们将通过可视性数据解读米诺文化。

---

① Nicolas Wyatt. *Religious Texts from Ugarit: The Words of Ilimilku and His Colleagues*. The Biblical Seminar 33.2d ed. Sheffield: Sheffield Academic Press, 2002, pp. 11-24; Martin West. *East Face of Helicon: West Asiatic Elements in Early Poetry and Myth*. Oxford: Clarendon Press, 1997, p. 84.

第二章　艺术中的国王与王后

伊文思关于克里特米诺宫殿时代祭司王的洞见与古代东方的传统相符合。国王是大祭司,在一些重大国家庆典中主持祭祀仪式,这一点正如我们从埃及、赫梯、乌迦特、美索不达米亚、叙利亚的资料中能够了解到的一样。国王是人类社会与神界唯一合法的沟通中介,对于近东专家而言,要写一篇关于仪式的报告,如果其中不论及国王那是无法想象的。①假如在公元前 2000 年的克里特存在国王,那么祭司王的概念就是不证自明的,实际上是必然的。依据其职权,国王就是大祭司。

但伊文思的曾经被一度接受的神圣王权观点近期遭到了越来越多的批评②,它被视为已经过时的维多利亚典型模式而备受批评。一方面,神圣王权被视为英国王权的反射,另一方面被看作 19 世纪人类学的折射。③实际上学者们更喜欢

---

① 比如,贝克曼(Beckman)关于赫梯仪式条目的阐释,参见 Sarah I. Johnston, ed. *Religions of the Ancient World: A Guide*. Harvard University Press Reference Library. Cambridge: Belknap Press, 2004, pp. 336-339.

② 胡德认为王权是理所当然存在的,尽管他并未进行相关探讨。参见 Sinclair Hood. *The Minoans: Crete in the Bronze Age*. London: Thames and Hudson, 1971, p. 146.

③ 在一部探讨青铜时代统治者的论著(Paul Rehak. *The Role of the Ruler in the Prehistoric Aegean. Proceedings of a Panel Discussion Presented at the Annual Meeting of the Archaeological Institute of America, New Orleans, Louisiana, 28 December 1992*. Aegaeum11. Liège: Université de Liège, 1995)中,没有哪一个现代的学者能够接受伊文思克里特存在神圣王权的观点,尽管迈锡尼国王已经被人所知。凯瑟琳·克拉顿迈克(Kathleen Krattenmaker. "Palace, Peak and Sceptre: The Iconograpgy of Legitimacy", in Paul Rehak. *The Role of the Ruler in the Prehistoric Aegean. Proceedings of a Panel Discussion Presented at the Annual Meeting of the Archaeological Institute of America, New Orleans, Louisiana, 28 December 1992*. Aegaeum11. Liège: Université de Liège, 1995, p. 58)断言,宫殿是威望的象征,但国王自身的存在并无证据可依。在我看来,这种论调的逻辑尚不明确。参见 Alexandre Farnoux. "La foundation de la Royauté Minoenne: XXème Siècle Avant ou Après Jésus-Christ?" in Robert Laffineur and Wolf-Dietrich Niemeier, eds. *Politeia: Society and State in the Aegean Bronze Age. Proceedings of the 5th International Aegean Conference, University of Heidelberg, Archäologisches Institue, 10-13 April 1994*. Aegaeum 12.2 vols. Liège: Université de Liège 1995, p. 58; Donald Preziosi and Louise A. Hitchcock. *Aegean Art and Architecture*. Oxford: Oxford University Press, 1999, pp. 120-122.

基于社会学模式将酋邦视为理所当然，而在公元前 2000 年中期 "酋邦" 一词几乎不存在。

必须承认，当伊文思将米诺国王称为 "帕帕拉"（papa re）时，这里的确存在一些问题。① 米诺王是以希腊神话理念中的米诺斯国王而被建构起来的，这是伊文思的薄弱之处，即他依靠希腊神话而建构了米诺时代的克里特社会。当然，伊文思遵循他所处的那个时代的阐释模式，他相信传说是对过去事物的记忆。受结构主义与符号学的影响，我们已学会以不同的方式解读故事，将故事视为社会符码的系统，它们反映了其创造者所处时代的心态，而非关于过去的真理。② 假如采纳了这种视角，我们就会很清楚地看到，米诺王传说是雅典社会现实的一面镜子，而不是青铜时代克里特社会机制的折射。米诺斯是作为雅典人的敌人而被建构起来的，他是昏庸暴君的原型（这一点伊文思大为赞许）。通过将米诺斯与科诺索斯王宫联系起来，英国学者就为普通民众创建了一套毫无根据的社会联盟，就像它们是虚构的一样。许多学者或许尚未意识到，"米诺人" 是伊文思创造的一个术语，我们无法真正知道，青铜时代的克里特人是否这样称呼自身。一种可能的猜测就是他们将自身称为 "凯弗提乌"，这就是他们在近东被认识的主要原因（参见第一章）。

但伊文思似乎比其批评者更为睿智。他并没有一味依靠希腊神话，而是根据近东证据来建构其 "帕帕拉"："米诺斯神话传说，就像摩西或汉谟拉比的故事一样，他们在圣山之上接受神谕而颁布律法，这种传说或许开始遮蔽了一种符码的真实存在，后者与克里特古老的某位祭司王名字相关。"③

非传统的政权模式

在考察王权问题之前，我们先探讨一下公元前 17 世纪到公元前 14 世纪克里特的政权管理模式，这一点非常重要。近期的一些观点认为，克里特岛被贵族精英所掌控，精英包括酋长、同辈中最年长者，有时还包括 "同辈官吏" 这个

---

① Evans PM IV, p. 942.

② 关于希腊神话的解读方法，我在此有选择性地论及沃尔特·伯克特与让-皮埃尔·韦尔南的论著（Walter Burkert. *Structure and History in Greek Mythology and Ritual*. Berkeley: University of California Press, 1979; Jean-Pieree Vernant. *Myth and Society in Ancient Greece*. Translated by J. Lloyd. Sussex: Harvester Press, 1980）。关于乌迦特神话，参见 Nicolas Wyatt. *The Mythic Mind: Essays on Cosmology and Religion in Ugaritic and Old Testament Literature*. Bible World. London: Equinox, 2005.

③ Evans PM I, p. 2.

语词。①从人类学视角来看，这些模式看似真实，但实际上令人难以置信，对于公元前 16 世纪到公元前 15 世纪的时代而言，大国与小国因诸侯体系而相互关联。我认为，克里特是当下宽泛意义上爱琴文化区的一个重要组成部分，尽管伊文思使用了一些证词将其称为米诺人。因为考古学证据能够完全支持米诺时代克里特是爱琴政治权力的一个重要部分这种观点。在小亚细亚的一些岛屿与沿海地区均发现了克里特的手工艺品，尤其是公元前 16 世纪到公元前 15 世纪的手工艺品。有学者认为，也许这仅仅意味着贸易。②倘若如此，很难解释为何贸易工具反映了克里特的度量衡标准，以及为何官方语言要书写于用米诺线形文字 A 写就的手稿上。同样，贸易并不能完全解释为何米诺宗教符号在爱琴地区被广泛使用，为何它们最终被希腊大陆上的迈锡尼国王采用。③对这种类同现象最为省力的一种解释就是假定在科诺索斯中心存在一个中央王国（我们敢将其称为帝国吗？）。如果没有一位诸侯王，很难想象海盗是如何被剿灭的，一些富有成效的外交政策是如何被制定的。

迄今为止，伊文思的王权模式还在被学者们所跟从。奥利维尔·佩隆（Olivier Pelon）与马斯西莫·卡尔塔鲁（Massimo Cultraro）二人曾就考古学与图像学资

---

① Robin Hägg and Nanno Marinatos, eds. *The Minoan Thalassocracy: Myth and Reality. Proceedings of the Third International Symposium at the Swedish Institute in Athens, 31 May -5 June 1982*. SkrAth 4°, 32. Stockholm: Paul Åströms, 1984; Robert Laffineur and Wolf-Dietrich Niemeier, eds. *Politeia: Society and State in the Aegean Bronze Age. Proceedings of the 5th International Aegean Conference, University of Heidelberg, Archäologisches Institut, 10-13 April 1994*. Aegaeum 12.2 vols. Liège: Université de Liège, 1995; Yiannis Hamilakis, ed. *Labyrinth Revisited: Rethinking 'Minoan' Archaeology*. Oxford: Oxbow, 2002; Robert B. Koehl. "The Nature of Minoan Kingship", in Paul Rehak, ed. *The Role of the Ruler in the Prehistoric Aegean. Proceedings of a Panel Discussion Presented at the Annual Meeting of the Archaeological Institute of America, New Orleans, Louisiana, 28 December 1992*. Aegaeum 11. Liège: Université de Liège, 1995, pp. 23-35; Robert B. Koehl. "The Chieftain Cup and a Minoan Rite of Passage" *JHS* 106, 1986, pp. 99-110; Louise A. Hitchcock. *Minoan Architecture: A Contextual Analysis*. SIMA Pocket Book 55. Jonsered: Paul Åströms, 2000.

② See Robin Hägg and Nanno Marinatos, eds. *The Minoan Thalassocracy: Myth and Reality. Proceedings of the Third International Symposium at the Swedish Institute in Athens, 31 May -5 June 1982*. SkrAth 4°, 32. Stockholm: Paul Åströms, 1984.

③ Nanno Marinatos. *Minoan Sacrificial Ritual: Cult Practice and Symbolism*. SkrAth 8°, IX. Stockholm: Paul Åströms, 1984, pp. 167-176; Nanno Marinatos. "Nature as Ideology: Landscapes on the Theran Ships", in Susan Sherratt, ed. *The Wall Paintings of Thera. Proceedings of the First International Symposium, Thera, Hellas, 30 August-4 September 1997*. 3 vols. Piraeus: Petros M. Nomikos and the Thera Foundation, 2000, pp. 907-913.

料加以阐释。①菲利普·贝坦考特（Philip Betancourt）通过建筑与管理数据再次探讨并证实了这个例子的真实性："证据表明，克里特宫殿拥有强大的管理机制，很有可能这种机制要求拥有一位政治性的领导，我们可以将其称为国王。没有其他的体系能够完全解释这种证据的尺度，因为在和平景象下，社会与经济发展持续了好几个世纪。"②

识别图像中的统治者

米诺艺术中的国王在哪里？他们是如何被表述的？当论及这些问题时，爱琴研究的学者们就遇到了困难，因为艺术品中关于国王的明确表述是缺席的。因为"统治者图像的缺失"使得人们对国王的存在产生了怀疑，更不用说伊文思所说的神圣王权了。③当论及丢失了什么时，首先，我们应该考察一下材料的属性，以及历史保存的机缘巧合。我们能够得到的最为接近的纪念碑性表现物就是壁画上的浮雕，尽管鲜有存留，但有一些因机缘巧合被保存了下来。如果考察一下我们拥有的不多的几块壁画浮雕，那么在科诺索斯发现的百合王子（稍后我们会谈到这个形象）或许就可以解释为国王。通过使用与埃及和近东艺术历史学家所使用的同样的标准：王冠、尺码、服饰、身份象征符号、耳环、双轮战车，我们就完全有可能在米诺艺术品中识别国王的形象。

---

① Olivier Pelon. "Royauté et Iconographie Royale dans la Crète Minoenne", in Robert Laffineur and Wolf-Dietrich Niemeier, eds. *Politeia: Society and State in the Aegean Bronze Age. Proceedings of the 5th International Aegean Conference, University of Heidelberg, Archäologisches Institut, 10-13 April 1994.* Aegaeum 12.2 vols. Liège: Université de Liège, 1995, pp. 309-321; Massimo Cultraro. "l'Affresco del Cantore di Pilo e l'Investitura del Potere", *Ostraka* IX: 9-30, 2000.

② Philip Betancourt. "Who Was in Charge of the Palaces?" in Jan Driessen, Ilse Schoep, and Robert Laffineur, eds. *Monument of Minos: Rethinking the Minoan Palaces. Proceedings of the International Workshop "Crete of the Hundred Palaces?", Université Catholique de Louvain-la-Neuve, 14-15 December 2001.* Aegaeun 23. Liège: Université de Liège, 2002, p. 211.

③ Ellen N. Davis. "Art and Politics in the Aegean: The Missing Ruler", in Paul Rehak. *The Role of the Ruler in the Prehistoric Aegean. Proceedings of a Panel Discussion Presented at the Annual Meeting of the Archaeological Institute of America, New Orleans, Louisiana 28 December 1992.* Aegaeum11. Liège: Université de Liège, 1995. 同时参见克皮科（Kopcke）在下面要讲到的 L. 克劳利论文（Janice L. Crowley. "Images of Power in the Bronze Age Aegean", in Robert Laffineur and Wolf-Dietrich Niemeier, eds. *Politeia: Society and State in the Aegean Bronze Age. Proceedings of the 5th International Aegean Conference, University of Heidelberg, Archäologisches Institut, 10-13 April 1994.* Aegaeum 12.2 vols. Liège: Université de Liège, 1995, pp. 475-491）中的相关探讨。

羽冠

伊文思发现了一个绘画浮雕上的人物形象,头部戴着一顶有百合或纸草的帽子(图2-1)。在他看来,这顶王冠是王权的象征,国王将其作为米诺宫殿的象征物,雕刻在黄金盖子上。米诺艺术中存在此种类似的帽子(最为频繁的是在公元前14世纪),迈锡尼官员改造了这种帽子,男女皆可佩戴。

在探讨科诺索斯的人物佩戴的王冠之前,我们或许要看看源自科诺索斯的一幅难忘的戒指图像,上面一个人物形象佩戴了类似的冠状物(图2-2)。这是一位健壮的男性,其两侧站着两条块头很大的狗;图像纹理的设计表明他是一位神明。尽管印章的顶部没有很好地保存下来,我们还是看到他戴了一顶羽毛冠,不过细节性的辨别工作就难以进行了。[①]

羽冠同样也被斯芬克斯所佩戴。[②]其中的一个例子就是靠近科诺索斯的一座墓葬中发现了一个象牙镜子的把手。该器物的制造时间为公元前14世纪,上面有一个头戴纸草状羽毛帽子的斯芬克斯(图2-3)。[③]迄今为止,我们已看到,只有神性形象与斯芬克斯才佩戴这种冠状物。现在要看看叙利亚与埃及的艺术,这可能有些跑题了,但这很重要。我们完全赞同,在埃及,斯芬克斯是法老的神格化形象。这种理念并不单单限于埃及。在叙利亚带有埃及化风格的印章上,斯芬克斯同样与国王联系在一起。[④]

这种图像与王室有联系的极佳例子就是一枚埃及化的叙利亚印章,时间为青铜时代 II B 时期(公元前1700—前1600年)。在这枚印章上,两个斯芬克斯头戴王室阿提夫冠(atef crowns),守护着带翅膀的太阳盘(图2-4)。[⑤]

[①] 头部的形状表明,它被立于王冠上。

[②] Jean Claude Poursat. *Catalogue des Ivoires Mycèniens du Museè National d'Athènes*. Bibliotheque des ecoles Françaises d'Athènes et de Rome fasc. 230. Athènes: ecole Francaise d'Athènes, 1977, pl. XXXVIII no. 350, and pl. XLVIII.

[③] Eavans PM II, fig, 506a.

[④] Beatrice Teissier. *Egyptian Topography on Syro-Palestinian Cylinder Seals of the Middle Bronze Age*. Orbis Biblicus et Orientalis Series Archaeologica 11. Fribourg: Academic Press Fribourg, 1996, pp. 80-84, pp. 87-88. 鲍塞特的论著(Jean Claude Poursat. *Catalogue des Ivoires Mycèniens du Museè National d'Athènes*. Bibliotheque des ecoles Françaises d'Athènes et de Rome fasc. 230. Athènes: ecole Francaise d'Athènes, 1977)表明,"斯芬克斯"是迈锡尼人而不是米诺人的方言。这里要提出的一种观点就是,斯芬克斯通过叙利亚同时到达了克里特岛屿与迈锡尼,在这两种文化中,斯芬克斯与王室意识形态联系在一起。

[⑤] Beatrice Teissier. *Egyptian Topography on Syro-Palestinian Cylinder Seals of the Middle Bronze Age*. Orbis Biblicus et Orientalis Series Archaeologica 11. Fribourg: Academic Press Fribourg, 1996, pp. 80-88. no. 142, pp. 192-195.

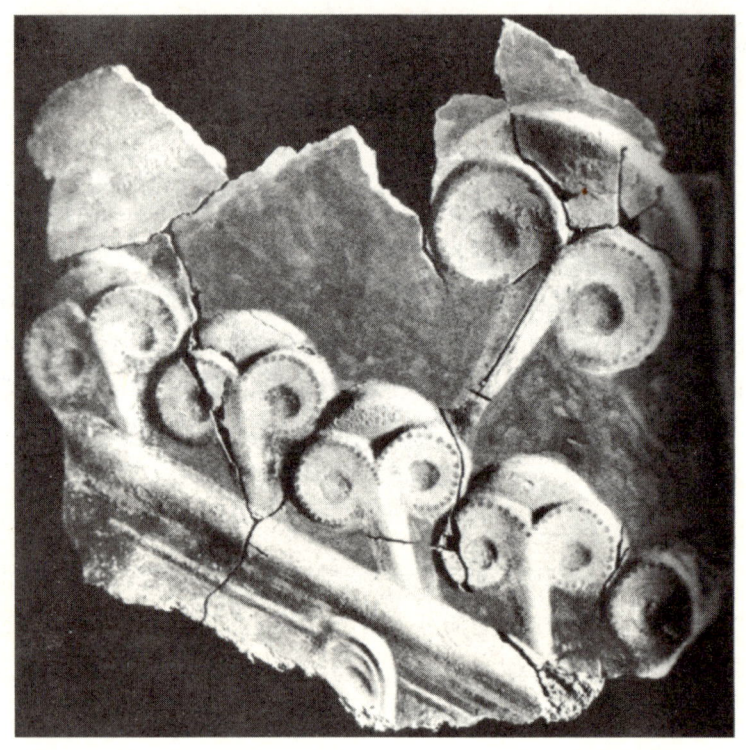

图 2-1 米诺羽冠
科诺索斯出土"百合王子"壁画局部

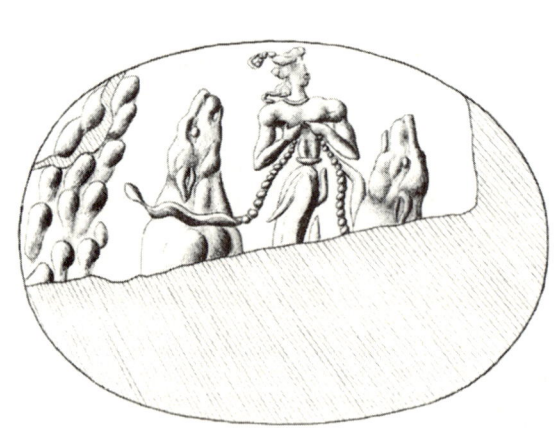

图 2-2 佩戴羽冠的神明及其跟从动物
科诺索斯出土戒指印章

图 2-3 佩戴羽冠的斯芬克斯
科诺索斯的扎福尔帕庞拉公墓出土象牙镜把手

图 2-4 佩戴阿提夫冠的斯芬克斯
叙利亚印章

图 2-5 佩戴羽冠的王后主持祭礼
哈吉亚·特里亚达石棺

我认为,在克里特,斯芬克斯在连接王权与太阳神方面具有同样的内涵。斯芬克斯是什么的问题在此不可能进一步展开;可以充分肯定的是,当羽饰王冠被人类佩戴时,它可能是王权的标志。关于该假设,后文还会做深入探讨。

在一口出自哈吉亚·特里亚达(Hagia Triada)的石棺(公元前 1400 年)上,石棺侧挡上两次出现了一个佩戴羽冠的女性形象。这位女性身着长袍,头戴羽冠。需要指出的是,纸草或百合王冠仅仅在侧挡上出现了一次。这位女性不可能是女神,因为她在主持献祭仪式(图 2-5)。那么她是女祭司吗?这个话题并不能为我们的问题提供答案,因为"女大祭司"这个语词并不能表明一种职业:

在公元前 2000 年，按照职能而言，大祭司总是王后。

因此，这位女性就是王后。接下来就可以进一步推测，羽冠表明了三个层面的范畴：诸神、斯芬克斯、王权。更为深远的一个推论是：这些范畴是可视化的，它们在概念上相互关联。

我们现在最后要转向科诺索斯王宫南部山门上的浮雕壁画①，对其上佩戴百合羽冠的形象进行考察。壁画并没有完全保存下来，但伊文思及艺术家 E. 吉莱伦·佩雷（E. Gilliéron père）、E. 吉莱伦·费里斯（E. Gilliéron fils）做了令人印象深刻的修复（费里斯制造的复制品直到现在还在装饰着科诺索斯南山门）。因为残片较少，加之尚无可靠的结合点，还要对这种修复做进一步检验。王冠一边残留下来的是一个男性形象的脚与躯干，上面有一个百合项链及下体盖片。该男子的皮肤被涂成了微红色，不是通常意义上的表明男性肤色的暗红色（这一点是可信的）；不过该形象的服饰与肤质无疑表明他是男性。他的头部并没有

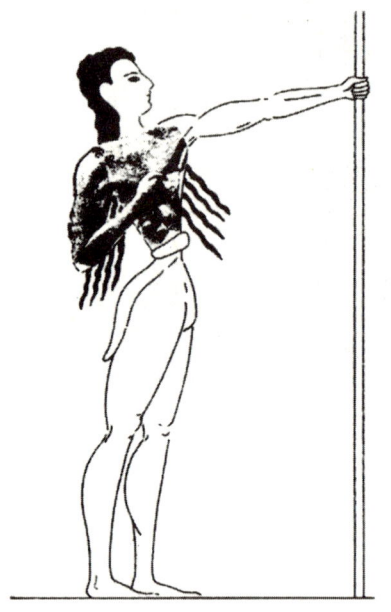

图 2-6　作为神明的"百合王子"修复图
科诺索斯出土壁画，W-D. 尼梅尔修复

被保存下来，但伊文思与吉莱伦夫妇认为，它应该被翻到左边，这样王冠才能够被佩戴。沃尔夫-德里奇·尼梅尔（Wolf-Dietrich Niemeier）对残片进行了重组并断言，该形象为面对东方的神明，羽冠应当属于斯芬克斯；但并没有迹象表明斯芬克斯的存在。②（图 2-6）

近期马利亚·肖（Maria Shaw）已经找到了某些细节来支持伊文思最初的重建工作。马利亚·肖指出，恰恰是该形象王冠上的百合与围绕着他脖子上的百合是相互对应的。③我在这里指出，伊文思的复原因此与吉莱伦·费里斯的复原都是最贴切的。（图 2-7）这个形象类似于石雕上赫梯国王（或王子）的形象（图 2-8），这就直接证实了伊文思与

① Evans PM II, pp. 774-790.

② Wolf-Dietrich Niemeier. "Das Stuckrelief des'Prinzen mit der federkrone'aus Konoss und Minoische Götterdarstellungen", *AM* 102: 65-98.1987.

③ Maria Shaw C. "The 'Priest-King' Freso from Knossos: Man, Woman, Priest, King, or Someone Else?" in A. P. Chapin, ed. *Charis: Essays in Honor of Sara A. Immerwahr.* Hesperia Suppplement 33. Princeton: American School of Classical Studies at Athens, 2004, pp. 65-84.

 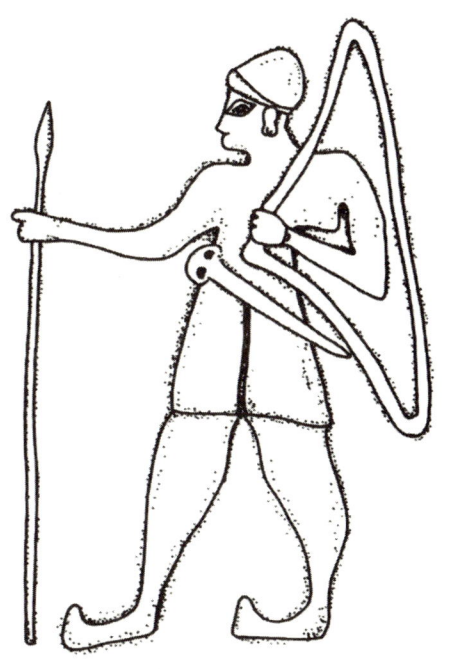

图 2-7　作为国王的"百合王子"复原图
科诺索斯出土壁画，吉莱伦与伊文思复原

图 2-8　赫梯国王
绘于安提－塔罗斯山（阿拉·达格）

吉莱伦的做法是正确的。

我认为，羽冠是辨别克里特－迈锡尼艺术中的神圣国王与王后身份最为重要的可视性因素。科诺索斯人的形象是一位国王，雕刻在科诺索斯王宫南部山门这样一个显要位置上，这一点与我们所要期待的形象恰恰相同。伊文思的重构就这样被丢弃了，真是令人吃惊。这是迄今为止最为省力的一种重构，因为它使得所有现存的残片都富有意义：王冠、百合、蝴蝶、一个严格意义上男性的躯干。在后面的章节（第九章）中，我们会再次将百合与双面斧联系在一起。接下来的一个问题就是：该形象会是神明吗？①在这一点上，我们没有必要在神明或国王之间做决定，因为这种含糊性或许就已经明确表明了伊文思所倡导的概念，即神圣王权。

---

① 无独有偶，迈锡尼王族借用了这种象征符号，尽管在时间上迈锡尼艺术中有一位女性如此，比如，王后或女神，只有这些人才这样被表现为佩戴羽冠。关于羽冠在艺术中的出现的整体性表述，参见 Sara A. Immerwahr. *Aegean Painting in the Bronze Age.* University Park: Pennsylvania State University Press，1990，pp. 114-121，pls. 58，61，62，92；关于象牙的表述，参见 Jean-Claude Poursat. *Catalogue des Ivoires Mycèniens du Museè National d'Athènes.* Bibliotheque des ecoles Françaises d'Athènes et de Rome fasc. 230. Athènes: ecole Francaise d'Athènes，1977，pls. 12，28，53.

带流苏的叙利亚斗篷

除却王冠之外，还有一个因素可以将米诺国王从普通民众中分辨出来：被人们斜披在肩膀上带有缝隙的流苏斗篷。准确地说，在美索不达米亚、叙利亚、安纳托利亚与黎凡特艺术中，这种斗篷被王族（或神明）所佩戴。在关于叙利亚－巴勒斯坦印章的研究中，西尔维亚·施罗尔（Sylvia Schroer）已指出，带有流苏的斗篷是统治者或被神格化的国王的标志。①例如，在一个公元前 19 世纪到公元前 18 世纪的叙利亚印章上，统治者总是被画成身穿长袍，弯着身子站在祭坛前（图 2-9）。②我们在赫梯的一个银质器皿上发现了穿着与此类似的统治者（图 2-10），还有叙利亚境内卡特纳（Qatna）的一个小雕像（图 2-11），以及源自耶利哥（Jericho）青铜时代中期的一个圣甲虫印章③（图 2-12）。上述这些例子中，斗篷无疑标志着神明或统治者，在公元前 2000 年后半叶，整个情况都是如此。

我们现在要转向米诺印章，在这里我们看到了身穿流苏长袍的同样类型的形象。每一个形象都穿着象征其身份的长袍，携带着叙利亚风格的斧头、锤子或弓箭，或者身边跟着一只海豚。（图 2-13）④无疑，这些符号是权力的象征；因

---

① Sylvia Schroer. "Der Mann in Wulstsaummantel. Ein Motiv der Mittelbronzezeit IIB", in Othmar Keel and Sylvia Schroer. *Studien zu den Stempelsiegeln aus Palästina/Israel I*. Orbis Biblicus et Orientalis 67. Fribourg: Academic Press Fribourg, 1985, pp. 53-115.

② 温特（Urs Winter. *Frau und Göttin. Exegetische und Ikonographische Studien zum Weiblichen Gottesbild im Alten Isael und in dessen Umwelt*. Orbis Biblicus et Orientalis 53. Göttingen: Vandenhoeck und Ruprecht, 1983, p. 170, n. 415）认为，在这个特定的印章上，身穿长袍的男性是统治者，因为他拿着弯曲的权杖，这是对赫梯国王的一种怀念。

③ 关于这个圣甲虫印章的探讨，参见 Sylvia Schroer. "Der Mann in Wulstsaummantel. Ein Motiv der Mittelbronzezeit IIB", in Othmar Keel and Sylvia Schroer. *Studien zu den Stempelsiegeln aus Palästina/Israel I*. Orbis Biblicus et Orientalis 67. Fribourg: Academic Press Fribourg, 1985, pp. 53-115. 温特（Urs Winter. *Frau und Göttin. Exegetische und Ikonographische Studien zum Weiblichen Gottesbild im Alten Isael und in dessen Umwelt*. Orbis Biblicus et Orientalis 53. Göttingen: Vandenhoeck und Ruprecht, 1983, p. 244）将源自卡特纳的形象视为神明，因为该形象的头饰上雕刻着一个小小的角状物。在乌迦特发现了一件端坐的类似的男性雕刻，该形象身穿长袍，其身份要么是神明，要么是国王（例子参见 Sylvia Schroer. "Der Mann in Wulstsaummantel. Ein Motiv der Mittelbronzezeit IIB", in Othmar Keel and Sylvia Schroer. *Studien zu den Stempelsiegeln aus Palästina/Israel I*. Orbis Biblicus et Orientalis 67. Fribourg: Academic Press Fribourg, 1985, p. 72, figs. 23-24）。

④ 参见 Evans PM IV, figs. 341-343. 这些形象都带有这种符号。海豚同样也是王权的标志；这就是为何海豚装饰在科诺索斯王宫的原因。参见 Sara A. Immerwahr. *Aegean Painting in the Bronze Age*. University Park: Pennsyvania State University Press, 1990, p. 48, pl. 31, 80; fig. 23; and CMS II. 8, 258; Paul Rehak. "The Aegean 'Priest' on CMS I. 223", *Kadmos* 33: 76-84, 1994.

图 2-9 祭台与十字架前着流苏斗篷、持弯杖的统治者
古代叙利亚印章

图 2-10 赫梯国王
银质器皿

图 2-11 叙利亚神明
叙利亚卡特纳出土小雕像

图 2-12 统治者
耶利哥出土圣甲虫印章

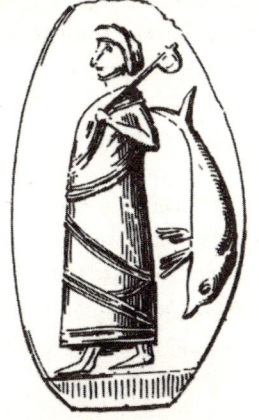

图 2-13 身穿长袍、手持椭圆形斧头的国王
科诺索斯出土印章

此，很难理解为何传统上将其视为祭司而不是国王的形象。①不过奇怪的是，一位学者甚至认为这些形象是中层管理者。②从公元前 2000 年前人的视角出发，立即就能够辨别出来，这是王族所穿的长袍，不过斧头、锤子或弓箭可能被视为世俗（而不是祭司制度）权力的象征。在米诺艺术中，椭圆形的斧头从未在祭祀中使用过。近期出土的一些样品，比如图 2-13 中被男性所持的这种斧头，已经在爱琴地区的王室墓葬中有所发现，譬如，在叙利亚的埃卜拉（Ebla）以及在伯罗奔尼撒半岛的瓦菲奥（Vapheio）。现在可以断言，这些都是王室身份的标志。③

---

① John H. Betts. "The Seal from Shaft Grave Gamma: A 'Mycenaean Chieftain'?" *TUAS* 6: 2-8, 1981, pp. 74-83; Ellen N. Davis. "Art and Politics in the Aegean: The Missing Ruler", in Paul Rehak. *The Role of the Ruler in the Prehistoric Aegean. Proceedings of a Panel Discussion Presented at the Annual Meeting of the Archaeological Institute of America, New Orleans, Louisiana, 28 December 1992.* Aegaeum 11. Liège: Université de Liège, 1995, p. 15; Robert B. Koehl. "The Nature of Minoan Kingship", in Paul Rehak. *The Role of the Ruler in the Prehistoric Aegean. Proceedings of a Panel Discussion Presented at the Annual Meeting of the Archaeological Institute of America, New Orleans, Louisiana, 28 December 1992.* Aegaeum 11. Liège: Université de Liège, 1995, pp. 30-31. 基尔（Koehl）声称，斧头是王族属性的标志，在酋邦或前城邦时代，大祭司与酋长可能是同一个人。相关的目录，参见 John G. Younger. "The Iconography of Rulership in the Aegean: A Conspectus", in Paul Rehak. *The Role of the Ruler in the Prehistoric Aegean. Proceedings of a Panel Discussion Presented at the Annual Meeting of the Archaeological Institute of America, New Orleans, Louisiana, 28 December 1992.* Aegaeum 11. Liège: Université de Liège, 1995, pp. 162-165. 最新的研究成果，参见 Massimo Cultraro. *l'Anello di Minosse: Archeologia della Regalitá Nell'Egeo Minoico.* Biblioteca di Archeologia. Milano: Longanesi & C, 2001, p. 265.

② Paul Rehak. "Enthroned Figures in Aegean Art and the Function of the Mycenaean Megaron", in Paul Rehak. *The Role of the Ruler in the Prehistoric Aegean. Proceedings of a Panel Discussion Presented at the Annual Meeting of the Archaeological Institute of America, New Orleans, Louisiana, 28 December 1992.* Aegaeum 11. Liège: Université de Liège, 1995, p. 111.

③ Evans PM IV, pp. 419-421; Imma Kilian-Dirlmeier. "Das Kuppelgrab von Vapheio (Lakonien): Die Beigabenaussatattung in der Steikiste: Unterschung zur Sozialstruktur in apäthelladischer Zeit", *Jahrbuch des Römisch-Germanischen Zentralmuseums*, 34: 197-212, 1987; Robert B. Koehl. "The Nature of Minoan Kingship", in Paul Rehak. *The Role of the Ruler in the Prehistoric Aegean. Proceedings of a Panel Discussion Presented at the Annual Meeting of the Archaeological Institute of America, New Orleans, Louisiana, 28 December 1992.* Aegaeum 11. Liège: Université de Liège, 1995, p. 31, pl. XIIIb. Massimo Cultraro. *l'Anello di Minosse: Archeologia della Regalitá Nell'Egeo Minoico.* Biblioteca di Archeologia. Milano: Longanesi & C. 2001, pp. 263-264. 关于叙利亚斧头的探讨，参见 Paolo Matthiae. *I Tesori di Ebla.* Roma-Bari: Laterza, 1984, p. 61, fig. 13.

在美索不达米亚、叙利亚与巴勒斯坦地区，假如这些带有流苏的斗篷是王权的象征，那么为何在克里特就是一个例外？我断言，如果我们采用近东的视角来阐述米诺艺术，那么这种带流苏的斗篷就是权力的象征，即国王身份的标志。

还有一个重要的观点将人类与带流苏的斗篷、神圣王权联系起来。在两个印章（一个源自瓦菲奥，另外一个源自现在的日内瓦）上，一个身着长袍的形象牵着一头被拴住的格里芬（图2-14a、图2-14b）。①毫无疑问，这些形象要么是神明，要么是国王，这些图像将神明与国王的身份融合在一起了。

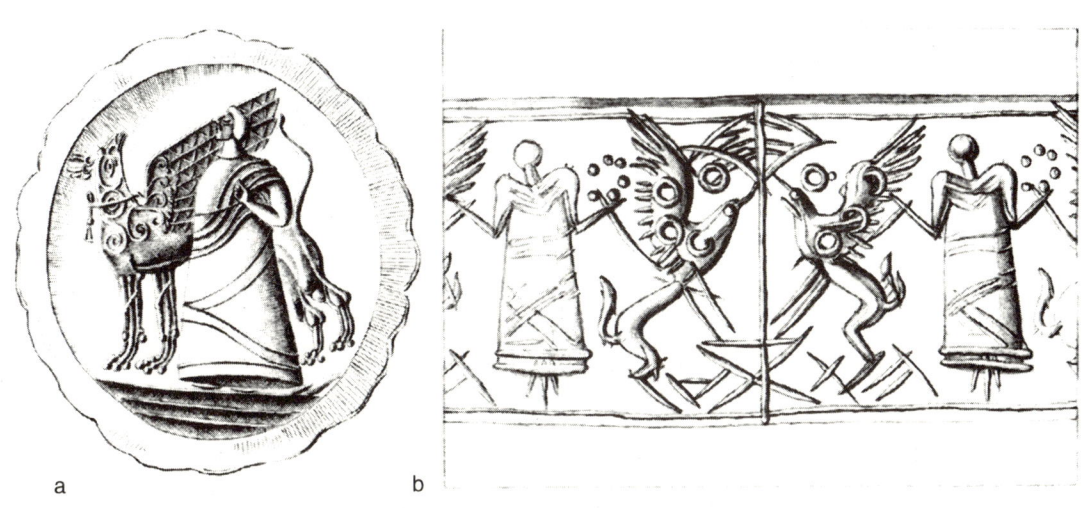

图 2-14　带着格里芬的神明或统治者
a. 拉库尼亚瓦菲奥出土印章　b. 圆筒印章

鳞纹服饰

不过还可以利用另外一种类型的衣服来辨别国王。在哈吉亚·特里亚达出土的一个皂石器皿上，即在所谓丰收瓶上，有丰收之后，一队朝气蓬勃的年轻人扛着叉子列队前进的图像。（图2-15）在图像中，一些青年在唱歌，一些在拨弄叉铃，还有一个已经倒下了。不过凭借尺寸与服饰，可以很容易辨别出其中一个是队列的指挥者。这个人的衣服上有很多鳞片，边上有很多流苏。学者们一直在争论这个人物形象的衣着究竟是金属的胸甲还是一种仪式性的服饰；无

---

① Evans PM IV, p. 412; Nanno Marinatos. *Minoan Religion: Ritual, Image and Symbol.* Columbia: University of South Carolina Press, 1993, p. 129.

图 2-15 穿着鳞状衣服的国王在指挥丰收队列
特里亚达出土"丰收"器皿

论如何,这个人的穿着并不常见。①这个带队者一般被描述为祭司;伊文思也这么认为,并补充说他是歌队的组织者,是乐队的领唱。"领唱"这个术语是从希腊悲剧中借用过来的。伊文思与那些后来跟从他的学者们都错了。②将这位领队与其跟从者辨别出来的依据不仅仅是身材与衣着,还有其发型,而这恰恰与印章上带有长流苏的斗篷(图 2-13、图 2-14)是相互对应的,一个乡村的首领

---

① 关于这种衣着的探讨,参见 Evans PM II, p. 341, fig. 194; Martin P. Nilsson. *The Minoan-Mycenaean Religion and Its Survival in Greek Religion*. 2d ed. Lund: Kungl. Humanistiska Vetenskapssamfundet, 1950, pp. 160-162; Pierre Demargne. "La Robe de la Déese Minoenne sur un Cachet de Mallia", *Mélanges d'archéologie et d'histoire offerts á Charles Picard*. RA 29-30: 280-288, 1949; Spyridon Marinatos. *Kleidung Haar-und Barttracht*. Archaeologia Homerica, Band1: A, B. Göttingen: Vandenhoeck & Ruprecht, 1967, A 27, fig. 4; Massimo Cultraro. *l'Anello di Minosse: Archeologia della Regalitá Nell'Egeo Minoico*. Biblioteca di Archeologia. Milano: Longanesi & C, 2001, pp. 259-260, 该书附有近期研究书目。另外参见 Effie Sapouna-Sakellaraki. *Minoikon Zoma (Minoan Zoma)*. The Archaeological Society at Athena Library Series 71. Athens: The Archaeological Society at Athens, 1971, p. 78 no. 181, 107.

② Evans PM IV, 219; 尼尔森(Martin P. Nilsson. *The Minoan-Mycenaean Religion and Its Survival in Greek Religion*. 2d ed. Lund: Kungl. Humanistiska Vetenskapssamfundet, 1950, p. 160)将其称为"带胸甲的领队"。斯派雷登·马瑞纳托斯(Spyridon Marinatos. *Excavations at Thera VII. 1973 Season*. Athens: Archaeological Society at Athens, 1976)将其叫作"本地领袖"。相关探讨同时参见 Effie Sapouna-Sakellaraki. *Minoikon Zoma (Minoan Zoma)*. The Archaeological Society at Athena Library Series 71. Athens: The Archaeological Society at Athens, 1971, p. 107, pp. 123-129, pls. 44-45, 52.

不可能以这样一种方式被象征化。①穿着这种服饰，这个男性既是神明的象征，又是世俗权威的标志，在丰收队列中表现得像个首领，这一点与埃及奥帕特仪式（feast of opet）中法老的角色有些类似。奥思玛·基尔写道："在近东各地，祭礼职责委托给了国王。"②

人像印章

在米诺与迈锡尼的一些印章上发现了带髦与胡须的短发男性形象；科诺索斯与迈锡尼王室墓葬中均发现了这类印章（图2-16）。③传统解释一般将这类形象视为祭司。④前文已论及，"大祭司"这个术语在神权政治中并不能够表明是一种职业，而是在仪式中对国王的一种礼仪性称呼。我因而要指出，这种类型的形象是王室成员。支持这种假设的另一证据就是，这种带有胡须类型的头像在迈锡尼竖井墓中的面具上也同样存在，前文论及的图像中也有这种类型（图2-13、图2-16a—b）。倘若我们接受这种带胡须的形象是国王这种说法，那么为何这些印章上的图像是祭司而不可能是国王呢？

只有在两种场合中，这种带胡须的头像与另外一个没有胡须的头像并列，并且是类似的，而这个没有胡须的头像显然表示的是位年轻人（图2-17）。⑤如果将这一组图像解释为父与子，即两代人，那么这种阐释是最为合理的。这种诠释非常符合王权的类型，因为在埃及存在同样的匹配物。⑥国王提拔的不是他自己，而是其后裔与儿子。

---

① Pierre Demargne. "La Robe de la Déese Minoenne sur un Cachet de Mallia", *Mélanges d'archéologie et d'histoire offerts à Charles Picard. RA* 29-30: 280-288, 1949.

② Othmar Keel. *The Symbolism of the Biblical World: Ancient Near Eastern Iconography and the Book of Psalms.* Transl. T. J. Hallett. New York: Seabury Press, 1978, pp. 278-279.

③ 在髦上。参见 Spyridon Marinatos. *Kleidung Haar-und Barttracht. Archaeologia Homerica*, Band 1: A, B. Göttingen: Vandenhoeck & Ruprecht, 1967, B12.

④ John H. Betts. "The Seal from Shaft Grave Gamma: A 'Mycenaean Chieftain'?" *TUAS* 6: 2-8, 1981, pp. 74-83; CMS II. 3, 13 and 196; VIII, 110a-c; IX, 6D; X, 278. 不过斯派federated·马瑞纳托斯（Spyridon Marinatos. *Kleidung Haar-und Barttracht. Archaeologia Homerica*, Band 1: A, B. Göttingen: Vandenhoeck &Ruprecht, 1967, B7）认为，他们是统治者。我现在必须纠正先前将其视为祭司的观点（Nanno Marinatos. *Minoan Religion: Ritual, Image and Symbol.* Columbia: University of South Carolina Press, 1993, pp. 127-133）。

⑤ CMS IX, 6D and CMS X, 278.

⑥ 譬如，埃及法老塞提一世与拉姆西斯二世就被表述为戴王冠的王子。参见 Kenneth A. Kitchen. *Pharaoh Triumphant. The Life and Times of Ramesses II.* Cairo: Benben, 1982, p. 34, fig. 12; Kurt Lange Max, Hirmer. *Aegypten: Architektur, Plastik, Malerei in Drei Jahrtausenden.* 2nd ed. München: Hirmer, 1956, pl. 219.

图 2-16 国王肖像
a. 科诺索斯出土印章 b. 墓圈 A 中的迈锡尼竖井墓出土黄金面具/半身雕像

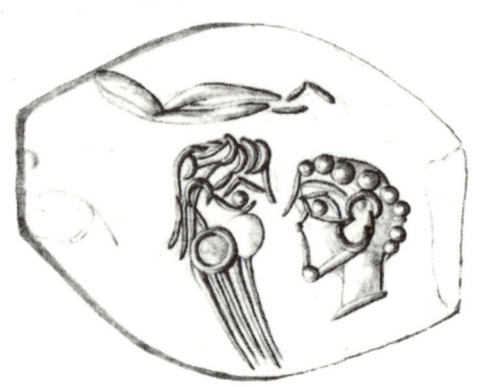

图 2-17 国王与王子，二人皆佩戴耳环
石制印章

最后一条注释要关注的是图 2-17 中男性与年轻人佩戴的耳环，耳环显然是一种级别的标志。在锡拉的一幅壁画上，一位男性头戴羽毛，佩戴环形耳环，站在一棵棕榈树前。①这幅壁画现在已经得以修复，看上去这位男性与格里芬、圣坛、坐着的女神联系在一起。这样，源自锡拉的壁画就支持了这样一种假说：这类头插羽毛耳戴耳环的形象极有可能是首领。最后要加以考察的就是，环形耳环同样也是赫梯国王的突出标志(譬如，图 2-10 中的赫梯国王同样佩戴这种耳环)。

---

① 就像斯派雷登·马瑞纳托斯（S. Marinatos）解释的那样，这位男性不是非洲人，而是一位首领。参见 Nanno Marinatos. "Public Festivals in the West Courts of the Palaces"，in Robin Hägg and Nanno Marinatos，eds. *The Function of the Minoan Palaces. Proceedings of the Fourth International Symposium at the Swedish Institute in Athens*，*10-16 June 1984*. SkrAth 4°，35. Stockholm: Paul Åströms，1987，pp. 137-141，以及书目。

双轮战车

辨别国王身份的另一种方式是双轮战车符号的存在。爱琴地区首次出现双轮战车的时间与迈锡尼、科诺索斯王权巅峰时期是相符合的,与埃及第十八王朝的王权也是一致的。①对克里特而言,这个时代为 MMIIIB 或 LMI 时期,而希腊大陆则为 LHI 时期。对于一些非专业学者来说,这些术语有些费解,必须就此解释一下,这是根据地层与陶器序列而指定的一种断代法。如果我们考察同时代的埃及与近东,那么就会发现这是一个帝国雄起的时代:埃及、米尼坦人宣称帝国成立,最后赫梯人也不例外。

在埃及与叙利亚-巴勒斯坦的圣甲虫印章上,最终直到第十八王朝早期才出现了法老形象(图2-18)。②在埃及与叙利亚-巴勒斯坦,倘若"车夫"一直是国王的话,那么"普里奥利"(priori)这个词语与之就有些类似,同时代的克里特与迈锡尼艺术情节单元中具有类似的意义。因此,克里特战车与迈锡尼战车的同时出现就使得我们能够破译王权的象征,并借用其近邻国家将克里特同步化。

图 2-18 法老在战车上
巴勒斯坦南部出土埃及化印章

① Willian S. Stevenson Smith. *Interconnections in the Ancient Near East: A Study of the Relationships between the Arts of Egypt, the Aegean, and Western Asia*. New Haven: Yale University Press, 1965, pp. 22-23; Othmar Keel and Christoph Uehlinger. *Göttinnen, Götter und Gottessymbole: Neue Erkenntnisse zur Religionsgeschichte Kanaans und Israels Aufgrund Bislang Unerschlossener Ikonographischer Quellen. Quaestiones Disputatae* 134. Fribourg, Basel, Wien: Herder, 1995, p. 68.

② 第十八王朝之前,战车尚未出现。参见 André Wiese. *Zum Bild des Königs aud Ägyptische Siegelamuletten*. Orbis Biblicus et Orientalis 96. Fribourg: Academic Press Friboug, 1990, pp. 81-87; Othmar Keel. *Corpus der Stempelsiegel-Amulette aus Palästina/Israel von der Anfangen bis zur Perserzeit Einleitung*. Orbis Biblicus et Orientalis Series Archaeologica 10. Friburg: Academic Press Fribourg and Göttingen: Vandenhoeck and Ruprecht, 1995, p. 202; Beatrice Teissier. *Egyptian Topography on Syro-Palestinian Cylinder Seals of the Middle Bronze Age*. Orbis Biblicus et Orientalis Series Archaeologica 11. Fribourg: Academic Press Fribourg, 1996.

在迈锡尼竖井墓石碑上,国王加双轮战车是一种最为常见的程式化的主题。在这些石碑上,国王独自驾驭战车,身边没有驾车手。应该注意这种细节,因为在埃及艺术中,法老也是独自一人驾车。有些时候,迈锡尼的国王也会像埃及第十九王朝的国王一样,身边跟着一只狮子,它正在捕食。(图 2-19)这种狮子肯定是王室的狮子,它不是在寻找猎物,而是作为国王欲望的象征符号而出现。①

在克里特的戒指上,我们看到了一个单独的战车手在驾驭战车。米诺与迈锡尼世界,叙利亚、巴勒斯坦与埃及的图像中均出现了这种类型的战车图像,这

图 2-19　国王在战车上狩猎
迈锡尼墓葬 V 竖井墓出土石碑

---

① Georg Karo. Die *Schachtgräber Von Mykenai*. München: Bruckmann, 1933, pp. 29-35; Emily Vermeule. *Greece in the Bronze Age*. Chicago: University of Chicago Press, 1964, pp. 90-94; Sinclair Hood. *The Arts in Prehistoric Greece*. Harmondsworth: Penguin, 1978, pp. 96-98. 卡罗及其以后的学者并不理解,狮子是国王的伙伴,他们也没有将这两幅图像视为是相互关联的。关于埃及第十八王朝与第十九王朝的艺术类似物,参见 Mohamed Saleh and Hourig Sourouzian. *Die Hauptwerke im Ägyptischen Museum Kairo*. Offizieller Katalog. Mainz: Philipp von Zabern, 1986, no. 178(法老图特卡蒙与狮子相伴)。Kenneth A. Kitchen. *Pharaoh Triumphant: The Life and Times of Ramesses II*. Cairo: Benben, 1982, p. 167, fig. 52; Othmar Keel. *The Symbolism of the Biblical World: Ancient Near Eastern Iconography and the Book of Psalms*. Transl. T. J. Hallett. New York: Seabury Press, 1978, pp. 86-87, fig. 103.

一定同时会给我们一些思想性的启发。少数学者否认迈锡尼的战车手是王室成员,事实上,克里特这种同类图像的出现并没有引起我们足够的重视,这些形象也没有被视为国王。①(图2-20)更多的证据支持这种观点,即在米诺时代的克里特,双轮战车是王族的交通工具。源自同时代的一枚戒指上的战车印章图像(图2-21)表明,格里芬驾驭着战车。毫无疑问,车上的乘客一定是一位男神。这类图像的相似性表明,车手并非普通人,而是国王。

现在我们要转向科诺索斯的一幅壁画上的战车图像(图2-22),其时间约为公元前1400年,比戒指的时间晚了一个世纪左右。②战车内是一个身着长袍的人物形象,此人在驾驭战车。战车前方为一头公牛,这无疑是祭祀场景。③如果使用我们已经确立的一些标准,即长流苏斗篷与战车,那么我们就能够将该形象看作带领公牛走向祭坛的国王,这是国王作为大祭司在履行自己的职能。他右手所持的鞭子使我们联想到了法老所持的鞭子(比较图2-18)。

圆花饰:太阳与王权象征物

还有另外一种方式可以辨别王族的身份:圆花饰或半圆符号。科诺索斯与派罗斯(Pylos)壁画上均发现了装饰有半圆花饰的衣服。在科诺索斯王宫西边走廊的北部-南部轴线一带,发现了很多壁画,该壁画是整个壁画的组成部分。这些花饰围绕一个人物形象而被表述,该形象的衣服褶皱上装饰着很多半圆花饰(图2-23a)。在这两幅壁画中,保存下来的只有人物形象的白色的足部。因此,这两个形象均被视为女性。事实上,我也像其他学者一样,觉得白色未必就总是象征着女性。我在这里要关注的是王族身份,而不是历来的人物形象的性别

---

① 这三个图像分别发现于克里特的斯卡拉沃卡姆普斯(Sklavokampos)、特里亚达,锡拉的阿卡鲁提里(Akrotiri)。上述这些图像出自同一枚戒指。

② 伊文思(Evans PM IV, pp. 812-825)收集了战车图像,但他并没有探讨科诺索斯的残片。关于残片的复原,卡梅隆(Mark A.S. Cameron. "Unpublished Fresco Fragments of A Chariot Composition from Knossos", *AA* 82, 1967, pp. 330-344)与亚历克西乌(Stylianos Alexiou. "Minoan Palaces as Centres of Trade and Manufacture", in Robin Hägg and Nanno Marinatos, eds. *The Function of the Minoan Palaces. Proceedings of the Fourth International Symposium at the Swedish Institute in Athens, 10-16 June 1984.* SkrAth 4°, 35. Stockholm: Paul Åströms, 1987, pp. 251-253)修复了前一个残片。同时参见 Joost H. Crouwel. *Chariots and Other Means of Transport in Bronze Age Greece.* Allard Pierson Series 3. Amsterdam: Allard Pierson Museum, 1981, p. 145; Nanno Marinatos. *Minoan Sacrificial Ritual: Cult Practice and Symbolism.* SkrAth 8°, IX. Stockholm: Paul Åströms, 1986, pp. 32-33, fig. 21.

③ Mark A. S. Cameron. "Unpublished Fresco Fragments of A Chariot Composition from Knossos", *AA* 82, 1967.

图 2-20　国王在战车上
特里亚达、斯卡拉沃卡姆普斯与阿卡鲁提里出土戒指印章

图 2-21　国王驾驭格里芬战车
科诺索斯出土戒指印章

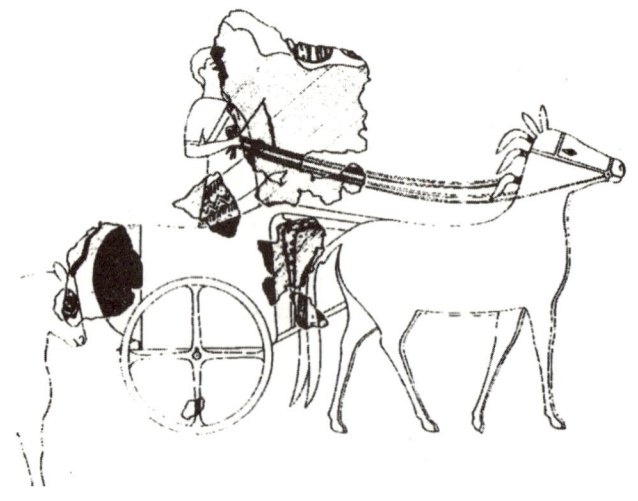

图 2-22　国王在战车上引导公牛献祭队列场景
科诺索斯出土王宫壁画

问题。①已经给出的一个例子就是科诺索斯的人物形象是王后,因为在科诺索斯的神庙里也有同样的图案(图2-23b)。这就意味着,在科诺索斯神庙中坐在御座上的女神的服饰与列队者的服饰之间存在一种成熟的视觉性对应(关于这一点在第四章中还会详细阐释)。②如果沿着这种逻辑思维,那么派罗斯壁画上的形象也是王族。③

圆花饰也是科诺索斯王宫建筑石头壁画与中楣上的核心符号。④这种圆花饰呈现一种格式化的自然主义形式,花饰中间是一个圆形花蕊,两边是花

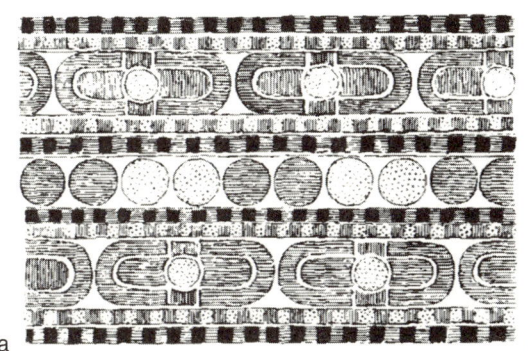

图2-23 半圆花饰
a. 科诺索斯王宫走廊队列女性(女神或王后)服饰   b. 科诺索斯御座室

① Evans PM II, fig. 450; Christos Boulotis. "Nochmals zum Prozessionsfresko von Knossos: Palast und Darbringung von Prestige-Objekten", in Robin Hägg and Nanno Marinatos, eds. *The Function of the Minoan Palaces. Proceedings of the Fourth International Symposium at the Swedish Institute in Athens, 10-16 June 1984.* SkrAth 4°, 35. Stockholm: Paul Åströms, 1987, pp. 145-156; Nanno Marinatos. *Minoan Religion: Ritual, Image and Symbol.* Columbia: University of South Carolina Press, 1993, pp. 51-54.

② 鲁塞克(Helga Reusch. "Zum Wandschmuck des Thronsaales in Knossos", in Ernst Grumach. *Minoica. Festschrift zum 80. Geburtstag von Johannes Sundwall.* Deutsche Akademie der Wissenschaften zu Berlin. Schriften der Sektion für Altertumswissenschaften 12. Berlin: Akademie Verlag, 1958, pp. 334-358)阐释了神庙中楣的象征性价值,但并没有将其与壁画序列上的女性联系起来。

③ Mabel L. Lang. *The Frescoes.* Vol 3 of *The Palace of Nestor at Pylos in Western Messenia.* Princeton: Princeton University Press, 1969. pp. 85-86, col. pls. 31, D, N. 圆花饰同样被迈锡尼国王采用,被象征性地用在宫殿与墓穴上。具体参见 Mabel L. Lang. *The Frescoes.* Vol 3 of *The Palace of Nestor at Pylos in Western Messenia.* Princeton: Princeton University Press, 1969, pl. 139; Evans PM II, pp. 695-696.

④ 源自不同的时代,参见 Evans PM, II, p. 290, p. 695; Robin Hägg and Nanno Marinatos, eds. *The Function of the Minoan Palaces. Proceedings of the Fourth International Symposium at the Swedish Institute in Athens, 10-16 June 1984.* SkrAth 4°, 35. Stockholm: Paul Åströms, 1987, pp. 129-134.

图 2-24 圆花饰主题
科诺索斯出土王宫壁画

瓣。①（图 2-24）

伊文思注意到了这种圆花饰的重要性，并将其视为富丽堂皇的象征，但伊文思对其意义避而不谈。②我会在第十章中探讨这种主题的意义，此处仅仅指出，这是王权的另外一种可视性标志。

为了将圆花饰作为富贵的象征符号，还要做更多的比较。在出自梯林斯时间为公元前 14 世纪的一枚戒指上，刻画了一位女神坐在御座上接受狮子——妖怪仆人的祭品（图 2-25）。女神上方是太阳盘、新月符号，以及闪闪发光的星星。女神下方是带分裂的圆花饰的饰带。这枚戒指上的圆形带状装饰物将圆花饰与端坐在御座上的天空女

图 2-25　四个妖怪服侍端坐的女神，女神上方是太阳、月亮，下方为圆花饰带

梯林斯出土金戒指

主人联系起来，并同时表明，在同一个时代，这是王族与神明的象征物。科诺索斯与迈锡尼王宫极有可能被视为神明在地上的神圣居所。

在爱琴地区与近东，圆花饰在整个时代都是作为王权的象征符号而存在的。我的第一个例子是一个手镯，它属于公元前 16 世纪后期的竖井墓葬中的迈锡尼

---

① 宫殿内还有带有类似符号的一些壁画，譬如，在天花板上的泥雕中，圆花饰散布在一些螺旋形的符号中，这些螺旋形的符号显然是云彩的象征。参见 Evans PM III, pp. 24-31, pl. XV。伊文思注意到埃及存在一些类似的带有这类星星的天花板。参见 Maria C. Shaw. "Ceiling Patterns from the Tomb of Hepzefa", AJA 74: 25-30, 1970.

② Evans PM III, pp. 46-65; Nanno Marinatos. Minoan Religion: Ritual, Image and Symbol. Columbia: University of South Carolina Press, 1993, pp. 58-61.

国王。令人瞠目结舌的是,这个手镯上装饰着一个单独的圆花饰(图2-26a)。[1] 我的第二个例子是尼姆罗德(Nimrud)的阿苏尔那西巴尔(Assurnassipal)国王的浮雕(图2-26b),时间为公元前9世纪。[2]尽管时间不同,相同类型的手镯却表明了国王的身份。

结语:国王与神明

能够从艺术中辨别出米诺王族吗?回答是肯定的。实际上,可以通过很多因素而不是一个因素可以将国王与王后分辨出来:王冠、衣服、装饰品,甚至是

图2-26 圆花饰手镯
a. 出自迈锡尼竖井墓(公元前16世纪)
b.尼姆罗德出土的阿苏尔那西巴尔王浮雕(约公元前9世纪)

---

[1] Georg Karo. Die *Schachtgräber von Mykenai*. München: Bruckmann, 1933, p. 76, pl. XLII, no. 263.

[2] Liane Jakob-Rost et al. *Das Vorderasiatische Museum*. Berlin: Staatliche Museen zu Berlin und Preusischer Kulturbesitz: Philipp von Zabern, 1992, cat. no. 109.

相关的尺寸。在此过程中,我们已经注意到,尽管能够将国王与王后从普通民众中辨别出来,但却很难将其与神明区别开来。对于近东的印章图像而言,这种含糊性同样存在。多米尼克·科伦(Dominique Collon)写道:"很有可能,神明与人类穿着同样的衣服,血统高贵的女性被刻画为穿着与叙利亚女神一样的服装,只有头饰不太一样。"但多米尼克·科伦同时指出,高耸的头饰并非是将国王与神明区分开来的绝对世俗性标准,因为在一些例子中,它缺少角状物,这是象征神明的明确符号。多米尼克·科伦断言:"一些形象尚存疑问。"①

我们现在转向公元前13世纪赫梯统治的安纳托利亚。在图2-27中,我们从亚兹利卡亚(Yazilikaya)的石头避难所中看到了赫梯国王及守护神太阳神。在这些例子中,这些形象穿着同样的长袍:国王与神明穿戴得极为相似。

毫无疑问,在叙利亚-安纳托利亚地区,国王与神明均被同样类型的模板所塑造。对他们的辨识工作是通过碑铭的标题或角冠进行的,后者是神明的佩戴物。那么它是米诺人的克里特的那些真正的统治者图像吗?或者我们是否能够

图2-27　a. 赫梯国王　b. 太阳神
亚兹利卡亚石头圣殿出土

---

① Dominique Collon. *First Impressions: Cylinder Seals in the Ancient Near East*. Chicago: University of Chicago Press,1987, p. 187.

辨别它?①如果这种含糊性依然存在,那么为了辨别国王与神明,它是较为成熟的一种方法吗?国王就这样被视为是神明的同类。②

现在需要补充一种观点,近东图像中一种普通的图像类型是端坐的国王,这种形象在克里特-迈锡尼的艺术中是缺席的,这一点得到了学界认可。但这一点并不能为王权的缺席提供证据,因为这种特殊性依然适用于米诺的男性神明,他们从未被表现为端坐在御座上的样子(参见第十三章)。现在必须指出,官方艺术经常是范例化的:国王跟随在其保护神的可视性形象的后面。这样,缺席的端坐的国王的问题就进一步导向了缺席的端坐的神明这个问题。这个观点在第十三章中还会有进一步的阐释。无论如何,端坐图像的缺席绝不能否认王权的存在。

---

① 克劳利(Janice L.Crowley. "Images of Power in the Bronze Age Aegean", in Robert Laffineur and Wolf-Dietrich Niemeier, eds. *Politeia: Society and State in the Aegean Bronze Age. Proceedings of the 5th International Aegean Conference*, *University of Heidelberg*, *Archäologisches Institut*, *10-13 April 1994. Aegaeum 12.2 vols. Liège: Université de Liège 1995*, p. 190)指出了王权图像缺乏的反论:"在图像与考古证据之间存在一种张力,前者并不能以一种明确的态度高举王权,后者揭示了一个官僚体系。"近期最为新近的探讨参见 Joseph Maran and Eftychia Stavrianopoulou. "Potnios Aner: Reflections on the Ideology of Mycenaean Kingship", in E. Alram-Stern and George Nightingale, eds. *Keimelion. Band*, Vienna: Österreichische Akademie der Wissenschaften. Denkschriften, 2007, pp. 285-292.

② Nanno Marinatos. "Divine Kingship in Mionan Crete", in Paul Rehak. *The Role of the Ruler in the Prehistoric Aegean. Proceedings of a Panel Discussion Presented at the Annual Meeting of the Archaeological Institute of America*, *New Orleans*, *Louisiana*, *28 December 1992. Aegaeum*11. Liège: Université de Liège, 1995.

第三章 作为大祭司的国王与王后

> 看来很确定的是,我们必须承认米诺斯这种神性绰号……但根据与安纳托利亚地区相关的地理学大中心所提供的相似性看来,米诺斯的神圣性具有一种特殊的意味。
>
> ——亚瑟·伊文思[①]

米诺人的国王同时是大祭司,克里特王权机制类似于近东高级辉煌文明中的伟大中心的"神权政治",关于这一点,伊文思无疑是对的。在这些情境中,国王是人类社会与神界之间唯一合法的中介,因此将世俗人员与宗教人员分离是毫无意义的。这条注释同样适用于王后:作为神权政治的强者,王后的地位更为尊贵,因为她不仅是国王的妻子,还是王位继承者的母亲。不过伊文思并没有沿着其推理走下去。尽管伊文思讲到了一些祭司形象,但我们在后面会看到,并不能在图像中将高级祭司制度从王权中分辨出来。

这并不能够否认克里特存在祭司群体,就像近东与埃及一样。在迈锡尼时代的希腊,线形文字 B 泥版表明,i-je-re-u 这样的人员就是祭司。[②]同样也不能否认祭司拥有一定的权力(在特定历史时期,祭司甚至可以操控国王)。[③]任何祭祀机构里的祭司都应该被表述为国王的替身,关于这一点,我们现在要进行质疑。我们要质疑的是这样一种观点:米诺社会并不存在国王的图像,但却有很多神职人员形象。这一点与近东乌迦特、赫梯祭祀文本之间的差异是何其大啊,后者

[①] 题记部分出自 Evans PM I, p. 3.
[②] Emily Vermeule. *Greece in the Bronze Age*. Chicago: University of Chicago Press, 1964, V69-70.
[③] 埃及的记载表明,祭司人员是世袭的,大祭司制度是祭祀制度的顶峰。譬如,在拉姆西斯二世时期,祭司为一种叫作巴克昂斯(Bakekhons)的职业(Kenneth A. Kitchen. *Pharaoh Triumphant: The Life and Time of Ramesses II*. Cairo: Benben, 1982, pp. 170-171)。不过我们并不能就此认为,这种职位遮蔽了国王作为高级祭司这种身份。相反,这种职位承担了这种监督性的建构工作,我们已经从巴克昂斯的自夸中明白了这一点。关于迈锡尼线形文字 B 文本中祭司的相关探讨,参见 Monique Gerard-Rousseau. *Les Mentions Religieuses dans les Tablettes Mycéniennes*. Incunabula Graeca 29. Rome: Edizioni dell'Ateneo, 1968, pp. 108-111.

强调只有国王才是祭礼的主持者。①

我们现在要转向前文已经讲到的那些印章上的肖像头像,这些图像表明它们是统治者而不是祭司的头像。带胡须的肖像同样与动物头部相关。这就很有意思了:倘若国王为大祭司,他在视觉上理当与献祭的动物相关。②(图3-1)

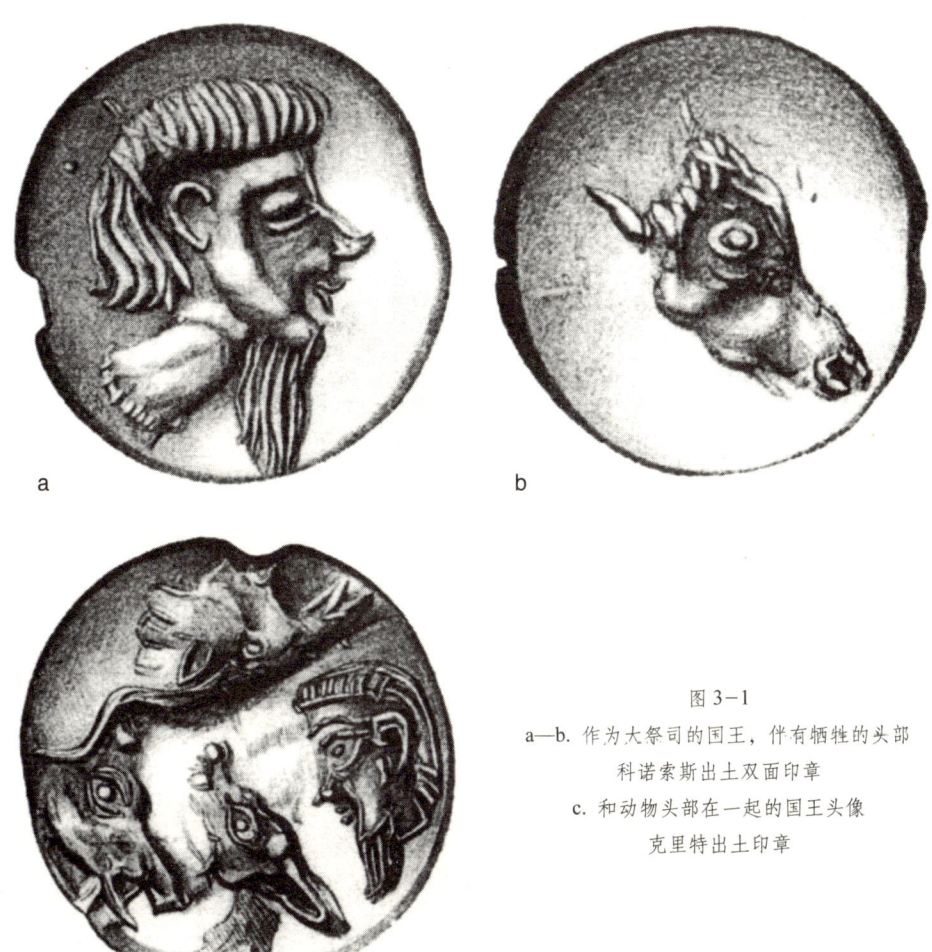

图3-1
a—b. 作为大祭司的国王,伴有牺牲的头部
科诺索斯出土双面印章
c. 和动物头部在一起的国王头像
克里特出土印章

---

① Dennis Pardee. *Ritual and Cult at Ugarit*. Writings from the Ancient World 10. Society of Biblical Literature. Atlanta: Brill, 2002, p. 2.

② 关于将这些头像作为祭司的阐释,参见 John H. Betts. "The Seal from Shaft Grave Gamma: A 'Mycenaean Chieftain'?" *TUAS* 6: 2-8, pp. 74-83; CMS II. 3, 13, 196, VIII, 110a-c; IX, 6D; X, p. 278. 我务必要纠正先前将其视为祭司的观点(Nanno Marinatos. *Minoan Religion: Ritual, Image and Symbol*. Columbia: University of South Carolina Press, 1993, pp. 127-133)。

王室大祭司机制的一个重要因素就是经济：在所有重大公开的祭祀庆典中，国王是牺牲的主要提供者。艺术品与文本都表明，宴席是王族想传达的自我表述的信息的一个部分：伟大的国王，气派的场面。在公元前2000年的埃及文本与图像中，我们得到了国家祭礼的生动描述。歌者、舞者、特技演员均参与了这场仪式，甚至航行在尼罗河的整个舰队都加入了祭祀队列。[1]展示祭品种类的多样性是展演的另一种方式。在拉姆西斯二世统治时期，碑铭里最为壮观的记载就是寺庙的供应：11 400块面包与饼子，358桶啤酒，各种各样无数的肉类与熏香。[2]出自公元前13世纪到公元前11世纪的一块乌迦特泥版提供了关于很多公羊贡品及其他动物贡品的证据。[3]假如国王能够表明，他可以向神明提供丰盛的祭品，那么他同样能够养活大量的子民，他能够向本地人和异邦发送信息，就像他拥有一个富裕的国度。看看下面的一个乌迦特文本：

献给山神萨普努（Sapunu）的祭品

给伊鲁或埃尔（Ilu 或 El）一头公牛与一头公羊

给达甘一头公牛与一头公羊

给萨普努的巴鲁（Balu）一头公牛与一头公羊

给巴鲁一头公牛与一头公羊

给阿苏·瓦·萨努玛（Arsu wa Sanuma）一头公羊

给克塔鲁（Kotaru）一头公羊

给亚里胡（Yarihu）一头公羊……

给阿塔里（Attary）一头公羊

给众神的集会一头公羊

给亚姆（Yamu）一头公羊

给基玛里（Kimmary）一头公羊、两头公牛、两只鸟

一头母牛：用来焚烧（RS 24.643）[4]

---

[1] Kenneth A. Kitchen. *Pharaoh Triumphant: The Life and Time of Ramesses II*. Cairo: Benben，1982，p. 168.

[2] Kenneth A. Kitchen. *Pharaoh Triumphant: The Life and Time of Ramesses II*. Cairo: Benben，1982，p. 169.

[3] Dennis Pardee. *Ritual and Cult at Ugarit*. Writings from the Ancient World 10. Soceity of Biblical Literature. Atlanta: Brill，2002.

[4] Dennis Pardee. *Ritual and Cult at Ugarit*. Writings from the Ancient World 10. Soceity of Biblical Literature. Atlanta: Brill，2002，p. 47，no. 12.

在这份乌迦特名录中，神灵众多，祭品异常丰富。王宫想通过取悦神明而使神明确保其国土安全及其在宽广疆域中的祭祀地位。当论及每一种献祭动物的数量与种类时，就有很多复杂的详述，其中包括每一位神明要接受的素祭，每一种奠酒要倾倒的场所。祭仪相当复杂，统治者要严格遵循各种程序。祭司的任务就是观察细节；国王是仪式唯一的准备者与履行者。

派罗斯的迈锡尼宫殿出土的线形文字 B 泥版中有非常有趣的记载，在其中，国王瓦那科斯（wanax）提供了一份献给男神与女神的黄金器皿名单。① 出自黑铁时代的一份《圣经》文本同时也表明了该时期依然留有对神圣王权的偏爱。当所罗门在耶路撒冷给耶和华建造圣殿时，他奉献了"不计其数的牛和羊"（《圣经·历代志上》5：7）。

在源自科诺索斯壁画的一幅图像（图 2—22）上，一位祭司长驾驭着战车，身后跟着一头用来祭祀的公牛。在派罗斯宫殿中也能发现类似的场景，它们均出现在宫殿的前厅与神殿中。②

需要指出的是，克里特新宫殿时代的考古学证据完全支持国王作为大祭司这种假说。米诺宫殿已经提供了许多关于宴席的证据，这方面最为醒目的就是新近发掘的加拉塔斯（Galatas）宫殿。③ 出自派罗斯迈锡尼宫殿中的线形文字 B 泥版同样也提供了相关的信息。在这些泥版内容中，有很多经过王室许可而确定下来的献祭动物及其他祭品。④

---

① Monique Gerard-Rousseau. *Les Mentions Religieuses dans les Tablettes Mycéniennes*. Incunabula Graeca 29. Rome: Edizioni dell'Ateneo, 1968, pp. 22-23; Michael Ventris and John Chadwick. *Documents in Mycenaean Greek*. 2d ed. Cambridge: Cambridge University Press, 1973, pp. 462-465. 尤其需要注意的是，有一份单独的祭品要献给全能的神明（pasiteoi），这一点与乌迦特文本的表述是一样的。

② Mabel L. Lang. *The Frescoes*. Vol 3 of *The Palace of Nestor at Pylos in Western Messenia*. Princeton: Princeton University Press, 1969, pl. 119.

③ George Rethemiotakis. "The Hearths of the Minoan Palace at Galatas", in Philip P. Betancourt et al, eds. *Meletemata: Studies in Aegean Archaeology Presented to Malcolm H. Wiener as He Enters His 65th Year*. Aegaeum20. 3 vols. Liège: Université de Liège, 1999, pp. 721-728; George Rethemiotakis. "Evidence of Social and Economic Changes at Galatas and Pediada in the New-Palace Period", in Jan Driessen, Ilse Schoep, and Robert Laffineur, eds. *Monument of Minos: Rethinking the Minoan Palaces. Proceedings of the International Workshop "Crete of the Hunadred Palaces?"*, Université Catholique de Louvain-la-Neuve, 14-15 December 2001. Aegaeun23. Liège: Université de Liège, 2002, pp. 55-69.

④ Thomas G. Palaima. "The Nature of the Mycenaean Wanax: Non-Indo-European Origins and Priestly Functions", in Paul Rehak, *The Role of the Ruler in the Prehistoric Aegean. Proceedings of a Panel Discussion Presented at the Annual Meeting of the Archaeological Institute of America, New Orleans, Louisiana, 28 December 1992*. Aegaeum 11. Liège: Université de Liège, 1995, pp. 119-198.

进入与退出圣礼

毫无疑问,国王是其子民福祉的中心,他作为神界与人类社会的中介而行事。现在要补充的是国王另外一种不同的属性。神圣性是如何被表达的?它是一种实体性的存在抑或一种单纯的规律,一种像是其他人一样的义务?这里需要指出的是,神圣性实际上是一种存在状态;国王与王后仪式性地进入并退出圣礼。

最好的一种方式是以公元前 2000 年的概念化的方式,而不是我们这个时代的方式来开始阐释。为此,我要看看乌迦特文本中一个真实的仪式。尼古拉斯·怀亚特与戴尼斯·帕迪(Dennis Pardee)关于这个文本的翻译略有不同,不过二者关于事件大概过程的翻译是一致的。①

仪式的开头是在新月之日敬献一份葡萄。这个任务就落到了国王身上,在仪式的过程中,国王要履行一系列复杂的义务。国王要从一个圣殿到另外一个圣殿,向各个神明如巴力(Baal)、阿纳特(Anat)、埃尔(El)、亚舍拉、拉什普等献祭。国王要献上各种各样的动物:公羊、鸟类、小母牛、公牛。要向洞中或凹处倾倒奠酒。还要使用各种各样的容器:罐子、高脚杯子,以及其他杯子。②国王有时还要向一些宏伟建筑物的屋顶倾倒奠酒。③这些过程必须被想象为仪式的一个部分,因为国王(或许是整个王族)要在宫殿与各个圣殿之间奔走。所有这些都超越了考古学家离奇的想象,他们很容易被指责,因为在发掘现场发现了过多的崇拜证据。

---

① Nicolas Wyatt. *Religious Texts from Ugarit: The Words of Ilimilku and His Colleagues*. The Biblical Seminar 33.2d ed. Sheffield: Sheffield Academic Press,2002;KTU 1.41,348-355;Dennis Pardee. *Ritual and Cult at Ugarit*. Writings from the Ancient World 10. Soceity of Biblical Literature. Atlanta: Brill,2002,no. 15,pp. 63-65.

② Nicolas Wyatt. *Religious Texts from Ugarit: The Words of Ilimilku and His Colleagues*. The Biblical Seminar 33.2d ed. Sheffield: Sheffield Academic Press,2002,p. 352,n. 35.

③ Nicolas Wyatt. *Religious Texts from Ugarit: The Words of Ilimilku and His Colleagues*. The Biblical Seminar 33.2d ed. Sheffield: Sheffield Academic Press,2002,p. 354;Dennis Pardee. *Ritual and Cult at Ugarit*. Writings from the Ancient World 10. Society of Biblical Literature. Atlanta: Brill,2002,no. 15,65.

文本的结尾是这样一条说明:"日落之际,国王将会还俗。"①这是怀亚特的译文。帕迪同样赋予其如下译文:"国王就被解放了(进一步说是崇拜义务)。"②这两种不同的译文表明,将概念及其译文翻译到英文中尚有很大困难。无论采用哪一种译法,我们还是不知道为何国王要还俗或被解放。这就表明,国王处于一种特殊的状态中,在返回正常生活状态之前,他必须退出。

接踵而来的一个问题就是,是什么使得神圣性继承下去?我接受怀亚特的观点,认为这是一种本体性的状态。怀亚特指出,净化被过分地重复了,"国王要彻底净身",接下来的阶段里,"国王还俗或被解放"。③他断言,在国王进入仪式净化状态的每一个项目都重申了其就职的本体性转换。④

我在此要补充的是,物质性的转换确保了神圣性的状态,使得它对每一个人都是可视性的,这种转换的标志可以在米诺艺术中找到。但在考察艺术之前,我们来看看另外一份文件,时间在公元前13世纪的赫梯王国时代。

这个文本记载了向风暴神献祭期间王权仪式的一些细节。仪式开始,国王与王后带领众人列队,队列中包括各级官吏,还有一些艺人,这些人使得仪式显得非常壮观。正如前文所述,国王越伟大,仪式越壮观。"艺人们双手高举,站成一圈;他们同时也颂唱圣歌。"⑤在某些时候,国王与王后要在一个叫作"哈棱图瓦之屋"(halentuwa house)的地方更衣:"国王与王后在哈棱图瓦之屋穿上仪式服装。"⑥这个地方在哪里不太清楚,不过很有可能是宫殿中的圣殿,关于这一

---

① Nicolas Wyatt. *Religious Texts from Ugarit: The Words of Ilimilku and His Colleagues*. The Biblical Seminar 33.2d ed. Sheffield: Sheffield Academic Press, 2002, pp. 354-355; Nicolas Wyatt. "The Religious Role of the Kings: The Ritual Tradition", in *Ugaritat 75: Its Environs and the Bible. Mid-West Meeting of AOS/SBL/ASOR, 18-20 February 2005*, Chicago, 2006, pp. 16-17.

② Dennis Pardee. *Ritual and Cult at Ugarit*. Writings from the Ancient World 10. Soceity of Biblical Literature. Atlanta: Brill, 2002, p. 65.

③ "国王彻底净身"的表述形式为"yrhs mlk brr"。怀亚特(Nicolas Wyatt. "The Religious Role of the Kings: The Ritual Tradition", in *Ugaritat 75: Its Environs and the Bible. Mid-West Meeting of AOS/SBL/ASOR, 18-20 February 2005*, Chicago, 2006, pp. 16-17)拥有一份术语清单,其中出现了"国王还俗或被解放"这样的语句。帕迪(Dennis Pardee. *Ritual and Cult at Ugarit*. Writings from the Ancient World 10. Soceity of Biblical Literature. Atlanta: Brill, 2002, p. 3)指出,国王参与仪式前进行净身,但对其退出仪式的时间并未有进一步表述。

④ Nicolas Wyatt. "The Religious Role of the Kings: The Ritual Tradition", in *Ugaritat 75: Its Environs and the Bible. Mid-West Meeting of AOS/SBL/ASOR, 18-20 February 2005*, Chicago, 2006, p. 17.

⑤ ANET, pp. 358-359.

⑥ KBo iv, p. 9; ANET, pp. 358-361; i. 25.

点，霍特（Theo van den Hout）早就有所论述。① 更衣完毕，国王与王后进入风暴神的神庙。文本接着描述了国王与王后到达门口之际的事件，艺人们以一种特殊的表演将其仪式化："国王到了门口，周围的舞者们立即翩翩起舞。"② 然后，国王与王后到达神庙内部，里面有祭拜的雕像。二人随即拜倒在神像面前。文本屡次讲到了净化仪式，譬如，"两名宫中侍从从盆中取水给国王和王后洗手"③。我们会在后面的文本中读到这样的话语："两名宫中侍从从金盆中取水给国王和王后洗手。"④

赫梯人的描述是对怀亚特观点的一种补充，即借助于保持清洁，反复洗手是对王室神圣性状态的一种确认。文本同时补充了另外一个信息，加强了我们关于王权更替的假设，换言之，国王夫妇穿着一套衣服进入仪式，但当他们进入神庙时，穿的是另外一套衣服。在视觉上这种变化是可以论证的。

我们在埃及发现了支持这种观点的现象：法老身着一套仪式性服装向神明献祭，在庆典开始之际，他要主持整个仪式。⑤ 或许范根·纳普的通过仪式模式在此有些功效，在这里，更衣是转换的标志。⑥

神圣性能否在米诺时代的克里特图像中体现？

研究米诺人的形象有助于研究王权的神化问题，因为国王与王后身着三到四种不同类型的衣服（图3-2）。⑦ 第一种服饰类型是带接缝的流苏长袍（图3-2a。

---

① Hans G. Güterbock, and Theo P. J. van den Hout. *The Hittite Instruction for the Royal Bodyguard*. Oriental Institute of Chicago Assyriological Studies 24. Chicago: David Brown Book, 1991, pp. 59-60.

② KBo iii, p. 5.

③ KBo ii, p. 42.

④ KBo vi, p. 20.

⑤ 关于衣服上面的 hb-sd 以及麦地尼特·哈布（Medinet Habu）的苏卡里斯（Sokaris）仪式中法老的探讨，可以参见 Class J. Bleeker. *Egyptian Festivals: Enactments of Religious Renewal*. Leiden: Brill, 1967, pp. 51-86, fig. 3; Richard H. Wilkinson. *Reading Egyptian Art: A Hieroglyphic Guide to Ancient Egyptian Painting and Sculpture*. London: Thames and Hudson, 1992, p. 80, fig. 1.

⑥ 范根·纳普（Arnold Van Gennep. *The Rites of Passage*. Translated from the French, 1913 by M. B. Vizedom and G. L. Caffe. London: Routledge &Keegan Paul, 1960, p. 83, p. 105, pp. 106-107）援引了各种各样的例子。他描述了埃及法老的神圣性，但因过于普通而难以利用。相关的阐释参见 Victor Turner. *The Forest of Symbols. Aspects of Ndembu Ritual*. Ithaca: Cornell University Press, 1967, pp. 93-111.

⑦ 尼尔森（Martin P. Nilsson. *The Minoan-Mycenaean Religion and Its Survival in Greek Religion*. 2d ed. Lund: Kungl. Humanistiska Vetenskapssamfundet, 1950, pp. 155-164）对此有透彻的阐释，但他认为这种衣服属于神明，这就使得其观点比较含糊。关于叙利亚的探讨，参见 Daniel E. Fleming. *The Installation of Baal's High Priestess at Emar: A Window on Ancient Syrian Religion*. Harvard Semitic Studies 42. Harvard: Harvard Semitic Museum, 1992.

应为图3-2b——译注），在第二章中我们已将其视为王族身份的标志（参见图2-13、图2-14）。第二种服饰类型为特里亚达丰收瓶上的国王所穿的金属鳞纹长袍（图3-2b。应为图3-2a——译注）。第三种是国王与王后在特殊仪式场合所穿的兽皮裙子（图3-2c）。第四种类型为米诺人的典型服饰：男性所穿的褶裥短裙，以及女性所穿的荷叶边裙子。第四种类型的衣服并不是王室人员独有的服饰。

我们从第一种服装类型中观察到的就是，带有流苏与接缝的长袍（图3-2a。应为图3-2b——译注）是一种尊贵而厚重的衣着，类似于伊丽莎白王室成员的着装，国王穿着它在一些比较正规的场合出现，以此强调其高贵身份。另外两种类型的衣服则具有一种特殊性，表明其主人并非高贵华美，而是具有一种原始性。我们已经看到，丰收队列（图2-15）中身着鳞纹衣服的国王是值得强调的。伊文思对这种特殊性具有一种敏锐的直觉，他将这位首领称为"庄

图3-2 国王的圣服
a. 带有金属纹理的衣服 特里亚达出土石制"丰收"器皿
b. 带有接缝与流苏的长袍 科诺索斯出土戒指印章
c. 兽皮裙子 特里亚达石棺

稼汉"。①或许原始性就是这种神圣性所要表达的概念。兽皮裙子并不能表达王族的高贵，只能表明其作为庄稼汉的质朴性（就像伊文思所说的那样）。饶有趣味的是，埃及的法老穿着带有公牛尾巴的崇拜衣服，这也带有一种原始性，但也是一种圣礼，因为带有公牛尾巴的服装（图3-3）是神明服装的典范。

塞姆葬礼上的祭司穿着一件黑豹皮衣服，我们在图特卡蒙（Tutankhamun）墓葬中已看到，国王在一些场合偶尔也穿着这种衣服。②这种特殊的动物衣服使得国王更为接近自然而远离文化；或许穿上这些衣服就意味着国王摆脱了这个世界，从而进入一种与神明亲近的有限空间。某些人或许会就此列举出源自人类学领域之内的类似于王室阈限性的例子，但我们必须有大量的古代遗物才能够充分说明道理。③在美索不达米亚，有一种裸体至少是裸露脚部的传统。④近东也不乏这种类型的视觉资料：苏美尔祭司及其兽皮裙子表明了这一点。我认为，借助于兽皮裙子与金属圣衣，国王与王后表明了其身体上的转换。

米诺图像同时强调了神圣化过程中另外一个重要的时刻：国王与王后到达神庙大门的瞬间。我们已探讨过赫梯文本中这个时刻的重要性，我们在赫梯文本中获悉，在向风暴神献祭的过程中，当国王与王后抵达神庙的大门时，很多艺人围

图3-3 法老塞提一世（公元前13世纪）身穿带有公牛尾巴（此处以黑色标明）的衣服

---

① Evans PM IV, p. 219.
② Nicholas Reeves. *The Complete Tutankhamun: The King, the Tomb, the Royal Treasure*. London: Thames and Hudson, 1990, p. 73.
③ Victor Turner. *The Forest of Symbols. Aspects of Ndembu Ritual*. Ithaca: Cornell University Press, 1967.
④ Bruno Meissner. *Babylonien und Assyrien I-II*. Heidelberg: Carl Winters Universitätsbuchhandlung, 1920-1925, p. 55.

绕国王而站立。①图3-4中米诺或迈锡尼戒指上的图像表明了这一点，二者都描绘了女性队列到达神庙大门门口的情景。在图3-4b中，中间的一位女性显然比其他女性形象的尺寸都要大，她的姿势表明，她正在问候神明（类似的表述参见第六章）。这位女性一定是王后，在这里，王后的衣着与其他人没有什么差异，仅仅在尺寸与握拳姿势上表明其身份。

赫梯与乌迦特文本中支持这种仪式的表述乍看很枯燥，但非常有用：要献祭多少种类型的动物，要倾倒多少奠酒，国王净手花了多少时间，等等。另一方面，图像是概略性的，能够将几个过程压缩到一个关键性的冗长序列事件中。米诺图像反映了什么是重要的，什么是被忽略的。这样，这些图像有助于引导大家了解米诺宗教的精神内涵。在米诺或迈锡尼图像中，国王与王后到达神庙大门的仪式过程成为一些戒指的一个表现主题，这就表明国王与王后的到来是仪式中一个非常重要的时刻。它实际上标明了时间，就像标明人神之间交流的地点那样。

图像还有另一种优势：它们或许有意将一些意义表现得模糊不清。在图3-5中，一个坐在御座上的形象（男性或女性？）有可能是神明或人类。无论是哪一个例子，这种描绘都使人

a

b

图3-4 队列到达圣殿大门
迈锡尼大陆出土金戒指

---

① Othmar Keel. *The Symbolism of the Biblical World: Ancient Near Eastern Iconography and the Book of Psalms.* Transl. T. J. Hallett. New York: Seabury Press, 1978, pp. 120-127.

图 3-5 未知性别的形象坐在御座上，或许是穿着接缝长袍的国王

迈锡尼出土金戒指

想起盛大的国王登基仪式。①在这个意义上，图像既反映了崇拜行为，又反映了国王的神话。这些精选的图像是对近东那些既定的祭祀文本的一种有用补充。倘若米诺时代的克里特属于我们所说的古代近东的那种文化延续的宽泛层面，那么来自戒指的米诺证据有望助于指导那些近东研究的专家。

特里亚达石棺上献祭的国王与王后

现在，我们要将先前确立的标准应用在特里亚达墓葬中发现的石棺上描绘的相互关联的一些场景上，特里亚达位于克里特南部，时间为公元前 1400 年左右。②棺木四壁描绘了六种不同的场景，我深信这些画面组成了关于仪式的一种叙述。关于石棺已经探讨了很多，因为它向我们提供了米诺时代最为完整的视觉性祭祀记录。③此处对石棺座做充分描述已显冗余，相反，我的注意力仅仅集中在国王与王后的祭司制度方面，对其中的一些问题进行质疑，不过这或许有些走远了。我们可以发现国王夫妇能够胜任大祭司吗？有证据表明他们进入了

---

① 参见第四章中关于国王登基仪式的内容。

② Roberto Paribeni. "Il sarcophago dipinto di Hagia Triada", *Monumenti Antichi* 19.1908, pp. 5-87; Spyridon Marinatos and Max Hirmer. *Kreta，Thera and das Mykenische Hellas*. München: Hirmer，1976，pls. XXX - XXXIII; Charlotte L. Long. *The Ayia Triadha Sarcophagus: A Study of Late Minoan and Mycenaean Funerary Practices and Beliefs*. SIMA XLI. Göteborg: Paul Åströms，1974.

③ 最初的探讨，参见 Roberto Paribeni. "Ricerche nel Sepolcreto di Haghia Triada presso Phaestos", *Monumenti Antichi* 14.1904，pp. 677-755; Martin P. Nilsson. *The Minoan-Mycenaean Religion and Its Survival in Greek Religion*. 2d ed. Lund: Kungl. Humanistiska Vetenskapssamfundet，1950，pp. 426-440; Friedrich Matz. *Göttererscheinung und Kultbild im minoischen Kreta*. Abhandlungen der Geistes und Sozialwissenschaftlichen Klass, Akademie der Wissenschaften und der Literatur in Mainz vol. 7. Wiesbaden: Akademie der Wissenschaften und der Literatur，1958，pp. 398-407. 更为深入的探讨，参见 Charlotte L. Long. *The Ayia Triadha Sarcophagus: A Study of Late Minoan and Mycenaean Funerary Practices and Beliefs*. SIMA XLI. Göteborg: Paul Åströms，1974; Walter Pötscher. *Aspekte und Probleme der Minoichen Religion: Ein Versuch*. Religionswissenschaftliche Texte und Studien 4. Hildesheim，Zurich and New York: Olms，1990，pp. 171-179. 关于仪式的理论探讨，参见 Colin Renfrew. *The Archaeology of Cult: The Sanctuary at Phylakopi*. BSA Suppl. 18. London: Thames & Hundon，1985，pp. 24-25.

图 3-6 特里亚达石棺侧挡献祭仪式概略图
a. 公牛献祭　b. 向双面斧与容器之间的器皿奠酒　c. 向两个双面斧之间的神明居所奠酒　d. 祭奠死者

一种神圣的状态吗？他们向谁献祭？令人诧异的是，特里亚达石棺从未被看作为王权祭司制度提供档案的一种资料。这些石棺上的场景被列举是为了创造一种关于主要仪式事件的一些概略性表述。

场景1：献上公牛或母牛。队列的领头人是一名身穿长衣的女性。这名女性的头部画面未能保存下来。她胳膊下垂放在牺牲上；这种姿势或许表明她在祈祷。（图3-6a）

场景2：在神明居所大门的外面（有时神庙的大门被描述为一个祭坛，但这是错误的），祭坛上在举行一场素祭。这里同样是一种仪式，双面斧表明了这一点。主祭司是一位身穿皮裙子的女性。她下垂的胳膊放在一个大酒杯上，可能在祈祷。（图3-6b）（原书图3-6b、图3-6c 位置颠倒，故此处图3-6中做了调整。——译注）

第三章　作为大祭司的国王与王后　| 053

场景3：一名身着皮裙子的女性在两把双面斧中间举行一场奠酒仪式。她的身后是一名身穿长袍头戴羽冠的女性，肩挑两个大桶。一名身穿长袍的男性七弦琴手跟随其后。（图3-6c）

场景4：向站在墓穴前类似于木乃伊（死者）形象祭奠的仪式正在举行。仪式的带队者是一名身穿皮裙子的男性。（图3-6d）

石棺左、右挡板上描绘的四个场景表达了各种各样的献祭仪式，这些仪式可以分为血祭与素祭。仪式要么在双面斧面前举行，要么在死者面前举行。仪式的过程在图3-6a—d中分别得以视觉式展现。石棺左、右挡板上描绘的这些场景可划分为两种垂直的专栏。

现在我们要转向祭祀的大祭司。上述四个场景中的女性，有三位身着庄严的长袍，头戴羽冠，或者有的穿着皮裙子。男性则仅穿着皮裙子。那么我们从中能够推断出什么结论？第一种结论就是，在男女祭司之间一定存在某种相似之处：如果其中一位系王室成员，那么其他人一定也是，反之亦然。

接下来我们要判断一下，这些献祭的女祭司是否为王后。这一点比较好办，因为我们在第二章中已经讲到，王后是唯一能够佩戴羽冠的人类，除此之外，只有神明与斯芬克斯才戴着这种帽子。传统上一般将石棺上所绘的那些佩戴羽冠的女性形象视为女祭司，但我们已经看到，女祭司这种称呼不够充分，因为根据职责，王后是高级女祭司。①这就引出了另外一个问题。倘若她是王后，那么穿着兽皮裙子的女性是谁？很难相信还有一位与王后看上去极为相像的女性大祭司，她的高等职责胜过了其行为。用一种类似于电影叙述的话语来说，可以将其视为行为两个阶段所描绘的同一个人物，这种主张倒是有些道理。这些女性看上去很像一个人，她们在时间与空间的序列是由不同的次生场景中不同的背景颜色所表明的。在近东艺术中，这种叙述技巧早已存在。最贴切的一个例子源自公元前1000年：在普拉恩斯特（Praeneste）的一个墓葬中发现的一个腓尼基碗表明，国王被屡次刻画在碗边所绘的历险场景中。②一个更为恰当的例子

---

① 关于女祭司的装束，参见 Martin P. Nilsson. *The Minoan-Mycenaean Religion and Its Survival in Greek Religion*. 2d ed. Lund: Kungl. Humanistiska Vetenskapssamfundet, 1950, pp. 426-440; Charlotte L. Long. *The Ayia Triadha Sarcophagus: A Study of Late Minoan and Mycenaean Funerary Practices and Beliefs*. SIMA XLI. Göteborg: Paul Åströms, 1974, p. 35.

② Glenn Markoe. *Phoenician Bronze and Silver Bowls from Cyprus and the Mediterranean*. Classical Studies 26. Berkeley: University of California Publications, 1985, pp. 278-283; Joseph Wiesner. "Die Kunst Altsyriens", in Jürgen Thimme et al. *Frühe Randkulturen des Mittelmeerraumes: Kykladen, Zypern, Malta, Altsyrien*. Kunst der Welt. Baden-Baden: Holle, 1968, pp. 197-200; Martin L. West. *East Face of Helicon: West Asiatic Elements in Early Poetry and Myth*. Oxford: Clarendon Press, 1997, pp. 99-100.

源自亚述王图库尔提·尼努尔塔（Tukulti Ninurta）时代（公元前 1243—前 1207 年）的一个崇拜模型（图 3-7）。国王在同一个场景中出现了两次。在第一个场景中，国王是站着的；在第二个场景中，国王跪在他崇拜的神明的象征物前。①还有一个妥当的例子就是阿舒巴尼巴尔（Ashurbanibal）国王的狩猎雕塑，该雕塑位于国王的宫殿尼尼微（Nineveh）（公元前 645 年），在狩猎不同阶段的几个毗邻的场景中，国王连续出现了很多次。②

图 3-7　亚述国王图库尔提·尼努尔塔一世（Tukulti Ninurta I，公元前 1243—前 1207 年）被描绘在行为的两个阶段仪式模型基座

现在我们要考察一下卢克索、麦地尼特·哈布（Medinet Habu），以及阿拜多斯（Abydos）仪式中的埃及崇拜叙事，它与这个时代较为接近，时间在埃及第十八王朝到第十九王朝时期。在一系列场景中，国王穿着不同的衣服出现了好几次。③在米诺艺术中，瓦菲奥杯子上刻画的一些行为引起了学者们的普遍争议。④

我们现在再来看特里亚达石棺，这里有争议的地方就是王后出现了两次：一次是身着庄严的长袍，一次是穿着圣服兽皮裙子。如果这样，那么石棺侧挡上的男性形象也应该与此类似，他应该是男性队列中带队的国王，站立在墓中死

---

① Liane Jakob-Rost et al. *Das Vorderasiatische Museum.* Berlin: Staatliche Museen zu Berlin und Preusischer Kulturbesitz: Philipp von Zabern，1992，pp. 160-161.

② Julian Reade. *Assyrian Sculpture.* British Museum. London: British Museum Publications，1983，p. 58. figs. 85-86.

③ G. A. Gaballa. *Narrative in Egyptian Art.* Mainz: Philipp von Zabern，1976，p. 89. 该书的作者指出，国王是主要活动（卢克索奥帕特仪式中）的行动者，他看上去比在其他事件中更为积极。参见 Class J. Bleeker. *Egyptian Festivals: Enactments of Religious Renewal.* Leiden: Brill，1967，fig. 3.

④ Evans PM III，pp. 182-189.

者或木乃伊的面前。国王在队列中十分醒目,因为他的头部比随从要大得多。①

王后的兽皮裙子表明了王后的神圣性,这是她加入祭司队列的一种等级标志。在图3-8中,兽皮裙子尤其醒目,只有身着兽皮衣服的人才与圣所具有密切的关联。当大祭司们走进队列时,他们身着庄严的长上衣。这样,衣着就成为参加仪式的一种标志性符号。

图3-8 身穿皮裙子的国王与王后在献祭
特里亚达石棺(公元前14世纪)

我们还记得赫梯向风暴神的献祭仪式,只有国王与王后穿上"仪式性服装"时,他们才能够进入圣殿。②随着衣服的变化,国王与王后就变成了大祭司。如果仔细解读特里亚达石棺图像上的队列,我们或许就会发现下面描述的事件序列:

1. 米诺王后(就如我判断的那样)带领的一支队列率先到达了圣所。一头公牛抑或母牛已被献祭,两头山羊尚待献祭。王后双手按着汩汩流血的动物头部,将其献给神明,有可能她在祈祷。这种行为表明王后是献祭的主持者。此时王后身着盛装(图3-6a)。

2. 王后进入神明的居所,开始奠酒,其他祭品摆在门外。③王后身穿兽皮裙

---

① 如果说这个形象是国王,可能会遭到反对。为何他的穿着与那些随从一致?这种反对性意见很容易回答:两名紧随其后的随从可能是与王族关系密切的人。在近东,整个的王室家族都要参加庆典。或者国王在特定的仪式中是作为队列的带头人出现的。

② ANET, p. 358.

③ 我个人并不十分赞同瓦尔特·波奇的观点(Walter Pötscher.*Aspekte und Probleme der Minoischen Religion: Ein Versuch*. Religionswissenschaftliche Texte und Studien 4. Hildesheim, Zurich and New York: Olms, 1990, pp. 171-191),即石棺上的底色是白天与黑夜的标志。不过我确信,在辨识时间与空间方面,他是对的。

子,因为她站在神明居所旁边。王后光脚而立(图3-6b)。参照乌迦特文本可知,在献祭之后,国王穿上了鞋子。[1]

3. 在行为的第一阶段,王后身着长袍,此时她要手持奠酒。在第二阶段,王后身穿兽皮裙子主持奠酒仪式(图3-6c)。

4. 国王身着兽皮裙子祭奠死者(图3-6d)。

这种仪式结构大体对应于赫梯文本叙述中的向风暴神献祭仪式事件。因此,服装的变化标志着国王与王后进入神圣状态的关键时刻。在米诺石棺上,服装对行为神圣性的表明具有极为重要的价值。难怪这种服装在米诺语言中有一个特殊的名字。在乌迦特语言中,一种神圣服装是以"ipd"这个术语来指明的,这与希伯来《圣经》中的"以弗得"(ephod)在词源学上具有一定的关联。[2]

前文所讲的介于米诺、埃及、乌迦特、赫梯证据之间的类似性并不意味着我将特定的近东仪式应用到了米诺壁画中,反之亦然。相反,它意味着,这些仪式在结构与性质方面存在类同性,当源自同一历史与地理视角的文本和图像放在一起解读时,它们的意义就彰显出来了。实际上,当这些东西被并置在一起时,它们很有可能是相互排斥的。

或许源自赫梯的另外一种证据会有所帮助。这是一个刻画在拳头形状银制器皿上的场景,时间为公元前14世纪(大概和石棺属于同一个时期)。(参见图3-9a/b)图像上刻画了赫梯国王正向风暴神的祭坛上奠酒。[3]祭坛被很多圆形花瓣(关于它们的具体含义参见第十章)围绕。[4]需要指出的是,米诺石棺的顶部与下部由圆花饰所围绕(见图3-8)。倘若我们对照一下米诺石棺上奠酒的女性形象,以及赫梯器皿上奠酒的国王形象,就会发现二者在场景情节单元的排列上存在明显的类同之处。图像的序列分析支持了一种假设,即身穿皮裙子的米诺女性实际上就是王后,因为这两个形象在两幅图像中的位置是对等的。在赫梯与米诺的图像中,王后身后都站着琴手。这种图像使得我们记起了赫梯风暴

[1] Dennis Pardee. *Ritual and Cult at Ugarit*. Writings from the Ancient World 10. Soceity of Biblical Literature. Atlanta: Brill, 2002, p. 75.
[2] Dennis Pardee. *Ritual and Cult at Ugarit*. Writings from the Ancient World 10. Soceity of Biblical Literature. Atlanta: Brill, 2002, p. 121.
[3] 拳状杯有可能是仪式姿态的反映。Hans G. Güterbock and Timothy Kendall. "A Hittite Silver Vessel in the Form of a Fist", in Jane B. Carter and Sarah P. Morris, eds. *The Ages of Homer: A Tribute to Emily Townsend Vermeule.* Austin: University of Texas Press, 1995, pp. 45-60.
[4] 古特伯克与肯德尔(Hans G. Güterbock and Timothy Kendall. "A Hittite Silver Vessel in the Form of a Fist", in Jane B. Carter and Sarach P. Morris, eds. *The Ages of Homer: A Tribute to Emily Townsend Vermeule.* Austin: University of Texas Press, 1995, pp. 45-60)认为,圆花饰象征着鲜花盛开的牧场,但我个人对这种阐释持质疑态度,我认为圆花饰是太阳的表意性象征符号。

图 3-9 公元前 14 世纪的赫梯与米诺场景
a. 赫梯银杯　b. 特里亚达石棺

神的献祭仪式中讲到的关于表演者护送国王与王后的场景。关于这一点可参见图 3-9，这样，我们就很容易理解米诺观察者的这种视角，他们的精神期待更接近于赫梯人，而不是我们。

国王及其祖先

这里有一个问题尚未回答。特里亚达石棺（图 3-8）上刻画的木乃伊或死者究竟是谁？他一般被视为死去男子的亡灵或立于其墓前的英雄的魂灵。[①] 墓前的祭坛与圣树表明，后者具有我们在一座圣殿中能够发现的一些特征。我采纳

[①] 至于他究竟是植物神明还是死者，观点并不统一，马茨（Friedrich Matz. *Göttererscheinung und Kultbild im minoischen Kreta*. Abhandlungen der Geistes und Sozialwissenschaftlichen Klass, Akademie der Wissenschaften und der Literatur in Mainz vol. 7. Wiesbaden: Akademie der Wissenschaften und der Literatur, 1958, p. 400）认为他是一位死者，帕里贝尼（Roberto Paribeni. "Il sarcophago dipinto di Hagia Triada", *Monumenti Antichi* 19.1908, pp. 5-87）认为他是个木乃伊，尼尔森（Martin P. Nilsson. *The Minoan-Mycenaean Religion and Its Survival in Greek Religion*. 2d ed. Lund: Kungl. Humanistiska Vetenskapssamfundet, 1950, pp. 428-443）认为他是一位神格化的死者，朗（Charlotte L. Long. *The Ayia Triadha Sarcophagus: A Study of Late Minoan and Mycenaean Funerary Practices and Beliefs*. SIMA XLI. Göteborg: Paul Åströms, 1974, p. 40）认为他是死者的亡灵，瓦尔特·波奇（Walter Pötscher. *Aspekte und Probleme der Minoischen Religion: Ein Versuch*. Religionswissenschaftliche Texte und Studien 4. Hildesheim, Zurich and New York: Olms, 1990, pp. 183-187）断言他是拥有再生权力的年神，类似于希腊神话中的雅辛托斯。朗（Charlotte L. Long. *The Ayia Triadha Sarcophagus: A Study of Late Minoan and Mycenaean Funerary Practices and Beliefs*. SIMA XLI. Göteborg: Paul Åströms, 1974, p. 40）则主张，葬礼是图像的主题。伊文思（Evans PM I, pp. 438-439）较为明智的一种猜测是，他是一位水手，因为船是他的祭品。

了马丁·尼尔森的观点,认为这个死者是神圣国王的形象,因为这种假设在乌迦特与赫梯文本中得到了有力的支持,不过埃及的文本中并无证据出现。

让我们再次考察赫梯人的风暴神的献祭仪式。当国王与王后进入神殿后,一名叫作"伙头"的官员向着已逝国王的雕像倾倒奠酒:"同时也向哈图西利斯(哈图士利)[Hattusilis（Hattushili）]的雕像倾倒奠酒。国王拜倒在地;雕像膜拜者颂唱一种叫作卡塔施（kitash）的赞歌。"①我们可以从中推测,神格化的国王的雕像与神明的雕像在同一座神庙中共存,赫梯国王向其祖先与神明致敬。

乌迦特文本中有更为详尽的关于拉帕姆（rpum）仪式即神格化的国王崇拜的仪式表述。②他们向神明祈求保护,并将神明称为"救世主"。之所以如此,或许是国王想得到神明的佑护。这就使我们想起了希腊晚期仪式中英雄（希腊晚期的女英雄亦如此）的功能以及一种叫作拉帕姆的仪式,在这个仪式中,人们进行一种向新国王供奉祭品的旅行。③饶有趣味的是,冥界中王族祖先的保护神

---

① KBo, iv, p. 9; ANET, p. 359.

② Nicolas Wyatt. *Religious Texts from Ugarit: The Words of Ilimilku and His Colleagues.* The Biblical Seminar 33.2d ed. Sheffield: Sheffield Academic Press, 2002, pp. 314-323; KTU 1.20-1.22; Dennis Pardee. *Ritual and Cult at Ugarit.* Writings from the Ancient World 10. Soceity of Biblical Literature. Atlanta: Brill, 2002, pp. 123-125. 相关评论参见 Nicolas Wyatt. "Religion of Ugarit: An Overview", in Wilfred G. E. Watson and Nicolas Wyatt, eds. *Handbook of Ugaritic Studies.* Handbook of Oriental Studies, Part One: The Near and Middle East 39. Leiden: Brill, 1999, pp. 529-585; Nicolas Wyatt. "Just how 'Divine' Were the Kings of Ugarit?" in *Arbor Scientiae: Estudios del Proximo Oriente Antiguo Dedicados a Gregorio del Olmo Lete con Ocasion de su 65 Aniversario*, edited by M. Molina, I. Marquez Rowe, J. Sanmartin. *Aula Orientalis* 17-18: 133-141.1999-2000, p. 139; Nicolas Wyatt. "The Religious Role of the King: The Ritual Tradition", in *Ugarit at 75: Its Environs and the Bible. Mid-West Meeting of AOS/SBL/ASOR, 18-20 February 2005*, Chicago, 2006.

③ KTU 1.20-1.22; Nicolas Wyatt. "Religion of Ugarit: An Overview", in Wilfred G. E. Watson, and Nicolas Wyatt, eds. *Handbook of Ugaritic Studies.* Handbook of Oriental Studies, Part One: The Near and Middle East 39. Leiden: Brrill, 1999, p. 562; Nicolas Wyatt. "Just How 'Divine' Were the Kings of Ugarit?" in *Arbor Scientiae: Estudios del Proximo Oriente Antiguo Dedicados a Gregorio del Olmo Lete con Ocasion de su 65 Aniversario.* edited by M. Molina, I. Marquez Rowe, J. Sanmartin. *Aula Orientalis* 17-18: 133-141.1999-2000, p. 139; Nicolas Wyatt. *Religious Texts from Ugarit: The Words of Ilimilku and His Colleagues.* The Biblical Seminar 33.2d ed. Sheffield: Sheffield Academic Press, 2002, pp. 314-323; Nicolas Wyatt. "There's Such Divinity Doth Hedge a King", *Selected Essays of Nicolas Wyatt on Royal Ideology in Ugaritic and Old Testament Literature.* Society for Old Testament Study Monographs. Aldershot and Burlington: Ashgate, 2005, pp. 202-205; Nicolas Wyatt. "The Religious Role of the King: The Ritual Tradition", in *Ugarit at 75: Its Environs and the Bible. Mid-West Meeting of AOS/SBL/ASOR, 18-20 February 2005*, Chicago, 2006.

是太阳神和冥界女神。我们应该回到第十二章关于这位女神的表述中去。①

那么，米诺国王是否被神格化了呢？从这种视角来看，证据无疑是确凿的。科诺索斯有一座王室的"神庙墓葬"，伊索普塔（Isopata）同样也有一座这样的墓葬，二者都非常有力地表明了王室仪式的存在。上述这些均被伊文思中肯地言中，他为这些墓葬的存在提供了很多确凿的考古学证据。②

米诺石棺上神格化国王身份的确认将有助于解释前文所说的王室庆典。国王一定要向其列祖献祭——在神权社会这是不言而喻的。③不过我们尚需考察近东的王后的仪式职责，看看她们祭拜的是哪位神祇。

近东和埃及的王后及其祭祀功能

王后不仅是国王的妻子，她本人还是一位富有权威的形象。王后同时也是王室的母亲，她在埃及、赫梯及乌迦特王国享有极高的地位，这些国家实际上是神权政治。在赫梯帝国的旧王国与新王国时期（公元前16世纪至公元前13世纪），王后拥有权力主持一种叫作塔万那那（tawananna）的仪式。④王后拥有一定的独立于国王的权力，甚至可以与国王的权力媲美。⑤一旦进入仪式与使用经济手段，塔万那那就是一种力量，它会测算甚至接受王后死后的仪式。⑥较为特殊的王后是哈图士利（Hattushili）王的继母，她通过日食解释继子哈图士利统治的垮台，并以其女先知的身份操纵了证据。⑦为达到我们的意图，需要阐释一下

---

① Nicolas Wyatt. "There's Such Divinity Doth Hedge a King", *Selected Essays of Nicolas Wyatt on Royal Ideology in Ugaritic and Old Testament Literature*. Society for Old Testament Study Monographs. Aldershot and Burlington: Ashgate, 2005, pp. 191-220; Dennis Pardee. *Ritual and Cult at Ugarit*. Writings from the Ancient World 10. Society of Biblical Literature. Atlanta: Brill, 2002, pp. 195-201.

② Evans PM II, pp. 278-279; PM IV, pp. 988-1018.

③ 甚至在古典希腊也不存在神权政体，神格化的国王通常与神明的崇拜相关。一个最为贴切的例子就是关于珀罗普斯的崇拜与奥林匹斯宙斯的崇拜紧密联系在一起。

④ Shoshana R. Bin-Nun. *The Tawananna in the Hittite Kingdom*. Texte der Hethiter 5. Heidelberg: Carl Winter, 1975, p. 198. 近期的探讨，参见 Theo P. J. van den Hout. *Purity of Kingship: An Edition of Cht 569 and Related Hittite Oracle Inquiries of Tuthaliya IV*. Leiden: Brill, 1998, 41ff.

⑤ 这种例子发生在公元前13世纪的穆里斯利（Mursili）王哈图士利王身上（Shoshana R. Bin-Nun. *The Tawananna in the Hittite Kingdom*. Texte der Hethiter 5. Heidelberg: Carl Winter, 1975, pp. 184-189; Theo P. J. van den Hout. *Purity of Kingship: An Edition of Cht 569 and Related Hittite Oracle Inquiries of Tuthaliya IV*. Leiden: Brill, 1998, pp. 44-46）。

⑥ Theo P. J. van den Hout. *Purity of Kingship: An Edition of Cht 569 and Related Hittite Oracle Inquiries of Tuthaliya IV*. Leiden: Brill, 1998, p. 53.

⑦ Theo P. J. van den Hout. *Purity of Kingship: An Edition of Cht 569 and Related Hittite Oracle Inquiries of Tuthaliya IV*. Leiden: Brill, 1998, p. 46.

塔万那那，这是为新王宫时期的圣城的太阳女神阿瑞纳（Arinna）服务的女祭司，时间上与米诺石棺的时代相吻合。①

在乌迦特，太后是亚舍拉（Asherah）女神的大祭司，亚舍拉可以说是太阳女神。根据怀亚特的观点，太后的地位非常重要，因为未来的国王通过她的宗谱而得以确立。因为虚构的现实反映了社会现状，我们或许可以推断说，神话般的母系继承权反映了太后的社会地位。②在乌迦特，孀居的太后被称为"rbt"，意思是"伟大的女性"。③

我们现在要考察一下《圣经》证据。可以给出的一个有力的例子就是以色列的王后是亚舍拉女神的大祭司，亚舍拉女神是太阳女神，棕榈树是其圣树。④《圣经》的一段经文讲到了一位叫作阿撒（Asa）的国王，他是耶和华的后代，曾经贬黜了王后的地位："阿撒行了耶和华眼中看为正直的事，……贬了他祖母玛迦（Maachah）太后的位，因她造了可恶的偶像亚舍拉。"（《圣经·列王纪上》15：13）这里的含义就是，孀居的太后拥有建造新的亚舍拉女神偶像的权力。同样，亚哈（Ahab）的妻子耶洗别（Jezebel）也一定是亚舍拉女神的大祭司，可资判断的事实就是，她在自己的餐桌上供养了四百名亚舍拉女神的先知（《圣经·列王纪上》18：19）。怀亚特提供的更为确凿的证据表明，这两位王后以及第三位王后，即所罗门的母亲拔示巴，皆拥有官方的吉比拉（gebira）地位。"吉比拉"一词的意思是"伟大的人"，它有可能对应着迈锡尼的语词"po-ti-ni-ja"（女主人）。上述这些语词都是一些称号，王后与女神皆可共享。

埃及的王后与太后一定是哈索尔（Hathor）女神的大祭司，哈索尔与太阳女

---

① Shoshana R. Bin-Nun. *The Tawananna in the Hittite Kingdom.* Texte der Hethiter 5. Heidelberg: Carl Winter, 1975, pp. 196-198.

② Nicolas Wyatt. "Religion of Ugarit: An Overview", in Wilfred G. E. Watson and Nicolas Wyatt, eds. *Handbook of Ugaritic Studies.* Handbook of Oriental Studies, Part One: The Near and Middle East 39. Leiden: Brill, 1999, pp. 544-545; Niels-Erik A. Andreasen. "The Role of the Queen Mother in Isrealite Society", *Catholic Biblical Quarterly* 45: 179-194.

③ Nicolas Wyatt. *Space and Time in the Religious Life of the Ancient Near East.* The Biblical Seminar 85. Sheffield: Sheffield Academic Press, 2001, p. 168.

④ 关于棕榈圣树的表述，参见 Beatrice Teissier. *Egyptian Topography on Syro-Palestinian Cylinder Seals of the Middle Bronze Age.* Orbis Biblicus et Orientalis Series Archaeologica 11. Fribourg: Academic Press Fribourg, 1996, p. 69, fig. 94, p. 87, fig. 163, p. 97, fig. 187 and p. 121, fig. 268; Nicolas Wyatt. "There's Such Divinity Doth Hedge a King", *Selected Essays of Nicolas on Royal Ideology in Ugaritic and Old Testament Literature.* Society for Old Testament Study Monographs. Aldershot and Burlington: Ashgate, 2005, p. 127.

神有着某些关联。^①哈索尔是太阳盘的持有者，也是太阳与国王的哺育者。哈索尔的绰号是"荷露斯之殿"，此处绰号所指的并不是她作为母亲的子宫，而是其作为国王宫殿保护者的一种能力。^②

一言以蔽之，在埃及、叙利亚，以及公元前 2000 年后半期的安纳托利亚，王后是太阳女神的大祭司。这种模式尚未被关注，或许因为在后期希腊神话的影响下，太阳神总是被视为男性。^③倘若太阳女神的大祭司被视为王后制度不可缺少的一部分，那么米诺王后为其大祭司的假设一定令人非常开心。倘若如此，双面斧就应当是其崇拜的工具。本书第九章与第十二章将会进一步阐释太阳女神是怎样与双面斧、死者具有关联的。现在我们必须解答一个问题：为何与国王、王后而不是与其他王室成员相关的场景被雕刻在象征着财富与地位的石棺上？

这种场景被表述为一种个人的葬礼，墓穴前死者的灵魂属于葬在石棺中的逝者^④，我认为这种观点不可能成立。石棺中这种传记式的信息与古代世界的信息截然不同，对比一下罗马与基督教石棺的神话图像便可明白这一点。因此，特里亚达石棺侧挡上刻画的场景一定是公开的仪式，并非是葬礼。这也是献给太阳女神（她是天空与冥界之神）和神格化的国王的庆典。^⑤葬在石棺中的死者会从这种仪式中获益，那是因为他（通过图像）间接地参与了这种具有公共重要性的王室仪式，这就类似于埃及第十八王朝时期的贵族参加王室仪式，在其墓穴的图像上可以看到这一点。在阿玛纳统治时期，许多官员包括国王在内，都是其墓葬壁画的主角。

国王的职责与烦恼

神圣王权究竟意味着什么？我们已经看到，神圣王权实际上意味着两件事

---

① Lana Troy. *Patterns of Queenship in Ancient Egyptian Myth and History*. Boreas，Uppsala Studies in Ancient Mediterranean and Near Eastern Civilizations 14. Uppsala: Acta Universitatis Uppsaliensis，1986，pp. 56-58，pp. 72-77，pp. 86-87. 同时参见前一页注释④。

② Lana Troy. *Patterns of Queenship in Ancient Egyptian Myth and History*. Boreas，Uppsala Studies in Ancient Mediterranean and Near Eastern Civilizations 14. Uppsala: Acta Universitatis Uppsaliensis，1986，p. 55.

③ 较为典范的例子，具体参见 Lucy Goodison. *Death, Women and the Sun: Symbolism of Regeneration in Early Aegean Religion*. BICS Suppl. 53. London: Institute of Classical Studies，1989.

④ Charlotte L. Long. *The Ayia Triadha Sarcophagus: A Study of Late Minoan and Mycenaean Funerary Practices and Beliefs*. SIMA XLI. Göteborg: Paul Åströms，1974，p. 50.

⑤ 关于双面斧的太阳象征意义，参见本书第九章的相关内容。伊文思在 PMI，p. 447 有类似的表述："死者崇拜与米诺祭司王谱系的英雄化，二者皆与科诺索斯宫殿式圣所中的女神有关。"

情：首先，国王（实际上是国王与王后）是大祭司，并且他是人神之间沟通的合法媒介；其次，国王死后被神格化。上述这些范畴应该被明确区分，因为它们意味着神圣性的不同层面。大部分是死后被神格化的国王而不是活着的国王接受献祭。①

祭司王与其他人有所不同，因为当与神明接触时，他就进入了一种特殊的神圣状态。显然，国王与王后并不是总是这个样子，他们在日落时分不得不退出这种神圣状态，我们可以从前文表述的乌迦特文本中明显看到这些。

乍一看来，国王的生活看上去并不是那么显赫。赫梯与乌迦特文本在论及王族管理的内容时，揭示了一些与王室仪式相关的细节。这无疑就解释了为何源自这些国度的一些规范性的祭祀文本是在官方的各个档案馆中被发现的，尽管其中很多部分是在遗址的其他地方被发现的。②正如前文所讲的那些律法，这些记录具有一定的功能。我们（从赫梯文本中）获悉了很多神谕，其中规定要献给神明多少山羊、以何种秩序献祭、何时献祭等。倘若这些仪式的任何部分没有被严格执行，那么就会招致神明发怒。如果一个仪式被忽略了，那么就会直接导致祸患的出现。③此时国王就必须从被诅咒的状态中净化出来，重新确立其神圣性。现在我们考察一下赫梯国王图达利亚四世（Tudhaliya IV）献给太阳女神阿瑞纳的祷词："我的女神啊，我是有罪的（朝向太阳女神阿瑞纳），女神啊，我冒犯了太阳女神阿瑞纳，当我向您祈求神谕指导时，我忽略了献给您的仪式。我的女神啊，如果您迁怒于我……然后阻止我图谋击败我的敌人……"④国王因此要承诺改正自己的罪过并且举行规定的仪式。

王室管理者的不安心理集中反映在关于细节的一些例子上。现在要重新考察特里亚达石棺上刻画的仪式，这些曾经被一度忽略的仪式一定是非常准确的：关于仪式的相关解释本来应该视为不安的结果。王族不得不屈从于仪式的管理部

---

① 阿卡德的萨尔贡与纳拉姆·辛在世期间就已经得到了崇拜（参见 Marc Van de Mieroop. *A History of the Ancient Near East*. Oxford: Blackwell, 2004, pp. 64-65）。在这个场面上，埃及法老的地位同样也发生了变化。

② Dennis Pardee. *Ritual and Cult at Ugarit*. Writings from the Ancient World 10. Soceity of Biblical Literature. Atlanta: Brill, 2002, p. 2.

③ Houwink den Cate in Harry A. Hoffner, and Beckman Gary M., eds. *Kanissuwar. A Tribute to Hans G. Güterbock on his Seventy-fifth Birthday, May 27, 1983*. Assyriological Studies No. 23. Chicago: The Oriental Institute of the University of Chicago, 1986, pp. 95-110.

④ Houwink den Cate in Harry A. Hoffner, and Beckman Gary M., eds. *Kanissuwar. A Tribute to Hans G. Güterbock on his Seventy-fifth Birthday, May 27, 1983*. Assyriological Studies No. 23. Chicago: The Oriental Institute of the University of Chicago, 1986, p. 110.

门，这一点对其私人生活与自由而言是一种束缚。一旦灾难（瘟疫、饥荒或者是军事失败）降临，国王就被视为是亵渎了神灵，他不得不采取措施从这种可能的诅咒中净化出来。①我们可以通过索福克勒斯的悲剧《俄狄浦斯王》明白这一点。国王为了禳灾，不得不借助于德尔斐神谕探求结果：他是否忽略了什么？事实证明国王是非常虔敬的，那么究竟是谁来控制与监督国王呢？我们并不打算在这里回答这个问题，不过我们可以猜测，祭司或者先知是这些国王的奴仆，他们有可能挑起事端并能够（的确）摆脱控制。大臣与先知都有权力去影响大众的思想，尤其是当他们联合那些不顺从的王室成员时。正如前文所述，当塔万那那（赫梯的王后祭司）背叛国王时，就有可能发生这种事情。②这种情况一般不会发生，但也不是没有可能发生，当王后祭司的宗教权威与国王的权威发生冲突时，就会出现这种情形。国王是不可亵渎的。

  国王与王后奔走于各种仪式之间，穿梭在各个神殿之中，忙于奠酒与诵读咒语，他们的日子并不轻松。我们在乌迦特文本中已经看到，太阳下山，国王与王后的各种烦琐仪式义务便宣告结束，他们终于可以放松一下了。

---

① Theo P. J. van den Hout. *Purity of Kingship: An Edition of Cht 569 and Related Hittite Oracle Inquiries of Tuthaliya IV*. Leiden: Brill, 1998, pp. 73-78.

② Shoshana R. Bin-Nun. *The Tawananna in the Hittite Kingdom*. Texte der Hethiter 5. Heidelberg: Carl Winter, 1975, pp. 130-131, pp. 168-172; Theo P. J. van den Hout. *Purity of Kingship: An Edition of Cht 569 and Related Hittite Oracle Inquiries of Tuthaliya IV*. Leiden: Brill, 1998, pp. 46-53.

第四章 诸神的御座——国王的御座

> 一位米诺的祭司王端坐在科诺索斯的御座上,他是神秘岛的主人大母神在人间的养子。
>
> ——亚瑟·伊文思[1]

在科诺索斯王宫中央及庭院中央的西部,亚瑟·伊文思发现了爱琴世界最为古老的石制御座,实际上这是欧洲最为古老的御座,就像导游向克里特王宫的参观者所津津乐道的那样。[2](图4-1)御座室是整个庞大王宫建筑的一个组成部分,包括一个前厅,一个放置御座的屋子(两间房中都摆满了凳子),里面还

图4-1 科诺索斯的御座室

---

[1] 题记出自 Sir Arthur Evans PM I, p. 5.
[2] Evans PM IV, pp. 901-946.

有一个带有壁架的内室,这个内室看起来有点像礼拜堂。这些建筑物显然是为举行仪式而设计的。服务建筑与贮藏区域的设计表明,这里是准备食物并享用食物的地方。实际上,根据伊文思的判断,内室的板凳上及前厅可容纳三十人。①

从一开始,伊文思就确信这个区域是为了服务于某个宗教意图而设计的。②御座前那些打碎的容器是国王在王宫中生命最后时光的见证者。

那么,那些源自近东的证据如何帮助我们理解御座室建筑的意图与功能呢?我们将会回到公元前18世纪上半叶,并对科诺索斯的王宫建筑(图4-2a)与幼发拉底河(Euphrates)(图4-2b)附近马里(Mari)的王宫做一番比较。从这些建筑中我们发现了相同的建筑性"语词"(御座室+前厅+圣殿+服务厅与贮藏室)。但是,美索不达米亚与米诺御座室之间的类似之处并不能解释为直接影响或模仿的结果,因为马里的宫殿比科诺索斯的宫殿早了三个多世纪。我们并不知道

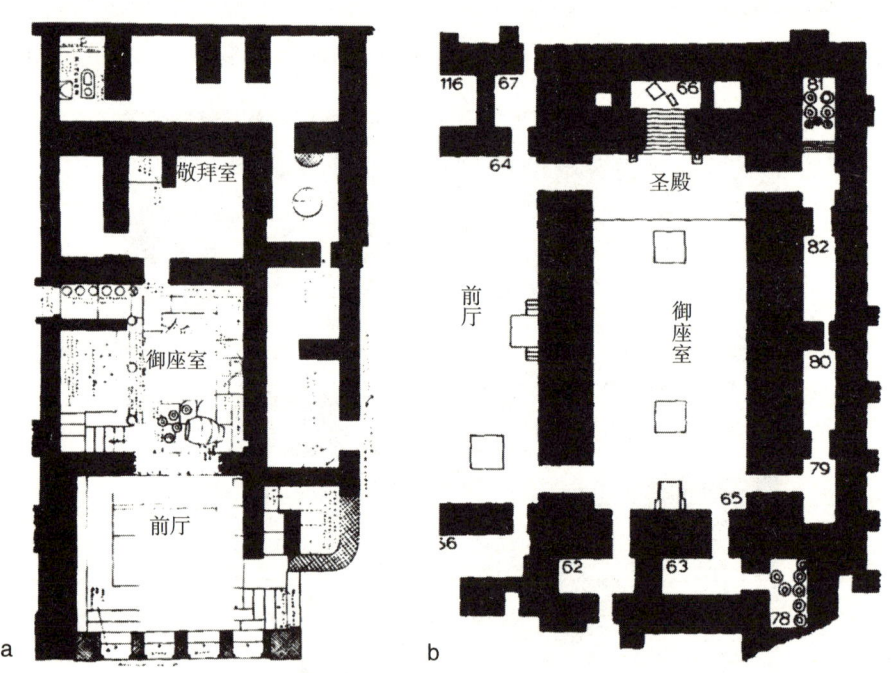

图4-2 科诺索斯与马里王宫建筑(无刻度)平面图
a. 科诺索斯　b. 马里

---

① Evans PM IV, p. 935.

② Evans PM IV, p. 920. 御座室包括一个凹陷的内室,伊文思将其称为洗浴室。这个凹陷的房子有可能是通向冥界女神(她坐在太阳神的旁边)的敬拜室。将这间内室界定为密室的相关论述,参见 Nanno Marinatos. *Minoan Religion: Ritual*, *Image and Symbol*. Columbia: University of South Carolina Press, 1993. pp. 78-87.

科诺索斯的王宫与公元前 18 世纪的宫殿有何相似之处，因为它被后来的建筑物所覆盖。不过，美索不达米亚与科诺索斯王宫之间在建筑语汇方面的相似之处可以通过共同的传统来解释，此种共同的传统在旧宫殿时代（公元前 19 世纪）的克里特依然存在并延续了四百年。

有历史与文本的证据表明，设在马里的济姆里利姆（Zimrilim）王的宫殿是近东其他国王争相模仿的模板；而且，毫无疑问，在这个时代，马里与凯弗提乌（Keftiu，克里特人别名）之间存在联系。[1] 公元前 18 世纪的科诺索斯王或许想模仿他那个时代最好的宫殿样子建造自己的王宫，这一点在情理之中。这里可能存在一种意识形态上的关联：科诺索斯与马里宫殿的壁画都表明，国王及其女性保护神拥有相同的侍从。这种关联是一种经久不衰的传统，观察者在这里可以最终对宫殿的两个部分进行观察：一方面是马里，另一方面是科诺索斯。

谁坐在御座上？

伊文思将这个石制御座视为米诺斯王的御座。他显然试图应用希腊神话的阐释性视角来将一个形象、一个名字与御座联系起来。还有比米诺斯［修昔底德（Thuc.1.4）将组建海军的第一个伟大君王称为米诺斯］更好的人选吗？但是一直有一个疑问在困惑着学者们：这个狭小的区域如何容纳得下国王大厅的那些观众？在这方面，马里的御座室比科诺索斯的王宫要宏伟得多。

三十年后，德国学者赫尔迦·罗思齐（Helga Reusch）给出了一种迥然不同的解决方案。她质疑伊文思关于国王坐在御座上的理论，认为御座室实际上是为一位女性神明设计的圣殿。她的观点建立在两种理论基础上。首先，她观察到御座两边较低部的中楣是由一系列的圆花饰组成的，就像赫梯语言中用其专指女神一样。[2]（参见第十章）其次，罗思齐注意到御座两边整齐地排列着格里

---

[1] 科诺索斯与马里之间交往的证据，参见 George Dossin. "Les archives économiques du palais de Mari", *Syria* 20: 102-113, 1939; Marc Van de Mieroop. *A History of the Ancient Near East*. Oxford: Blackwell, 2004, p. 96, p. 117, p. 133; Marc Van de Mieroop. *King Hammurabi of Babylon*. Oxford: Blackwell, 2004, pp. 65-66. 克里特出土的叙利亚印章上二者交往的资料，参见 Costis Davaras and Jeffrey Soles. "A New Oriental Cylinder Seal from Mochlos", *Archaeologike Ephemeris*, 1995, pp. 30-66.

[2] Helga Reusch. "Zum Wandschmuck des Thronsaales in Knossos", in Ernst Grumach, ed. *Minoica. Festschrift zum 80. Geburtstag von Johannes Sundwall*. Deutsch Akademie der Wissenschaften zu Berlin. Schriften der Sektion für Altertumswissenschaften 12. Berlin: Akademie Verlag, 1958, 1958, pp. 351-352; Sieglinde Mirie. *Das Thronraumareal des Palastes von Knossos. Versuch einer Neuinterpretation seiner Entstehung und seiner Funktion*. Saarbrücker Beiträge zur Altertumswissenschaft 26. Bonn: Habelt, 1979.

芬的形象。她强调，格里芬仅面对女性而站立。①一种逻辑上的推论就是御座属于女神，女祭司是女神神显（leibhafte Epiphanie）的有形代表。②这就暗示着一些仪式或者选定的女祭司指定的律法。二十年后，这种观点为学者罗宾·哈基（Robin Hägg）所发展，他综合了罗思齐与弗里德里希·马茨（Friedrich Matz）的观点，然后指出，这是由女祭司所扮演的女神神显的一种生动场景③。接下来，沃尔夫－德里奇·尼梅尔（Wolf-Dietrich Niemeier）考察了入口处的建筑物及其留存，并追溯了女神的扮演者从服务大厅到御座的路线。④

上述这些场景看上去都有道理，但是忽略了作为社会背景互动的神显仪式。那么，执行神显的女大祭司究竟是什么地位？谁见证了神显仪式？为何这种展演意味着一种意识形态？也就说，谁从中获取了什么好处？谁相信她是女神而不是一个扮演者？最后，古代东方有这种互动性的仪式吗？

赫梯国王与王后及赫梯仪式中的神座

就在我采用罗思齐的观点的同时，我将会回到伊文思的洞见，他的观点在回答"哪个社会阶层将会从这种展演中获益"这个问题上具有优势。伊文思用调色板描绘出的米诺斯王与希腊神话中的米诺斯并不完全契合。米诺斯的形象并非仅仅是一位大统治者，而且是一位祭司王。"非常肯定的是，我们必须承认米诺斯是神祇头衔的持有者……祭司并不仅仅使用衣着与威望来表现其权威，还时常使用其名字来表述声威。"⑤

伊文思完全正确。这里需要重申的是，在近东的神权政体中，没有比国王更为高级的大祭司，也没有比王后更为高级的女祭司。任何重大庆典的主角都必须是国王与王后。赫梯文本中或许会发现这种场景。第三章简略地探讨了祭祀风暴神的仪式，前文已经讲到，赫梯的国王与王后是主持所有仪式的主角。在

---

① 男性神明也往往由格里芬陪伴，本书第二章有相关阐释。

② Helga Reusch. "Zum Wandschmuck des Thronsaales in Knossos", in Ernst Grumach, ed. *Minoica*. *Festschrift zum 80. Geburtstag von Johannes Sundwall*. Deutsch Akademie der Wissenschaften zu Berlin. Schriften der Sektion für Altertumswissenschaften 12. Berlin: Akademie Verlag, 1958, p. 357.

③ 哈基沿用了马茨的做法，将神显分为两种类型：狂喜的与展演的。相关的探讨与参考书目，参见 Nanno Marinatos. *Minoan Religion: Ritual, Image and Symbol*. Columbia: University of South Carolina Press, 1993, p. 107, nn 154-159.

④ Wolf-Dietrich Niemeier. "Zur Deutung des Thronraumes im Palast von Knossos", *AM* 101: 63-95, 1986. 关于近期的一些问题的再评价，参见 Joseph Maran and Eftychia Stavrianopoulou. "Potnios Aner: Reflections on the Ideology of Mycenaean Kingship", in E. Alram-Stern and George Nightingale, eds. *Keimelion*. Band, Vienna: Österreichische Akademie der Wissenschaften. Denkschriften, 2007, pp.287-290.

⑤ Evans PM I, p. 3.

特定时刻，国王与王后抵达战争与风暴神的庙宇，进入内部的圣殿，那里设有一个御座。"国王在御座上坐下，但王后却进入了内部的神殿。"①

关于献祭与奠酒的名录，本书第三章已经有所陈述。接下来，一些官员被逐出了内部的神殿，国王与王后在这个御座上落座。"然后，他们驱赶圣殿内偶像的崇拜者，那些虔诚的仪式崇拜者，也就是唱赞歌的人与科塔什（kitash）。国王与王后在御座上坐下。"②

这与科诺索斯御座室举行的仪式可能非常契合。仪式的主角要么是国王，要么是王后，他们在圣殿的御座上落座。遗憾的是，如果落座时是成双的，那么国王与王后是同时落座还是轮流坐下，关于这一点，赫梯文本并没有表述清楚。对于我们关于落座的阐释来说，下面的事件是非常必然的："然后，宫廷侍者拿来了金矛上的旗帜与考马什（kalmush，赫梯文本中表述一种权力象征物的专有名词——译注）。侍者将金矛上的旗帜献给了国王，但将考马什置于国王落座的御座上。"③

这段语句表明，国王所触摸的神圣物有可能是风暴神所使用的武器。本书下文会对金矛与穆卡（mukar，一种类似于王权象征物的符号——译注）进行更多的论述。这些器物的确切意义是非常模糊的，但非常清楚的一点就是，国王与王后在传递神圣器物方面具有格外的优先权。或许可以这样推测，这种行为意味着国王与其神明保护者之间的象征性合作关系。

其他的细节因过于烦琐而难以论及，不过仅从这种简短的描述中我们得到一种明确的印象，那就是仪式很有可能表明了国王与王后是主要的角色。这些仪式从来就没有公开过，因为进入圣殿是需要经过严格筛选的。伊文思所说的科诺索斯御座室中容纳的三十个人很有可能是经过筛选的朝贡者。

是否有缘由去采纳赫梯文本的情节？一个主要的原因就是，它像一只手套一样比较符合我们关于科诺索斯的证据。④它解释了为何在王宫中会有圣殿，并且

---

① ANET, p. 359, ii. 40.

② ANET, p. 359, iii. 25-30.

③ ANET, p. 359, iii. p. 30-35.

④ 关于不同情节的阐释，参见 Joseph Maran and Eftychia Stavrianopoulou. "Potnios Aner:Reflections on the Ideology of Mycenaean Kingship", in E. Alram-Stern and George Nightingale, eds. *Keimelion*. Band, Vienna: Österreichische Akademie der Wissenschaften. Denkschriften, 2007, p. 290. 他们认为，圣婚的结合象征着国王与女神的联合，或者国王是女神的体现。我对此有不同的观点。只有在苏美尔文化中才有国王迎娶女神的圣婚仪式，其他地方都不存在圣婚仪式。关于赫梯人内部圣殿与圣殿内发生行为的具体描述，参见 Sedat Alp. *Beiträge zur Erforschung des hethitischen Tempels. Kultanlagen im Lichte der Keilschrifttexte. Neue Deutungen*. Ankara: Turk Tarih Kurumu Basimevi, 1983.

它阐释了国王与王后在圣殿举行的仪式中所担负的仪式性角色,以及在圣殿内落座的原因(参见第三章)。赫梯文本表述的场景为前文所说的女大祭司的地位这类社会性问题提供了可能性的答案。这里有些跑题了,不过我们现在不得不面对端坐在科诺索斯御座室中御座上的人的性别问题。我们无须假定,就像罗思齐所说的那样,因为御座属于女神神明,只有王后才能够坐在上面。在宗教想象与神话想象中,国王是大女神的主要保护对象,因为他是女神的虚构的儿子。国王坐在神明御座上的行为确认了国王与女神之间的关系。那么埃及的法老是否坐在伊西斯(Isis)女神的御座上?伊西斯女神是否拥有象征其身份的御座?哈索尔女神是法老虚构的母亲,是类似于伊西斯女神的一位女神,其名字的意思是"荷露斯之殿"——国王的宫殿,那么哈索尔女神是否拥有御座?①法老与其虚构的母亲伊西斯或哈索尔通过象征性的王权——御座与宫殿,而被连接在一起。②我认为,国王最后坐在了女神的御座上,女神确立并验证了国王与她之间的关系。

现在我们要返回科诺索斯仪式的一些细节上,因为基于赫梯文本与发现,这些细节可能要被重构。从地上发现的各种器物推断,在容器被打碎的时代,这些东西是国王用来洗澡并涂膏的,因为这些器皿是为了盛放油料与软膏而被制造的。③很有可能,今天御座室中摆放的石制洗浴盆是用来举行净化仪式的,就像伊文思开始指出的那样,尽管在经典文献中并没有发现这种东西。④源自乌迦特凯瑞特(Keret)国王的故事可以间接证实这个场景。我们从故事中可以看到,凯瑞特国王经过洗礼,穿上衣服并涂上了胭脂,然后进入了圣殿。⑤

---

① Lana Troy. *Patterns of Queenship in Ancient Egyptian Myth and History.* Boreas,Uppsala Studies in Ancient Mediterranean and Near Eastern Civilizations 14. Uppsala: Acta Universitatis Upsaliensis,1986,pp. 54-59.

② Henri Frankfort. *Kingship and the Gods: A Study of Ancient Near Eastern Religion as the Integration of Society and Nature.* Chicago: University of Chicago Press,1948,pp. 171-173.

③ Evans PM IV, p. 939, fig. 910.

④ Evans PM IV, p. 935-936. 迈锡尼御座室中同样有奠酒仪式,伯罗奔尼撒半岛南部的派罗斯(Pylos)王宫中同样也有御座。具体参见 Blegen and Rawson 1966,pp. 76-92,pl. 73.(英文原著中并未提供相关图书信息。——译注)

⑤ KTU 1.14 iii 52; Nicolas Wyatt. *Religious Texts from Ugarit: The Words of Ilimilku and His Colleagues.* The Biblical Seminar 33.2d ed. Sheffield: Sheffield Academic Press,2002,p. 198; Nicolas Wyatt. "Just how 'Divine' Were the Kings of Ugarit?" in *Arbor Scientiae: Estudios del Proximo Oriente Antiguo Dedicados a Gregorio del Olmo Lete con Ocasion de su 65 Aniversario.* edited by M. Molina,I. Marquez Rowe,J. Sanmartin. *Aula Orientalis* 17-18: 133-141.1999-2000,p. 138. "国王每次进入圣洁之神圣……都要通过及时举行的仪式来不断重复其神格化的美德。"

我认为科诺索斯仪式的场景如下所示：国王（也可能是王后或太后）更衣，沐浴，然后通过御座室的后门进入御座室和前厅，格里芬把守着御座室的两侧。①（图4-3）

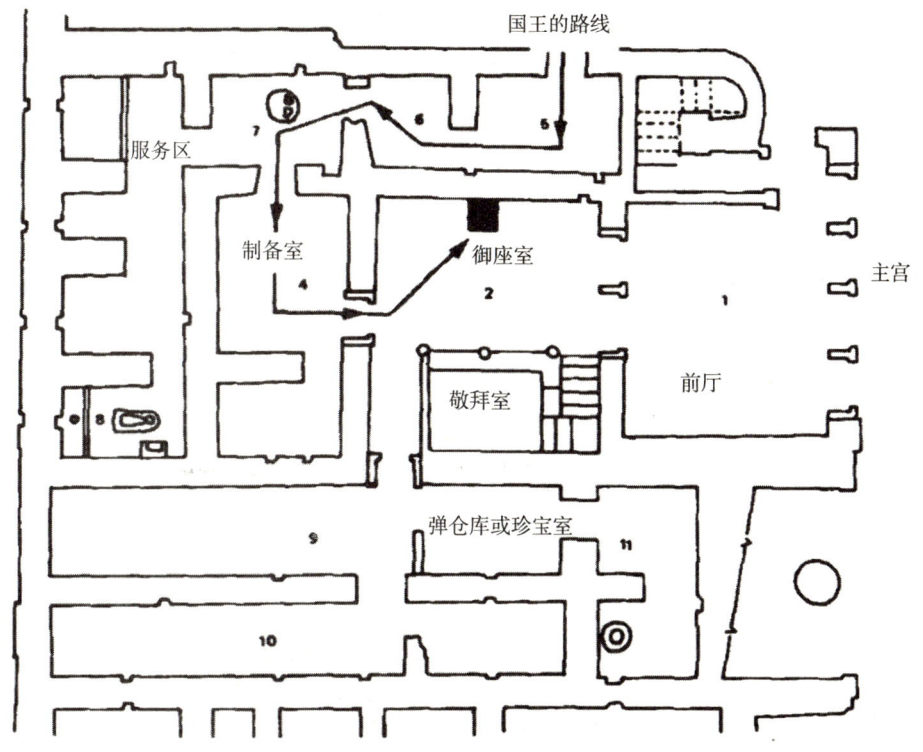

图4-3　国王或王后从宫殿内部到御座室路线
科诺索斯

图4-4中印章与戒指上描绘的图像或许能够为我们提供这些仪式的一些细节：这些人物（我将这些成员阐释为王族）所持的器物类似于赫梯风暴神献祭仪式中国王与王后所持的东西。②图4-4a中的女性形象有可能是王后。③

---

① Wolf-Dietrich Niemeie. "Zur Deutung des Thronraumes im Palast von Knossos", *AM* 101: 63-95, 1986, pp. 63-66.

② Evans PM I, fig. 312a-b; Pierre Demargne. "La Robe de la Déese Minoenne sur un Cachet de Mallia", *Mélanges d'archéologie et d'histoire offerts à Paul Picard. RA* 29-30: 280-288, 1949, 文中有类似的例子。同时参见 Nanno Marinatos. *Minoan Sacrificial Ritual: Cult Practice and Symbolism.* SkrAth 8°, IX. Stockholm: Paul Åströms, 1986, pp. 58-61, 我在此书中讲到了献祭的袍子很有可能是仪式的象征物、神明的一种象征符号。

③ 同时参见源自特里亚达的戒指图像：CMS II. 6, pp. 7-13。象征神圣的象征物，即斧头和神圣的袍子，二者一定构成了一种同时代的戒指图像序列，它们或许出自同一雕刻师之手。

一旦进入大殿,国王就落座了,那些坐在长凳上的朝臣是这个事件的见证者。前厅有一堵小矮墙,我们对前厅之中发生的事情知之甚少。伊文思将前厅的御座重构为木制的。那么它是否真的是一个御座(或许是为王后设计的),抑或是专门为神明设计的一个象征符号,比如棕榈树或双面斧之类的东西,我们不太确定。无论如何,伊文思将其复原为一个木制御座,这个东西至今依然完好如初,偶尔会有一只王宫的猫睡在上面(图4-5)。

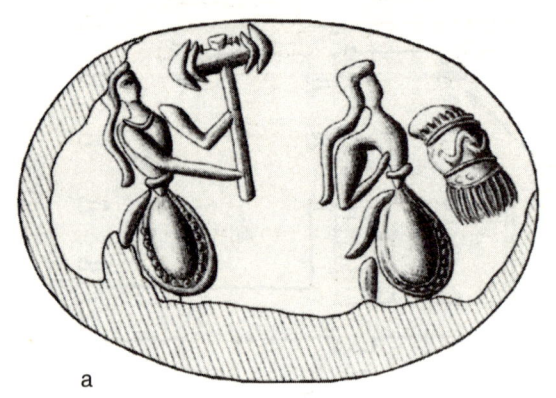

图 4-4　手持圣衣与双面斧的王族
a. 扎格罗斯出土戒指印章　b. 科诺索斯出土印章

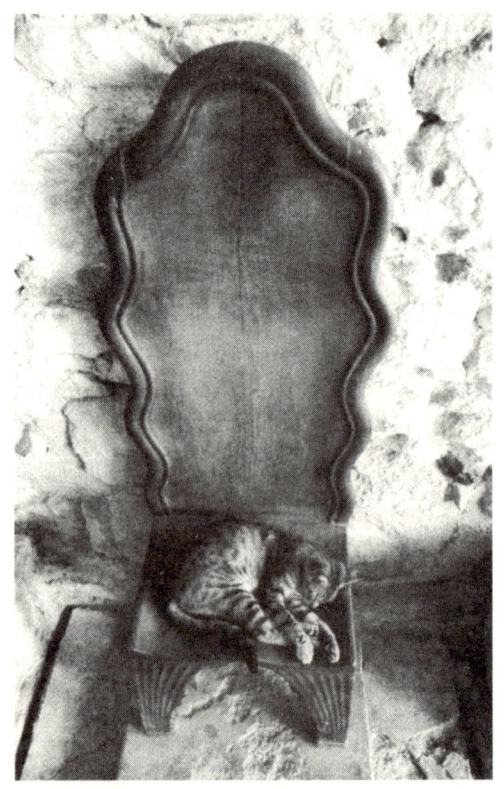

图 4-5　御座室前厅内原矮墙上的木制
　　　　御座(伊文思复原)
　　　科诺索斯

在这里举行的宗教仪式中,王宫中央的庭院是为宗教展演服务的公共场所。国王与王后可能是仪式的主要指挥者,而那些观众则是这种仪式的看客。[1]御座室建筑是神明宫殿的主圣殿,国王与王后在这里献祭并确定他们与保护神之间的伙伴关系。这一点为马里王宫御座室中的壁画所确认。祭礼继而举行,赫梯文本中同样讲到了这些方面。这些仪式证明了这样一种事实:厨房与服务性建筑是并联在一起的。敬拜室(参见图4-3)同时也是准备祭品的地方。祭品被保存在存储罐中,这个区域发现了大量这类东西。[2]在神权政治体系机制中,一个重要的部分就是在宗教仪式中,为了容纳一些人,就必须排除一些人。

近东神庙中的御座

神殿内御座的出现可以从近东文本中得到验证。[3]源自马里的一份文档中讲到了献给神明达甘(Dagan)的御座(约公元前18世纪)。[4]另外一份文件说,御座是由济姆里利姆献给神明夏玛什(Shamash)的伟大之座,这就意味着太阳神的御座是放在神庙之内的。[5]

乌迦特的一份文本则规定,在历法周期内的第二十六天,"国王要净身"。这天晚上,"要事先准备好御座"。[6]那么御座是为神明还是国王准备的呢?有可能二者皆有:倘若国王需要洗浴,这就意味着他与神明的御座之间有着某些关联。

在埃及,神明与国王之间的伙伴关系集中体现在王权上,这一点亨利·弗兰

---

[1] Nanno Marinatos. "Public Festivals in the West Courts of the Palaces", in Robin Hägg and Nanno Marinatos, eds. *The Function of the Minoan Palaces. Proceedings of the Fourth International Symposium at the Swedish Institute in Athens, 10-16 June 1984.* SkrAth 4°, 35. Stockholm: Paul Åströms, 1987, pp. 135-143; Nanno Marinatos. *Minoan Religion: Ritual, Image and Symbol.* Columbia: University of South Carolina Press, 1993, pp. 76-111.

[2] Evans PM IV, p. 902; Nanno Marinatos. *Minoan Religion: Ritual, Image and Symbol.* Columbia: University of South Carolina Press, 1993, p. 106, notes 148-149.

[3] 赫梯文本的相关内容,参见 Beckman in Sarah I. Johnston. *Religious of the Ancient World: A Guide.* Harvard University Press Reference Library. Cambridge: Belknap Press, 2004, p. 336(该论文并未列出——译注)。

[4] Martti Nissinen, ed. *Prophets and Prophecy in the Ancient Near East.* Writings from the Ancient World 12. Society of Biblical Literature. Atlanta: Brill, 2003, p. 83. no. 53.

[5] Martti Nissinen, ed. *Prophets and Prophecy in the Ancient Near East.* Writings from the Ancient World 12. Society of Biblical Literature. Atlanta: Brill, 2003, p. 83. no. 60.

[6] Dennis Pardee. *Ritual and Cult at Ugarit.* Writings from the Ancient World 10. Soceity of Biblical Literature. Atlanta: Brill, 2002, p. 56. RS 24.250. 在乌迦特发现了一个空的石制御座(RS 90.1)。具体的探讨,参见 Nicolas Wyatt. "Understanding Polytheism: Structure and Dynamic in a West Semitic Pantheon", *Journal of Higher Criticism* 5: 24-63, 1998.

克弗特在其优秀的论著中已经有所阐释。①我们在这里需要重申的就是一种双重形象,在公元前14世纪,图特卡蒙(Tutankhamun)的继承者,国王霍尔赫布(Horemheb)代表国王坐在荷露斯的旁边(图4-6)。②奥思玛·基尔指出,这种关系非常接近《圣经·诗篇》所反映出来的关系:"耶和华对我主说:'你坐在我的右边。'"(《圣经·诗篇》110:1)③我们比较一下《圣经·历代志》:"于是所罗门坐在耶和华所赐的位上。"(《圣经·历代志上》29:23)国王(或王后)仪式地落座意味着国王(或王后)与王权保护神之间的关联,保护神的圣殿位于王宫的中央。

图4-6 挨着荷露斯落座的埃及法老 新王国时期双重形象雕像

图4-7 科诺索斯御座周围的棕榈场景

---

① Henri Frankfort. *Kingship and the Gods: A Study of Ancient Near Eastern Religion as the Integration of Society and Nature.* Chicago: University of Chicago Press, 1948.

② Othmar Keel. *The Symbolism of the Biblical World: Ancient Near Eastern Iconography and the Book of Psalms.* Transl. T. J. Hallett. New York: Seabury Press, 1978, fig. 253. Drawing by Hildi Keel Leu.

③ Othmar Keel. *The Symbolism of the Biblical World: Ancient Near Eastern Iconography and the Book of Psalms.* Transl. T. J. Hallett. New York: Seabury Press, 1978, p. 263.

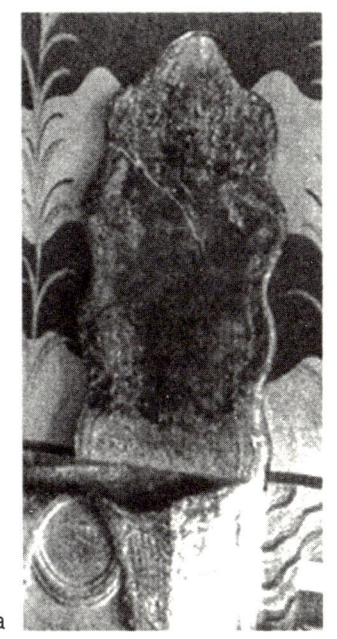 

图 4-8 山形轮廓
a. 科诺索斯御座背后　b. 山羊把守山的顶部，绘于扎格罗斯王宫出土石制器皿

山形御座与棕榈树：神圣景观

我们现在要探讨一下拥有圣殿与御座的神明。我们探讨的线索源自装饰御座室的那些场景。①这些御座上的场景描述了一个芦苇或百合、棕榈丛生的伊甸园，但缺少其他的植物。棕榈被刻画在御座的右边。基于某些原因，伊文思的修复者埃米尔·吉利隆（Emile Gilliéron）在修复御座室的壁画时，忽略了这种情况，但他在《米诺王宫》的最后一卷中将棕榈包含在了标题页，马克·卡梅隆（Mark Cameron）也注意到了这种情况。②

我们现在要从御座本身开始探讨，御座的形状尤其值得注意。在米诺艺术中，御座背后起伏的线条是山的象征（图 4-8a）。最为贴切的一个例子就是在扎格罗斯王宫器物绘图上发现的一个御座，山的顶部有山羊把守（图 4-8b）。③

---

① 前厅装饰着咆哮的公牛的蹄印，因此前厅受到了关注，不过一些细节化的阐释是非常大胆的：Evans PM IV, p. 904; Nanno Marinatos. *Minoan Religion: Ritual, Image and Symbol*. Columbia: University of South Carolina Press, 1993, p. 74.

② Evans PM IV, 标题页, 该卷的插图 XXXII 同样绘有不带棕榈树的壁画。这些都是非常醒目的, 在 PM IV 第 915 页地图 889 上。卡梅隆的修复在其论著中被公开了, 参见 Mark A. S. Cameron. "The Palatial Thematic System in the Knossos Murals", in Robin Hägg and Nanno Marinatos, eds. *The Function of the Minoan Palaces. Proceedings of the Fourth International Symposium at the Swedish Institute in Athens, 10-16 June 1984*. SkrAth 4°, 35. Stockholm: Paul Åströms, 1987, pp. 321-329.

③ Nikolaos Platon. *Zakros: The Discovery of a Lost Palace of Ancient Crete*. New York: Scribner, 1971, pp. 164-169; Lefteris Palton. "To Anaglypho Rhyto tis Zakrou Kato Apo Ena Neo Semasiologiko Prisma", in A. Vlachopoulos and K. Birtaha, eds. *Argonautis: Fetschrift for Prof. Doumas*. Athens: I Kathimerini, 2003, pp. 331-336.

在古代世界,山是神明的居所,通常被视为神明的御座。我们在《以诺书》(*Book of Enoch*)中读到这样的句子:"你看到的山就是神明的御座。"①当山的两侧有棕榈与格里芬时,我们就能够推测,这种联合表达了一种神圣的场景,有可能表露了拥有御座的神明的一些神性。罗思齐提出了这个问题,他总结御座为神明所拥有,这一点无疑是正确的,我们在前文已经有所阐释。那么这是哪位神明?她与统治者之间有无关联?

现在让我们回到公元前 18 世纪马里的王宫,它或许能够为公元前 2000 年前半叶克里特王宫的原初面目提供原型。马里王宫御座室的壁画上描绘了国王面对伊士塔尔(Ishtar)女神的情景(图 4-9)。国王与女神所落座的地方装饰着棕榈树与格里芬,还有其他一些形象。②伊士塔尔女神端坐的环境类似于科诺索斯

图 4-9　绘有国王与伊士塔尔的御座室壁画
马里王宫(公元前 18 世纪)出土壁画

---

① 1Enoch 25: 3. 在乌迦特文学中同样存在类似的相关用语。参见 Nicolas Wyatt. *Space and Time in the Religious Life of the Ancient Near East*. The Biblical Seminar 85. Sheffield: Sheffield Academic Press, 2001, pp. 147-148.

② André Parrot. *Mission Archéologique de Mari*. Vol. II, *Le Palais*. Paris: Geuthner, 1958, pls. XI, XV; William S. Stevenson Smith. *Interconnections in the Ancient Near East: A Study of the Relationship between the Arts of Egypt, the Aegean, and Western Asia*. New Haven: Yale University Press, 1965, p. 18; Othmar Keel. *Das Recht der Bilder Gesehen zu Werden: Drei Fallstudien zur Methode der Interpretation Altorientalischer Bilder*. Orbis Biblicus et Orientalis 122. Fribourg: Academic Press Fribourg, 1992, p. 149, fig. 119; Yasin Al-Khalesi. *Court of the Palms: A Functional Interpretation of the Mari Palace*. Malibu: Undena, 1978.

王宫神明落座的情景，这就支持了罗思齐的观点，即女性神明是御座室的主人。不过需要指出的是，马里王宫的壁画上同样有国王在场，国王才是壁画的主角：伊士塔尔女神将王权象征物交给了国王。

当然，我们并不能仅仅依靠出自马里王宫的资料，而必须考察更多源自近东的例子，它们在时间与空间上皆接近新宫殿时代的克里特王宫。现在我们要转向证据较为丰富的叙利亚-巴勒斯坦印章，时间在青铜时代中期和更晚的时代，这个时段与克里特的旧宫殿时代末期和新宫殿时代初期非常吻合。这些印章为我们提供了深受埃及与美索不达米亚影响的丰富的观念性语汇，不过它们同时保留了一种叙利亚的习惯用语。印章是源自克里特宫殿时代的东地中海地区宗教共同体的绝佳档案。那么，这些印章上的棕榈树与格里芬究竟是什么角色？

我们首先观察到，在叙利亚的象形文字中，棕榈树、格里芬与太阳有关联。棕榈树经常与带翅膀的圆形盘子（这是黎凡特地区的埃及人的带翅膀的太阳盘子）联系在一起。[①]我们或许就此可以进一步得出一些具有结论性质的推论，即这里存在一种风格化的、人造的、木制的模仿棕榈的祭祀规范。这种推论或许能够解释为何太阳盘（其他部分也是如此）要被装饰在顶部。

或许可以在叙利亚印章（图4-10）上找到更多的例子。一个例子是图4-10a中的叙利亚印章描绘了两个棕榈树干（一个是月亮，另一个是太阳）立杆。只有太阳旗帜的棕榈树干旁边才有格里芬把守着。[②]另外一个印章表明，棕榈立杆上方有一个带翅膀的太阳（图4-10b）。棕榈树立在一位有胡须的统治者与女神中间。[③]

例子很多，但这里的例子已经相当丰富了。这些例子表明，棕榈树被视为太阳神之树。比阿特丽斯·特斯尔（Beatrice Teissier）写道："在埃及人与美索不达米亚人的观念中，太阳与棕榈树是相关的，但叙利亚人的图像却源自后者。在

---

① Beatrice Teissier. *Egyptian Topography on Syro-Palestinian Cylinder Seals of the Middle Bronze Age*. Orbis Biblicus et Orientalis Series Archaeologica 11. Fribourg: Academic Press Fribourg, 1996, nos. 189-193, 202, 207.

② Beatrice Teissier. *Egyptian Topography on Syro-Palestinian Cylinder Seals of the Middle Bronze Age*. Orbis Biblicus et Orientalis Series Archaeologica 11. Fribourg: Academic Press Fribourg, 1996, pp. 98-99, no. 193.

③ Beatrice Teissier. *Egyptian Topography on Syro-Palestinian Cylinder Seals of the Middle Bronze Age*. Orbis Biblicus et Orientalis Series Archaeologica 11. Fribourg: Academic Press Fribourg, 1996, p. 98.

图 4-10　叙利亚印章上的棕榈立杆，顶端为太阳与月亮的象征符号

埃及，棕榈与不断高升的拉神的位子相关。"[1]

一个相当重要的发现就是，在黎凡特地区的图像中，格里芬也是一种太阳鸟。这里我再次引用比阿特丽斯·特斯尔的话语，其总结格里芬的情节单元历史与迁移史是从埃及传到黎凡特地区的："在埃及，格里芬首先出现在中王国时代，不过它是在新王国时代发展的，此时在格里芬的上部已经出现了太阳盘图像。在后来的时代，格里芬就坐在了太阳盘之内的莲花之上……在黎凡特的图

---

[1] Beatrice Teissier. *Egyptian Topography on Syro-Palestinian Cylinder Seals of the Middle Bronze Age*. Orbis Biblicus et Orientalis Series Archaeologica 11. Fribourg: Academic Press Fribourg, 1996, p. 101.

像中,格里芬通常与树联系在一起,与太阳神话具有直接的关联。"①

乌迦特出土的印章上的图像印证了格里芬与太阳之间有密切联系,在上面,格里芬守在太阳盘两侧(图4-11)。鉴于以上情况,我觉得在米诺艺术中棕榈树和格里芬有太阳的意涵,并且格里芬是太阳女神的神物,正如科诺索斯出土的戒指上所示(图4-12)。②

 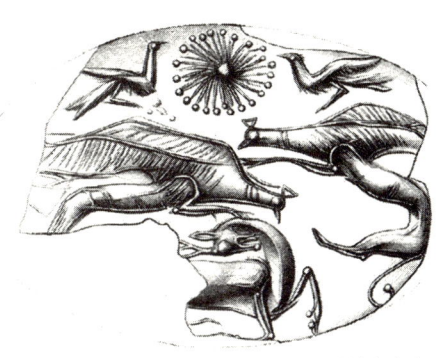

图4-11 格里芬守护着太阳盘 乌迦特印章

图4-12 格里芬攻击太阳盘下方的捕食者克里特戒指印章(公元前15世纪)

这就意味着科诺索斯御座室中的神明等同于太阳女神。可以将这种假说进一步推演,本书第十章与第十二章会提供更多的证据。

从叙利亚或黎凡特的视觉性资料中得出的最后一个结论就是,太阳女神的棕榈树与统治者的形象有关,不过太阳女神是统治者保护神的观点尚存一些疑问。③(参见图4-9、4-10b)

现在来检验我们从米诺资料中得出的一些假说。多年前我曾经指出,在米诺宗教中,棕榈树是神圣之树,并且,我对自然化的与风格化的棕榈树做了区分,现在我将其作为一种崇拜立杆:"自然化的棕榈树表明棕榈是整个图像的一个组成部分,这与象征性的宗教意味下的棕榈树有很大差别,宗教化语境中的棕榈树是真正风格化的。需要着重强调的是,棕榈树的风格化并不单单归结于传统。

---

① Beatrice Teissier. *Egyptian Topography on Syro-Palestinian Cylinder Seals of the Middle Bronze Age*. Orbis Biblicus et Orientalis Series Archaeologica 11. Fribourg: Academic Press Fribourg, 1996, pp. 89-90.

② Ingo Pini. "Ein Siegelabdruck im Archäologischen Museum Iraklion", in *Pepragmena tou Tritou Diethnous Cretologikou Synedriou, Rethymno, 18-23 September 1971*. Rethymno: Dimos Rethymnis, 1971, pp. 221-230.

③ Urs Winter. *Frau und Göttin. Exegetische und Ikonographische Studien zum Weiblichen Gottesbild im Alten Isarel und in dessen Umwelt*. Orbis Biblicus et Orientalis 53. Göttingen: Vandenhoeck und Ruprecht, 1983, p. 436, note 1184.

棕榈树是有意义的象征符号。"①我那时尚未意识到风格化的棕榈树是人为制造的崇拜旗帜，它与《圣经》中的亚舍拉有着某些类似之处。在希伯来人的《圣经》中，亚舍拉与耶和华之间的关系是一个富有争议性的话题。这里论证较为充分的一种说法就是，亚舍拉是以棕榈形象出现的一种崇拜对象，并不单单是古代以色列的一位女神的名字。②源自米诺人的克里特资料非常符合这种假设，并且进一步阐释了棕榈树的崇拜立杆的功能。最为生动的一个例子就是源自哈佛大学福格艺术博物馆（Fogg Art Museum）一枚印章上的图像。这枚印章上的图像表明，一位米诺女神站立在一株风格化的棕榈树顶端，棕榈树则位于一个向内弯曲的台子上（图4-13）。③

我们在叙利亚-巴勒斯坦共同体的考察中看到了所有的因素：一位棕榈女神、一种棕榈立杆，以及守卫的格里芬。叙利亚的图像为我们解读米诺宗教起到了阐释性工具的作用，因为它为解读御座室的景观提供了丰富的文本。

那么统治者呢？有无证据表明棕榈+太阳崇拜的图像序列与米诺时期克里特的王权相关？实际上的确存在这方面的证据。我们在一枚源自纳克索斯（Naxos）的印章上看到一位头戴羽冠（本书第二章中将其作为国王标志的显著符号）的统治者（图4-14）。国王以权威的姿态舒展其手臂。国王前面的桌子上摆放着一些祭品与工具，诸如一个角杯、一口水缸，以及一个盛放液体的容器之类的

---

① Hélène Danthine. *Le Palmier-dattier et les Arbres Sacrés dans l'Iconographie de l'Asie Occidentale Ancienne*. 2 vols. Paris: Republique Française, 1937; Lyvia Morgan, ed. *The Wall Paintings from Thera: A Study in Aegean Culture and Iconography*. Cambridge: Cambridge University Press, 1988, pp. 24-28; Nanno Marinatos. "Minoan Threskeiocracy on Thera", in Robin Hägg and Nanno Marinatos, eds. *The Minoan Thalassocracy: Myth and Reality. Proceedings of the Third International Symposium at the Swedish Institute in Athens, 31 May -5 June 1982*. SkrAth 4°, 32. Stockholm: Paul Aströms, 1984, pp. 167-178.

② Urs Winter. *Frau und Göttin. Exegetische und Ikonographische Studien zum Weiblichen Gottesbild im Alten Isarel und in dessen Umwelt*. Orbis Biblicus et Orientalis 53. Göttingen: Vandenhoeck und Ruprecht, 1983, pp. 486-490; Othmar Keel and Christoph Uehlinger. *Göttinnen, Götter und Göttessymbole: Neue Erkenntnisse zur Religionsgeschichte Kanaans und Israels Aufgrund Bislang Unerschlossener Ikonographischer Quellen*. Quaestiones Disputatae 134. Fribourg, Basel, Wien: Herder, 1995, pp. 258-272; Nicolas Wyatt. *Space and Time in the Religious Life of the Ancient Near East*. The Biblical Seminar 85. Sheffield: Sheffield Academic Press, 2001, p. 168; Saul M. Olyan. *Asherah and the Cult of Yahweh in Israel*. Society of Biblical Literature Monograph Series. Atlanta: Scholars Press, 1988.

③ 关于弯曲的台子，参见第十章。关于这枚戒指的阐释，参见 Robin Hägg and Yvonne Lindau. "The Minoan 'Snake Frame' Reconsidered", *OpAth* 15. pp. 67-77.

图4-13 顶部站立着女神的棕榈立杆　　　图4-14 统治者向太阳棕榈献祭
　　　　迈锡尼印章　　　　　　　　　　　　　纳克索斯出土印章

东西。①国王献上了祭品，但其接受者一定是棕榈树女神（米诺人将其等同于亚舍拉）。除此之外，没有其他的神明是可视化的。源自纳克索斯的印章证实了统治者与棕榈树具有关联。

　　源自迈锡尼的证据进一步表明了棕榈树与国王的女保护神之间的同化作用。迈锡尼出土的戒指上刻画了两个斯芬克斯保护着一株风格化的棕榈树（图4-15a）。这枚戒指上的图像可以与叙利亚较早时期的印章上的图像（图4-15b）相媲美。视觉序列的相似性表明，共同体在爱琴海两岸都是奏效的。

小结

　　所有这些都指向了一些重要的结论。一个结论就是，科诺索斯的御座室非常符合神圣王权的模式。只有在神权政治社会中，我们才能够想象，神明居住在王宫之中，并与王族共享王宫。我们反复强调的一种观点就是，女性大祭司坐在御座上这种现象并不能够作为一种普遍的社会模式而存在。第一，在宫殿时代，除了王后或太后，其他人不可能成为女性大祭司。第二，在同一时间，王后不可能同时扮演女神并向其敬献祭品：这是不合逻辑的。第三，我们千万不

---

①　先前我曾经错误地将此形象等同于一位男性神明，参见 Nanno Marinatos. *Minoan Religion: Ritual, Image and Symbol.* Columbia: University of South Carolina Press, 1993, p. 174. 他不可能是祭礼的接受者，不过他面对棕榈树，应该是祭礼的一名进献者。假如他是神明，那么他应该背靠棕榈树，因为那是他的家。一个更为有趣的原因就是，棕榈树从未与男性神明联系在一起，不管在近东还是在希腊神话中都是如此。譬如，棕榈树是勒托（Leto）女神的神圣之树，而不是阿波罗的神树。

图 4-15 斯芬克斯守卫的棕榈树
a. 迈锡尼金戒指　b. 叙利亚-巴勒斯坦出土埃及化印章

要假设,在重大祭祀活动中的大祭司与其服务的神明是同一性别。我在这里要强调的一种情景就是,国王坐在女神御座上的情景证实了他与女神之间的关系,他是女神在人间的儿子,这一点就像法老坐在伊西斯女神膝盖上那样。

另外一个结论就是居住在王宫之中的女神并非丰产女神而是太阳女神。这一点已经在关于格里芬与棕榈树两个图像情节单元的探讨中有所阐释,二者皆与叙利亚-巴勒斯坦、埃及及安纳托利亚的太阳崇拜相关。我们还会在第十章中增加一些圆花饰符号补充这一概论。这种见解更改了以往居住在王宫之中的女神是丰产女神的理论,但并没有将其是女神完全否定,因为太阳司掌生命与植物的生长,生命的更新与祝福都是太阳神的职责。居住在王宫中的女神是一位太阳女神这一设想将会解释为何米诺王宫的壁画上会充盈着绚烂的植物、鸟类、猴子及蹄类动物的情景。作为太阳赐给人间的礼物,这些生物在盛赞自然。

卢西·古迪森(Lucy Goodison)对克里特地区的太阳崇拜同样做了颇有说服力的论证,尤其是关于科诺索斯御座室的论证,不过其立足点却大不相同。① 卢西·古迪森指出,在每年的特定时间,清晨的阳光会通过一扇敞开的大门进入御座室。光线会照亮御座室,阳光有可能是神显的一种方式。② 这种场景可能与乌迦特及赫梯的证据非常吻合,因为我们在其中已经获悉,很多仪式在日出之际举行。耶路撒冷(Jerusalem)的神庙也面向东方,以便日出之际的阳光能够进入庙中。

在古代东方,太阳神(男性或女性)是君王的主要保护神;据说希腊缺乏王权,以色列对王权的废止解释了这些文化中太阳崇拜的空缺。在其他地方,太阳神总是主神,尽管埃及的拉神与荷露斯神,以及巴比伦的夏玛什都是男性,但赫梯人拥有一位至高的太阳女神阿瑞纳或赫帕特(Hepat)。在乌迦特,太阳女神夏普舒(Shapshu)与亚舍拉在王权意识形态叙述中发挥了主要作用。③ 如果我们将米诺时代的克里特包括在近东文化的视野内,存在一位保护国王的太阳女神几乎不是什么大惊小怪的事,但是我们遇到的是一位非常不同的神明,以及一位非常符合王权模板的神明:国王坐在神明的膝盖上,就是这样。

---

① Lucy Goodison. *Death, Women and the Sun: Symbolism of Regeneration in Early Aegean Religion*. BICS Suppl. 53. London: Institute of Classical Studies, 1989; Lucy Goodison. "From Tholos Tomb to Throne Room: Perceptions of the Sun in Minoan Ritual", in Robert Laffineur and Robin Hägg, eds. *Potnia: Deities and Religion in the Aegean Bronze Age. Proceedings of the 8th International Conference*, Göteborg University, 12-15 April 2000. Aegaeum 22. Liège: Université de Liège, 2001, pp. 77-88.

② 卢西·古迪森(Lucy Goodison. "From Tholos Tomb to Throne Room: Perceptions of the Sun in Minoan Ritual", in Robert Laffineur and Robin Hägg, eds. *Potnia: Deities and Religion in the Aegean Bronze Age. Proceedings of the 8th International Conference*, Göteborg University, 12-15 April 2000. Aegaeum 22. Liège: Université de Liège, 2001, pp. 77-88)将太阳崇拜视为早期克里特与基克拉迪宗教的产物,(她断言)那里存在一个居于统治地位的女神。这种发展的方法是现代进化主义理论的产物。我更愿意将太阳女神看作王权机制的一种要素。这样,我们的研究方法之间就存在一种本质性的差异。

③ Nicoals Wyatt. "Religion of Ugari: An Overview", in Wilfred G. E. Waston and Nicolas Wyatt, eds. *Handbook of Ugaritic Studies*. Handbook of Oriental Studies, Part One: The Near and Middle East 39. Leiden: Brrill, 1999, p. 544, p. 559; Nicolas Wyatt. "There's Such Divinity Doth Hedge a King", in *Selected Essays of Nicolas Wyatt on Royal Ideology in Ugaritic and Ole Testament Literature*. Society for Old Testament Study Monographs. Aldershot and Burlington: Ashgate, 2005. 关于迦南印章的可视性证据,参见 Tallay Ornan. "Istar as Depicted on Finds from Israel", in A. Mazar and G. Mathias, eds. *Studies in the Archaeology of the Iron in Israel and Jordan*. London: Contin International Publishing Group Ltd, 2001, pp. 235-256. *Journal for the Study of the Old Testament*. Supplement Series 331. Sheffield: Sheffield Academic Press, 2001.

赫梯的王后说道:"啊,太阳神……(即女神),你有着仁慈的眼睛,仁慈的目光看顾着国王与王后,使他们生机勃勃。"[1]

---

[1] Theo P. J. van den Hout. *Purity of Kingship: An Edition of Cht 569 and Related Hittite Oracle Inquiries of Tuthaliya IV*. Leiden: Brill, 1998, p. 74.

第五章　神明的居所

> 对科诺索斯宏伟建筑发掘进行长久考察的结果越来越明显地表明了这样一种事实：它与宗教因素是相互浸染的。
>
> ——亚瑟·伊文思①

虽然诸神居于山顶、河畔，或洞穴之中、大海深处，甚至地下，他们亦时常造访人类为其建造的人间居所。此种承载众神的崇拜偶像或符号象征物的建筑乃"神明的居所"。

米诺时代的克里特提供给我们的是一种看上去模棱两可的观点。在克里特，似乎并不存在自美索不达米亚到小亚细亚及埃及王权时代的那些神庙。②城市中仅有王宫与圣殿，并没有发现单独的庙宇。③一位学者被这种异常现象所限，就断言说宗教行为，尤其是绝大多数宗教行为皆限于"房屋崇拜"。④倘若如此，那么米诺的宗教崇拜中就应该存在一个完全脱离统治阶级的宗教领袖，这种情况不仅绝不可能，而且在古代社会也绝对不可想象。

解答那些遗失的神庙的难题的第一步是纠正我们的措辞。与"神庙"这个语词相关的是一种特殊的已经存在的建筑类型，其源头可以上溯至公元前 2000 年——

---

① 题记部分出自 Evans PM I, p. 4.

② 关于近东的神庙，参见 Bruno Meissner. *Babylonien und Assyrien I-II*. Heidelberg：Carl Winters Universitätsbuchhandlung，1920-1925，2: 52-101; Oliver R. Gurney. *The Hittites*. Harmondsworth: Penguin，1952，pp. 144-155; Abraham Biran，ed. *Temples and High Places in Biblical Times. Hebrew Union College Colloquium*，*14-16 March 1977*. Jerusalem: The Nelson Glück School of Biblical Archaeology，1981; Alexander Badawy. *Architecture in Ancient Egypt and Near East*. Cambridge：MIT Press，1966; Henri Frankfort. *The Art and Architecture of the Ancient Orient*. Harmondsworth：Penguin，1954.

③ 关于城邦、圣殿与自然庙宇（沿用传统分类）的探讨，参见 Nanno Marinatos. *Minoan Religion: Ritual*，*Image and Symbol*. Columbia: University of South Carolina Press，1993，pp. 112-126.

④ Bogdan Rutkowski. *The Cult Places of the Aegean*. New Haven: Yale University Press，1986，p. 229. Sinclair Hood. "Minoan Town Shrines?" in K. H. Kitzl, ed. *Greece and the Eastern Mediterranean in Ancient History and Prehistory：Studies Presented to Fritz Schachermeyr on the Occasion of his Eightieth Birthday*. Berlin: de Gruyter，1977，pp. 158-172. 胡德先生对这种神庙的缺席极为困惑，坚持认为其功能等同于圣殿。关于圣殿的阐释，参见 Geraldine C. Gesell. *Town*，*Palace*，*and House Cult in Minoan Crete*. SIMA LXVII. Göteborg: Paul Åströms，1985，pp. 19-40.

前1000年希腊与近东地区带有内殿的庙宇。通常而言，近东的建筑家很难将祭坛、高堂圣殿与神庙区分开来。①我认为，作为探讨的起点，我们应该以"神明的居所"来取代"神庙"这种称呼，别忘了在古人的语词中，"神庙"被称为"神明的居所"（bêt Elohim）。这样我们便不再被一种特殊的建筑类型或尺寸所束缚。

不过，我关注的不是建筑而是图像。我们可以通过图像而接近将其神圣建筑观念化的米诺人的思维方式。最为贴切的一个神圣建筑的例子就是，扎格罗斯王宫中一个石制仪式器皿上的图像（图5-1）。②这是位于山上的一座单独的建筑物。山羊在此自由徜徉，鸟儿自由飞翔，但是看不到人类：建筑物位于荒野之中。③图像中央是一扇大门，两侧有两个小的壁龛或窗户。我在后文中将会阐释这扇大门的意义；现在让我来解释一下大门或窗户旁边一对U形符号的意义。图像中部的大门上有一个中楣，中楣上卧躺着两对山羊。山羊面对的是一个绘有波浪线的物体，可以将其视为一种风格化的山顶。④山的形状与科诺索斯御座背后的轮廓（图4-8）有些类似。这种相似性是解释图像的线索：山脉是科诺索斯女神的御座（参见第四章），它高耸在圣殿大门的上部。在近东文学与希伯来

---

① Abraham Biran, ed. *Temples and High Places in Biblical Times. Hebrew Union College Colloquium, 14-16 March 1977*. Jerusalem: The Nelson Glück School of Biblical Archaeology, 1981, pp. 31-37.

② Nikolaos Platon. *Zakros: The Discovery of a Lost Palace of Ancient Crete*. New York: Scribner, 1971, pp. 161-169. 关于圣经目录学，参见 Lefteris Platon. "To Anaglypho Rhyto tis Zakrou Kato Apo Ena Neo Semasiologiko Prisma", in A. Vlachopoulos and K. Birtaha, eds. *Argonautis: Fetschrift for Prof. Doumas*. Athens: I Kathimerini, 2003, pp. 331-366.

③ 关于荒野的象征，参见 Othmar Keel. *The Symbolism of the Biblical World: Ancient Near Eastern Iconography and the Book of Psalms*. Transl. T. J. Hallett. New York: Seabury Press, 1978; Nicolas Wyatt. *The Mythic Mind: Essays on Cosmology and Religion in Ugaritic and Old Testament Literature*. Bible World. London: Equinox, 2005.

④ Nikolaos Platon. *Zakros: The Discovery of a Lost Palace of Ancient Crete*. New York: Scribner, 1971: 肖修复了在一堵围墙之内的建筑物，参见 Joseph Shaw. "Evidence for the Minoan Tripartite Shrine", *AJA* 82: 429-448, 1978; Bogdan Rutkowski. *The Cult Places of the Aegean*. New Haven: Yale University Press, 1986, pp. 81-85. 近期较为透彻的分析，参见 Lefteris Platon. "To Anaglypho Rhyto tis Zakrou Kato Apo Ena Neo Semasiologiko Prisma", in A. Vlachopoulos and K. Birtaha, eds. *Argonautis: Fetschrift for Prof. Doumas*. Athens: I Kathimerini, 2003, pp. 331-366.

图 5-1 神明的居所(或宫殿)
扎格罗斯石制角杯

人的《圣经》中,山是御座,如同已经确定的传统主题一样。①

人们为寻找扎格罗斯角杯图像上的建筑结构原型,已经进行了很多尝试,但这种方式不可能奏效,因为艺术绝不代表对现实的逼真表述。②这个图像提供的并不是米诺时代的克里特既定形式的具体的建筑物,而是一种理想化的建筑原型,那就是神明的居所看上去应该是什么样子。尽管此图像包含了真实的建筑要素(整块U形石料的面砌,以及柱子、大门),它却超越了位置与形式的特性。③图像的环境是旷野,野兽杂居的地方。但神明的居所同时是宇宙论意义上的中心。作为神明的御座,中央大门之上的山是概念化的宇宙轴心。

---

① 乌迦特的神明亚斯塔尔(巴力的双重形象)进入了神圣的北方之山的最高处,坐在了英勇的巴力的御座上。KTU 1.6 i 56-58. Nicolas Wyatt. *Religious Texts from Ugarit: The Words of Ilimilku and His Colleagues*. The Biblical Seminar 33.2d ed. Sheffield: Sheffield Academic Press,2002,p. 132; Nicolas Wyatt. *Space and Time in the Religious Life of the Ancient Near East*. The Biblical Seminar 85. Sheffield: Sheffield Academic Press,2001,p. 154. 同时参照《圣经·以赛亚书》14:13:"我要坐在聚会的山上,在北方的极处。"相关的译文与探讨,参见 Nicolas Wyatt. *The Mythic Mind: Essays on Cosmology and Religion in Ugaritic and Old Testament Literature*. Bible World. London: Equinox,2005,p. 105. 关于山的进一步的探讨,参见本书第八章。

② 肖(Show)修复了在一堵围墙之内的建筑物;波格丹·鲁特考斯基将其视为一个山顶圣殿,参见 Bogdan Rutkowski. *The Cult Places of the Aegean*. New Haven: Yale University Press,1986,pp. 81-85. 莱夫特里斯·普拉同认为这是一个王室墓葬,参见 Lefteris Platon. "To Anaglypho Rhyto tis Zakrou Kato Apo Ena Neo Semasiologiko Prisma",in A. Vlachopoulos and K. Birtaha,eds. *Argonautis: Fetschrift for Prof. Doumas*. Athens: I Kathimerini,2003,pp. 331-366.

③ Bloedow,1990.(英文原著提供的参考资料中并未出现该条书目信息。——译注)

东部克里特一座圣殿内发现的一个三维的泥土模板将我们带入了一个象征的世界。模板上有两个巨大的∪形符号,其中一个在另外一个的内部。(图5-2)①这个图像的中央同样出现了一个大门,两边有两个小门和两个以上的∪形符号。该建筑的属性非常明显,因为整个建筑结构被视为∪形符号和大门的结合体;没有人会说这是一个真实的建筑物。我在第八章中会表明,∪形符号意味着山脉,神明的居所就是其中的一种。扎格罗斯角杯图像上的神圣建筑物以及泥土模板含有共同的因素:大门与∪形符号。我们可这样断言:两个符号组成了神圣建筑的基本图像序列。

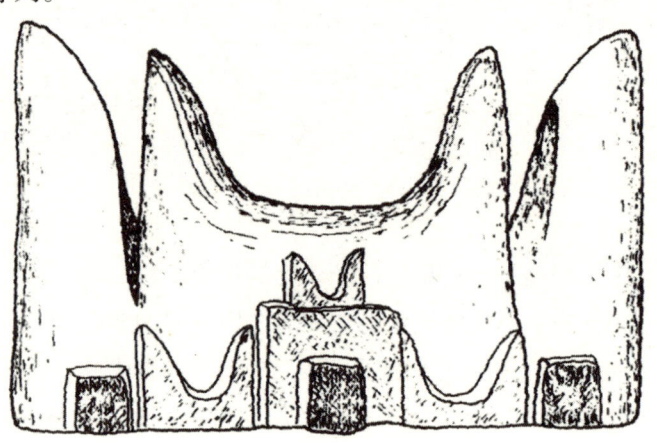

图5-2 神明概念化的居所
东部克里特泥制模板

很容易理解为何大门如此重要:它是介于神明与人类社会之间的边界线。②米诺的三重门体系反映了宇宙论意义上的概念,它详细说明了东方和西方宇宙的中心与边缘。③

在一些戒指的图像上,一位男神或女神紧挨着其居所,其中包括∪形符号。譬如,在一枚源自科诺索斯的戒指的图像上,一个数层高的神明的居所被几个∪

---

① Costis Davaras. *Führer zu den Altertümen Kretas*. Athen: Eptalofos, 2003, p. 254, fig. 25c; Nanno Marinatos. *Minoan Religion: Ritual, Image and Symbol*. Columbia: University of South Carolina Press, 1993, p. 122. fig. 86.

② 关于大门的想法受惠于帕来万(Clairy Palyvou)的探讨,具体参见 Clairy Palyvou. "Architecture in Aegean Bronze Age Art: Façades with No Interiors", in Lyvia Morgan, ed. *Aegean Wall Painting: A Tribute to Mark Cameron*. BSA Studies 13. London: British School at Athens, 2005, pp. 185-198.

③ 关于米诺三重圣殿的参考书目是值得考虑的,最早可以上溯到伊文思与尼尔森那里。较为透彻的阐释,可以参见 Joseph Shaw. "Evidence for the Minoan Tripartite Shrine", *AJA* 82: 429-448, 1978; Kathleen Krattenmaker. "Architecture in Glyptic Cult Scenes: The Minoan Examples", in Waller Müller, ed. *Sceaux Minoens et Mycéniens*. CMS Beiheft 5. Berlin: Gebr. Mann, 1995, pp. 117-133.

形符号所拱托，在∪形符号之间还有中心型的柱子。（图5-3）①一位女神背对着其宫殿站立在山上，女神面对着自己的崇拜者。②

一枚源自底比斯（Thebes）的戒指的图像上同样有类似的建筑序列，它象征着神明的宫殿。此时女神将高楼作为其御座（图5-4）。我们再次发现了∪形符号与中央的柱子。另外，我们注意到了非常醒目的一个椭圆形符号，这可能被阐释为半个圆花饰。③当对比一下图5-6及图5-8所描绘的建筑上类似的情节单元之后，这种符号非常值得玩味。在图5-4中，我们同样看到了位于地平线之上的太阳的象征符号。梯林斯出土的戒指（图2-25）上同样描绘了太阳与半圆花饰之间的关联，稍后我们在第十章会进行关于它们的关系的阐释。

这些图像表明，艺术中的神明居所可以通过源自宇宙象征符号体系中的各种具象化的视觉性序列而被界定：∪形符号，大门，中央的柱子，以及圆花饰。这种图像序列的重复部分源自旧宫殿时代的象形文字并在后世留存（第八章、第九章、第十章）。在源自塞浦路斯（Cyprus）的器皿上，一位女神站在她的神圣居所里面，女神居所以∪形符号为主要特征。（图5-5）该器皿比米诺戒指晚了一个多世纪。④

无疑，这种图像序列也转化到了真正的建筑物中。科诺索斯王宫和其他地方的宫殿，以及锡拉（Thera）岛上的高大建筑物，都有真正的∪形范例。在艺术中，科诺索斯宫殿以前文所论及的因素为主要特征。⑤譬如，源自克里特伯罗斯

---

① Evans PM III, pp. 463-464, fig. 323. 这些柱子有可能象征着宇宙之柱，因为地中海东部的宇宙论中存在大量的宇宙之柱。

② 人类主要面对各种各样的神圣建筑物，因为他们从外部接近它，但是神明却背对着神圣的建筑物。

③ 这些裂开的半圆花饰构成了一个虚构的形状，被称为向内弯曲的祭坛（第十章）。具体的探讨，参见 Maria C. Shaw. "The Lion Gate Relief of Mycenae Reconsidered", in *Philia Epi to George E. Mylonas to Commemorate His Sixty Years as an Excavator.* The Archaeological Society at Athens Library Series 103, vol. 1. Athens: The Archaeological Society at Athens, 1986, pp. 108-123.

④ Louise Steel. "Representations of a Shrine on a Mycenaean Chariot Krater from Kalavassos-Ayios Dimitrios, Cyprus", *BSA* 89: 201-211, 1994; Hans-Günter Buchholz. *Ugarit, Zypern und Agais: Kulturbeziehungen im zweiten Jahrtausend v. Chr.* Alter Orient und Altes Testament, Bd 261. Münster: Ugarit Verlag, 1999, fig. 97. 器皿的年代为迈锡尼时代，比前面探讨的新宫殿时代的印章要晚一个世纪左右。

⑤ 关于真实的建筑物与想象的建筑物之间的差异，参见 Clairy Palyvou. "Architecture in Aegean Bronze Age Art: Façades with No Interiors", in Lyvia Morgan, ed. *Aegean Wall Painting: A Tribute to Mark Cameron.* BSA Studies 13. London: British School at Athens, 2005.

图 5-3 神明的居所
科诺索斯出土戒指印章

图 5-4 米诺或迈锡尼女神坐在其"宫殿"上
底比斯出土戒指

图 5-5 神明的居所,女神居于其中
塞浦路斯出土器皿

图 5-6 神明居所前或宫殿前的女性崇拜者（或为王后）
伯罗斯出土戒指

第五章 神明的居所 | 091

(Poros)墓葬中已经公布的一枚戒指上就有一座建筑物的图像（图5-6）。①这个建筑物以U形符号与半圆花饰为特征。克里特伯罗斯出土的戒指上的图像中的建筑物与科诺索斯的宫殿是相互呼应的，但它并不能代表一种特定的建筑物，只能是位于山上乱石中的神话原型性建筑物。②

作为神明居所的近东宫殿

在近东，神明的居所与国王的宫殿已在观念上融为一体。前文已经讲到，马里的宫殿成为该地区许多权贵仰慕与嫉妒的对象。③我们已经看到，马里宫殿的中央设有伊士塔尔女神的圣殿。这就意味着济姆里利姆的王宫也是伊士塔尔女神的居所：女神与国王共享一座建筑物。

源自乌迦特的文本证据进一步证实了王宫具有作为神明居所的功效，因为据说神明亚斯塔尔（Athtart）要在其内居住："此时大草原的亚斯塔尔进入了国王的宫殿。"④其他的神明也同时进入了王族的住所，譬如夏普舒-帕格利女神与塔拉曼努玛（Tarrumannuma）女神。⑤文本同样记载了将神明的肖像从圣殿移到宫殿再送回圣殿的事情。⑥因为这些缘由，王宫也是举行献祭仪式的地方，这就意味着它兼具圣殿的功能："在王宫之中……在赫姆尼（HMN）圣殿内的绵羊或山羊，圣殿内的一头公羊，在较高级的房间内，一头公羊在尼卡尔（Nikkal）赫姆尼圣殿内……歌手将会在国王面前屡屡吟唱颂歌。"⑦同样，在赫梯国王的宫殿之

---

① George Rethemiotakis. "The Sacred Mansion Ring from Poros, Herakleion", *AM* 118: 1-22, 2003.

② 肖探讨了建筑物内即大门之上这些符号的使用情况，具体参见 Maria C. Shaw. "The Lion Gate Relief of Mycenae Reconsidered", in *Philia Epi to George E. Mylonas to Commemorate His Sixty Years as an Excavator*. The Archaeological Society at Athens Library Series 103, vol. 1. Athens: The Archaeological Society at Athens, 1986, pp. 108-123.

③ 关于作为声威媒介的王宫的重要性，参见 Marc Van de Mieroop. *A History of the Ancient Near East*. Oxford: Blackwell, 2004, pp. 96-98; Marc Van de Mieroop. *King Hammurabi of Babylon*. Oxford: Blackwell, 2005, p. 65.

④ KTU 1.148 R. 20; Nicolas Wyatt. *Religious Texts from Ugarit: The Words of Ilimilku and His Colleagues*. The Biblical Seminar 33.2d ed. Sheffield: Sheffield Academic Press, 2002, p. 428.

⑤ Dennis Pardee. *Ritual and Cult at Ugarit*. Writings from the Ancient World 10. Society of Biblical Literature. Atlanta: Brill, 2002, p. 69, text 18.

⑥ 关于队列的后方与前方的情景在埃及得到了印证，在埃及的卢克索（Luxor）神庙的壁画上也有类似的描绘。关于乌迦特王宫或神庙中神像旅游的可能性与返回情景，参见 Dennis Pardee. *Ritual and Cult at Ugarit*. Writings from the Ancient World 10. Society of Biblical Literature. Atlanta: Brill, 2002, pp. 67-69, text 17; 更多相似的细节，参见 Dennis Pardee. *Ritual and Cult at Ugarit*. Writings from the Ancient World 10. Society of Biblical Literature. Atlanta: Brill, 2002, pp. 69-70.

⑦ RS 24.250. Dennis Pardee. *Ritual and Cult at Ugarit*. Writings from the Ancient World 10. Society of Biblical Literature. Atlanta: Brill, 2002, p. 55, text 14.

内也建有神明的圣殿。①

我们现在返回科诺索斯。倘若神明在王宫中有其圣殿,那么科诺索斯王宫就是诸神的居所,并且它首先建有米诺宗教中主神即王权的太阳女神的圣殿,这一点在本书第四章中已经有所阐释(第十二章亦如此)。这就解释了为何蛇女神的雕像会在宫殿西部被发现。②这些雕像有可能在祭礼或献祭中被展示,当派不上用场时便被存贮起来,一直到最后被列展。③王宫西翼的小雕像的考古学语境由祭祀残留物(罐子、烧焦的骨头)及神明雕像组成。这些遗存可以在乌迦特的棱柱文本中得到合理的解释,我们从中能够获悉王宫各个部分举行的各种祭礼。

只有在神权社会中,神明及其雕像,或者是神明的象征符号与统治者共享同一座建筑物。通过宗教献祭仪式,神权政体确保了社会阶层与国王、王后之间的一体性。

带有圣树或圣石的神明居所

迄今为止,我们已经看到,宫殿是神明与统治者居所的合体。克里特也有露天的圣殿,而这恰恰与黎凡特和安纳托利亚地区的证据保持了高度的一致性。④

从图像学立场来看,圣树神殿建构了一种与神性场所非常不同的范畴,因为其中主要的因素是一株树或一块石头。神殿的确有大门,但是它很少用圆花饰或中央柱子之类的象征符号来装饰。迄今为止,正如我们所理解的那样,在这些圣殿中并没有出现人形的崇拜性符号。⑤就像我们将会看到的那样,米诺的圣

---

① Kurt Bittel in Abraham Biran, ed. *Temples and High Places in Biblical Times. Hebrew Union College Colloquium*, 14-16 March 1977. Jerusalem: The Nelson Glück School of Biblical Archaeology, 1981, pp. 63-73.

② Evans PM I, pp. 495-523.

③ Evans PM I, pp. 463-485.

④ Haran in Abraham Biran, ed. *Temples and High Places in Biblical Times. Hebrew Union College Colloquium*, 14-16 March 1977. Jerusalem: The Nelson Glück School of Biblical Archaeology, 1981, pp. 31-37; Kurt Bittel in Abraham Biran, ed. *Temples and High Places in Biblical Times. Hebrew Union College Colloquium*, 14-16 March 1977. Jerusalem: The Nelson Glück School of Biblical Archaeology, 1981, pp. 63-73; Aggeliki Lebessi and Polymnia Muhly. "Aspects of Minoan Cult: Sacred Enclosures. The Evidence from the Syme Sanctuary (Crete)", *AA*: 315-336, 1990.

⑤ 同时参阅本书第七章关于圣殿内举行仪式类型的阐释。关于古代象征崇拜符号的阐释,参见 Arthur J. Evans. "The Mycenaean Tree and Pillar Cult and Its Mediterranean Relations", *JHS* 21: 99-204, 1901, p. 123:"神明在圣树之下的神显和出现表述与《旧约》中的叙述非常相似。"克里特地区人形偶像崇拜较为罕见,具体参见 Nanno Marinatos and Robin Hägg. "Anthropomorphic Cult Images in Minoan Crete?" in Olga Krzyszkowska and Lucia Nixon, eds. *Minoan Society. Proceedings of the Cambridge Colloquium 1981*. Bristol: Bristol Classical Press, 1983, pp. 185-201. 不过我现在认为有些偶像可能早已存在。

树发挥了它们建构崇拜中心的作用。

现在要界定一下露天圣殿（基于图像学），它们与《圣经》中相关的描绘非常接近。梅纳汉·哈然（Menahem Haran）将露天圣殿的实体性象征符号界定为"一个祭坛，一根柱子，一棵圣树"。① 在《圣经·申命记》中，圣树与圣像二者具有等同意义："你为耶和华你的神筑坛，不可在坛旁栽什么树木作为木偶。也不可为自己设立柱像。"（《圣经·申命记》16：21）"你们要将所赶出的国民侍奉神的各地方，……在各青翠树下，都毁坏了。"（《圣经·申命记》12：2）亚哈斯（Ahaz）"铸造巴力（Baal）的像……并在邱坛上、山冈上、各青翠树下献祭烧香。"（《圣经·历代志下》28：4）

以上从《圣经》的《申命记》与《历代志》中引用的各项禁令是黑铁时代耶和华的追随者发布的，它们揭示了迦南人与古代以色列人崇拜中的圣树是何等重要。② 这些表述进一步表明，献祭是在圣树下或挨着圣树进行的，这就意味着圣树是仪式关注的焦点，它取代了崇拜偶像的地位，正如我在其他地方所讲的那样。③

圣殿之内的树是神明现身的场所。在《圣经·创世记》中，耶和华是在幔利（Mamre）的橡树下向亚伯拉罕（Abraham）显现的④，那是希布伦（Hebron）北部一个露天的圣殿（《圣经·创世记》18：1）。在《圣经·士师记》中，基甸（Gideon）见证了耶和华的使者在树下出现的奇迹："耶和华的使者到了俄弗拉，坐在亚比以谢族人约阿施的橡树下。……耶和华的使者向基甸显现，对他说：'大能的勇士啊，耶和华与你同在！'"（《圣经·士师记》6：11）

《圣经》中的经文比我们的米诺证据要晚得多，此处不打算列举以色列与米

---

① Haran in Abraham Biran, ed. *Temples and High Places in Biblical Times. Hebrew Union College Colloquium*, 14-16 March 1977. Jerusalem: The Nelson Glück School of Biblical Archaeology, 1981, p. 35.

② 基督徒的争论时间在公元10世纪或更晚时期。他们尤其对亚舍拉怀有敌意，除了耶路撒冷外，对所有的崇拜场所都持敌对态度。参见 Othmar Keel. *Goddesses and Trees*, *New Moon and Yahweh: Ancient Near Eastern Art and the Hebrew Bible*. Sheffield: Sheffield Academic Press, 1998, pp. 54-57; Nicolas Wyatt. *Space and Time in the Religious Life of the Ancient Near East*. The Biblical Seminar 85. Sheffield: Sheffield Academic Press, 2001, pp. 168-169; Wilson in Sarah I. Johnston, ed. *Religions of the Ancient World: A Guide*. Harvard University Press Reference Library. Cambridge: Belknap Press, 2004, pp. 178-183.

③ Nanno Marinatos. "The Tree as a Focus of Ritual Action in Minoan Glyptic Art", in Walter Müller, ed. *Fragen und Probleme der Bronzezeitlichen Ägäischen Glyptik: Beiträge zum 3. Internationalen Marburger Siegel-Symposium 5-7 September 1985*. CMS Beiheft 3. Berlin: Gebr. Mann, 1989, pp. 127-143.

④ 以三个人或三个天使的形式。

诺之间直接的关联。我在这里要阐释的是近东传统中的宗教体系（对照一枚推罗硬币，图7-1）。倘若能够恰当评价，那么这种传统就能够帮助我们重构米诺人关于露天圣树圣殿叙事背后的真相。

带着这种既定的背景，我们现在要转向对科诺索斯一枚戒指上的图像（图5-7）的考察。圣殿所在有一扇醒目的大门，但大门上并没有装饰将其与神圣场所相连的一些圆花饰或其他象征符号。大门上方突出的大树表明，这是一个露天圣殿，大树是其中心。[①]圣殿内居住的神明是自我表述的，以一个飘忽不定的形象来表明其刚刚从天空降到人间的状态。神明面前是一根柱子，向上可以通到天空。这种物体类似于埃及的旗杆，就像斯泰拉诺斯·亚历克西乌（Stylianos Alexiou）已经指出的那样。[②]这样，圣树神殿就成为神明向其崇拜者现身的一个场所。这种建筑或许被界定为一种典型的露天圣殿，但它在观念上是神明的居所，正如宫殿自身一样。

一些圣殿在图像中描绘得更简单，缺乏任何建筑，只有一株大树和一个木制的结构（或许是一个祭坛）。这些建筑通常位于野外。在图5-8中，石块和野山羊的图像表明，圣树位于一个露天的场所或山边。在图5-8中，一个男性在触摸这棵大树，但在图5-9中我们看到，崇拜者向大树敬献了很多祭品。这种图像语言表明，大树取代了崇拜偶像的位置，大树被视为神明居住的地方。

大树与石块这两种纪念物的并置深留在近代的宗教传统中，更早的时间可以上溯到公元前3000年。源自公元前3000年的一枚阿卡迪亚（Akkadian）印章表明，神明夏玛什站立在他的圣石上，一棵大树紧挨着圣石。[③]这枚戒指与源自艾杜尼亚（Aidonia）的戒指（图5-9）有不少相似之处。不过无疑这些都是因影响造成的，因为二者之间相差了一千年。印章上的这种类同之处表明了近东宗教观念的延续性——它们必定从图像传统中分离了出来——从而导致一些类似的图像出现。

---

① Evans PMI, 159. 近期的探讨与参考书目，参见 C. Dawn Cain. "Dancing in the Dark: Deconstructing a Narrative of Epiphany on the Isopata Ring"，*AJA* 105: 27-49, 2001.

② Stylianos Alexiou. "Minoikoi Istoi Simeon"，*Kretika Chronika* 17: 339-351, 1964; Stylianos Alexiou. "Istoi Minoikon Ieron kai Aigyptiakoi Pylones（Supports des sanctuaires minoéns et des pylons égyptienes）"，*AAA* 2: 84-88, 1969.

③ Dominique Collon. *Catalogue of the Westen Asiatic Seals in the British Museum*. Vol. 2. Akkadian, Post Akkadian, Ur III periods. London: Trustees of the British Museum, 1982, pl. xxiv, no. 167; Dominique Collon. *First Impressions: Cylinder Seals in the Ancient Near East*. Chicago: University of Chicago Press, 1987, p. 166. no. 766.

图 5-7 一株大树前的仪式行为
科诺索斯出土戒指

图 5-8 迈锡尼出土戒指

图 5-9 艾杜尼亚出土戒指

神明的城市

"耶和华的灵降在我身上,他把我带到以色列地。在神的异象中带我到以色列地,安置在至高的山上,在山上的南边有仿佛一座城建立。"(《圣经·以西结书》40:2)

诸神不仅拥有神庙,还拥有整个城市,这种观念深深扎根在古代地中海与近东的传统中。巴比伦(Babylon,恩利尔的城市)、耶路撒冷(耶和华的城市)、雅典(雅典娜的城市)、孟菲斯(Memphis,帕塔的城市)、尼尼微(伊士塔尔的城市)——所有这些均为公元前2000—前1000年的少数几个例子。这些神明的城市时常被视为宇宙的中心。①

大量的证据表明,米诺人同样拥有神圣的城市,就像一枚源自西部克里特喀尼亚的戒指印章所描绘的那样。当印章被发掘出来时,其图像(图5-10)立即震惊四方;从来没有哪一个男性神明以这种荣耀的姿态出现。②关于这枚戒指印章,有很多字面阐释。这座城市被视为喀尼亚城市自身,但考古学资料并不支持这种图像志;喀尼亚并没有小山。学者们不得不徒然地在图像中去寻找一座城市。

我们如何阐释这枚戒指印章上描绘的城市?需要谨记的就是,一幅图像不是一件现实的复制品,而是对现实的阐

图5-10 城市上方现身的神明
喀尼亚屋舍出土戒指印章

---

① Nicolas Wyatt. *Space and Time in the Religious Life of the Ancient Near East*. The Biblical Seminar 85. Sheffield: Sheffield Academic Press, 2001, pp. 152-153.

② Eric Hallager. *The Master Impression: A Clay Sealing from the Greek-Swedish Excavations at Kastelli, Khania*. SIMA LXIX. Göteborg: Paul Åströms, 1985.

释，我们观察到的场景的中心并不是城市本身，而是隐约出现在上面的神明。神明出现在中央的大门之上，大门两侧的东西方向还有更多的门。如果我是对的，那么这个城市是神明之城，它属于神祇，这三个大门分别指的是宇宙的东方、西方与中心。需要指出的是，东方与西方的大门被半圆花饰所覆盖，这是我们经常反复遇到的一种象征符号，就像本书第十章要指出的那样，这是一种具有宇宙论意味的符号。[1]

神明之城反映了属于国王的人类城邦；神明类似于人类，就像人类类似于神明一样。[2]神话与意识形态的体现皆集中在这个图像上。[3]

创造观念性的范畴：关于遗失神庙之谜的一种答案

那么克里特遗失神庙之谜的答案是什么？得出这种探讨的结论的前提是我们需要一种补充性的概念类型学，其目的是补充一种业已存在的考古类型学。米诺研究的学者讲到了"宫殿圣殿""屋舍圣殿""公众神殿""长凳神殿""山顶圣殿""洞穴圣殿"，以及"泉水圣殿"。只有"神庙"看上去并不存在。我在此要指出，这种状况要归结于对"神庙"一词的不恰当的界定。让我们来重新考察一下事情的现状。

马丁·尼尔森（M. P. Nilsson）已经对圣殿类型学的分类做了一些重要而必要的工作，而普拉同（N. Platon）、格塞尔（G. Gesell）二人对城邦的圣殿做了一些工作，皮菲尔德（A. Peafield）、沃特罗斯（V. Watrous）研究了圣殿的属性

---

[1] 不同的理解，参见 Clairy Palyvou. "Architecture in Aegean Bronze Age Art: Façades with No Interiors", in Lyvia Morgan, ed. *Aegean Wall Painting: A Tribute to Mark Cameron*. BSA Studies 13. London: British School at Athens, 2005, pp. 194-197.

[2] Nanno Marinatos. "Divine Kingship in Mionan Crete", in Paul Rehak, ed. *The Role of the Ruler in the Prehistoric Aegean. Proceedings of a Panel Discussion Presented at the Annual Meeting of the Archaeological Institute of America, New Orleans, Louisiana, 28 December 1992*. Aegaeum11. Liège: Université de Liège, 1995; Massimo Cultraro. *l'Anello di Minosse: Archeologia della Regalitá Nell'Egeo Minoico*. Biblioteca di Archeologia. Milano: Longanesi & C. 2001, pp. 244-270.

[3] 在乌迦特文本中，"hkt"既是国王的居所，也是神明的神庙。

与山顶圣殿。①科林·伦福儒（Colin Renfrew）对考古学遗存中的圣殿的理论与崇拜做出了重大贡献。②所有这些学者都通过既定的范畴做了一些整理，丝毫没有本该有的那种不能理解的宗教性建筑。但是这些范畴要么是对地形学（洞穴、山脉、泉水、城市）的一种描绘，要么是对建筑物内的物质遗存（板凳、柱子）的一种描述。这是有问题的，因为建筑学家选择的遗存范畴并不能符合米诺人在其图像中选定的范畴。我们对考古学证据的分类与米诺图像中体现的类型之间的分歧意味着这样一种简单的事实：公元前2000年的克里特人并没有像我们那样将神明的居所概念化。另一方面，米诺图像相对地较为吻合近东文学中的那些概念化的神明的居所，在近东，"神庙"（忽略位置与尺寸）一词是"神明的居所"，在《圣经》语汇中，神庙是 bêt elohim。

我给出以下几种解决方案：

1. 此处探讨的图像与建筑范畴或许可以被划分为"神明的居所"，即神明或其造访者居住的地方。

2. 米诺人将其圣殿划分为两种类型：其一，宫殿，其突出特征是三重门与宇宙论意义上的符号，诸如半圆花饰及∪形符号；其二，露天圣殿，该类型的圣殿拥有一个而不是三个大门，其中包括一株大树或圣殿内的一块石头。

3. 神明的居所一定不是一个独立的建筑物，而是在一个巨大建筑物（一座宫殿、主屋，甚至是一个简朴的屋舍）内的一个整体性复合式建筑；不过在图

---

① Nikolaos Platon. "To Ieron Maza kai ta Minoika Iera Koryfis", *CretChron* 5: 96-160, 1951; Nikolaos Platon. "Ta minoika oikiaka iera", *CretChron* 8: 428-483, 1954. Geraldine C. Gesell. *Town, Palace, and House Cult in Minoan Crete*. SIMA LXVII. Göteborg: Paul Åströms, 1985; Alan A. Peatfield. "The Topography of Minoan Peak Sanctuaries", *BSA* 78: 273-279, 1983; Alan A. Peatfield. "Palace and Peak: The Political and Religious Relationship between Palaces and Peak Sanctuaries", in Robin Hägg and Nanno Marinatos, eds. *The Function of the Minoan Palaces. Proceedings of the Fourth International Symposium at the Swedish Institute in Athens, 10-16 June 1984.* SkrAth 4°, 35. Stockholm: Paul Åströms, 1987, pp. 89-93; Alan A. Peatfield. "Minoan Peak Sanctuaries: History and Society", *OpAth* 18: 117-132, 1990; Alan A. Peatfield. "Rural Ritual in Bronze Age Crete: The Peak Sancuary at Atsipadhes", *CAJ* 2: 59-87, 1992; Paul Rehak and John Younger. "Review of Aegean Prehistory VII: Neopalatial, Final Palatial, and Postpalatial Crete; Addendum 1998-1999", in T. Cullen, ed. *Aegean Prehistory: A Review*. AJA Suppl. 1. Boston: Archaeological Institute of Amercia, 2001, pp. 383-465. 沃特罗斯恰恰阐释了城市之外的圣殿，参见 Vance L. Watrous. "Some Observations on Minoan Peak Sanctuaries", in Robert Laffineur and Wolf-Dietrich Niemeier, eds. *Politeia: Society and State in the Aegean Bronze Age. Proceedings of the 5th International Aegean Conference, University of Heidelberg, Archäologisches Institut, 10-13 April 1994.* Aegaeum 12.2 vols. Liège: Université de Liège, 1995, pp. 393-403.

② Colin Renfrew. *The Archaeology of Cult: The Sanctuary at Phylakopi*. BSA Suppl. 18. London: Thames & Hudson, 1985.

像之中，这种圣殿依旧被视为神明的居所，以至于它依旧沿用常见的可视化形式（图5-1—5-6）。

4. 不可能在考古遗存与图像之间找到一种确切的对应关系。

这种针对克里特遗失的圣殿神秘性的解决方案或许要求在术语上做简单调整，或者更为确切地说，它要求这些考古学术语从观念范畴中分离出来。至少，神明的居所明显地被视为统治者的王宫。这种路径同样已经使得我们走向了神权政体。

第六章　谁面对面看见了神明

基督徒或古人对于异象并不感到诧异,因为他们经常遇到这种事情。但为何异象会被记载下来?对于那些记载异象的人而言,为何这些并非是不证自明的?本章要探讨这样一个问题:在米诺的戒指印章上,谁看见了神明,为什么?

首先我们要在理论上进行探讨。在古代近东的神权体系中,并不是每一个人都有直面神明的机遇的,至少迄今的官方艺术是如此表述的。只有国王才享有罕见的直面神明的特权,他会在其意识形态的艺术图像中宣传这一点。米诺的戒指是人们喜爱的东西,本书第一章对于这一点已经有所阐释,因为戒指已经被王权意识形态所浸染。因此,戒指印章上描绘的神显场景某种程度上与宫殿相关。我们或许会问:为何这些神显的主题会被挑选出来?

尽管伊文思与尼尔森都注意到这类场景在戒指上相当普遍,他们却没有质疑为什么。他们关注的是神明的外形与祈祷的方法,而不是异象的社会意识形态。[①] 德国学者弗里德里希·马茨介绍了一种新的方法,可以冠以"艺术史人类学"之名。马茨指出,神显异象是米诺宗教中最为突出的因素,因为神显被崇拜者从主观的视角塑造。根据马茨的观点,理解神显的一种关键线索是天空中那些尺寸较小的神明,这意味着一种长镜头的应用,在古代世界是极为罕见的。米诺神圣异象场景的特殊性归结于这样一种事实:米诺人缺乏其神明的人形崇拜偶像。因此,他们的神明并不是那种僵硬的雕塑形象,而是类似于从远处而来的自然幽灵形象。马茨指出,在这一点上米诺的图像有别于近东与埃及人的崇拜偶像。米诺的崇拜者能够真实地"目睹"神明,因为他处于一种迷狂的状态。[②]

---

① Martin P. Nilsson. *The Minoan-Mycenaean Religion and Its Survival In Greek Religion*. 2d ed. Lund: Kungl. Humanistiska Vetenskapssamfundet, 1950, pp. 278-288, pp. 330-340. 书中有两章讲到了这些问题,其中后一章专门讲到了鸟的图像。

② Friedrich Matz. *Göttererscheinung und Kultbild im minoischen Kreta*. Abhandlungen der Geistes- und Sozialwissenschaftlichen Klasse, Akademie der Wissenschaften und der Literatur in Mainz vol. 7. Wiesbaden: Akademie der Wissenschaften und der Literatur, 1958.

马茨的观点很好，但它基于一种假设之上，即米诺文化不同于而不是类似于作为近邻的近东文化。尽管近期出现了许多富有表现力的关于神显场景的阐释，但在学者们眼中，米诺现象依然是一团模糊。[1]不过倘若我们看看近东，就会发现神显场景群与克里特并无本质区别。关于图像语法的探索会促使我们去审视图像蕴含的特殊信息，而不是那些崇拜者的社会身份。

近东艺术中直面神明的帝王

在近东与埃及的官方艺术中，直接面见与问候神明几乎一直是国王的特权。需要指出的是，我要探讨的是直接的异象，而不是祭坛前那些献祭的场景。

古代东方最为著名的石碑之一便是公元前18世纪以其律法著名的巴比伦国王汉谟拉比（Hammurabi）的石碑。这块石碑刻在四十个立柱上，由国王树立在巴比伦主神马杜克（Marduk）的神庙前。巴比伦国内到处都有这个石碑的副本。在石碑的顶部，汉谟拉比王站立在太阳神夏玛什面前，汉谟拉比抬起手臂向神明问候，二者看上去非常亲近。[2]（图6-1）

只有联系石碑下雕刻的律法才能够确切地确定这幅图像所要表达的内涵。事

---

[1] Wolf-Dietrich Niemeier. "Das Stuckrelief des 'Prinzen mit der Federkrone' aus Knossos und Minoische Götterdarstellungen", *AM* 102: 65-98.1987; Wolf-Dietrich Niemeier. "Zur Ikonographie von Gottheiten und Adoranten in den Kultszenen auf Minoischen und Mykenischen Siegeln", in Walter Müller, ed. *Fragen und Probleme der Bronzezeitlichen Ägäischen Glyptik: Beiträge zum 3. Internationalen Marburger Siegel-Symposium 5-7 September 1985*. CMS Beiheft 3. Berlin: Gebr. Mann, 1989, pp. 163-186; Christiane Sourvinou-Inwood. "On the Authenticity of the Ashmolean Ring 1919.56", *Kadmos* 10: 60-69,1971; Christiane Sourvinou-Inwood. "On the Lost 'Boat' Ring from Mochlos", *Kadmos* 12: 149-158,1973; Christiane Sourvinou-Inwood. "Space in Late Minoan Religious Scenes in Glyptik: Some Remarks", in Walter Müller, ed. *Fragen und Probleme der Bronzezeitlichen Ägäischen Glyptik: Beiträge zum 3. Internationalen Marburger Siegel-Symposium 5-7 September 1985*. CMS Beiheft 3. Berlin: Gebr. Mann, 1989, pp. 241-257; Lucy Goodison. *Death, Women and the Sun: Symbolism of Regeneration in Early Aegean Religion*. BICS Suppl. 53. London: Institute of Classical Studies, 1989, p. 107; C. Dawn Cain. "Dancing in the Dark: Deconstructing a Narrative of Epiphany on the Isopata Ring", *AJA* 105: 27-49,2001, p. 37; Michael Wedde. "Pictorial Architecture: For a Theory-Based Analysis of Imagery", in Robert Laffineur and Janice Crowley, eds. *Eikon: Aegean Bronze Age Icongraphy: Shaping a Methodology. Proceedings of the 4th International Aegean Conference, University of Tasmania, Hobart, Australia, 6-9 April 1992*. Aegaeum 8. Liège: Université de Liège, 1992, pp. 181-203; Michael Wedde. "Talking Hands: A Study of Minoan Mycenaean Ritual Gesture-Some Preliminary Notes", in Philip P. Betancourt te al, eds. *Meletemata: Studies in Aegean Archaeology Presented to Malcolm H. Wiener as He Enters His 65th Year*. Aegaeum 20.3 vols. Liège: Université de Liège, 1999, pp. 911-920.

[2] 关于汉谟拉比是不证自明的正义的赋予者这种观点，参见 Marc Van de Mieroop. *A History of the Ancient Near East*. Oxford: Blackwell, 2004, pp. 104-109; Marc Van de Mieroop. *King Hammurabi of Babylon*. Oxford: Blackwell, 2005.

图6-1 巴比伦国王汉谟拉比面对太阳神夏玛什
闪长岩石碑（公元前18世纪）

实上，在芸芸众生中，只有国王汉谟拉比一个人能直面神明。这种事实被图像下面的律法公开宣示并被当作一种允诺。这样，图像便具有一种将统治者颁布的法令合法化的明显意图。①

律法文本的结尾处这样写道："这些是公正的律法，大能的汉谟拉比王所订立的……强者莫要欺压弱者，要善待孤儿与寡妇；我已在石碑上刻下了箴言，并在正义之君的偶像前将其确立。"②

一块王室石碑上的一幅风格截然不同的图像则宣示了国王军队的胜利。阿卡德（Akkad）的国王纳拉姆·辛（Naram Sin）是公元前3000年间（约公元前2300年）一座巨大神庙的建造者。纳拉姆·辛竖立起一座2米高的石碑。在石碑上，他被雕刻成头戴象征神性的角冠的神明。打败敌人之后，纳拉姆·辛爬上一座高山，在山顶上，他遇见了神殿中太阳神与月亮神这两位主要的神明，见证了神显场景。③在这个案例中，神明对凡人的喜爱不是通过神明的形象而是通过星星的形象来表明的。在这里，国王与神明之间的独特关系依然是理解石碑的核心。信息非常明显：国王的胜利是神明赋予的。

---

① 我在此处赞同迈鲁普（Marc Van de Mieroop. *A History of the Ancient Near East.* Oxford: Blackwell, 2004, p. 107）的观点，即汉谟拉比法典宣示了国王是正义的化身这种事实。
② Joan Oates. *Babylon.* 2d ed. London: Thames and Hudson, 1986, p. 75.
③ Marc Van de Mieroop. *A History of the Ancient Near East.* Oxford: Blackwell, 2004, pp. 59-69. p. 65, fig. 4.1.

在更为晚近的时期，一座石碑上雕刻了国王纳波尼杜斯（Nabonidus，公元前555—前539年在位）的图像。在叙利亚北部哈兰（Harran）的一座大清真寺废墟中也发现了国王纳波尼杜斯的图像。二者皆描绘了相似的场景：国王纳波尼杜斯面对三个星形体形的神明。①就像汉谟拉比的石碑一样，这种场景表现了王室的神威。②月亮神是这三个神明中的一个，是国王的保护神。辛神非常信任国王纳波尼杜斯，交给他一项特殊的使命，国王在后来的文本中这样说道："午夜时分，辛神托梦给我。（梦中）这样对我说：'重建辉煌的埃耳哈尔（Elhul），辛神在哈兰的神庙，我会将所有的国家都交给你。'"③

在这个文本中，托梦这种神显方式非常明确；文本所强调的核心是纳波尼杜斯作为国王的神威：他如何征服那些背叛的城邦，从而统一了国家，并完成了辛神交代的重建辉煌的埃耳哈尔的使命。国王纳波尼杜斯在战争中所向披靡，使周邦臣服。因此，神显就不再是原来意义上的意思，而是纳波尼杜斯王作为神明的被保护者（protégé）的证据。

源自叙利亚-巴勒斯坦的印章（公元前18—前15世纪）上的图像在时间与空间上均类似于米诺艺术。我们在这些图像中同样看到了国王及其保护神。现在来看叙利亚印章上的一幅图像（图6-2），上面的国王在问候一位类似于哈索尔类型的神明，这位神明显然是国王的女保护神。④T形十字符号表明，国王正在被女神祝福。我们还记得图4-10a与图4-10b中的情景，国王站在棕榈树下面对女神，棕榈树上有一个刻有圆花饰并带太阳翅膀的盘子。这些仅仅是印章上众多例子中的一部分，那些印章所展示的场景非常类似于数量众多的王室纪念碑上的那些情节。作为王权意识形态的建构工具，印章上的异象表明，主要是国王能够直面神明。⑤

公元前2000—前1000年的此种图像留存了很长一段时间。这种流传甚广的

---

① ANET, no. 837; Stephanie Dalley. *The Legacy of Mesopotamia*. Oxford: Oxford University Press, 1998, p. 153.

② 类似的场景，参见 Eckhard Unger. *Assyrische und Babylonische Kunst*. Berlin: Bruno Cassirer, 1922, figs. 33,39-40,42-43.

③ ANET, pp. 562-563, v. II (1975), p. 109.

④ Beatrice Teissier. *Egyptian Topography on Syro-Palestinian Cylinder Seals of the Middle Bronze Age*. Orbis Biblicus et Orientalis Series Archaeologica 11. Fribourg: Academic Press Fribourg, 1996, no. 23.

⑤ 参见 Urs Winter. *Frau und Göttin. Exegetische und Ikonographische Studien zum Weiblichen Gottesbild im Alten Isael und in dessen Umwelt*. Orbis Biblicus et Orientalis 53. Göttingen: Vandenhoeck und Ruprecht, 1983, p. 247, figs. 234-236, 238.

历时性时段表明,近东地区使用一种普遍的视觉性场景来展示神明的神显。这一点在官方艺术中具有非同寻常的意义,也就是说,赋予国王一种特权。

图6-2 统治者在问候神明
叙利亚-巴勒斯坦印章

米诺艺术中谁与神明面对面

米诺戒指上的那些图像序列是如何被表述的呢?

1. 神明从天飞速而降或者站到地上。不论是哪种情况,他都会遇见一个单独出现的女性或男性形象。

2. 通灵者面对面看见了神明。

3. 神显在建筑物之外出现,建筑物可以被等同于神明的居所(第五章)。

4. 通灵者并未进入迷狂状态(马茨与其他学者都认为是一种平和状态),并且图像中并未出现祈祷或献祭仪式的痕迹。①

考虑到这些因素,我们就必然断定艺术家对于神明祈祷的方式并不感兴趣。相反,这些场景竭力传达的一种事实就是,神显在神明居所的外面发生。

---

① Friedrich Matz. *Göttererscheinung und Kultbild im minoischen Kreta*. Abhandlungen der Geistes und Sozialwissenschaftlichen Klasse, Akademie der Wissenschaften und der Literatur in Mainz vol. 7. Wiesbaden: Akademie der Wissenschaften und der Literatur, 1958. 几乎所有的讲义中都表述了迷狂的理论,相关资料参见 Stylianos Alexiou. *Minoan Civilization*. Trans. C. Ridley. Herakleion: Crete, 1969, p. 76; Oliver T. P. K. Dickinson. *The Aegean Bronze Age*. Cambridge: Cambridge University Press, 1994, pp. 264-265.

图 6-3 王后（？）看见了神明
a. 科诺索斯戒指，现存于柏林　b. 科诺索斯戒指，现存于牛津

一些具体的例子将会证明这一点。源自科诺索斯的一枚戒指印章（图6-3a）表明，一位女性站立在一位身材高大而神情威严的男性面前。后者手臂伸出，根据这种姿态可将其视为神明。①神庙就在神明的背后。我们可以这样断言：这位

---

① CMS XI, p. 28. 这枚戒指开始被谢里曼拥有，现在在柏林。戒指的风格表明，它属于科诺索斯人族群。

神明是从其"居所"中出来的。①面对神明的女性保持了一种双手合拢的标准姿态；她头部低垂，这就意味着她顺服而畏怯。在神明与女人之间有一颗巨大的星星。因为在近东，星星暗示着星星的神显（就像我们在图6-2、图6-5b中所看到的那样），这样，我们就非常接近近东神显的观念性场景了。

另外一枚源自科诺索斯现存牛津的米诺戒指上，描绘了一位女性将拳头指向前额的情景（图6-3b）。②紧握拳头被视为凡人向神明问候的一种特殊形式，赫梯与近东均有此类例子。③戒指上的神明以一种极快的速度从天上降落到地上。会面的地点在神明的居所之外，墙后的圣树（参见第五章）依稀可见。在麦西尼亚（Messenia）一座墓葬中出土的戒指上的图像（图6-4）中，神显发生在高山上。在这枚戒指上，描绘了一位男性目睹了自天而降的神明的神显场景。

自被发现以来，一枚源自科诺索斯的戒指印章，被伊文思冠以"山母"之名，已被视为阐释米诺女神的主要资料。戒指印章描绘了一名男性在面对神明（图6-5a）。尽管这位神明已被探讨多次，但面对神明的男性尚未得到更多的关

---

① 尼尔森以一种相反的方法解读这枚戒指，他这样写道："一枚小小的金戒指……表明了一个男人对于女神的虔敬。"参见 Martin P. Nilsson. *The Minoan-Mycenaean Religion and Its Survival in Greek Religion*. 2d ed. Lund: Kungl. Humanistiska Vetenskapssamfundet, 1950, p. 266. 显然，尼尔森热衷于将女神视为无所不在的神明，并对男性那种命令的姿态不是很敏感。不过马茨认为，男性形象是一位神明，参见 Friedrich Matz. *Göttererscheinung und Kultbild im minoischen Kreta*. Abhandlungen der Geistes und Sozialwissenschaftlichen Klasse, Akademie der Wissenschaften und der Literatur in Mainz Vol. 7. Wiesbaden: Akademie der Wissenschaften und der Literatur, 1958, pp. 15-16. 近期，学者尼梅尔（Wolf-Dietrich Niemeier）. "Das Stuckrelief des 'Prinzen mit der Federkrone' aus Knossos und Minoische Götterdarstellungen", *AM* 102: 65-98, 1987; Wolf-Dietrich Niemeier. *Die Palaststilkeramik von Knossos: Stil, Chronologie und historischer Kontext*. Archäologische Forschungen des Deustchen Archäologischen Instituts 13. Berlin: Gebr, Mann, 1985, p. 171）将这种姿态界定为一种神显。皮尼（Pini）在 CMS XI. 28 所发表的论文中未做论述。

② Evans PM I, p. 159.

③ 关于埃及类似的例子，参见 Richard H. Wilkinston. *Reading Egyptian Art: A Hieroglyphic Guide to Ancient Egyptian Painting and Sculpture*. London: Thames and Hudson, 1992, pp. 54-55. 需要特别注意的是紧握拳头的猴子或狒狒问候太阳的图像。同样，赫梯银质角杯上也绘有握拳的图像，参见 Hans G. Güterbock and Timothy Kendall. "A Hittite Silver Vessel in the Form of a Fist", in Jane B. Carter and Sarach P. Morris, eds. *The Ages of Homer: A Tribute to Emily Townsend Vermeule*. Austin: University of Texas Press, 1995, p. 55. 伊文思（Evans PM III, p. 461）将这种姿态解释为崇拜的一种举止，此种洞见为多数学者所采纳。我个人认为崇拜与问候是两种不同的范畴。将这种姿势当作社会意义的载体而进行考察的，参见 Christine Morris. "The Language of Gesture in Minoan Religion", in Robert Laffineur and Robin Hägg, eds. *Potnia: Deities and Religion in the Aegean Bronze Age. Proceedings of the 8th International Conference, Götrborg University, 12-15 April 2000*. Aegeaum 22. Liège: Université de Liège, 2001, p. 247; Wedde, 1999. 他们在书中探讨了意义的方法论。上述学者的分析非常明晰但不够精确。叙利亚印章的图像中也有这种作为问候的握拳姿态。

注。①一些学者已经注意到，戒指上的场景类似于近东的印章上的情景，尤其是源自叙利亚马里的授权仪式场景（图4-9）。②我在此补充另外一个类似的例子：公元前2000年中叶的叙利亚出土的一枚圆筒印章。其上所描述的场景与科诺索斯及叙利亚印章上所描述的场景有惊人类似之处。从图像中人物所披的带有流苏的长袍来看，这枚叙利亚圆筒印章上的人物非统治者莫属。③

图6-4　领袖看见了神明
麦西尼亚戒指

图6-5　a. 科诺索斯戒指印章　b. 叙利亚印章

---

①伊文思认为该女神类似于弗吕癸亚（Phrygian）人的库柏勒（Cybele）女神，参见 Evans PM III, p. 463.

②Olivier Pelon. "Royauté et Iconographie Royale dans la Crète Minoenne", in Robert Laffineur and Wolf-Dietrich Niemeier, eds. *Politeia: Society and State in the Aegean Bronze Age. Proceedings of the 5th International Acgean Conference, University of Heidelberg, Archäologisches Institut, 10-13 April 1994.* Aegaeum 12.2 vols. Liège: Université de Liège, 1995, pp. 309-321; Massimo Cultraro. *l'Anello di Minosse: Archeologia della Regalitá Nell'Egeo Minoico.* Biblioteca di Archeologia. Milano: Longanesi & C. 2001, pp. 312-316.

③Urs Winter. *Frau und Göttin. Exegetische und Ikonographische Studien zum Weiblichen Gottesbild im Alten Israel und in dessen Umwelt.* Orbis Biblicus et Orientalis 53. Göttingen: Vandenhoeck und Ruprecht, 1983, p. 250, fig. 240.

如果我们采用近东视角,那么这些米诺戒指图像上面对神明的男性与女性就一定是国王与王后。①一些怀疑论者可能会反驳,情况并非属实,因为并不能从任何特殊的符号中辨别这些人的身份;他们并未佩戴羽冠,或者身披长袍。回应这种批评的一种回答是,王室人员的穿着是多样化的,在这些例子中,王室通灵者反映了神明自身的出现。我们在安纳托利亚与叙利亚的艺术中已经看到了这些场景,我们已经看到,对于王权而言,国王与神明的出现具有一种非同寻常的意义。

近东与米诺图像中这种可视化场景的相似性表明,国王与神明的出现绝非偶然。直面神明并宣传这种事实的特权仅仅赋予了少数一些人。最后一条结论能够被源自希伯来《圣经》的经文所证实。经文表明,只有国王与先知才有资格看见上帝。作为民族领袖与先知被挑选出来的个人只有一个,那就是摩西(Moses)。

看看下面摩西与耶和华之间的一段对话。摩西对耶和华说:"我如今若在你眼前蒙恩,求你将你的道指示我,使我可以认识你,好在你眼前蒙恩。"耶和华允许了,但摩西想要得到更为确切的证据。"求你显出你的荣耀给我看。"但耶和华说:"你不能看见我的面,因为人见我的面不能存活。"耶和华允许了:"看哪,在我这里有地方,你要站在磐石上,我的荣耀经过的时候,我必将你放在磐石穴中,用我的手遮掩你,等我过去;然后我要将我的手收回,你就得见我的背,却不得见我的面。"(《圣经·出埃及记》33:12—33)在这段经文中,最先表露的一个信息就是,凡人面见上帝是一件多么离奇的事情,摩西一个人接近了上帝。

作为以色列的国王,所罗门(Solomon)最富有个人魅力,他同样面见了上帝,但只在梦境中:"夜间耶和华向所罗门显现,对他说:'我已听了你的祷告,

---

① Christiane Sourvinou-Inwood. "Space in Late Minoan Religious Scenes in Glyptik: Some Remarks", in Walter Müller, ed. *Fragen und Probleme der Bronzezeitlichen Ägäischen Glyptik: Beiträge zum 3. Internationalen Marburger Siegel-Symposium 5-7 September 1985*. CMS Beiheft 3. Berlin: Gebr. Mann, 1989, pp. 241-257; Kathleen Krattenmaker. "Palace, Peak and Sceptre: The Iconography of Legitimacy", in Paul Rehak, ed. *The Role of the Ruler in the Prehistoric Aegean. Proceedings of a Panel Discussion Presented at the Annual Meeting of the Archaeological Institute of America, New Orleans, Louisiana, 28 December 1992*. Aegaeum 11. Liège: Université de Liège, 1995, pp. 57-58. 上述二位学者均将男性形象视为问候女神的男神。

也选择这地方作为祭祀我的殿宇。'"①(《圣经·历代志下》7：12)

戒指上的信息

为何神显场景被选为戒指的表现主题？这个问题非常有趣，但很少被关注，将其与近东的资料加以对比，将有助于我们回答这个问题。我们这里探讨的是近东的碑刻，指的是大范围公开的纪念碑而不是一些个人藏品。不过戒指与印章某种程度上是公开的，因为它们被用来标识文件和包裹。因而，它们被许多民族所看重。②

戒指的使用者一定非常享用这种公开的图像所描绘的威望，这些均被王宫所宣传。这种观点已被研究亚述图像学的学者艾琳·温特（Irene Winter）所提出。她将一枚关于塞纳齐里布（Senacherib，公元前704—前681年在位）的印章作为案例加以分析。印章上有一位国王站立着，其左边站立着神明阿舒尔（Assur），右边站立着伊士塔尔女神。（图6-6）尽管国王是图像的主角，这并不意味着印

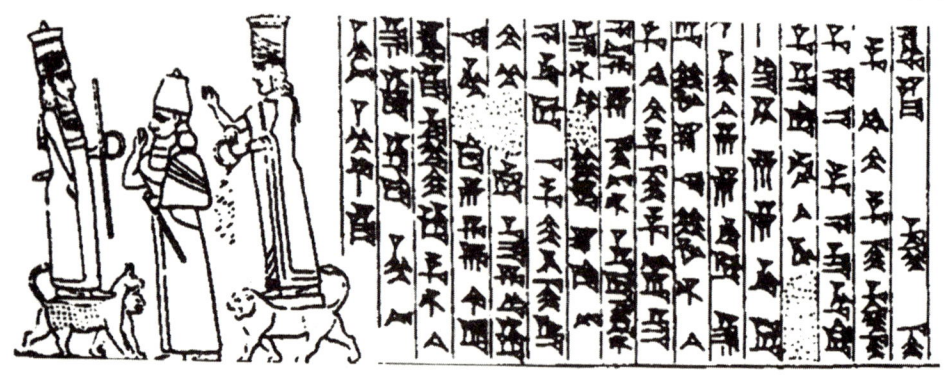

图6-6 阿舒尔与伊士塔尔中间的塞纳齐里布
亚述圆筒印章

---

① 关于历史时期耶和华形象的分析，参见 William F. Albright. *Yahweh and the Gods of Canaan: A Historical Analysis of Two Contrasting Faiths*. London: Athlone Press, 1968; Othmar Keel and Christoph Uehlinger. *Göttinnen, Götter und Gottessymbole: Neue Erkenntnisse zur Religionsgeschichte Kanaans und Israels Aufgrund Bislang Unerschlossener Ikonographischer Quellen. Quaestiones Disputatae* 134. Fribourg, Basel, Wien: Herder, 1995; Mark Smith. "Israel Monotheism", in Sarah I. Johnston, ed. *Religions of the Ancient World: A Guide*. Harvard University Press Reference Library. Cambridge: Belknap Press, 2004, pp. 402-403.

② Eric Hallager. "Roundels Among Sealings in Minoan Administration: A Comprehensive Analysis of Function", in Thomas G. Palaima, ed. *Aegean Seals, Sealings and Administration. Proceedings of the NEH-Dickson Conference of the Program in Aegean Scripts and Prehistory of the Department of Classics, University of Texas at Austin, January 11-13, 1989*. Aegaeum 5. Liège: Université de Liège, 1990, pp. 121-142.

章为国王一人所把持。印章被一些高官使用,这些人通过共享王室的权力图像而成为国王的钦差大臣,继而获得一定的声望。[1]很有可能,米诺的金戒指是王室发给那些作为国王代言人的朝臣使用的工具。佩戴这些王室印章,那些作为钦差大臣的官员实际上就传播了王权意识形态。

以上列举的近东的证据表明,谁看见神明并非是一个无足轻重的问题,相反,这是一个非常重要的话题。"崇拜者"(一般与米诺的神显场景相关),这样的回答不仅不够充分,还遗漏了很多精心表述的信息。

谁看见了神明,为什么?答案如下:王室贵胄,那些通过亲近神明而奠定其声望的人。

---

[1] Irene Winter. "Le Palais Imaginaire: Scale and Meaning in the Iconography of Neo-Assyrian Cylinder Seals", in Christoph Uehlinger, ed. *Images as Media. Sources for the Cultural History of the Ancient Near East and the Eastern Mediterranean (1st Millennium BCE). Proceedings of an International Symposium Held in Fribourg, 25-29 November 1997.* Orbis Biblicus et Orientalis 175. Fribourg: Academic Press Fribourg and Göttingen: Vandenhoeck and Ruprecht, 2000, pp. 51-87.

第七章 米诺预言与王室权力

> 在今天那些原始部落中,神圣的存在往往以鸟形附在树或者石头上。
>
> ——亚瑟·伊文思[①]

伊文思关于预言与占卜的观点因其神庙论与万物有灵论而增色不少。他在关于一枚戒指的图像场景的探讨中写道:"在这里我们拥有克里特神庙崇拜原始而独特的图解,在图像中,象征性的神像服务于神明的实际的居所,它被置于神明居所的上方或旁边,这样神明就可以通过一种恰当的仪式行为到来。"[②]伊文思在此应用爱德华·B. 泰勒(Edward B. Tylor)的观点来阐释米诺人的印章,该观点认为,灵魂进入并存在于一个人的身体、树或者是另外一些有生命的物体之内。詹姆斯·弗雷泽写道:"在原始人看来,宇宙万物相互感通,树与石头也不例外。他觉得它们像人类一样有灵魂,因此认真对待它们。"[③]

但伊文思却同时使用了两种视角。一种源自埃及与近东的宫殿文化;另外一种源自他那个时代的人类学理论,泰勒与弗雷泽为其首要倡导者。伊文思将宫殿时代与原始时代的观点混杂在一起,对其矛盾性却浑然不觉。本章探讨的预言与附体的问题并非单单属于原始人,它还发生在极其复杂的宫殿时代社会,主要是为了满足王室的需求。

那么就让我们从场景自身开始吧。米诺的金戒指上存在作为诸多表现主题的神显场景,但这些神显场景并不构成神明的直接异象或人形形式,就像第六章所探讨的那样。第二种类型的异象一般发生在圣殿的内部,而不是圣殿的大门

[①] 题记出自 Evans PM I, p. 105.
[②] Evans PM I, p. 160.
[③] James G. Frazer. *The Golden Bough: A Study of Magic and Religion.* abridged ed. London: Macmillan, 1949(1922 年第 1 版), p. 111.

之外，异象的空间以一棵树或一块卵石来表明。①异象的接受者一般被卷入一种实际的行为中，或许可以用"迷狂"一词来称呼，就像预言一样。下文会对迷狂做进一步阐释。

以下是关于这些异象场景结构或序列的基本概括，这些内容与第六章探讨的问题截然不同。

1. 通灵者从未面对神明。
2. 通灵者从未将紧握的拳头举到前额问候神明（参见第六章）。②
3. 神明鲜具人形。倘若以人形显身，他从不面对通灵者，而是面对一种具有中介性质的形象。我在下文中将此种中介形象视为王后。

多数学者对圣殿内人物的行为的阐释颇为用心，不少人追随伊文思的观点，认为这个人物在膜拜一棵树或一座神庙，因而推断这是原始崇拜的一个要素。显然，对神庙做界定是极为困难的，即便是现代学者的阐释也是如此，他们想当然地认为，神明的居所指的是灵魂所拥有的石头。"神庙"这个语词源自闪米特词语 Beth-el，意思为"神明的居所"。③

我们从戒指的视觉性范畴与序列开始探讨。这些戒指的视角已经在精神上转换到露天圣树神殿的内部，本书第六章对此已经做了相关探讨。这或许就是没有标出圣殿的大门的主要原因。尚需质疑的是，在我们的知识体系中，鲜有观察者痴迷纪念碑以及与仪式相关的表述。能够从圣树的存在（本书第五章对此已经有所阐释）或卵石辨别出圣地所在，也就是所谓的圣殿。为了探讨这种石

---

① 关于圣殿之内或圣殿之外空间的不同，参见 Christiane Sourvinou-Inwood. "Space in Late Minoan Religious Scenes in Glyptik: Some Remarks", in Walter Müller, ed. *Fragen und Probleme der Bronzezeitlichen Ägäischen Glyptik: Beiträge zum 3. Internationalen Marburger Siegel- Symposium 5-7 September 1985*. CMS Beiheft 3. Berlin: Gebr. Mann, 1989, pp. 241-257; Nanno Marinatos. "The Character of Minoan Epiphanies", in Danuta Shanzer and Nanno Marinatos, eds. *Divine Epiphanies in the Ancient World*. Illinois Classical Studies 29. Urbana: University of Illinois, 2004, pp. 25-42.

② 参见本书第 107 页注释③。

③ 米诺研究者关于"神庙"一词的使用可以上溯到伊文思（Arthur J. Evans. "The Mycenaean Tree and Pillar Cult and Its Mediterranean Relations", *JHS* 21, 1901, pp. 99-204），克里斯蒂娜·索文诺·英伍德对卵形的石头做了考察，参见 Christiane Sourvinou-Inwood. "On the Authenticity of the Ashmolean Ring 1919.56", *Kadmos* 10: 60-69. 相关的研究，参见 Peter M. Warren. *Minoan Religion as Ritual Action*. SIMA Pocket Book 72. Göteborg: Paul Åströms, 1986; Peter Warren. "Of Baetyls", *OpAth* 18, 1990, pp. 193-206. 与上述观点对立的论述，参见 Helmut Jung. "Methodisches zur Hermeneutik der minoischen und mykenischen Bilddenkmäler", in Walter Müller, ed. *Fragen und Probleme der Bronzezeitlichen Ägäischen Glyptik: Beiträge zum 3. Internationalen Marburger Siegel-Symposium 5-7 September 1985*. CMS Beiheft 3. Berlin: Gebr. Mann, 1989, pp. 91-109.

头的功能,我们必须跨越爱琴海到叙利亚-巴勒斯坦与安纳托利亚地区,这些地方的象征性石制纪念碑在宗教崇拜中占有重要地位。① 赫梯人的圣石叫作胡瓦斯(huwasi),它被置于神庙之内或露天圣殿之内。我们对其有所了解是因为它们在财产名录中被提及,赫梯国王图达利亚四世(Tudhalya IV。原书此处拼写有误,应为 Tudhaliya IV。——译注)对此有所阐释。这些石头是被膏抹过的,就像被膜拜的神像一样,祭物置于其前。②

《圣经》叙述中同样讲到了作为纪念碑的石头的故事。"约书亚将这些话都写在神的律法书上,又将一块大石头立在橡树下耶和华的圣所旁边。"(《圣经·约书亚记》24:26,NRSV)在希伯来《圣经》中还有另外一个故事,基甸在一棵放置祭物的橡树下遇见了上帝的神显:"耶和华的使者伸出手内的杖,杖头挨了肉和无酵饼,就有火从磐石中出来,烧尽了肉和无酵饼。"(《圣经·士师记》6:21)从这些经文中我们能够断定,圣石是神显发生的场所,或者是神谕发布的地方。《圣经》经文偶尔还说神谕是在靠近圣树的地方发布的(参见《圣经·士师记》6:11—19),非常接近米诺戒指的图像上的那些场景。

甚至在后来的时代,还有树与石头并置的情境,就像后来罗马时代一枚推罗(Tyrian)硬币上所表现的那样:在摆满熏香的祭坛前,两块石头与一棵树并排而立。(图7-1)特里格维·梅厅葛(Tryggve Mettinger)给出了更多的图像学例子,地中海东部地区早已存在石头与树的传统。③ 总之,磐石标明了神显的场所,它或许被视为神明的居所,就像弗雷泽与伊文思所设想的那样。④

---

① Tryggve N. D. Mettinger. *No Graven Image? Israelite Aniconism in Its Ancient Near Eastern Context.* Coniectanea Biblica. Old Testament Series 42. Stockholm: Almqvist & Wiksell, 1995; Saul Olyan in Sarah I. Johnston, ed. *Religions of the Ancient World: A Guide* . Harvard University Press Reference Library. Cambridge: Belknap Press, 2004, pp. 429-430.

② Volkert Haas. *Hethitische Berggötter und Hurritische Steindämonen: Ritten, Kulte und Mythen. Eine Einführung in die Altkleinasiatischen Religiösen Vorstellungen.* Kulturgeschichte der Antiken Welt 10. München: Philipp von Zabern, 1982, pp. 115-117, with fig. 29; Tryggve N. D. Mettinger. *No Graven Image? Israelite Aniconism in Its Ancient Near Eastern Context.* Coniectanea Biblica. Old Testament Series 42. Stockholm: Almqvist & Wiksell, 1995, pp. 29-130, with references.

③ Tryggve N. D. Mettinger. *No Graven Image? Israelite Aniconism in Its Ancient Near Eastern Context.* Coniectanea Biblica. Old Testament Series 42. Stockholm: Almqvist & Wiksell, 1995, pp. 84-90.

④ Arthur J. Evans. "The Mycenaean Tree and Pillar Cult and Its Mediterranean Relations". *JHS*. 21,1901, pp. 112-113.

图 7-1 圣殿内的石头与树
罗马时代推罗硬币

圣石边的潜伏仪式

尼尔森认为,跪在石头边的形象在膜拜圣殿,但尼尔森并没有表明他是如何猜想膜拜者的精神状态的。尼尔森显然被他所想到的东西搞糊涂了,因为他有时也赞同伊文思的那种人物是哀悼者的观点。[1]圣殿崇拜的理论存在问题。首先,人物的姿态并不适合膜拜。倘若膜拜者将头从石头边扭转,这会是非常古怪的一种行为。其次,崇拜意味着献祭,但在戒指的图像中从未描绘过祭品。比如,图 7-2a 和图 7-2b 就如此。

伊文思与其追随者阿克塞尔·W. 珀森(Axel W. Persson)对此做了一种模棱两可的解释。他们认为,石头象征着死者的墓穴,在这里,一位女神在悼念她的情人。[2]哀悼理论源自一种信仰,即近东的原始宗教包括一位垂死的男神的神话,比如,阿多尼斯(Adonis)或塔穆兹(Tamuz)被其情人所哀

---

[1] Martin P. Nilsson. *The Minoan-Mycenaean Religion and Its Survival in Greek Religion*. 2d ed. Lund: Kungl. Humanistiska Vetenskapssamfundet, 1950, p. 277.

[2] Arthur J. Evans. "The Mycenaean Tree and Pillar Cult and Its Mediterranean Relations". *JHS*, 21,1901, p. 169; Evans PM I, p. 159-162; Martin P. Nilsson. *The Minoan-Mycenaean Religion and Its Survival in Greek Religion*. 2d ed. Lund: Kungl. Humanistiska Vetenskapssamfundet, 1950, pp. 401-403; Axel W. Persson. *The Religion of Greece in Prehistoric Times*. Berkeley: University of California Press, 1942, p. 39 and passim.

悼。^①这种情节就像灵魂的附体一样，在弗雷泽的论著中到处都是。^②它反映了基督徒对近东神话的阐释，不过关于这个话题的探讨已经超出了我们的考察范畴。一言以蔽之，哀悼非常少见，如果有的话，它在古代艺术中也是一种非常消极的状态。相反，哀悼者一般会捶打其胸膛与前额，或者抓破脸颊。^③这些戒指的图像上均没有这些形象。另外，向后扭头并不适合哀悼者。

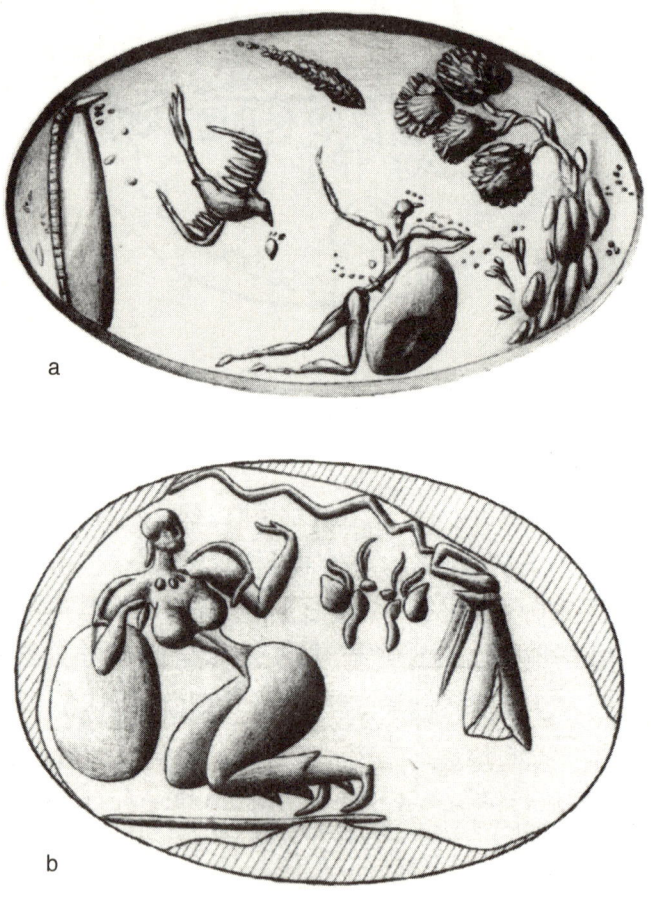

图 7-2 通灵者斜靠圣石
a. 塞勒派勒（Sellopoulo）出土戒指 b. 特里亚达出土戒指印章

---

① James G. Frazer. *The Golden Bough: A Study of Magic and Religion.* abridged ed. London: Macmillan, 1949（1922 年第 1 版），pp. 324-381.

② James G. Frazer. *The Golden Bough: A Study of Magic and Religion.* abridged ed. London: Macmillan, 1949（1922 年第 1 版）.

③ 在古希腊、埃及与近东艺术中能够发现这些例子，参见 Emily Vermeule. *Aspects of Death in Early Greek Art and Poetry.* Berkeley: University of California Press, 1979.

一枚源自科诺索斯的印章上有一个头枕石头的女性形象（图7-3），①这提供了理解米诺戒指的图像上躺卧的形象的线索。这位女性要么在休息，或者准确地说，要么在倾听石头的声音。

《吉尔伽美什》中有一段语句，其中讲到了睡眠者将下巴放在膝盖上的情节。这位睡眠者半醒半睡，朦胧中经历了神显：

吉尔伽美什将下巴放在膝盖上支撑，

降临人间的睡眠就拉他入梦。

他半夜醒来。

站起来向朋友问个究竟，

"朋友，你没喊过我吗？我为何睡而又醒？你没有碰过我吗？

是不是神明来过了？我为何手脚麻木不灵？

神明没有来过吗？"②

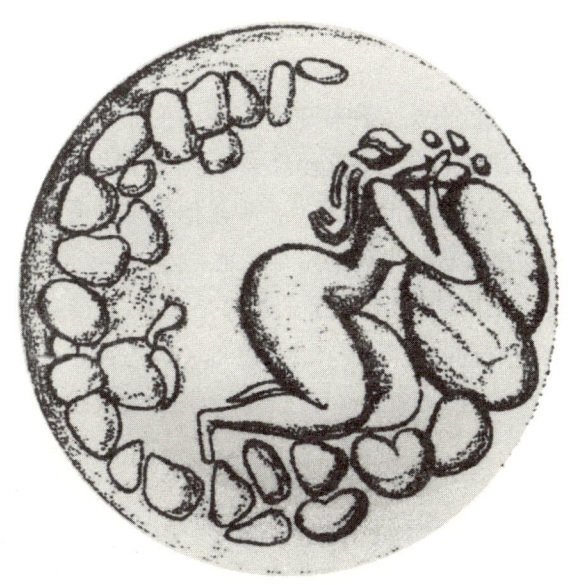

图7-3 头枕石头的女性
科诺索斯出土印章

---

① 彼得·沃伦（Peter Warren. "Of Baetyls", *OpAth* 18,1990, pp. 193-206）将这块石头解释为被膜拜的圣殿，具体出处参见 Nanno Marinatos. "The Character of Minoan Epiphanies", in Danuta Shanzer and Nanno Marinatos, eds. *Divine Epiphanies in the Ancient World.* Illinois Classical Studies 29. Urbana: University of Illinois, 2004. 我对迪米特里斯·凯利塔塔斯（Dimitris Kyrtatas）的观点做出的一种回应就是，占卜者就是做梦者。

② *Epic of Gilgamesh,* Tabet IV, I; Stephanie Dalley. *Myths from Mesopotamia: Creation, the Flood, Gilgamesh, and Others.* Oxford: Oxford University Press, 1989, p. 67.

有多种方式可以解释关于吉尔伽美什睡眠的这段诗文。英雄吉尔伽美什并没有躺卧在地，而是将下巴放在膝盖上。不过吉尔伽美什还是比较警觉的，因为他感觉到神明来过了。吉尔伽美什经历的神显是如此生动以至于他醒了过来，并确信他的朋友碰过他。神明直接出现的这种表述解释了戒指上那些人物的头部为何都是向后转的：梦者"看到"了神明并且能够问候他，或者通过伸出手臂问候神明（图7-2）。从《吉尔伽美什》史诗的语句中我们能够知道，看见一位神明显身是一件令人惊恐不安的事情。不过需要指出的是，我们的那些米诺通灵者看到的并不是神明的人形形象，而是以鸟类、昆虫或流星形式出现的神明的化身。现在我们应该转向这一点了。

阐释石边梦显的绝佳例子是《圣经·创世记》中的一段经文。经文说雅各（Jacob）在梦中看到了上帝："雅各……就在那里住宿，便拾起那地方的一块石头枕在头下，在那里躺卧睡了。梦见一个梯子立在地上，梯子的头顶着天，有神的使者在梯子上，上去下来。耶和华站在梯子以上。"（《圣经·创世记》28：10—13，NRSV）

雅各醒来，把所枕的石头立作柱子，浇油在上面，将那地起名叫作伯特利（Beth-el, baetyl），即神殿的意思。这段经文以术语的形式启发了19世纪的学者们，通过术语他们能够理解古代艺术：石头是他遇见神明的地方，也是神明的居所，一个纪念神显事件曾经发生的崇拜之地。

我们能够断言，米诺戒指的图像上的石头是一个崇拜的纪念碑，也是米诺露天圣殿的核心要素。它同时也是一个潜伏之地，因为在这个地方，神明可以出现在梦里。①在石头上休息的形象或许可以解释为先知或者处于迷狂状态的通灵者。

---

① 由石头或石柱组成类似的崇拜性纪念碑是近东露天圣殿的主要特征，参见 Tryggve N. D. Mettinger. *No Graven Image? Israelite Aniconism in Its Ancient Near Eastern Context*. Coniectanea Biblica. Old Testament Series 42. Stockholm: Almqvist & Wiksell, 1995, p. 129. 需要指出的是，所有倚靠石头的女性崇拜者都穿着非常简朴的衣服，与饰有荷叶边的长袍形成了鲜明的对比。根据阿克塞尔·W. 珀森（Axel W. Persson. *The Religion of Greece in Prehistoric Times*. Berkeley: University of California Press, 1942, p. 32, p. 36）的观点，一些形象靠着奢口陶坛而跪倒。参见 Sinclair Hood. *The Minoans: Crete in the Bronze Age*. London: Thames and Hudson, 1971, p. 138; Christiane Sourvinou-Inwood. "On the Lost 'Boat' Ring from Mochlos", *Kadmos* 12, 1973, pp. 149-158. 不过沃尔夫·迪特里希·尼梅尔不认同奢口陶瓷坛的说法，参见 Wolf-Dietrich Niemeier. "Zur Ikonographie von Gottheiten und Adoranten in den Kultszenen auf Minoischen und Mykenischen Siegeln", in Walter Müller, ed. *Fragen und Probleme der Bronzezeitlichen Ägäischen Glyptik: Beiträge zum 3. Internationalen Marburger Siegel-Symposium 5-7 September 1985*. CMS Beiheft 3. Berlin: Gebr. Mann, 1989, pp. 174-175.

摇动或触摸大树

一些戒指的图像上出现了一些非主流的通灵模式,一个人在摇动或触摸大树(图7-4)。通灵者动作剧烈,单腿跪地,就像科诺索斯一枚戒指上刻画的那样。(图7-4a)我们前面已经看到,触摸圣树是米诺崇拜者在野外所寻求的一种经历(图5-8)。近东的仪式中也有触摸大树的行为,虽然这种触摸以多种方式出现。在理念上与米诺戒指和印章比较接近的是一枚源自犹太(Judah)的戒指,时间在黑铁时代,不过这枚戒指上刻画了通灵者围绕一株棕榈树翩翩起舞的场面,本书第四章已经探讨过,这一点与太阳女神相关。(图7-4a与图7-4b)画面上两个男子以同样的姿态单腿跪地,就像米诺崇拜者那样。①

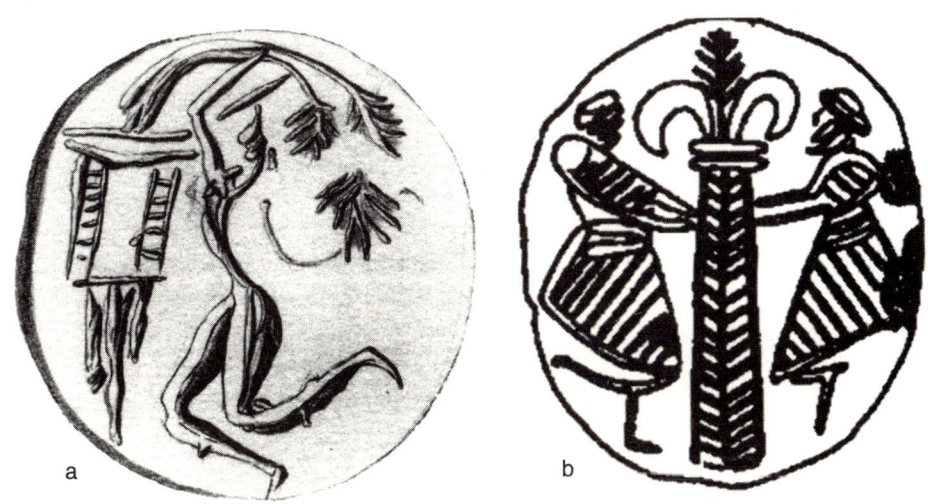

图7-4 与圣树接触导致迷狂
a. 米诺印章 b. 叙利亚-巴勒斯坦印章

一段《圣经》经文提供了类似的场景,我们可以以此解释为何先知要去寻求大树周围的圣地。在《圣经·撒母耳记下》(5:23—24)中,上帝告诉大卫(David)如何成功地打败他们的敌人非利士人(Philistines)。大卫被神告知,他应该在敌人的巴卡(Baka)树林前面潜伏。当他听到树梢上有脚步的声音,他的队伍就要急速前进去攻打非利士人的军队。②这就意味着,巴卡树林是发布神

---

① Othmar Keel and Christoph Uehlinger. *Göttinnen, Götter und Gottessymbole: Neue Erkenntnisse zur Religionsgeschichte Kanaans und Israels Aufgrund Bislang Unerschlossener Ikonographischer Quellen. Quaestiones Disputatae* 134. Fribourg, Basel, Wien: Herder, 1995, fig. 233.

② 我要为此感谢托马斯·斯托布里(Thomas Staubli)先生提供的参考资料。

谕的圣殿,倘若大卫理解了大树上的声音,他就能够接受指挥军队前进的命令。《圣经》中的这段经文是我们解读米诺摇树仪式的关键所在。大树发出声音,先知听到了声音并有所领会。与此同时,人类触摸神明的象征符号便能进入迷狂状态(图7-4)。值得注意的是,一些戒指上的图像中出现了先知的形象,同时也出现了与树接触的场景。(图7-5)

图7-5 女性或许是王后与两位通灵者
迈锡尼出土戒指

马里的占卜文本

在马里国王济姆里利姆(公元前1774—前1760年在位)宫殿中的王室档案书信集中发现了关于预言的表述。①这部分书信集是公元前2000年关于预言的最具可信性的证据,但遗憾的是,这些书信集比米诺戒指的时间早了两个半世纪。在这个时代,靠近幼发拉底河的马里国非常强盛,尽管它后来很快被亚述国王汉谟拉比消灭了。这些书信形式的占卜档案被送给了国王,要么通过国王的近

---

① 该年表被范德·迈鲁普(van de Mieroop)所采用,具体参见 Marc van de Mieroop. *A History of the Ancient Near East*. Oxford: Blackwell, 2004; Beatrice Teissier. *Egyptian Topography on Syro-Palestinian Cylinder Seals of the Middle Bronze Age*. Orbis Biblicus et Orientalis Series Archaeologica 11. Fribourg: Academic Press Fribourg, 1996, 5: 1775-1762.

臣，要么通过王后。①重要的一点就是，这些书信涉及国王的安危，成为最为重要的占卜、告诫与劝告。

需要注意的是，马里的信件是现实的记载，而不是虚构的叙述（诸如《圣经》预言）。在这一点上，它们类似于希腊神谕碑铭提供的那些信息类型。这些信件提供了关于先知的性别、社会地位，还有预言的发生地——这些内容均被马蒂·尼森恩（Martti Nissinen）周密地探讨过。②这些信件是我们所要探寻的米诺重要的疑难问题答案的主要线索，也就是说，谁是先知，他们的社会地位如何。

在马里文本中，神显发生在神庙内部，我们在关于米诺戒指上的图像的探讨中也提到了这些。我们同时注意到，潜伏是一种很好的占卜方法。一份预言书写道："在梦中，我遇到了一个和我一样的人，他也打算去旅行……在到达马里之前，我进入了特卡（Terqa）城。进城后，我走入达甘（Dagan）神庙，匍匐在达甘神像前。就在我跪拜神像（即膜拜的偶像）时，大神达甘开口这样对我说话。"③在这份报告中，先知的灵魂进入梦中并且进入了神庙。

从另外一个文本中我们获悉，一些潜伏仪式同样能够招致预言，可惜的是我们尚未听说这种仪式到底是什么。"达甘，主啊，在梦中对我显灵吧，尽管没有人在我身上实施招魂仪式。"④

马里的文本中并没有讲到摇树仪式，但是下面的记载明确地讲到了入神或迷狂的类型："在安努尼图姆（Annunitum）神庙中，一名服侍达甘-马里克（Dagan-Malik）的女孩子入神并开始说话。"⑤"在安努尼图姆神庙中，三天前，塞勒芭穆（Selebum）入神了。"⑥在阿卡迪亚语言中，"muhhum"（阴性名词是 muhhutum）

---

① Martti Nissinen. "What Is Prophecy? An Ancient Near Eastern Perspective", in *Inspired Speech: Prophecy in the Ancient Near East. Essays in Honor of Herbert B. Huffmon,* eds. J. Kaltner and L. Stulman. Journal for the Study of the Old Testament, Supplement Series 378. London and New York: T & T Clark, 2004, pp. 17-37.

② Martti Nissinen, ed. *Prophets and Prophecy in the Ancient Near East.* Writings from the Ancient World 12. Society of Biblical Literature. Atlanta: Brill, 2003; Martti Nissinen. "What Is Prophecy? An Ancient Near Eastern Perspective", in *Inspired Speech: Prophecy in the Ancient Near East. Essays in Honor of Herbert B. Huffmon,* eds. J. Kaltner and L. Stulman. Journal for the Study of the Old Testament, Supplement Series 378. London and New York: T&T Clark, 2004, pp. 17-37.

③ Martti Nissinen. ed. *Prophets and Prophecy in the Ancient Near East.* Writings from the Ancient World 12. Society of Biblical Literature. Atlanta: Brill, 2003, p. 63, no. 38.

④ Martti Nissinen. ed. *Prophets and Prophecy in the Ancient Near East.* Writings from the Ancient World 12. Society of Biblical Literature. Atlanta: Brill, 2003, p. 61. no. 37.

⑤ Martti Nissinen. ed. *Prophets and Prophecy in the Ancient Near East.* Writings from the Ancient World 12. Society of Biblical Literature. Atlanta: Brill, 2003, p. 48. no. 24.

⑥ Martti Nissinen. ed. *Prophets and Prophecy in the Ancient Near East.* Writings from the Ancient World 12. Society of Biblical Literature. Atlanta: Brill, 2003, p. 47. no. 23.

这个术语主要用于迷狂的先知，意思也就是"进入癫狂状态"。①这种表述非常适合米诺戒指的图像上那些古怪的跪拜形象。我们最好将其解释为通过触摸神树而进入迷狂状态的场景（图 7-4 与图 7-5）。身体上的接触会导致迷狂，这也非常适合一些《圣经》经文。在这些经文中，当上帝的圣手触摸他们时，先知变得非常癫狂："耶和华的灵就降在以利沙（Elisha）身上。"（《圣经·列王纪下》3：16）

从马里文本中可以得出两条结论。第一，入神是可以预测的，通过一些物质性的准备，通过接触神圣的物体，使用神圣的音乐，便能够在仪式上获得预言；它是一种表演，但不会同时发生。古代希腊宗教中同样存在这类受限制的预言。设在德尔斐的皮提亚（Pythia）预言只会在某些特定的情况下发生，即在咀嚼圣树的叶子之后。希罗多德曾经讲到一个人整整花了一个晚上的时间待在底比斯的安菲阿剌俄斯（Amphiaraus）神庙里，想必就是为了期待梦幻的出现（《历史》8.134）。第二，迷狂的行为与梦幻是入神的两种形式。因此，米诺戒指上刻画有那些在东地中海地区的其他地方同样会被证实的迷狂行为。

乌迦特与赫西俄德文本中关于石头与树的叙述

前文论及的《撒母耳记》的经文中讲到，大卫理解了巴卡树的声音。在公元前 13 世纪，乌迦特的文献中同样有令人费解的做法。

> 我要对你说句话，
> 我要对你复述一句话：
> 大树的话语与石头的呢喃，
> 天空对大地的低语，
> 以及对星星的叹息，
> 我懂得响雷，
> 天空并不理解，人类无法理解的话语，大地上居住的人群并不理解。
> 来吧，
> 我将揭开谜底
> 在我的神山萨芬（Saphon）之中，

---

① 关于马里，参见 Jean-Marie Durand. "Les prophéties des textes de Mari", in J.-G. Heintz, ed. *Oracles et Prophéties dans l'Antiquité. Actes du Colloque de Strasbourg, 15-17 Juin 1995,* pp. 115-134. Paris: Diffusion de Boccard, 1997. p. 119.

在圣殿之中。(我的强调)①

以上语段出自《巴力史诗故事群》。语段中讲到了关于神的启示,该语句为"大树的话语与石头的呢喃"。这是一段程式化的宣言,一种杜撰的话语,指的是一个谜语或者一个预言。乌迦特文本中同样有类似的押韵语句,这个断裂应该很容易被填补,因为句子是程式化的:"我要对你说句话,我要对你复述一句话:(大树的话语与石头的呢喃)。""(因为我要对你说句话),我要(对你)复述一句话:大树的话语与石头的呢喃。"②

如果这种表述是程式化的,那么它是如何产生的?米诺戒指的图像上有对石头与树的表述,《圣经》文本中同样出现了石头与树的共生,这绝非一种偶然的共鸣现象。爱琴海两岸的占卜性表演为这种谚语提供了贴切的阐释。这就是希伯来《圣经》中的先知为何经常被表述为坐在树下的原因,比如,底波拉(Deborah)(《圣经·士师记》4:4),还有坐在橡树下的神人(《圣经·列王纪上》13:14)。

更加令人瞩目的是,此种表述被五个世纪后的希腊人所使用。希腊诗人赫西俄德(公元前8世纪)宣称,缪斯女神曾将一种神圣的声音吹入他的心扉,"但是,为什么要说这一切关于橡树和石头的话呢?"(《神谱》36)在荷马的《奥德赛》中,我们看到了这种寓言的另外一个版本:"请你告诉我你的氏族,来自何方?"珀涅罗珀这样询问她伪装成乞丐的丈夫。"因为您定然不会生于岩石或古老的橡树。"③(《奥德赛》19:163)在这里,橡树和岩石与寓言联系在一起。我们在《伊利亚特》中同样能够发现类似的表述(《伊利亚特》22:126—128)。

我认为,乌迦特与希腊人的表述源自仪式,其起源可以上溯至青铜时代的爱琴海与黎凡特地区,甚至有可能是安纳托利亚地区。④橡树与岩石指向了神圣的行为,就像我们在米诺戒指的图像上看到的那些。多多那圣殿中宙斯的橡树同样扮演了预言的角色。⑤这样,大树与岩石均为近东共同体的构成要素。此种表

---

① KTU 1.3. iii 21 ff.; Nicolas Wyatt. *Religious Texts from Ugarit: The Words of Ilimilku and His Colleagues*. The Biblical Seminar 33.2d ed. Sheffield: Sheffield Academic Press, 2002, p. 78.

② KTU 1.7. v30-32; Nicolas Wyatt. *Religious Texts from Ugarit: The Words of Ilimilku and His Colleagues*. The Biblical Seminar 33.2d ed. Sheffield: Sheffield Academic Press, 2002, p. 150.

③ 这种表述的采用就意味着"你不是出自木头或石头",即"你一定有人类的血统"。不过假如这里补充了这种证据,那么另外一种阐释就有可能性:珀涅罗珀对奥德修斯说,他不是传说或预言抑或谣言制造出来的人。

④ Martti Nissinen, ed. *Prophets and Prophecy in the Ancient Near East*. Writings from the Ancient World 12. Society of Biblical Literature. Atlanta: Brill, 2003, pp. 1-11.

⑤ 对照《奥德赛》14.328. 参见 Sarah I. Johnston in Sarah I. Johnston, ed. *Religions of the Ancient World: A Guide*. Harvard University Press Reference Library. Cambridge: Belknap Press, 2004, p. 384.

述以关于圣殿的知识为预设前提：岩石与圣树成对出现，预言在此进行。那么，能够在米诺戒指上看到德尔斐神殿的圆石与希腊人的月桂树作为宗教图像出现吗？实际上，这是一个很好的案例：作为被后来时代证实的硬币，以卵形石出现的圆石在地中海整个历史中都被描述了。①

国王和王后参与占卜

"写信告诉我，神庙中的神谕传达了什么，还要告诉我你的见闻。"马里的国王济姆里利姆向其近臣这样写道。②国王显然对来自先知的正面消息极感兴趣。在一些特定的场合，国王亲自参加占卜仪式。国王身着特殊的长袍，进入伊士塔尔的神殿然后静坐下来。③吟唱者开始吟唱 *uru-amma-darubi* 这种关于月末的圣歌。如果是月末，先知便要保持一种平静的状态，唱 *mae-u-ruemen* 这种圣歌诗无法占卜时，神庙的官员便让那些吟唱者走开。如果先知开始占卜，吟唱者就会唱起 *ma-eu-re-m（en）* 这种圣歌。④我们后来进一步获悉，伊士塔尔女神的神圣象征符号是引进的，这种举措无疑是为了通过暗示神明的到来而帮助先知得到神谕。总之，国王的在场引起了人们对表演的一些期待，尽管国王与这种迷狂的状态并无关系。实际上，尽管有歌曲伴奏，占卜并不一定能够得到保证。

或许，理解米诺戒指上的图像最为重要的一点是王后参加了一些占卜活动。我们在马里的文本中已经看到，王后在给国王的信中汇报了一些喜爱的预言和沟通国王与先知的行为。尤其值得注意的是这样一种事实：以色列的王后耶洗别（Jezebel）在其餐桌上供养了四百个先知（《圣经·列王纪上》18：19）。不太清楚为什么王后耶洗别是东道主，但是或许可以猜测，作为亚舍拉女神的祭司，她是在其能力范围内行事。这种假设能够被希伯来《圣经》中的另外一段经文所支持。从这段经文中我们知道，国王亚哈召遣以利亚以及巴力的先知去迦密（Carmel）山。他们在那里有一场竞争，最后以利亚赢了，但以利亚激怒了王后

---

① Tryggve N. D. Mettinger. *No Graven Image? Israelite Aniconism in Its Ancient Near Eastern Context.* Coniectanea Biblica. Old Testament Series 42. Stockholm: Almqvist & Wiksell, 1995, p. 53, fig. 2.12, p. 85, fig. 5.3.

② Martti Nissinen, ed. *Prophets and Prophecy in the Ancient Near East.* Writings from the Ancient World 12. Society of Biblical Literature. Atlanta: Brill, 2003, p. 27, no. 6.

③ 关于国王的神性与服饰的更换，具体参见本书第二章。

④ Martti Nissinen, ed. *Prophets and Prophecy in the Ancient Near East.* Writings from the Ancient World 12. Society of Biblical Literature. Atlanta: Brill, 2003, p. 81, no. 51.

耶洗别，她就差遣人去见以利亚，告诉他说："明日约在这时候，我若不使你的性命像那些人的性命一样，愿神明重重地降罚与我。以利亚见这光景，就起来逃命。"（《圣经·列王纪上》19：2）《圣经》中并没有解释王后耶洗别为何这般恼火。很有可能因为她是巴力配偶亚舍拉女神的大祭司，以利亚摧毁了她的政治权威与信誉。

这些经文表明了王族是如何在预言中占据一席之地的。倘若采用这种视角，我们就会发现，米诺戒指上的图像中经常会出现一个将手放在臀部的女性形象，她位于整个场景的中心；女性形象左右两边的迷狂者要么在做梦，要么在摇动大树。①（图7-6）出自阿卡尼斯（Archanes）的一枚戒指，图7-6a中的情景表

图7-6 作为迷狂者与中介的女性或王后
a. 阿卡尼斯出土戒指　b. 瓦菲奥出土戒指

---

① Martin P. Nilsson. *The Minoan-Mycenaean Religion and Its Survival in Greek Religion.* 2d ed. Lund: Kungl. Humanistiska Vetenskapssamfundet, 1950, pp. 276-277.

明,这位女性头戴羽冠,我们在第二章与第三章中已经探讨过,佩戴此种羽冠的只有神明或王族。现存阿什莫林(Ashmolean)的戒指(图13-13)表明,或许这位女性是王后,她站在迷狂者的左边,头戴羽冠,羽冠上还装饰着一个小圆点。

或许这个处于中心地位的女性是王后?很多学者,包括伊文思在内,都断言她是发布预言的女神。[①]与这种阐释不同的另外一种是,这种为神明而舞蹈的姿势是没有先例的:在近东与埃及艺术中,神明一般都有僵硬的程式化的姿势。另一方面,戒指上位于中心的女性形象是表演者,因为她弯曲的手臂与膝盖表明了这一点。很容易理解她是一位介于先知与神明之间的交流者而不是神明。[②]假如她是王后,那么她巨大的身材与羽冠就能够得以解释。不过,必须承认,关于近东艺术中作为迷狂者的王后角色这种先例我知道得并不多。我只记得《圣经》的一个偶然事件,国王在这一事件中处于迷狂状态。这个例子就是扫罗(Saul),他被选为国王:"神就赐他一个新心。当日这一切兆头都应验了。"(《圣经·撒母耳记上》10:9)我在此做出简单的结论,即作为太阳神的女祭司,王后或太后在其职责范围内参与了迷狂仪式。

先知的地位

在宫殿时代的克里特戒指上的图像中的另外一些迷狂者的地位是什么样的?《圣经》中表述的那些与国王对立的卓越的甚至迷狂的先知形象的观点完全是一种误导。马蒂·尼森恩恰恰发现,希伯来《圣经》中那些富有权威而创造奇迹的男人组成了一个特殊的案例:"在《圣经》之外的语境中,很多人都避免使用

[①] 除了伊文思之外,这种观念被沃尔夫-迪特奇·尼梅尔所采纳,参见 Wolf-Dietrich Niemeier. "Zur Ikonographie von Gottheiten und Adoranten in den Kultszenen auf Minoischen und Mykenischen Siegeln", in Walter Müller, ed. *Fragen und Probleme der Bronzezeitlichen Ägäischen Glyptik: Beiträge zum 3. Internationalen Marburger Siegel-Symposium 5-7 September 1985*. CMS Beiheft 3. Berlin: Gebr. Mann, 1989. 我的观点是,这个女性为大祭司,参见 Nanno Marinatos. *Minoan Religion: Ritual, Image and Symbol*. Columbia: University of South Carolina Press, 1993, p. 283. 不过我现在认为,这个女性大祭司为王后。同时参见 C. Dawn Cain. "Dancing in the Dark: Deconstructing a Narrative of Epiphany on the Isopata Ring", *AJA* 105: 27-49, 2001, p. 2.

[②] Martin P. Nilsson. *The Minoan-Mycenaean Religion and Its Survival in Greek Religion*. 2d ed. Lund: Kungl. Humanistiska Vetenskapssamfundet, 1950, p. 275, 以及其他部分关于女侍者的含糊观点。"中间的女性身着荷叶边的衣服,她的手臂向上半身张开,指向了腰部。这种姿态为舞者所特有。"同时参见 John A. Sakellarakis. "Minoan Cemeteries at Arkhanes", *Archaeology* 20: 276-281,1967; John A. Sakellarakis. "Über die Echtheit des Sogenannten Nestorringes", in *Pepragmena tou Tritou Diethnous Cretologikou Synedriou, Rethymno, 18-23 September 1971*, 303-318. Rethymno: Dimos Rethymnis, 1971.

'占卜'这个语词。"①因此,"先知"一词一定要慎重使用,我们不可能将米诺的迷狂者与《圣经》传统中被神选中的人联系起来。个人特权极端的一个例子是马里与尼尼微文本中的先知,他们是王宫的雇员。当他们被国王宠爱时,便会得到很多赏赐,诸如长袍、戒指之类的东西,偶尔还有驴子。甚至以色列的先知有时也是国王的侍从,就像我们看到的关于亚哈与以利亚的故事那样(《圣经·列王纪上》18:20)。

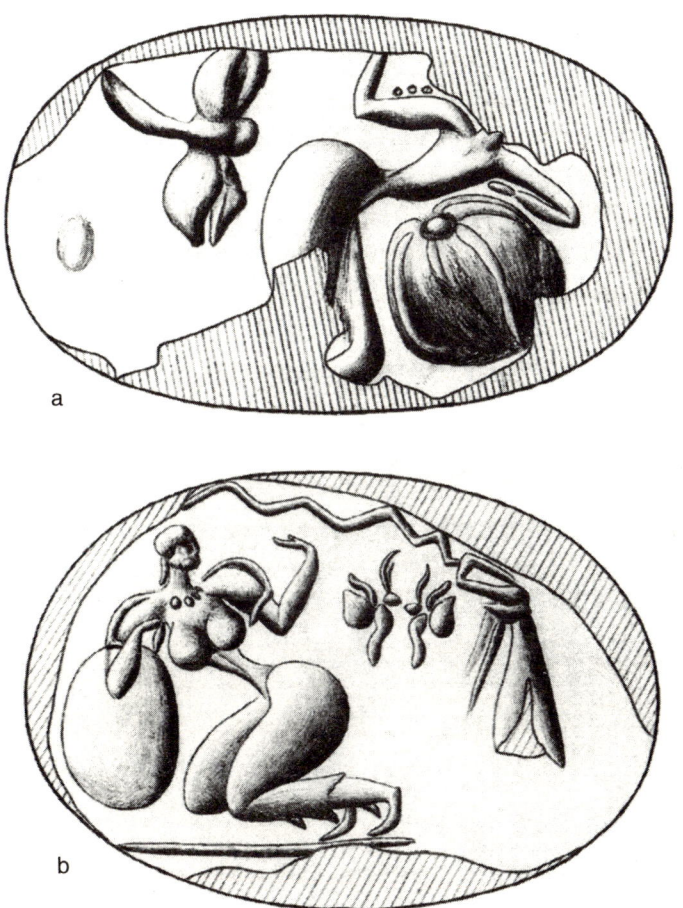

图7-7 迷狂者或许是王后都遇见过蜻蜓或蝴蝶的异象,或许它们是神明的神显符号
a. 扎格罗斯出土戒指印章　b. 特里亚达出土戒指印章

---

① Martti Nissinen, ed. *Prophets and Prophecy in the Ancient Near East.* Writings from the Ancient World 12. Society of Biblical Literature. Atlanta: Brill, 2003, p. 4.

在米诺戒指的图像上,先知看上去比作为神庙的雇员具有更高的地位。[①]首先,他们佩戴着珠宝。在米诺艺术中,这些珠宝是荣誉的象征。扎格罗斯与特里亚达戒指上的那些弓身倚靠在石头上休憩的女性形象似乎给我们这样一种印象:她们是已婚的妇女,其阴柔气质是图像所强调的。(图7-7)就服饰而言,值得注意的一点是,那些倚靠石头的女性都没有裙上的荷叶边装饰,只有贴身的内衣。或许这种极为简单的服饰在神明面前是一种非常谦卑的象征。

一言以蔽之,米诺的迷狂者属于精英阶层,但他们不同于那些佩戴羽冠的处于中心地位的舞者,我将那些戴羽冠者视为王后。

幻觉:昆虫、鸟与流星

先知看到了什么?因为戒指上的图像的主体由许多场景组成,做透彻解读的材料并不充分。尽管如此,我们还是能够识别图像的一些范式。

这里要探讨的第一种异象就是关于巨大的蝴蝶或蜻蜓的异象,它们是如此巨大以至于它们必定含有某种特殊的意味。蜻蜓和蝴蝶经常与一个倚在石头上看见异象的形象联系在一起(图7-7)。在另外一个场景(图7-7b)中,两只昆虫并排趴在一件神圣的(或许是女神的)长袍上,这两只昆虫盘旋成"之"字形,象征了苍天。这些昆虫或许是那些象征性语言中隐藏的神明的象征。这就意味着神明的真实面貌是不能够明确感受到的,但其能够以昆虫的形式出现。

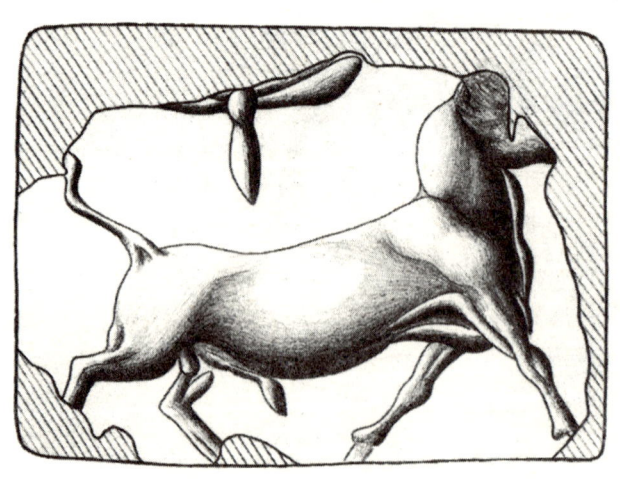

图7-8 公牛上方的巨大蜻蜓
扎格罗斯出土戒指

在另外一个例子(图7-8)中,我们看到一头巨大公牛的旁边有巨大的蜻蜓,它们盘旋在公牛的背上。这里没有先知,但是这种构成却使我们想起前文已经探讨过的异象。一种可能的解释就是,蜻蜓是女神的化身,她伸展的翅膀使人们想起了双面斧的形状(第九章)。蜻蜓这种昆虫有可能是女神神显的象征

---

① Wilsson in Sarah I. Johnston, ed. *Religions of the Ancient World: A Guide.* Harvard University Press Reference Library. Cambridge: Belknap Press, 2004, p. 378.

符号，不过公牛可能是男性神的一种神圣的动物。以上均为推测，不过要肯定的是：这种情节单元组成了一种书面阐释性符码。

第二种可以确认的异象是由鸟组成的。例如，在两个戒指上的图像（图7-9）中，人们在问候鸟儿，有可能鸟儿也是神明的化身。至少，这种观点是马丁·尼尔森首倡的。[1]在出自塞勒派勒（Sellopoulo）的戒指（图7-9b）上，异象包括天空中的一个符号，其形状类似于一捆小麦。[2]物体很像陨星或流星，这就是它为何出现在天空中的原因，它高悬在戒指图像中的原野上。异象同时也涉及其他的

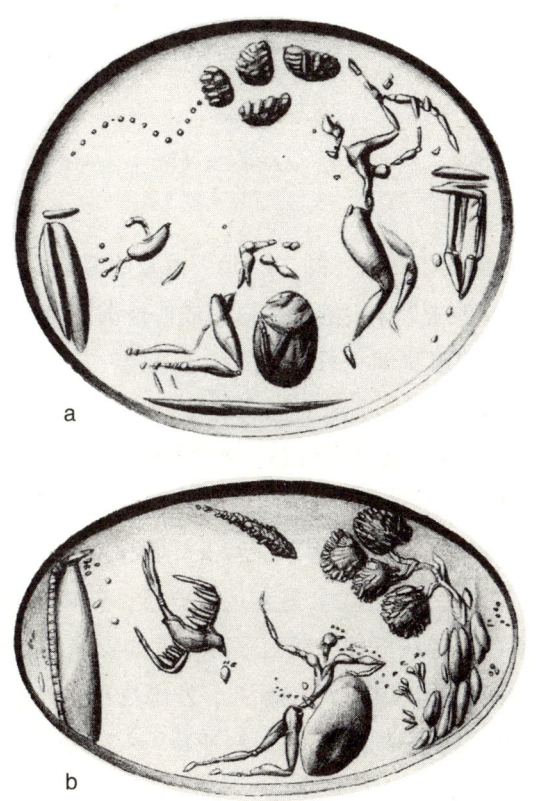

图7-9 飞鸟异象
a. 斐斯托斯附近的卡莱瓦亚墓葬出土戒指 b. 塞勒派勒出土戒指

---

[1] Martin P. Nilsson. *The Minoan-Mycenaean Religion and Its Survival in Greek Religion.* 2d ed. Lund: Kungl. Humanistiska Vetenskapssamfundet, 1950, pp. 330-340; Walter Burkert. "Epiphanies and Signs of Power", in Danuta Shanzer and Nanno Marinatos, eds. *Divine Epiphanies in the Ancient World.* Illinois Classical Studies 29. Urbana: University of Illinois, 2004, pp. 1-24.

[2] Mervyn Popham. "Sellopoulo Tombs 3 and 4. Two Late Minoan Graves near Knossos", *BSA* 69: 195-257, 1974, p. 217, p. 223, fig. 14D; Herakleion Museum no. 1034.

图 7-10　端坐的女神，处于膜拜者视线中央，膜拜者或许为国王，他坐在一个台子上，右方是迷狂者
伯罗斯出土金戒指

场景，譬如，梯林斯的戒指图像（图 2-25），以及伯罗斯的戒指（图 7-10）。①

源自希腊史诗《伊利亚特》中的几段语句或许能够帮助我们理解古人关于星占与鸟占的视角。"雅典娜犹如一只尖叫的疾飞老鹰，从高高的天空穿过云气飞向大地。"（《伊利亚特》19.350）需要注意的是，除了诗人荷马之外，特洛伊人与希腊人中没有一个人知道这只飞鹰是雅典娜的化身。在另外一段史诗中，雅典娜与阿波罗在一棵神圣的橡树边相遇，"在宙斯庇护下的神圣橡树下交谈"，并观看"特洛伊人与希腊人交战"（《伊利亚特》8.70。引文出处有误，正确的应该为：《伊利亚特》7.21。——译注）。另有一段史诗，雅典娜以陨星的面目出现："雅典娜早已按捺不住，她从奥林波斯山下降，犹如狡诈的克罗诺斯之子放出流星，作为对航海的水手或作战的大军的预兆，发出炫目的闪光，非常明亮，帕拉斯·雅典娜女神也这样降到地上。"（《伊利亚特》4.23,58—59。引文出处有误，正确的应该为：《伊利亚特》4.73—78。——译注）

不要以为，米诺戒指与作为古代文本的《伊利亚特》不存在任何关联。相反，我认为二者皆为近东与地中海共同体的档案。一只飞舞的昆虫，一颗闪光的陨星，一只俯冲的飞鸟：所有这些都是神明的化身，但本质上这些形象都不

---

① 这种观点同时也是雷塞米塔科斯（G. Rethemiotakis）所倡导的（个人观点）。

是神明的真身。①

第三种异象不同于前文探讨的几类,它被临近现代赫拉克莱昂(Herakleion)的伯罗斯墓葬中出土的金戒指(图7-10)所证明。占据戒指图像中心的不是一位舞蹈的王后,而是一位头戴高帽的男性,他站在墩座上,以国王与统治者的姿势伸开双臂。那么,这位男性是神明抑或国王?他的身份比较模糊,可能是有意而为之。不管怎样,他面对一位端坐在两只巨鸟翅膀上的神明。在这些形象的上方,一位女性在飞翔。②在右方,一位男性在摇动大树:他是一位迷狂者。需要指出的是,先知并没有看见女神,因为这种权力仅为国王或神明所拥有。图像中央佩戴尖顶头饰的男性是谁,这一点并不以图像为基础,因为神明与国王是可以互换的(参见第二章、第十三章)。

作为王室政治与权力工具的预言

我们在第一章中已经探讨过,戒指是米诺人偏爱的东西,因为它们是王权管理的工具,这样,戒指同时服务于王室的自我表述与管理的目的。③那么,预言是如何适应这种主题的?

在近东,先知服务于王族。马里与尼尼微的占卜信件保存在神庙或国王图书馆中,因为就像马蒂·尼森恩指出的那样,这些占卜信件直接或间接提高了国王的威信。④米诺的戒指与众不同是因为它们记录了现实的一般表述,而不是个

---

① 同时参见 Walter Burkert. "Epiphanies and Signs of Power", in Danuta Shanzer and Nanno Marinatos, eds. *Divine Epiphanies in the Ancient World*. Illinois Classical Studies 29. Urbana: University of Illinois, 2004, pp. 9-14.

② 戴蒙普劳与雷塞米塔科斯(Nota Dimopoulou and G. Rethemiotakis. "The 'Sacred Conversation' Ring from Poros", in Walter Müller, ed. *Minoisch-mykenische Glyptik: Stil, Ikonographie, Funktion: Ergebnisse eines Internationalen Siegelsymposiums, Marburg, 23-25. September 1999*. CMS Beiheft 6. Berlin: Gebr. Mann, 2000, pp. 39-56) 认为,相同的女神被以类似于表述卡通风格的两个占卜术语所描述。关于微型形象表述,参见 Paul Rehak. "The Isopata Ring", in Walter Müller, ed. *Minoisch-mykenische Glyptik: Stil, Ikonographie, Funktion: Ergebnisse eines Internationalen Siegelsymposiums, Marburg, 23-25. September 1999*. CMS Beiheft 6. Berlin: Gebr. Mann, 2000; C. Dawn Cain. "Dancing in the Dark: Deconstructing a Narrative of Epiphany on the Isopata Ring", *AJA* 105: 27-49, 2001, pp. 36-37.

③ Dominique Collon. *First Impressions: Cylinder Seals in the Ancient Near East*. Chicago: University of Chicago Press, 1987.

④ Martti Nissinen, ed. *Prophets and Prophecy in the Ancient Near East*. Writings from the Ancient World 12. Society of Biblical Literature. Atlanta: Brill, 2003, p. 5; Martti Nissinen. "What Is Prophecy? An Ancient Near Eastern Perspective", in *Inspired Speech: Prophecy in the Ancient Near East. Essays in Honor of Herbert B. Huffmon*, eds. J. Kaltner and L. Stulman. Journal for the Study of the Old Testament, Supplement Series 378. London and New York: T&T Clark, 2004.

体的一些特殊的言论：一种预言异象已经出现。这种事实是图像要阐释的核心。相关的信息就是，预言已经发生，王室成员秘密参与其中。无一例外，所有的马里预言都被寄给了合法的权力机构,就像琼－马里·杜兰德(Jean-Marie Durand)所说的那样。①

在阐释的最后一个阶段，我们已经渐渐远离了伊文思与马丁·尼尔森关于树崇拜与树祭礼的理论。马丁·尼尔森写道："树崇拜是原始宗教最为著名的一个因素。"②不过，与20世纪早期的学者认定的属于克里特的原始的迷狂相反的是，作为宫殿时代王权社会的一种因素，戒指上刻画的一些行为应被重新解读。

---

① "Toutes ces propheties Mariotes sont des encouragements sans reserve addressés au pouvoir legal." Jean-Marie Durand. "Les prophéties des texts de Mari", in J. -G. Heintz, ed. *Oracles et Prophéties dans l' Antiquité. Actes du Colloque de Strasbourg, 15-17 Juin 1995*, pp. 115-134. Paris: Diffusion de Boccard, 1997, p. 132.

② Martin P. Nilsson. *The Minoan-Mycenaean Religion and Its Survival in Greek Religion*. 2d ed. Lund: Kungl. Humanistiska Vetenskapssamfundet, 1950, p. 262.

第八章 作为边界的宇宙山

古代世界最著名的象形图当属埃及的象形文字。但埃及人未必是唯一拥有成熟的象形文字的民族，米诺人、卢维人、赫梯人同样拥有象形文字。在上述这些文化之中，作为表意文字，除却语音学价值之外，这些文字中的符号还具有观念性的价值。换言之，符号表达了一种理念，它能够帮助阅读者瞬间把握图像背后的观念。这里，我们会对符号的这种象形意义做深入阐释。

在旧宫殿时代，米诺人发展了好几套象形文字系统，只不过后来的线形文字A与线形文字B将其取代。[1]伊文思的一个贡献就是，他发现米诺的象形文字在艺术中同时被用作表意文字，尤其在旧宫殿时代的印章上。伊文思指出，对于埃及的文字而言，象形文字是非常普遍的。

在本书以下三章中，我们将会解读伊文思开列的清单中第36号到第38号中的三个重要的象形符号（图8-1）。[2]这就表明，在米诺人的宇宙观、宗教与王权背景之下，这些符号的意义是能够被理解的。

米诺"神圣角"：伊文思的推理

象形文字第37号中的⊔通常被解释为"公牛角"。在克里特很多地方，大陆及爱琴海诸岛屿，这种符号同样作为一种三维的物体而被发现。我们能够确信，对米诺崇拜而言，这是一种极为重要的符号。但是，它究竟是什么？

科诺索斯宫殿南部发现的一个样本（图8-2）能够给我们提供第一个线索。伊文思指出，它恰好构成了朱克塔斯（Juktas）山的架构；尽管它最初的位置并不确定，伊文思的观念是，在物体与山脉之间是否存在一种关联。[3]

最后，伊文思否定了这样一种选择。他推断，这种形状表达了风格化的公牛角，这或许因为宫殿中到处存在的公牛给他留下了深刻的印象。也很有可能他

---

[1] Evans PM I, pp. 276-289; Evans PM IV, pp. 665-763.
[2] Evans PM I, fig. 214.
[3] Evans PM I, pp. 151-163; Evans PM II, p. 159, fig. 81.

被希伯来《圣经·出埃及记》关于焚香的祭坛的表述所影响:"你要用皂荚木作一座烧香的坛。这坛要四方的,长一肘,宽一肘,高二肘。坛的四角要与坛连接一块。"(《圣经·出埃及记》30:1—3,RSV)

图 8-1 旧官殿时代的米诺象形文字中的双面斧、圣山与牛头
伊文思清单中第 36—38 号象形文字

图 8-2 从科诺索斯官殿看到的朱克塔斯山顶
山的架构被伊文思解释为公牛角,但最好将其视为"圣山"

伊文思同样懂得《圣经》，神圣角在其中有所表述。不过语境表明，角指的是从祭坛四角伸出的四个木头柱子，这样它就固定了方形建筑物的四个点。在《圣经·出埃及记》的相关经文中，"角"一般具有隐喻的意味，与公牛没有任何关系（需要注意，祭坛是烧香的祭坛，不是屠宰者的桌子）。①

关于其阐释，伊文思还有另外一种理由。他看到了公元前6世纪［阿契美尼德（Achaemenid）时代的］一个石碑（图8-3），这个石碑现在卢浮宫（Louvre），他将其解释为顶部置放角与公牛头的祭坛。伊文思推断，牛头是祭品，继而认为这种用法完全类似于米诺人。②伊文思进而推断，置于祭坛之上的是动物的头，∪一定表示公牛的角。③

伊文思的推论建立在系列的联想原则上，系列的联想原则是将两种事物联系起来表示一件事情。这样，假如公牛头与∪放在一起，那么后者就必定是角。但这是一种错误的逻辑，如果严格遵行，那么就意味着任何放在一起的两个事物（比如说汤勺与刀叉）都具有同样的意义。

第二个问题就是，伊文思并没有阐释整个石碑的意义，而是解读了石碑下半部分，即一个男人站在所谓祭坛前的图像意义。如果考察整个的石碑，我们就会看到，所谓祭坛其实是一个被崇拜的对象（实际上

图8-3 两次出现的王室成员
石碑上部，国王头上有一个太阳盘；石碑下部，国王站在一个支架的前面（未必是祭坛），手里拿着类牛头装饰物（boukephalion）
波斯时代的石碑，现存于卢浮宫

---

① 相同的形状在叙利亚-巴勒斯坦与塞浦路斯的祭坛顶部同样可以发现，但这并不能够构成它们就是动物的角的一种证据，而仅仅意味着这里存在一种祭坛象征符号的共同体。相关的例子参见图8-3。
② Evans 1921, fig. 214, no. 37.（原书提供的参考资料中并未出现该书相关信息。——译注）
③ Evans 1921, pp. 136-137.（原书提供的参考资料中并未出现该书相关信息。——译注）

这是膜拜者的姿态所表现出来的)。①如果是这样，那么它就与伊文思所想象的截然不同。在本书的下一章中，我们将会专文探讨牛头。牛不是一种献祭的动物，而是被想象出来的天堂的神话动物。

我们还是回到所谓的角吧。尼尔森沿着伊文思的思路写道："神圣角的使用与意义是通过表述的证词而被确立下来的。它们被伊文思称为'神圣角'。"②不过尼尔森校订了最初的理论："米诺的神圣角并不是象征符号，而是一种崇拜工具，是不同物体献祭的场所。"③因为丢失了其象征性功能，∪现在成为一种纯粹的崇拜工具。不过，即便是粗略地浏览一下伊文思搜集的证据，也会看到，这些尚需质疑的物体几乎从来就不是作为祭品而被接受的，也不是一种神圣的工具。因此，其功能很难说就像尼尔森所断言的那样是用来献祭的。④相反，它是宫殿的一种装饰品，丰富了宇宙中心论的意义（第五章）。

将∪解释为神圣角并不具备十足的说服力，尼尔森接受伊文思假设的行为导致了其阐释的机械性。一代又一代的学人依赖米诺宗教研究的这两位巨人，将这种符号阐释为公牛角。公牛头是一种源自《圣经》经文的理念，也是一个具有误导性的图像，这里已经表明了这一点。不过，在伊文思的那个时代也存在一种非主流的观点，伊文思以其鲜明的客观性记录了这一点。他引用了荷兰学者克里斯腾森（W. B. Kristensen）与德国学者盖特（W. Gaerte）的学说，二人皆将所谓的角视为山脉，类似于埃及象形图像中的山。但尼尔森断言，这种假设是错误的。⑤在克里斯腾森与盖特的书中，这些理论并没有被重复。偶尔，地平线上的埃及山脉与米诺"角"的相似性重新被论及。巴里·鲍威尔（Barry Powell）在其1974年出版的论著中做了论证，但他并没有探讨这种共生形式所

---

① 相关的论述参见 Georges Perrot and Charles Chipiez. *Histoire del'Art dans l'Antiquité Tome IV: Judée, Sardaigne, Syrie, Cappadoce.* Paris: Librairie Hachette et Cie. 1887, p. 392, fig. 206. 手稿出自大流士一世时代，时间为公元前521—前485年。

② Martin P. Nilsson. *The Minoan-Mycenaean Religion and Its Survival in Greek Religion.* 2d ed. Lund: Kungl. Humanistiska Vetenskapssamfundet, 1950, p. 183.

③ Martin P. Nilsson. *The Minoan-Mycenaean Religion and Its Survival in Greek Religion.* 2d ed. Lund: Kungl. Humanistiska Vetenskapssamfundet, 1950, p. 189, 概略性阐释参见该书第165—193页。

④ Martin P. Nilsson. *The Minoan-Mycenaean Religion and Its Survival in Greek Religion.* 2d ed. Lund: Kungl. Humanistiska Vetenskapssamfundet, 1950, p. 119. "一定要根据其形状……辨识祭坛。"这是一种严重的方法论错误，本质上混淆了祭坛的形状与功能。祭坛有各种不同的形状，如果我们以一种跨宗教的比较视野来看尤其如此，不同祭坛的功能基本是相同的：向神明敬献祭品之地。矫正尼尔森书中范畴混乱的证据如下：图 35,61,73,77,78,80,83,85—87,142,162.

⑤ Wilhelm Gaerte. "Die 'Horns of Consecration'", *Archiv für Religionswissenschaft* 21: 72-75, 1922; Martin P. Nilsson. *The Minoan-Mycenaean Religion and Its Survival in Greek Religion.* 2d ed. Lund: Kungl. Humanistiska Vetenskapssamfundet, 1950, pp. 187-188.

蕴含的宇宙论观念。①在近期,亚历山大·麦克吉里弗雷(Alexander MacGillivray)与万斯·沃特洛斯(Vance Watrous)同样也退回到这种观点。②我赞同这种观点并同时补充了视觉性证据,这种证据使得这种符号仅代表一种双层的山,它们分别表述了地平线的东西两边。如果米诺的象征符号仅仅意味着一些不同的事物,那么克里特与近东存在这种类似的山的形态,这种情况实际上就非常奇怪。

作为山脉的米诺"角"的再界定

前文已经讲到,米诺的象征符号类似于埃及的宇宙山。埃及的象征符号由两个山顶组成,地平线位于二者之间,太阳从地平线升起。(图8-4b)在公元前3000年的阿卡迪亚的印章上,我们发现一个带有鳞片的圆锥体(图8-4c)被标以"土地"之名,它非常类似于我们所说的山脉。在叙利亚与安纳托利亚,两座山峰并置在一起就象征着山脉(图8-4d)。③

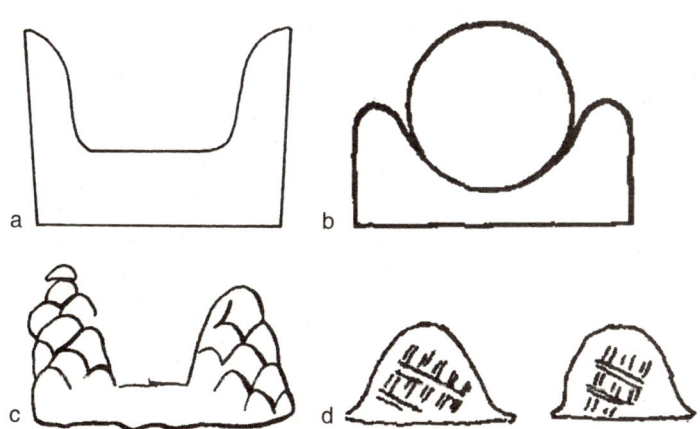

图8-4 地中海东部共同体中山的双峰
a. 米诺人的符号 b. 埃及的表意文字 c. 阿卡迪亚印章(参见图8-9) d. 叙利亚印章(局部)

---

① Barry B. Powell. "The Significance of the So-Called 'Horns of Consecration'", *Kadmos* 16: 70-82, 1977.

② Joseph A. MacGillivray. "The Religious Context", in J. A. MacGillivray, J. M. Driessen, L. H. Sackett, eds. *The Palaikastro Kouros: A Minoan Chryselephantine Statuette and Its Aegean Bronze Age Context*. BSA Studies 6. London: British School at Athens, 2000, pp. 123-130; Vance L. Watrous. "Egypt and Crete in the Early Midelle Bronze Age: A Case of Trade and Cultural Diffusion", in Eric H. Cline and Diane Harris-Cline, eds. *The Aegean and the Orient in the Seeond Millennium. Proceedings of the 50th Anniversary Symposium, University of Cincinnati, 18-20 April 1997*, pp. 19-28. Aegaeum 18. Liéege: Université de Liège, 1998, p. 23.

③ 迪杰斯特拉(Meindert Dijkstra. "The Weather God on Two Mountains", *Ugarit Forschungen* 23: 127-140,1991)将这两座山的符号看作一种特殊的地形,他可能是对的,不过这里的象形图一定具有宇宙论地形意味。参见 Emanuel Laroche. *Les Hiéroglyphes Hittites*. Paris: CNRS, 1960, p. 125, no. 228.

双峰确定了宇宙的边界。三对∪会覆盖想象的宇宙三角的三个方面，四对∪则会确定整个的宇宙空间。因为这个原因，∪通常以两倍、三倍，抑或四倍的数量出现（参见图 8-5、图 11-2）。这种符号在美索不达米亚、叙利亚、安纳托利亚与埃及是如此普遍，它作为山的象征意义在克里特一定具有类似的意思。因此，我们的任务就是要阐释它在米诺观念性思想中的用法。

首先，尼尔森关于献祭的理论要受到检验。前文已经讲到，我们没有看到已经被界定为山的两个山峰之间的祭品（面包、肉、熏香等）。因此，其功能不可能是使祭品神圣化。相反，双峰框架中的树（图 8-5）、双面斧（图 9-2a），抑或神明（图 8-7a），所有这些都具有宇宙象征意味，它们都不是被神圣化的祭品。因此，尼尔森的观点在理论上是错误的。

图 8-5　长在圣山山峰间的宇宙树，被上方的太阳和月亮、下方的大海（鱼）所围绕
佩赛克罗出土青铜还愿板

出自佩赛克罗（Psychro）洞穴的一块还愿板上有一个特殊的场景，我们接下来将会做详细探讨。①图像中有三个双峰确立了中央、东方与西方。画面的中央有一棵树，其顶端伸展到了图像的顶部。树的周围刻有代表太阳和月亮的符号。除此之外，还有一条鱼和一只鸟，以及一些难以辨认的东西。地上站立着一个翩翩起舞的人或膜拜者。卢西·古迪森明确指出，这个图像表述的是太阳

---

① Evans PM I, p. 632, fig. 470; Martin P. Nilsson. *The Minoan-Mycenaean Religion and Its Survival in Greek Religion*. 2d ed. Lund: Kungl. Humanistiska Vetenskapssamfundet, 1950, p. 171, fig. 72.

的旅行。①总之，图像中央的树是这幅宇宙图的轴心，树长在两座山峰之间。如果将其与阿卡迪亚印章上表述的太阳神升起的场景（参见图 8-9b）做对比，我们会发现相同的宇宙因素：树、鱼，还有鸟。在一枚出自瓦菲奥的印章上，一棵树在山的两个山峰之间升起（图 8-6）。因为树被类似狮子形状的怪物浇灌，我们现在还不好说它是保护大地的宇宙树。一言以蔽之，生长在两个山峰之间的树并不是用于献祭的祭品，而是具有生命的树。它与我们在第四章中探讨的棕榈树一样，具有生命。

在一枚出自克里特凯多尼亚（Kydonia）的印章上，我们看到了一些更为突出的因素：在两个山峰之间站立的不是树，而是一位神明，他正在接受米诺怪物与山羊的膜拜。（图 8-7a）②这种站立的神明的视觉性场景与埃及艺术存在一些类似之处：原始大神盖伯从山上升起（图 8-7b）。③在亚兹利卡亚的赫梯圣殿中，一位山神站立在山巅上。（图 8-7c）④在阿卡迪亚的一枚印章上，太阳神夏玛什通常会在两座山峰之间升起（图 8-9）。

上述这些案例的探讨表明，伊文思与尼尔森关于∪作为祭坛而将祭品神圣化的理论是错误的，将献祭的公牛与之联系起来的做法是罕见而武断的。实际上，这些案例表明，∪形符号的地形学意义几乎是普遍的，它指向了宇宙山的两座山峰。不过关于山的故事尚未结束，我们还要考察一下其最初的观念性机制。⑤

---

① Lucy Goodison. *Death, Women and the Sun: Symbolism of Regeneration in Early Aegean Religion.* BICS Suppl. 53. London: Institute of Classical Studies, 1989, p. 74, fig. 133.

② CMS V. 201; Evans PM IV, p. 467, fig. 392; Martin P. Nilsson. *The Minoan-Mycenaean Religion and Its Survival in Greek Religion.* 2d ed. Lund: Kungl. Humanistiska Vetenskapssamfundet, 1950, p. 148, fig. 56; Nanno Marinatos. *Minoan Religion: Ritual, Image and Symbol.* Columbia: University of South Carolina Press, 1993, p. 169.

③ 同样，宇宙蛇也从塞内德杰姆（Sennedjem）的墓穴内的山峰之间升起来。参见 Richard H. Wilkinson. *Reading Egyptian Art: A Hieroglyphic Guide to Ancient Egyptian Painting and Sculpture.* London: Thames and Hudson, 1992, p. 132, fig. 1.

④ 他同样被包含在王室的小型建筑物中。参见 Kurt Bittel, Rudolf Nauman, Heinz Otto. *Yazilikaya: Architektur, Felsbilder, Inschriften und Kleinfunde.* Wissenschaftliche Veröffentlichung der Deutschen Orientgesellschaft 61. Leipzig: Hinrichs, 1941, p. 214, fig. 249; Volkert Haas. *Hethitische Berggötter und Hurritische Steindämonen: Ritten, Kulte und Mythen. Eine Einführung in die Altkleinasiatischen Religiösen Vorstellungen.* Kulturgeschichte der Antiken Welt 10. München: Philipp von Zabern, 1982, pp. 49-54.

⑤ 关于山脉被视为宇宙中心的观点，参见 Richard J. Clifford. *The Cosmic Mountain in Canaan and Old Testament.* Cambridge: Harvard University Press, 1972; Nicolas Wyatt. *Space and Time in the Religious Life of the Ancient Near East.* The Biblical Seminar 85. Sheffield: Sheffield Academic Press, 2001, pp. 147-157.

图 8-6 圣山双峰之间的树,被怪物所围绕
瓦菲奥印章

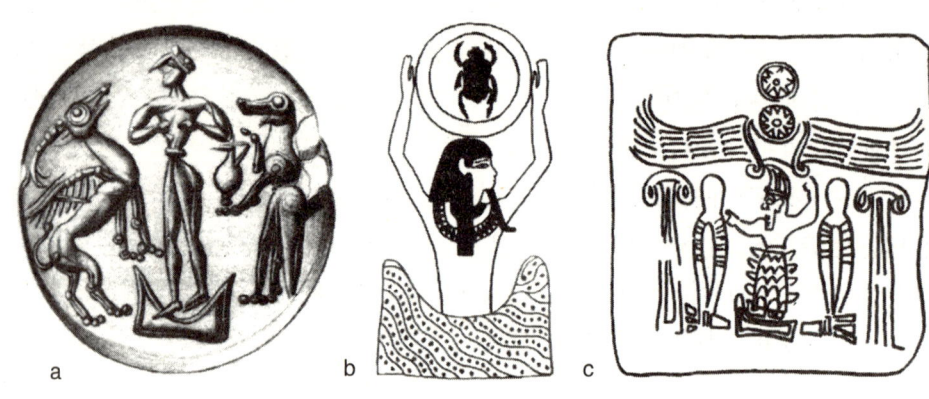

图 8-7 站立在圣山两个山峰之间的神明
a. 凯多尼亚(西部克里特)出土米诺印章 b. 埃及图像 c. 亚兹利卡亚浮雕

近东宇宙论中作为冥界之门的圣山

山是大门。这一点对于我们来说非常奇怪,但是对于近东神话而言,这是非常普遍的一种观念。这一点是我们揭开其意义的关键所在。

我们探讨的起点是克里特东部一座圣殿中的泥制许愿模型,它由科斯蒂斯·达瓦拉斯(Costis Davaras)所发掘。整个模型上有一个独特的建筑,它是幻想与现实的综合体,有两座大山,其中一座在另外一座内部。(图 8-8a; 参见图 5-2)① 场景的中央是一扇大门,两侧是更多的山和小一些的门。这种具有高度抽象性的建筑表明,在米诺人的理念世界中,"山"和"大门"是如何被概念式地连在一起的。埃及人建造了小一些的建筑物,比如,埃及第十九王朝时期,在《亡灵书》

---

① Davaras, Hagios Nikolaos Museum, fig. 31.

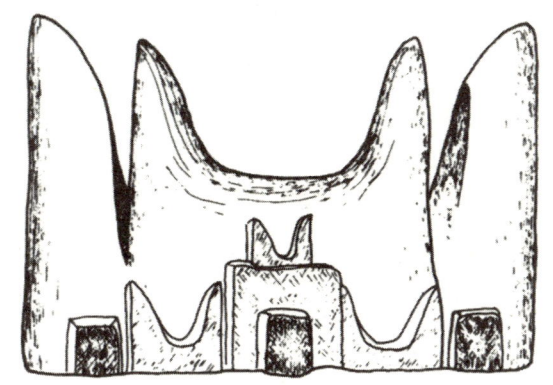
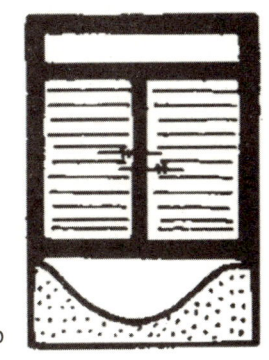

图 8-8 作为大门的山脉

a. 米诺泥制模型上的山内大门 b. 埃及墓葬纸草装饰图案上的山与大门, 新王国时期

的纸草纸中,一扇大门被画在了地平线上的山上。①

在公元前 3000 年末叶阿卡迪亚的圆筒印章上,同样也有山门的形状,上面描绘了太阳神夏玛什从冥界升起的情境。(图 8-9) 大门在图像的下部,被想象为双峰的样子,有时还有狮子把守。②这枚阿卡迪亚的印章刻画了一个纯粹的神话学地形。太阳神通过山门从冥界升起,伊士塔尔与其他神明为此而欢呼。河水潺潺流动,鸟儿,有时还有其他一些动物在此欢呼太阳的高升。

山脉作为通向冥界的大门这种观念同时也被语言学证据所支持。在苏美尔语言中,kur 既是山也是冥界。这种现象令一些学者颇为不解,主要因为这两个意思很难调和在一起,即便它们不是绝对的矛盾。③这种矛盾性是可以去除的,如

---

① Othmar Keel. *The Symbolism of the Biblical World: Ancient Near Eastern Iconography and the Book of Psalms*. Transl. T. J. Hallett. New York: Seabury Press, 1978, pp. 23-24.

② 在埃及艺术中,狮子也是地平线上的大门的守护者,参见 Richard H. Wilkinson. *Reading Egyptian Art: A Hieroglyphic Guide to Ancient Egyptian Painting and Sculpture*. London: Thames and Hudson, 1992, pp. 68-69. 夏玛什一只脚踏在了山上,仿佛控制了大山,参见 Dominique Collon. *Catalogue of the Westen Asiatic Seals in the British Museum*. Vol. 2. Akkadian, Post Akkadian, Ur III periods. London: Trustees of the British Museum, 1982, pl. xxiv, nos. 168; Dominique Collon. *First Impressions: Cylinder Seals in the Ancinet Near East*. Chicago: University of Chicago Press, 1987, p. 166, no. 766, p. 167. 在另外一枚印章上有类似的图像,神明通过一扇规则的大门而出现,大门介于两座山之间。更多的例子参见 Othmar Keel. *The Symbolism of the Biblical World: Ancient Near Eastern Iconography and the Book of Psalms*. Transl. T. J. Hallett. New York: Seabury Press, 1978, pp. 22-26, fig. 8; Dominique Collon. *First Impressions: Cylinder Seals in the Ancinet Near East*. Chicago: University of Chicago Press, 1987, p. 34, no. 103, p. 126, no. 537.

③ 参见 Jeremy Black and Anthony Green. *Gods, Demons and Symbols of Ancient Mesopotamia: An Illustrated Dictionary*. Austin: University of Texas Press, 1992, p. 114, under kur. 学者们迷惑不解的是,为何同样的词语会有如此迥然不同的意思;他们认为,这些词语具有不同的起源。

果山是上通天堂、下达冥界的梯子，那么它就是各个世界之间的中介，类似于大门。①

亚述十二块泥版上叙述的《吉尔伽美什》史诗给我们提供了一个最为生动的证据，史诗叙述了英雄沿着太阳之路到宇宙边界的历险故事。吉尔伽美什是为了寻找一个能够给他提供不死建议的人——智者乌塔那匹什提姆（Utnapishtim）而出发的。后者是唯一参加过众神聚会并且知晓生死的人，居住在宇宙的边缘，吉尔伽美什为了寻找他而不惜跋山涉水。吉尔伽美什必须离开身后的文明城市，走到旷野，穿越草原，杀死把守在山上的狮子。吉尔伽美什到了宇宙山马舒（Mashu）那里，太阳每天从那里升起与落下。作为宇宙大门的大山由一个蝎子模样的人把守着，他面目狰狞，眼睛可怕，其主要职责就是阻止任何试图进入太阳大门的人。②看守者问吉尔伽美什：为何要进入大门？吉尔伽美什的回答注定令人满意，被允许通过大门，不过没有原来警告中所说的那些试探。吉尔伽美什经过的山上的黑暗通道的大路被分成了十二个单位，它们是时间与空间的单位，明显反映了埃及人太阳十二个小时的旅行模式。最后，吉尔伽美什到达了美轮美奂的花园。

这段诗文是关于美索不达米亚宇宙论的至关重要的信息。首先，我们知道，马舒是一座宇宙山，其山基位于冥界，其顶端上通天堂。③我们同样知道，太阳将山作为大门。这一点很重要，因为它与阿卡迪亚印章中太阳神从山中升起的图像（图8-9）是对应的。

最后一个证据是山作为宇宙的边界，这样的图像描绘在巴比伦的一块泥版的

---

① Jeremy Black and Anthony Green. *Gods, Demons and Symbols of Ancient Mesopotamia: An Illustrated Dictionary*. Austin: University of Texas Press, 1992："可以肯定的是，在一些神话中，山（kur）是属于另外一个世界的场所。"关于迦南的宇宙山，参见 Richard J. Clifford. *The Cosmic Mountain in Canaan and Old Testament*. Cambridge: Harvard University Press, 1972; Walter Burkert. *Creation of the Sacred: Tracks of Biology in Early Religions*. Cambridge: Harvard University Press, 1996, p. 83.

② Hecker et al, 1994, Tablet XII, col. ii.（原书参考资料中并未提供与该论著相关的信息。——译注）

③ *Gilgamesh*, Tablet IX, col. ii, 1-5. 关于吉尔伽美什的宇宙地理学，参见 Wayne Horowitz. *Mesopotamian Cosmic Geography*. Mesopotamian Civilizations 8. Winnona Lake: Eisenbrauns, 1998. 关于将宇宙山视为大山女神贝蕾特-伊丽（Belet-ili）之屋的观点，参见 Bruno Meissner. *Babylonien und Assyrien I-II*. Heidelberg: Carl Winters Universitätsbuchhandlung, 1920-1925, II, p. 120.

图 8-9 巴比伦神明夏玛什从山门中升起
阿卡迪亚圆筒印章（公元前 3000 年）

地图（图 8-10）上，时间在公元前 9 世纪到公元前 6 世纪之间。①在这里，宇宙被表述为圆形，宇宙的中心是城市与河流。环形宇宙圈的是宇宙河马拉图（marratu，类似于希腊神话中的大洋）。河流之外是三角形的区域，在巴比伦语言中被称为纳谷（nagu）；这些区域通常被视为岛屿。因为它们呈三角形，所以它们更多地被视为山脉。这种观点已经被怀亚特论述过了，我发现这种观点非常富有说服力，因为在古代艺术中，山总是三角形的，而岛屿却不是。②能够肯定的是，三角形区域构成了世界的边界。

① Bruno Meissner. *Babylonien und Assyrien I-II*. Heidelberg: Carl Winters Universitätsbuchhandlung, 1920-1925, II, pp. 378-379; Wayne Horowitz. *Mesopotamian Cosmic Geography*. Mesopotamian Civilizations 8. Winnona Lake: Eisenbrauns, 1998, pp. 20-42; Nicolas Wyatt. *Space and Time in the Religious Life of the Ancient Near East*. The Biblical Seminar 85. Sheffield: Sheffield Academic Press, 2001, pp. 81-82.
② Nicolas Wyatt. *Space and Time in the Religious Life of the Ancient Near East*. The Biblical Seminar 85. Sheffield: Sheffield Academic Press, 2001, p. 82.

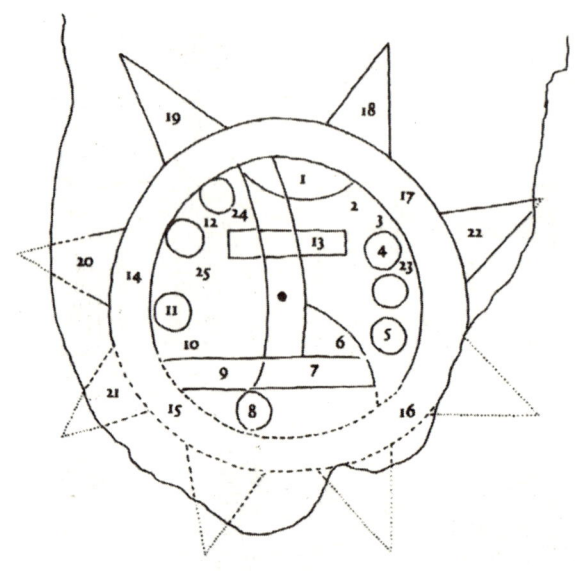

图 8-10 环形宇宙，被河流与大山所围绕 巴比伦地图

这种宇宙模式与希伯来人的《以诺书》(Book of Enoch)所描绘的恰好非常吻合，后者的时间比前者晚了大约一千年左右（公元前2世纪）。在《以诺书》第二卷中，共有十二座山被界定为宇宙的边界：北方三座，西方三座，南方三座，东方三座。[①]先知通过大山到达冥界："他告诉我西部一座最大最高的岩石之山，那里有四个中空的地方，很深但是非常平坦……中间还有流水的喷泉……这些中空的处所都是精心建造的，那些死者的灵魂或许就在此聚集。"（《以诺书》2卷22：1—3）因为《以诺书》成书的时间要晚很多，它或许可以作为一种证据，即将大山视为两个边界之间的一种中介，作为古代近东的观念性机制，它已经存在了很多世纪。[②]

靠近科诺索斯有一座山叫作朱克塔斯，它耸立在科诺索斯南部平原。这座山并不高，但其圆锥形形状使得它成为一种特殊的景观。若站立在这座山的山顶，将会有一种特殊的体验。从克里特北部海岸来看，围绕这个山的平原恰好与幻想中的宇宙柱相吻合。古希腊人认为，这座山是宙斯的墓穴，也是将天界与下界连接起来的一根宇宙轴。伊文思曾经在此进行过考古发掘，直到20世纪80年代，希腊考古学家亚历山大·卡雷特苏（Alexandra Karetsou）指挥的考古发掘还在进行。上述考古发掘证明，朱克塔斯山被视为克里特中部一座最为著名的圣山。朱克塔斯山顶部有一座纪念性的圣殿，它面朝天空敞开，尽管它拥有很多贮藏室。朱克塔斯山最为显著的特征是其祭坛，以及岩石中的一条裂缝。各种

[①] 在每三个一组间是特殊的第四部分，这是神明的御座。根据一位学者的观点，《以诺书》使用了古代地中海的宇宙地理学（George W. E. Nickelsburg. *1Enoch 1: A Commentary on the Book of 1 Enoch, Chapter 1-36; 81-108*. Minneapolis: Fortress, 2001, pp. 279-280）。

[②] Nicolas Wyatt. *Space and Time in the Religious Life of the Ancient Near East*. The Biblical Seminar 85. Sheffield: Sheffield Academic Press, 2001, p. 154.

祭品上均有这种裂缝，它显然是进入冥界的入口。①在第十一章中，我们将会深入探讨大山与冥界之间的关联，将会对死者灵柩的装饰性图案凵做考察。

总之，米诺的象形符号凵不是公牛角，也不是祭坛，而是山。当然，我们也要看到，伊文思在阐释上并非完全错误，一般情况下，他的部分直觉是正确的。只有看到两个语法构成上的相关符号的序列——牛头（图 8-1 中的第 38 号象形符号）以及双面斧（图 8-1 中的第 36 号象形符号），我们才会领悟凵符号的深层含义，那么我们要进入下一章了。

---

① Evans PM I, pp. 154-156. Alexandra Karetsou. "The Peak Sanctuary of Mt. Juktas", in Robin Hägg and Nanno Marinatos, eds. *Sanctuaries and Cults in the Aegean Bronze Age. Proceedings of the First International Symposium at the Swedish Institute in Athens,* 12-13 May 1980. SkrAth 4°, 28. Stockholm: Paul Åströms, 1981, pp. 137-153, pp. 142-143, figs. 5-7, p. 145, fig. 10; Bogdan Rutkowski. "Minoan Peak Sanctuaries: The Topography and Architecture", *Aegaeum* 2: 71-100,1988; Alan A. Peatfield. "Palace and Peak: The Political and Religious Relationship between Palaces and Peak Sanctuaries", in Robin Hägg and Nanno Marinatos, eds. *The Function of the Minoan Palaces. Proceedings of the Fourth International Symposium at the Swedish Institute in Athens, 10-16 June 1984.* SkrAth 4°, 35. Stockholm: Paul Åströms, 1987, pp. 89-93; Alan A. Peatfield. "Minoan Peak Sanctuaries: History and Society", *OpAth* 18: 117-132,1990; Vance L. Watrous. "Some Observations on Minoan Peak Sanctuaries", in Robert Laffineur and Wolf-Dietrich Niemeier, eds. *Politeia: Society and State in the Aegean Bronze Age. Proceedings of the 5th International Aegean Conference, University of Heidelberg, Archäologisches Institut, 10-13 April 1994.* Aegaeum 12.2 vols. Liège: Université de Liège, 1995; Donald W. Jones. *Peak Sanctuaries and Sacred Caves in Minoan Crete: A Comparison of Artifacts.* SIMA Pocket Book 156. Jonsered: Paul Åströms, 1999.

第九章　双面斧、十字架与公牛头

显然，作为男性追随者心仪的对象，米诺人至高神女神的特定象征形式就是双面斧。

——亚瑟·伊文思①

在伊文思的清单中，双面斧为第 36 号象形符号。"在米诺文明中，在所有宗教象征符号与标志中，双面斧是最为引人注目的，它是真正的米诺宗教符号，它无所不在，就像基督教的十字架与伊斯兰教的新月符号一样。"②马丁·尼尔森如是说。伊文思最早强调了双面斧符号，并将其与羽冠一起放到了《米诺宫殿》的封面上。③伊文思对双面斧的认识随着其对米诺人的了解而不断改变。开始，伊文思猜测说双面斧象征着米诺的男神，但是后来他改变了自己的观点。在确认

---

① 题记出自 Evans PM I, p. 447.

② Martin P. Nilsson. *The Minoan-Mycenaean Religion and Its Survival in Greek Religion.* 2d ed. Lund: Kungl. Humanistiska Vetenskapssamfundet, 1950, p. 194.

③ 双面斧已与科诺索斯宫殿联系在一起，实际上的确如此。令人疑惑的是这样一种假说：在米诺时代，双面斧被称为 labrys，这种主张直到现在依然不能被确认。相反，如果线形文字 A 的语音意义对应的是线形文字 B（一种合理的推测），那么双面斧就具有 "a" 而不是 "la" 的语音价值。关于 labrys，参见 Plutarch, Quaestiones Graecae, 302A. 关于 labrys/labyrinth 的探讨，参见 Martin P. Nilsson. *The Minoan-Mycenaean Religion and Its Survival in Greek Religion.* 2d ed. Lund: Kungl. Humanistiska Vetenskapssamfundet, 1950, pp. 223-225 及注释 34. 双面斧与迷宫之间的联系是普遍的，相关的例子参见 Stylianos Alexiou. "Minoikoi Istoi Simeon", *Kretika Chronika* 17: 339-351,1964; Stylianos Alexiou. "Istoi Minoikon Ieron kai Aigyptiakoi Pylones (Supports des sanctuaires minoéns et des pylons égyptienes)", *AAA* 2: 84-88,1969; Walter Pötscher. *Aspekte und Probleme der Minoischen Relogion: Ein Versuch.* Religionswissenschaftliche Texte und Studien 4. Hildesheim, Zurich and New York: Olms, 1990, p. 60. 科斯蒂斯·达瓦拉斯（Costis Davaras. *Guide to Cretan Antiquities.* Park Ridge, N. J.: Noyes Press, 1976, p. 73）对此持有异议，他建议将双面斧与安纳托利亚的 "废弃" 一词联系起来。关于这个问题的近期研究，参见 Donald V. Sippel. "The Supposed Site of the Cretan Labyrinth", *The Ancient World* 14: 67-79,1986; Donald V. Sippel. "Minoan Religion and the Sign of the Double Axe", *The Ancient World* 14: 87-97,1986. 关于双面斧观念性历史的探讨，参见 Joseph A. MacGillivray. *Minotaur: Sir Arthur Evans and the Archaeology of the Minoan Myth.* London: Jonathan Cape, 2000, pp. 213-214. 在线形文字 B 中，迈锡尼语言 "da-pu-ri-jo" 这样的单词对应的是 "la-by-ri-nthos" 和安纳托利亚的词语 "labrys"。

了米诺占据至高地位的大女神之后,伊文思得出了一种结论,即双面斧体现了双面性:一方面它是女神的象征,另一方面它又象征着女神的配偶或儿子。①

对于实用主义者尼尔森而言,双面斧根本就不是神明,而是一种献祭的工具,一种仅仅用于祭祀的仪器罢了。②关于尼尔森的观点主要存在两种异议:其一,在米诺艺术或迈锡尼艺术中,双面斧从未作为献祭动物的工具而被加以描绘;③其二,假如一种纯粹的祭祀工具转换为宗教体系中的中心象征符号,那么它一定是非同寻常的。

今天的学者们在沿着两条道路中的一条前进:实用主义者尼尔森的道路(实践中使用的一种象征符号),抑或伊文思想象或直觉的研究路径(双面斧是神性的一种抽象象征符号)。④

我们现在要做的是,通过不同语境中的视觉性序列解读双面斧的意义。关于图像序列的分析将会采用七个不同的问题或谜团类型而呈现:"为何是这个或那个双面斧?"难题的答案将会是独立的。不过,每一个独立的答案都会被质疑,最后,否定一个能够回答七个问题的答案将是一件很难办到的事。揭开所有谜团的假设只有一种。

第一个谜团:为何双面斧从宇宙山升起?

我们在前面的章节中已经断言,⋃根本不是公牛之角,而是象征日升及日落之地宇宙山的大门。倘若如此,那么与山的双峰频繁相连的双面斧在语义上也一定与山峰有关。在公元前3000年的阿卡迪亚印章(图8-9)及埃及艺术的太

---

① Evans PM I, p. 447. 一些学者已经在采用这种观点。他们认为,双面斧表现的是一个神明或两个神明的联合,尽管关于是否存在一位至高的大女神或男神的观点还存在争议。相关的探讨参见 Walter Pötscher. *Aspekte und Probleme der Minoischen Religion: Ein Versuch*. Religionswissenschaftliche Texte und Studien 4. Hildesheim, Zurich and New York: Olms, 1990, pp. 151-160. 瓦尔特·波奇(Walter Pötscher)推测,双面斧代表男性神明,但栖息在上面的鸟儿却是雌性的,整个图像象征了男神与女神之间的圣婚。

② Martin P. Nilsson. *The Minoan-Mycenaean Religion and Its Survival in Greek Religion*. 2d ed. Lund: Kungl. Humanistiska Vetenskapssamfundet, 1950, p. 227,其中第 223-225 页有对伊文思的批评。同时参见 Bernard C. Dietrich. "The Instrument of Sacrifice", in Robin Hägg et al, eds. *Early Greek Cult Practice. Proceedings of the Fifth International Symposium at the Swedish Institute in Athens, 26-29 June 1986*. SkrAth 4°, 38. Stockholm: Paul Åströms, 1988, pp. 35-40.

③ Nanno Marinatos. *Minoan Sacrificial Ritual: Cult Practice and Symbolism*. SkrAth 8°, IX. Stockholm: Paul Åströms, 1986.

④ Bogdan Rutkowski. *Frühgriechische Kultdarstellungen*. AM Beiheft 8. Berlin: Gebr. Mann. 1981. 波格丹·鲁特考斯基(Bogdan Rutkowski)恰恰强调了双面斧是王权的象征。同时参见 Costis Davaras. *Guide to Cretan Antiquities*. Park Ridge, N. J.: Noyes Press, 1976, pp. 71-74.

阳盘（图 9-1）中，根据其视觉序列，双面斧等同于人格化的太阳神夏玛什从两山之间升起。在其表述的序列中，双面斧就像升起的太阳一样占据了同样的地位：它每天早上通过大山之门。

米诺艺术中的一个细节在某种程度上支持这种假设。鸟类栖息在两座山峰上（图 9-2a）或双面斧的顶部，如出自高斐拉科亚（Giofyrakia）的一具棺木上所示（图 9-2b）。[①]我们很容易理解为何鸟类与太阳联系在一起。鸟类是早上第一个醒来的生物，也是庆贺太阳出现的第一类动物；它们出现在双面斧上的场景同样具有此种意义。

那么，为何双面斧从宇宙山升起？双面斧是太阳。

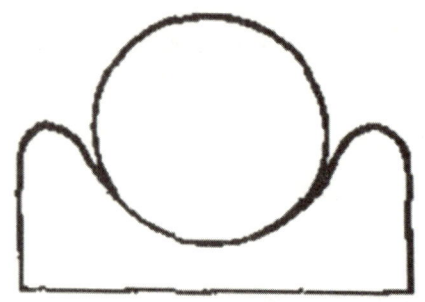

图 9-1 埃及用来表述山的表意文字

图 9-2 栖息在双面斧上的鸟类
a. 米诺泥制器皿 b. 高斐拉科亚出土石棺（局部）

第二个谜团：为何双面斧出现在牛头（类牛头装饰物）上的牛角之间？

在伊文思的象形文字排位中，牛角排列在第 38 号（图 8-1）。伊文思注意到牛角与双面斧相关是因为在众多案例中，双面斧在牛角之间出现。尽管牛角与

[①] 关于双面斧作为棺木上的祭祀符号的不同阐释，参见 Vance L. Watrous. "The Origin and Iconography of the Late Minoan Painted Larnax", *Hesperia* 60: 285-307, 1991, pp. 302-305, with pls. 82 a, 87c, 88f.

山峰在意义上各有不同,它们在形态上却是同源的。这种相似性使得伊文思得出了这样一种假设:山峰与牛角是等同的。但我们一定要谨记,它们在语义上的区别是非常重要的。

在阐释牛头的意义之前,我们必须澄清一点,通常所说的牛头绝不是类牛头装饰物(bucranium),就像我们通常所称呼的那样。实际上,我们还不如将"boukephalion"这个单词称为类牛头装饰物,就像奥思玛·基尔所称呼的那样。也就是说,它不是一种献祭动物的头骨,而是一种活着的动物的头,上面还有圆睁的双眼与耳朵。一旦弄清楚牛头与牛头骨之间的区别,我们就打开了一种全新的视角。尼尔森假定,双面斧是一种垂到地上的祭祀工具,牛头是一种活着的动物的头。但类牛头装饰物是一种视觉性谜团,它是对尼尔森按照常理解决问题方法的一种挑战。

在近东,牛和牛头是想象的天堂的动物形象,它们总是与太阳或月亮这样的东西相关。在埃及神话中,太阳与月亮都是"天牛"的别称。[1]理查德·威尔金森(Richard Wilkinson)指出:"在金字塔文中,作为一种宇宙动物,这种富有力量的牛是作为拉的公牛而出现的;在某种方式上,太阳、月亮和大熊星座(Ursa Major)全部与公牛相关。公牛犊也是在太阳升起的过程中诞生的。"[2]

我们必须指出,公牛有时与太阳具有某种关联,它抑或是作为荷露斯的对手塞特(Seth)神而出现的。[3]天堂的母牛是哈索尔,她在其两角之间托起了太阳盘;显然,整个牛的家族都与太阳的运送相关。尽管我们无法对埃及、近东的公牛和母牛的意义范围做更为深入的探讨,这里援引的证据却已经表明,我们必须从神话学维度探寻我们的谜底,不能够从仪式的角度探讨它们的蕴涵。

在埃及第十九王朝的大理石棺上有一幅图像,上面刻画了被拉长的守卫太阳的帆船,我们现在将其纳入考察对象。帆船的首尾各有一个牛头,牛头被神明拉动着。(图9-3)在这里,牛头确立了极点轴线的东方与西方。这样,在埃及人的想象中,牛头包纳了太阳在东方与西方之间的旅行路线。作为太阳盘的承

---

[1] Manfred Lurker. *The Gods and Symbols of Ancient Egypt.* London: Thames and Hudson, 1980, p. 36.
[2] Richard H. Wilkinson. *Reading Egyptian Art: A Hieroglyphic Guide to Ancient Egyptian Painting and Sculpture.* London: Thames and Hudson, 1992, p. 57. 同时参见埃里克·霍尔农(Eric Hornung)先生写于1990年的《亡灵书导论》。关于太阳牛,参见 Richard H. Wilkinson. *Symbol and Magic in Egyptian Art.* London: Thames and Hudson, 1994, pp. 2-73, and fig. 45.
[3] 关于公牛与月神之间的关联,参见 Monika Bernett and Othmar Keel. *Mond, Stier und Kult am Stadttor: Die Stele von Betsaida (et-Tell).* Orbis Biblicus et Orientalis 161. Göttingen: Vandenhoeck and Ruprecht, 1998, pp. 62-93.

载者，公牛头（抑或母牛头）同样也会出现在圣甲虫的印章上。① 如果我们将迈锡尼的阿尔戈斯（Argos）出土的一枚宝石上的图像与埃及圣甲虫印章对照，那么二者之间的相似性就不会被忽视，双面斧与太阳盘之间的互换关系同样如此。（图 9-4）②

米诺的各种印章恰好刻画了同样的事物，尽管这种现象已经没有人去关注：在一个公牛头的角之间，出现了一个放射状的星形物体。（图 9-5a、图 9-5b）这是公牛头作为星星或太阳载体的明确的证据，其功能类似于埃及的天堂的公牛或母牛。我们在森穆特墓葬中凯弗提乌人所持有的米诺器皿上发现了同样的模式；此处的象征符号采用了角之间的圆花饰的形式（图 9-5c）。③ 这样，米诺人与埃及人的理解之间便具有一种共同体的成分。

图 9-3 拉长的太阳船，带有两个牛头，两端各有一头公牛
塞提一世石棺

图 9-4 作为图像载体的公牛头
a. 阿尔戈斯出土迈锡尼印章　b. 埃及圣甲虫印章（新王国时期）

---

① Fribourg Biblical Instute collection: Othmar Keel and Sylvia Schroer. "Darstellungen des Sonnenlaufs und Totenbuchvignetten auf Skarabäen", *ZÄS* 125: 13-29,1998, Tafel III b.

② Evans PM I, fig. 312. 迈锡尼的印章被神圣的长袍所围绕，在我看来，这些场景表达了关于女神的崇拜符号，参见 Pierre Demargne. "La Robe de la Déese Minoenne sur un Cachet de Mallia", *Mélanges d'archéologie et d'histoire offerts à Charles Picard. RA* 29-30: 280-288,1949. 在埃及的圣甲虫印章上，这些主题是鹰隼、神鸟，以及太阳的象征符号。

③ Evans PM II, fig. 338.

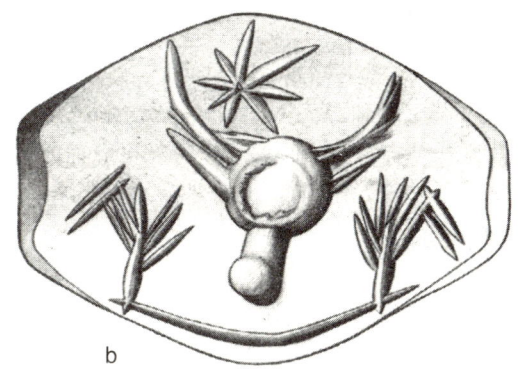

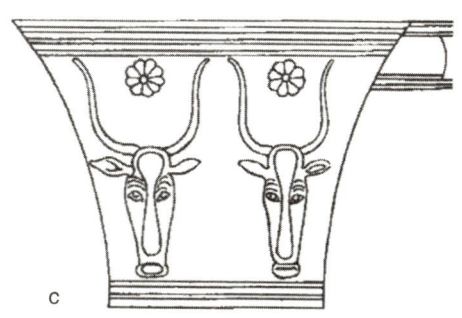

图 9-5 作为星星或太阳载体的公牛头
a. 朱克塔斯出土印章
b. 佩赛克罗出土印章
c. 米诺人所持的器皿，森穆特墓葬出土埃及壁画（第十八王朝时期，哈特谢普苏特或图特摩斯三世时代）

图 9-6 作为月亮（或太阳）盘载体的公牛头
赫梯伯格哈兹凯出土戒指印章（公元前 13 世纪）

在近东，牛头与公牛皆与太阳相关。一枚出自赫梯伯格哈兹凯（Boghazköy）的印章表明，太阳盘盘旋在动物之角的上方（图 9-6）。

第九章　双面斧、十字架与公牛头 | 151

同样，在叙利亚与乌迦特，公牛也出现在天空中。①在古代叙利亚的一枚印章（公元前18世纪）上，类牛头装饰物位于两个类似于统治者的形象中间，右边是一个手持新月符号与太阳盘符号的男子。（图9-7a）我们因此知道，此处表现的主题是崇拜。在一枚公元前14世纪或公元前13世纪的乌迦特印章上，在端坐的法老背后，一个类牛头装饰物的两角中间负载了太阳。（图9-7b）②上述这些例子表明，在安纳托利亚、叙利亚以及巴勒斯坦地区，公牛头是神话动物的表现形式，也是天体的负载者。

图 9-7　天空中的公牛头
a. 古代叙利亚印章　b. 乌迦特出土叙利亚-巴勒斯坦印章

---

① 奥思玛·基尔（Othmar Keel. *Goddesses and Trees, New Moon and Yahweh: Ancient Near Eastern Art and the Hebrew Bible.* Sheffield: Sheffield Academic Press, 1998, pp. 34-40）的研究表明，圆盘有时也是月亮盘。

② Urs Winter. *Frau und Göttin. Exegetische und Ikonographische Studien zum Weiblichen Gottesbild im Alten Israel und in dessen Umwelt.* Orbis Biblicus et Orientalis 53. Göttingen: Vandenhoeck und Ruprecht, 1983，fig. 213.

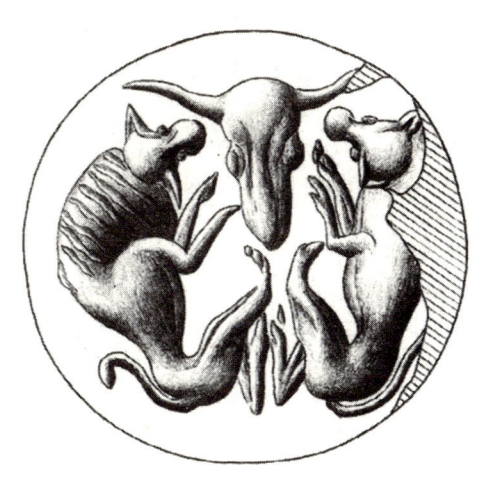

图 9-8 天空中的公牛头与双面斧，在迷狂者（也许是王后）的上面 瓦菲奥出土戒指（局部）

图 9-9 狮子守护的牛头 科诺索斯出土戒指印章

伯罗奔尼撒的瓦菲奥出土了一枚戒指，它与上述叙利亚和乌迦特印章具有类似的图像序列。公牛头与双面斧一起出现在天空中，双面斧位于一位翩然起舞的舞者右边。①（图 9-8）我们在这里更多地看到了双面斧与公牛头之间的密切关联。通过将公牛头置于图像的中央，科诺索斯出土的一枚印章（图 9-9）进一步揭示了米诺符号的象征意义：两只狮子守护着一个巨大的类牛头装饰物。②在另外一枚戒指印章上，狮子守护着太阳盘。③

上述诸多例子表明，在埃及、近东以及米诺时代的克里特的共同体中，牛头是太阳盘的负载者（有时是月亮盘的负载者，以及所有天体的负载者）。④如果牛

---

① 近期的探讨参见 Evangelos Kyriakidis. "Unidentified Objects on Minoan Seals", *AJA* 109:137-154, 2005.

② Evans PM IV, 597 B, g.

③ CMS II. 8, p. 326.

④ 在赫梯神话与图像中，苍穹被两只公牛所负载，一只是赫利（Herri），另外一只是胡利（Hurri），它们在亚兹利卡亚（Yazilikaya）的圣殿中。参见 Kurt Bittel, Rudolf Nauman, Heinz Otto. *Yazilikaya: Architektur, Felsbilder, Inschriften und Kleinfunde*. Wissenschaftliche Veröffentlichung der Deutschen Orientgesellschaft 61. Leipzig: Hinrichs, 1941, nos. 28-29; Jeremy Black and Anthony Green. *Gods, Demons and Symbols of Ancient Mesopotamia: An Illustrated Dictionary*. Austin: University of Texas Press, 1992, p. 49.

头是神话中想象的天堂生物,如果双面斧出现在牛角之间,那么双面斧就是太阳。

为何双面斧出现在牛头(类牛头装饰物)上的牛角之间?因为双面斧是太阳的象征。

第三个谜团:为何双面斧变成一朵百合花?

在埃及人的思维中,诸如纸莎草与荷花之类的某些花儿,都具有再生特性,这就是新王国时期的壁画上刻画了一些散发着死亡气息的花儿的原因。当荷花从水中出现时,它被认为是一种最有再生能力的植物。《亡灵书》中一段咒语这样说道:"我是阳光下勇往直前的一朵洁白的荷花。"① 有时,一个孩子会从荷花的花蕾中出现。这个孩子不是别人,是地平线上的太阳,有时它以一个特定的人物形象出现,譬如图特卡蒙(Tutankhamun)。②(图9-10)

伊文思指出,就像埃及的神圣植物一样,克里特的百合与纸莎草具有类似的属性,有时二者会合为一体,成为一种复合的花儿,也就是埃及词语中的"瓦兹"(waz)。"作为一种装饰性的情节单元,鲜花通常与纸莎草或瓦兹图案的上半部分合在一起,这样就加强了它的宗教象征价值。"③

伊文思并没有强调百合花与双面斧之间的关联,尽管这种现象在很多例子里都比较明显。克里特东部海岸的珀塞拉(Pseira)岛出土了一个罐子(图9-11),上面刻画了牛头与双面斧,还有含苞待放的百合花。④ 这种无生命的物体为何会开出一朵花儿来?显然,这里隐喻了一种过程,一种"到来",就像埃及《亡灵书》中的谚语所描述的那样。那么双面斧有无再生的特性呢?出自珀塞拉岛的罐子印证了这种理念,因为双面斧与植物(橄榄树)点缀其中。其他地方同样出现了百合花的符号。⑤ 有时双面斧的上面装饰着圆花饰而不是一朵百合花

---

① Raymond O. Faulkner. *The Ancient Egyptian Book of the Dead*. London: British Museum Press, 1985, p. 79. Spell 81 A.

② Nicholas Reeves. *The Complete Tutankhamun: The King, the Tomb, the Royal Treasure*. London: Thames and Hudson, 1990, p. 66.

③ Evans PM II, p. 473, p. 483.

④ Evans PM II, p. 475.

⑤ Wolf-Dietrich Niemeier. "Zur Ikonographie von Gottheiten und Adoranten in den Kultszenen auf Minoischen und Mykenischen Siegeln", in Walter Müller, ed. *Fragen und Probleme der Bronzezeitlichen Ägäischen Glyptik: Beiträge zum 3. Internationalen Marburger Siegel-Symposium 5-7 September 1985*. CMS Beiheft 3. Berlin: Gebr. Mann, 1989, pl. 8. XVII A 1.

图 9-10　水中出现的原始荷花与太阳神的诞生
　　　　埃及墓葬纸草

图 9-11　承载双面斧的牛头出现在百合中
　　　　珀塞拉出土器皿（局部）

（图 9-12）。①

为何双面斧变成一朵百合花（或圆花饰）？双面斧是意味着生长或发育的再生符号。它是埃及理念中"日子到来"的视觉体现，等同于生产原初太阳或孩子的荷花。

第四个谜团：为何双面斧与十字架符号结合在一起？

关于双面斧的一个特性就是，它有时与埃及的生命符号十字架混杂在一起

---

① Evans PM IV, fig. 286; Wolf-Dietrich Niemeier. *Die Palaststilkeramik von Knossos: Stil, Chronologie und historischer Kontext.* Archäologische Forschungen des Deutschen Archäologischen Instituts 13. Berlin: Gebr. Mann, 1985, p. 171; Philip P. Betancourt and Costis Davaras，eds. *Pseira I: Minoan Buildings on the West Side of Area A.* University Museum Monograph 90. Philadelphia: University Museum of Pennsylvania, 1995, pp. 35-36.

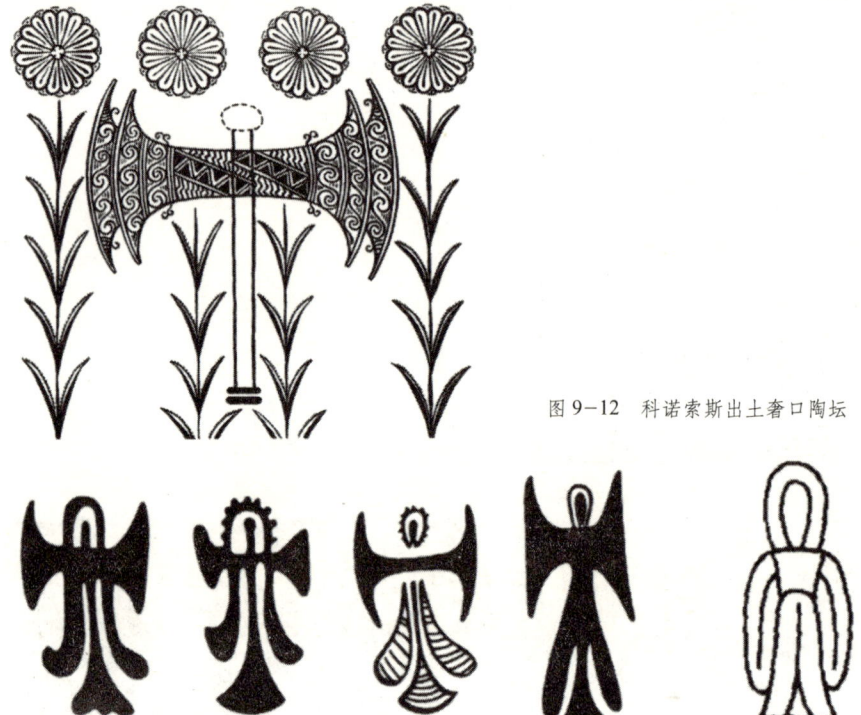

图 9-12 科诺索斯出土奢口陶坛

图 9-13 双面斧与十字架结合的符号

图 9-14 伊西斯的花结
埃及象形文字,具有十字架的形状

(图 9-13)。十字架有各种变体,譬如伊西斯的花结(图 9-14)。[1]米诺的象形文字中包括十字架,这是其本土的符号。[2]伊文思注意到了米诺与埃及象形文字之间的相似之处,他同样也发现了双面斧与他所称呼的"神圣的花结"之间的关联,因此断言,"神圣的花结"是生命与神性的象征。[3]实际上,解决的方法非常简单,倘若我们采用了近东共同体的视角。在埃及、叙利亚、黎凡特与安纳托利亚地区,十字架符号的意思是"生命"。[4]

---

[1] Richard H. Wilkinson. *Reading Egyptian Art: A Hieroglyphic Guide to Ancient Egyptian Painting and Sculpture*. London: Thames and Hudson, 1992, p. 201.

[2] Evans PM I, p. 200, pp. 280-281.

[3] Arthur J. Evans. "The Mycenaean Tree and Pillar Cult and Its Mediterranean Relations", *JHS* 21: 99-204,1901, p. 178; Evans PM I, pp. 434-435; Martin P. Nilsson. *The Minoan-Mycenaean Religion and Its Survival in Greek Religion*.2d ed.Lund: Kungl.Humanistiska Vetenskapssamfundet,1950,pp.207-212.

[4] Richard H. Wilkinson. *Reading Egyptian Art: A Hieroglyphic Guide to Ancient Egyptian Painting and Sculpture*. London: Thames and Hudson, 1992, p. 177. 其可视形式的源头依然无法确定。

在赫梯或卢威字母中，十字架作为生命的意思是非常明确的。[1]与伊文思同时代的赫梯学者赫尔穆特－西奥多·博塞特（Helmut Theodor Bossert）系统地探讨了赫梯符号与米诺符号之间对应的类似性，他将二者置于一张表中，如图9－15所示。[2]在青铜时代中期的埃及印章上，十字架是生命、健康与祝福的象征，我们有时在十字架的前面看到了统治者的形象（图9－16）。[3]

为何双面斧与十字架符号结合在一起？因为它们都象征着再生和生命。

图9－15　博塞特收集的双面斧与T形十字架图案

　　　　a. 米诺　b. 赫梯

图9－16　统治者与神明或神格化的统治者之间的十字架

　　　　古代叙利亚印章（公元前18世纪）

---

[1] Emanuel Laroche. *Les Hiéroglyphes Hittites*. Paris: CNRS, 1960, p. 195, no. 369.

[2] Helmut T. Bossert. "Santas und Kupapa: Neue Beiträge zur Entzifferung der kretischen und hethitischen Bilderschrift", *Mitteilungen der Altorientalischen Gesellschaft* VI: 5-88, 1932. 也可参见 Arthur J. Evans. "The Mycenaean Tree and Pillar Cult and Mediterranean Relations" *JHS* 21: 99-104, 1901, p. 178, fig. 54; Emanuel Laroche. *Les Hiéroglyphes Hittites*. Paris: CNRS, 1960, p. 195.

[3] Beatrice Teissier. *Egyptian Topography on Syro-Palestinian Cylinder Seals of the Middle Bronze Age*. Orbis Biblicus et Orientalis Series Archaeologica 11. Fribourg: Academic Press Fribourg, 1996, pp. 158-161.

第五个谜团：为何双面斧出现在冥界与天空？

或许可以在大海的深处发现双面斧。一个明显的例子就是源自帕莱卡斯特罗（Palaikastro）与科诺索斯宫殿的一个礼器（图 9-17a），这个器皿上刻画了一种海上景观，其中满是海螺壳与珊瑚礁。这种海上景观的主导要素是大海深处一个带射线的太阳符号。① 现代观者对这种场景的第一反应就是，这是一种矛盾的场景：太阳不可能在水下。但实际上，这种对立是真实的。在古代近东与埃及，太阳是唯一能够到达宇宙深处的神明。②"夏玛什，你的愤怒的目光到了深渊之地，深处的妖怪看到了你的光亮。"我们在巴比伦的一首赞歌中读到了这样的句子。③

尽管在埃及思想中，太阳神话是最为精致的，但古代近东到处都有这样的神话故事。④ 在这些太阳神话中，最为重要的一个特征就是，太阳要环绕宇宙做循环旅行。只有太阳神夏玛什能够通过死亡之水，《吉尔伽美什》中的女性西多里（Sidouri）对英雄吉尔伽美什这样说道：

> 吉尔伽美什，那里从来就没有任何渡船，
> 自从远古以来就没有任何人渡过大海。
> 夏玛什是唯一能够穿过大海的武士：
> 从夏玛什以来，再也没有人渡过大海。⑤

一首巴比伦赞歌中讲到了太阳神夏玛什，诗文中赞美夏玛什在"穿过广袤的大海时，从来没有跌入深渊"⑥。当穿过大海时，太阳神或太阳女神就抵达了冥

---

① 一般的学者将其视为海星，但这是不可能的，因为它在空间上是暂时悬置的，而不是匍匐在底部，另外，作为海星，它也太大了。

② 参见本书第十一章。

③ Wilfred G. Lambert. *Babylonian Wisdom Literature*. Winona Lake, Ind.: Eisenbrauns, 1996, p. 129, lines 37-38. 这首巴比伦赞歌是在阿舒巴尼巴尔（Ashuribanibal）的图书馆中发现的，时间可以上溯到公元前 2000 年。

④ Henri Frankfort. *Kingship and the Gods: A Study of Ancient Near Eastern Religion as the Integration of Society and Nature*. Chicago: University of Chicago Press, 1948, pp. 105-123; Othmar Keel. *The Symbolism of the Biblical World: Ancient Near Eastern Iconography and the Book of Psalms*. Transl. T. J. Hallett. New York: Seabury Press, 1978, pp. 15-46; Erik Hornung. *The Valley of the Kings: Horizon of Eternity*. Transl. D. Warburton. New York: Timken Publisher, 1990, p. 102.

⑤ *Gilgamesh*, Tablet X, ii; Stephanie Dalley. *Myths from Mesopotamia: Creation, the Flood, Gilgamesh, and Others*. Oxford: Oxford University Press, 1989, p. 102.

⑥ Wilfred G. Lambert. *Babylonian Wisdom Literature*. Winona Lake, Ind.: Eisenbrauns, 1996, p. 129, line 36.

界。在这首巴比伦赞歌中,夏玛什到冥界去问候诸神。①在乌迦特宗教中,太阳女神夏普舒担负着将亡灵送到冥界并将其光芒传播到冥界的职责,她因此被冠以"冥界光明者"之名。《巴力史诗》曰:巴力"是被光明之神夏普什……带到大神穆特(Mot)手中的"②。关于乌迦特崇拜仪式的文本中存在更多的证据,其中说,太阳女神被要求下到冥界并将光线照在死者身上:"下去吧夏普什,是的,下去吧,伟大的光明之神!或许夏普什的光芒会照亮他。"③

在赫梯文本中,太阳旅行经过的地方有天空、冥界与大海深处。④两则赫梯神话说,很长一段时间内,太阳在大海深处潜藏着,因此无法升入天空之中。⑤这个故事表达了人们对于混乱与无序的恐惧:如果太阳不再回来并无法正常遵循其路线,那么会发生什么?埃及《亡灵书》的咒语中表述了太阳从冥界到地平线的旅行路线,以及它后来升到天空的过程。"向你欢呼,你像凯布里(Khepri)一样升起,就像造物主凯布里一样。你高高升起,照耀了你母亲(天空)的后背,作为诸神之王荣耀升起。"⑥另外一段咒语这样问候太阳:"哦,太阳盘,阳光之主,你的光线每天从地平线升起:或许你的光线会关照恩(N)的脸庞……或许恩的亡灵会与你一起升到天空。"⑦

我们现在回顾米诺器皿上刻画的大海深处的太阳,通过埃及与近东共同体的视角来观照它们。在出自帕莱卡斯特罗的两个器皿上,刻画有大海深处的太阳(图9-17)。在其中的一个器皿上,双面斧挨着太阳出现(图9-17a),双面斧是

---

① Wilfred G. Lambert. *Babylonian Wisdom Literature*. Winona Lake, Ind.: Eisenbrauns, 1996, p. 127, lines 31-32.
② KTU 1.6; Nicolas Wyatt. *Religious Texts from Ugarit: The Words of Ilimilku and His Colleagues.* The Biblical Seminar 33 2d ed. Sheffield: Sheffield Academic Press, 2002, p. 437.
③ KTU 1.161 R 15; Nicolas Wyatt. Religious *Texts from Ugarit: The Words of Ilimilku and His Colleagues.* The Biblical Seminar 33.2d ed. Sheffield: Sheffield Academic Press, 2002, p. 437.
④ Albrecht Götze. *Kleinasien. Kultutrgeschichte des Alten Orients.* München: Beck, 1957, p. 138.
⑤ TUAT, pp. 811-815 nos. 3,4. Transl. Ahmed Ünal. 相关分析与类似神话,参见 Franca Pecchioli Daddi. "Lotte di dèi per la supremazia celeste", in Sergio Ribichini et al. *La Questione delle Influenze Vicino-Orientali sulla Religione Greca: Stato degli Studi e Prospettive della Ricerca.* Atti del Colloquio Internazionale, Roma, 20-22 maggio 1999. Roma: Consiglio Nationale delle Ricerche, 2001, pp. 403-411.
⑥ 关于太阳神赞歌,参见 Raymond O. Faulkner. *The Ancient Egyptian Book of the Dead.* London: British Museum Press, 1985, p. 27; Eric Hornung. *Das Totenbuch der Ägypter.* Zürich and München: Artemis, 1990, Spell 15b, p. 57.
⑦ Spell 15 in Raymond O. Faulkner. *The Ancient Egyptian Book of the Dead.* London: British Museum Press, 1985, p. 41.

反向的，似乎它要浸到大海尽头。①反向的双面斧与辐射的太阳盘并置表明，这两个实体是同源的，但不是等同的。换言之，双面斧不是天空中的太阳盘，而是太阳盘在冥界的相似物。

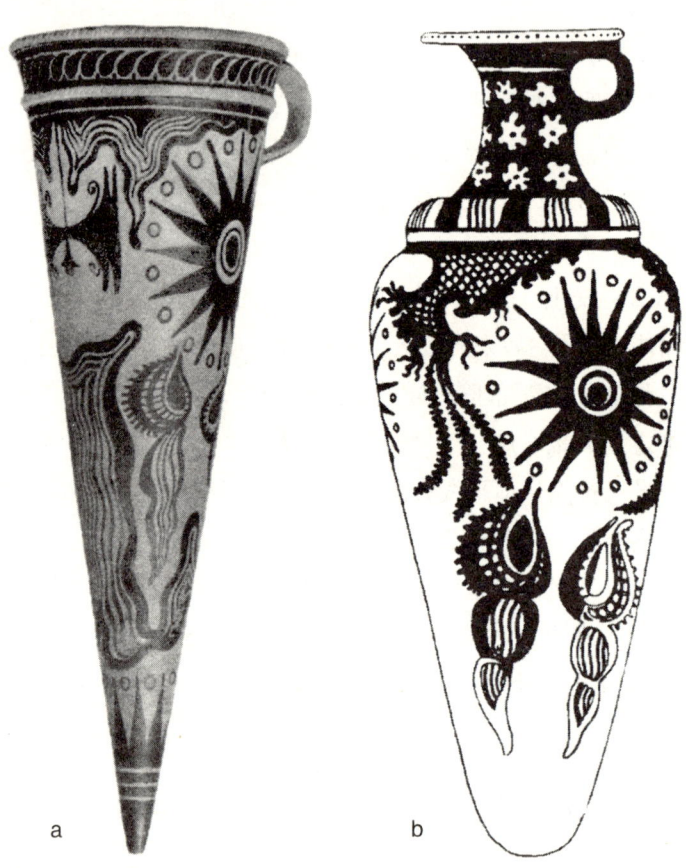

图 9-17　米诺角杯，其上刻画有大海深处的太阳盘与双面斧
帕莱卡斯特罗出土角杯

在凯弗洛克里（Kavrochori）的石棺挡板（足挡或头挡——译注）上，刻画了大海深处的双面斧（图 9-18a）。②这里刻画的或许是一种写实图像，一个岛屿

---

① Robert C. Bosanquet and Richard M. Dawkins. *The Unpublished Objects from the Palaikastro Excavations, 1902-1906.* BSA Suppl. no. 1. London: Macmillan & Co. 1923, pl. XX; Helmut T. Bossert. "Santas und Kupapa: Neue Beiträge zur Entzifferung der kretischen und hethitischen Bilderschrift", *Mitteilungen der Altorientalischen Gesellschaft* VI: 5-88.1932, pl. 166. 博赞基特（Bosanquet 50）将这些星星作为太阳而加以整理。

② George Rethemiotakis. "Larnakes kai Aggeia apo to Kavrochori Irakliou", *ArchDelt* 34, Meletai B 2: 228-259.

的右边被波浪线包围,左边是有鱼的海洋。岛屿包含了一个长方形,长方形里面有一个双面斧。对于这种场景唯一合理的解释是,双面斧从冥界深处的洞穴中升起。在克里特一个泥制的圆形器皿上,其饰图对应的是此处列出的宇宙模式(图9-18b)。双面斧出现在器皿的下半部分,与鱼在一起,同时双面斧出现在器皿的上半部分。这个器皿可能刻画了一个微型的宇宙模式,表明了宇宙的上部与下部。

为何双面斧出现在冥界与天空?双面斧像太阳一样具有旅行的区域。在古代近东,双面斧是太阳,也是唯一能够做此旅行的太阳,因此,双面斧一定是太阳。这就解释了为何双面斧出现在墓穴与洞穴,即冥界中。[1]在科诺索斯或伊索帕塔,甚至有一个墓穴,墓穴里有一个双面斧形状的东西。[2]

图9-18　a. 凯弗洛克里出土石棺上的双面斧　b. 泥制器皿上的双面斧

---

[1] Hans-Günter Buccholz. *Zur Herkunft der kretischen Doppelaxt. Geschichte und auswartige Beziehungen eines minoischen Kultsymbols.* München: Kiefhaber & Elbl, 1959.

[2] Arthur J. Evans. "The 'Tomb of the Double Axes' and Associated Group, and the Pillar Rooms and Ritual Vessels of the 'Little Palace' at Knossos", *Archaeologia* 65: 1-94,1914, pp. 1-59.

第六个谜团：为何双面斧包围了宇宙？

在一些器皿上，双面斧是作为装饰性图案而出现的。这里仅仅考察珀塞拉出土的两个比较特别的器皿。第一个例子上的图形是圆形的。它之所以特别醒目是因为双面斧围绕中心出现了四次（图9-19a）。①出自同一个地方的一个圆柱形的器皿上，整个表面都饰有双面斧（图9-19b）。

图9-19 轨道中的双面斧
a. 珀塞拉出土器皿的盖子　b. 珀塞拉出土圆柱篮状崇拜器皿

如果珀塞拉器皿上的图案模式是独一无二的，那么这对于我们的探讨意义不大，但是还有另外的例子。在科诺索斯出土的一枚戒指印章上，图案的中心是一个由四个双面斧围绕的圆花饰（图9-20）。在所有例子中，双面斧围绕宇宙或环绕宇宙而旅行。难怪在图9-20中有四个双面斧。在德语中，"Sonnenlauf"这个词语非常精确地捕捉了太阳路线的观念。

为何双面斧包围了宇宙？答案就是双面斧是太阳。

第七个谜团：为何双面斧与太阳和月亮同时出现？

在出自迈锡尼的一枚金戒指上，双面斧与太阳和月亮同时出现在画面上（图9-21）。但双面斧是出现在波浪线（在米诺艺术中，波浪线是天空或地平线）下

---

① Martin P. Nilsson. *The Minoan-Mycenaean Religion and Its Survival in Greek Religion.* 2d ed. Lund: Kungl. Humanistiska Vetenskapssamfundet, 1950, fig. 97; Philip P. Betancourt and Costis Davaras, eds. *Pseira IV: Minoan Buildings in Areas B, C, D, and F.* Philadelphia: University Museum of Pennsylvania, 1999, p. 136.

图 9-20 四个双面斧（有可能是地平线上的四个点）围绕一个位于中心的圆花饰 科诺索斯出土戒指印章

图 9-21 迈锡尼出土金戒指

第九章 双面斧、十字架与公牛头

面的。这种双面斧与发光体同时出现的现象使我们不可避免地得出一种结论，即双面斧与一些天体发光体，诸如太阳与月亮这类天体之间具有某种关联。

为何双面斧与太阳和月亮同时出现？双面斧与太阳盘相关，但它并不等同于太阳盘。

解答谜团的预设前提：双面斧是出现在地平线上的太阳

瓦伦丁尼安（Valentinian）时代《菲利普福音》（*Gospel of Philip*）佚名的作者说道："真理从来就不是赤裸裸地来到世界上的，它以典范与图像的形式出现。"埃里克·霍尔农（Eric Hornung）如是说："每一个图像组成一种有力而有限的，但不完整的关于自然与真理的表述。"①上述两位作者，一位是古代的，一位是现代的，他们道出了同样的道理，即图像与语言是表述现实的两种方式，我们需要二者清晰地表达真理。双面斧不可能简单转换为英文或任何古代抑或现代的语言，但它的观念性范围却能够以一种图像的形式被领会。

我的假设是，双面斧是太阳，尤其是从地平线上出现的太阳。天空中发光的太阳与新生的太阳在功能上存在很大的差异。因此，两种太阳具有两种不同的外形。不过天空中的太阳是明亮而有力的，地平线上的太阳富有潜力但并没有完全被现实化，它表达了神明的动态性的特征。当太阳从大海深处升起并到达山门时，它具有巨大的再生潜力。根据埃及的一则咒语，太阳通过光线而出现。因此，太阳可能与百合或圆花饰混合在一起，最后成为一种新的东西。因为同样的原因，它时常与十字架在一起成为新生的生命符号的象征。在双面斧这种形式下，当太阳进入冥界时，它就丧失了力量，不过它依然能够唤醒死者。这种理论解释了米诺石棺上双面斧的显著地位。

必须加以指出的是，这种概念化并非为克里特所独有。在埃及艺术中，太阳的视觉化表述有很多形式：一个带翅膀的盘子，一只猎鹰，一只甲虫，一个出现在荷花中的孩子，甚至是一只眼睛。②上述所有这些例子都说明了太阳的某些特质，描绘了太阳的形状、运动、力量、再生能力、成长；但是，所有这些均

---

① Erik Hornung. *Conceptions of Gods in Ancient Egypt: The One and the Many*. Transl. J. Baines. Ithaca: Cornell University Press, 1982, p. 125.

② Richard H. Wilkinson. *Reading Egyptian Art: A Hieroglyphic Guide to Ancient Egyptian Painting and Sculpture*. London: Thames and Hudson, 1992, p. 57, p. 127; Erik Hornung. *Conceptions of Gods in Ancient Egypt: The One and the Many*. Transl. J. Baines. Ithaca: Cornell University Press, 1982, pp. 125-135.

没有同时把握住这些概念。

我们或许可以进一步追问：为何地平线上的太阳会以圣甲虫的样子出现？在埃及语言中，"kheper"这个发音（声音）听起来非常像甲虫与"形成"（coming into being）。[①]图像就这样创造了一种语言与视觉上的双关现象，并制造了神明存在的独特现实。我赞成双面斧与埃及圣甲虫（图9-22）之间存在对等关系。

我们强调了关于太阳的两种惯有的特征：冥界与天空的两面性。两面性是一种持续而主要的特征。我认为，这种两面性体现在双面斧的两个刀刃上。

双面斧是地平线上的太阳：这是唯一能够解释上述视觉语境中七个谜团的假说。作为一种新的线索，它应该被反复检验。

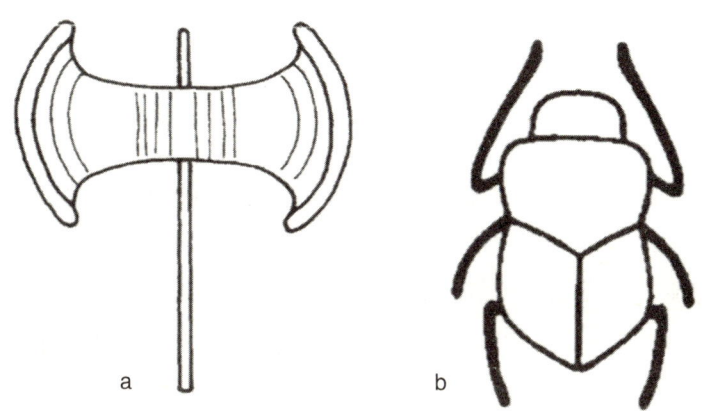

图9-22 代表"开始"和"一天到来"的日升的象征符号
　　　　a. 米诺双面斧　b. 埃及圣甲虫

---

① Othmar Keel. *Corpus der Stempelsiegel-Amulette aus Palästina / Israel von den Anfangen bis zur Perserzeit Einleitung*. Orbis Biblicus et Orientalis Series Archaeologica 10. Friburg: Academic Press Fribourg and Göttingen: Vandenhoeck and Ruprecht, 1995, pp. 21-22.

第十章 圆花饰、半圆花饰与向内弯曲的祭坛

伊文思对一系列象征天体的表意文字（图10-1）进行了归类。这样就有了一种无可置疑的事实，即米诺人将太阳与星星符号作为形象文字而使用。在这些表意文字中，第108号与第111号是旋转的太阳盘与弯月符号，这类符号就像太阳与月亮一样容易辨认。但第110号这种圆花饰同样也是发光体，我们在前文已经看到了；它是太阳的一种同质变形体。①

图10-1 与宇宙相关的米诺表意文字和象形文字

米诺的圆花饰有两种形式，要么是带有花瓣的圆圈符号，要么是没有花瓣的卵形符号。在米诺中期以前，即公元前19世纪的陶器上，自然主义风格的花瓣成为主流的视觉图案。②在后来的时期，这种图案甚至更为流行，在公元前18世纪，此时科诺索斯的宫殿已经成为一种统一的建筑物，国家之间的交

---

① 伊文思将这种太阳视为发光的圆盘，参见 Arthur J. Evans. *Scripta Minoa: The Written Documents of Minoan Crete, with Special Reference to the Archives of Knossos,* Vol 1. Oxford: Clarendon Press, 1909, I, p. 221. no. 107a; Simon Davis. *The Decipherment of the Minoan Linear A and Pictographic Scripts.* Johannesburg: Witwatersand University Press, 1967, p. 179, fig. 133, p. 205. 圆花饰是一种象形符号，出现在斐斯托斯（Phaistos）圆盘上，参见 Simon Davis. *The Decipherment of the Minoan Linear A and Pictographic Scripts.* Johannesburg: Witwatersand University Press, 1967, pp. 88-94.

② Evans PM I, p. 241, col. pl. II, p. 585, fig. 428; John D. S. Pendlebury. *The Archaeology of Crete: An Introduction.* London: Methuen, 1939, pp. 112-113, fig. 17, no. 9, fig. 18, no. 30; Philip P. Betancourt. *The Final Neolithic through Middle Minoan III Pottery.* Vol 2 of *Kommos: An Excavation of the South Coast of Crete.* Princeton: Princeton University Press, 1990. figs. 44-45. Wolf-Dietrich Niemeier. *Die Palaststikeramik von Knossos: Stil, Chronologie und historischer Kontext.* Archäologische Forschungen des Deutschen Archäologischen Instituts 13. Berlin: Gebr. Mann, 1985, p. 84: "Die Rosette zählt zu den ältesten Motive der Minoischen Kunst." 它在斐斯托斯圆盘上的位置为第38号，参见 Evans PM I, p. 652.

往日趋频繁。①

另外一方面，这种裂开的卵形圆花饰是新宫殿时代的一个奇迹，它肇始于公元前16世纪。②在那个时期，它成为科诺索斯宫殿占据主流地位的装饰性图案，实际上它是迄今发掘的爱琴宫殿的主流装饰图案，其中包括位于埃及尼罗河东部三角洲地区的泰尔·埃里·达巴。在泰尔·埃里·达巴宫殿的中楣上，一个饰有裂开的圆花饰符号成为装饰性壁画图案的主要特征。③这些符号使我们想起了科诺索斯宫殿前厅西边壁画上的那些引人注目的裂开的圆花饰，以及御座室中的圆花饰符号（参见第二章与第四章，图2-24、图4-7）。④

为何一朵花儿能够成为科诺索斯宫殿的核心象征符号？我们现在要转向近东印章寻找启迪。在近东艺术中，圆花饰是天空发光体的象征符号，表示了一颗星星或太阳。⑤更为成熟的印章表明，它仅仅象征着太阳。这种情况发生在公元前18世纪，那时圆花饰与埃及带翅膀的太阳盘混合在一起，这种变化与叙利亚埃及化的印章图像相符合。这样，带翅膀的圆花饰可能被视为叙利亚-黎凡特地区表述太阳的习惯用语，它是在埃及的影响下形成的。

图10-2是公元前18世纪的两枚安纳托利亚印章，上面的圆花饰是天空中

---

① 在马里国王济姆里利姆的信件中讲到了克里特（Kaphtor），具体参见 Jean. -Marie Durand. "Les prophéties des texts de Mari", in J. -G. Heintz, ed. *Oracles et Prophéties dans l' Antiquité. Actes du Colloque de Strasburg 15-17 Juin 1995.* Paris: Diffusion de Bocard, 1997, p. 159; Michaël Guichard. "Les mentions de la Crète à Mari", in Annie Caubet. *l' Acrobat au Taureau: les découvertes de Tell el-Dab' a et l'archéologie de la Méditerranée orientale. Actes du Colloque Organisée au musée du Louvre, 3. Décembre 1994.* Paris : Musée du Louvre, 1999, pp. 167-177.

② 在象形文字的体系中，它是缺席的。参见 Evans PM I, p. 282, fig. 214. 同时参见 Simon Davis. *The Decipherment of the Minoan Linear A and Pictographic Scripts.* Johannesburg: Witwatersand University Press, 1967, p. 182.

③ Manfred Bietak. *Avaris: The Capital of the Hyksos: Recent Excavations.* London: British Museum Publications Ltd. 1996, col. pl. iiib. Manfred Bietak, Nanno Marinatos, Clairy Palyvou. "The Maze Tableau from Tell elDab'a", in Susan Sherratt, ed. *The Wall Paintings of Thera. Proceedings of the First International Symposium, Thera, Hellas, 30 August-4 September 1997.* 3 vols. Piraeus: Patros M. Nomikos and the Thera Foundation, 2000, pp. 77-90; Manfred Bietak, Nanno Marinatos, Clairy Palyvou. *Taureador Scenes in Tell el-Dab' a (Avaris) and Knossos.* Vienna: Österreichische Akademie der Wissenschaften, 2007.

④ 参见本书第二章第38页注释②—⑤。

⑤ Beatrice Teissier. *Egyptian Topography on Syro-Palestinian Cylinder Seals of the Middle Bronze Age.* Orbis Biblicus et Orientalis Series Archaeologica 11. Fribourg: Academic Press Fribourg, 1996, p. 101, p. 111. 比阿特丽斯·特斯尔将其视为伊士塔尔的象征符号，并将其与女性联系起来。

太阳的象征。① 在一枚古代叙利亚的印章上，带翅膀的圆花饰紧紧贴在太阳的水平线之下，两只格里芬守卫着它（图4-10a）。毋庸置疑，在叙利亚印章中，圆花饰象征着太阳。②

赫梯人的象形文字中同时使用圆花饰与带翅膀的圆花饰符号。各种带翅膀的符号象征着太阳，没有翅膀的符号象征着生命与健康。（图10-3）

所以，如果能将叙利亚-巴勒斯坦的视角应用于解读米诺的表意文字，那么圆花饰就是太阳的象征符号。破解这种符号的关键之处不仅仅在于它和黎凡特与安纳托利亚共同体中发光的太阳盘存在类似之处，还在于它与双面斧具有关联，这一点在第九章已经探讨过了。当这两种符号融合为一体时，双面斧就成为一朵盛开的花儿（图9-11、图9-12）。③

图10-2　天空中太阳的象征符号圆花饰
a. 公元前16世纪米坦尼印章
b. 卡尔卡梅什（Karkemish）的玛特纳（Matrunna）公主的印章（公元前18世纪）

---

① Dominique Collon. *First Impressions: Cylinder Seals in the Ancient Near East.* Chicago: University of Chicago Press, 1987, p. 49, no. 180. 在叙利亚的印章中，圆花饰是太阳的象征，具体参见 Adelheid Otto. *Die Entstehung und Entwicklung der Klassish-Syrischen Glyptik.* Untersuchungen zur Assyriologie und Vorderasiatische Archaeologie 8. Berlin: de Gruyter, 2000.

② Adelheid Otto. *Die Entstehung und Entwicklung der Klassish-Syrischen Glyptik.* Untersuchungen zur Assyriologie und Vorderasiatische Archaeologie 8. Berlin: de Gruyter, 2000, 230ff.

③ 在克里特新宫殿时代的器皿与锡拉岛的葬品中，这样的例子随处可见；具体参见 Wolf-Dietrich Niemeier. "Zur Ikonographie von Gottheiten und Adoranten in den Kultszenen auf Minoischen und Mykenischen Siegeln", in Walter Müller, ed. *Fragen und Probleme der Bronzezeitlichen Ägäischen Glyptik: Beiträge zum 3. Internationalen Marburger Siegel- Symposium 5-7 September 1985.* CMS Beiheft 3. Berlin: Gebr. Mann, 1989, p. 119, fig. 57. 在上述论著中，尼梅尔将圆花饰称为圆球或把手"克瑙弗"（Knauf）。

出自科诺索斯的一个器皿上刻画了这类双面斧或圆花饰。它处于一个很可能是山脉的"之"字形的背景中。①（图10-4）需要指出的是，双面斧有一个波浪形状的树干把柄。这种树干把柄是由棕榈树做成的，因为只有棕榈树才会如此粗糙，要不断砍掉干枯的树叶才行（图10-5b）。

图10-4这种特殊的图像情节单元可以做如下解读：它是一个棕榈树干做成的把手，其上安装一个双面斧，顶部饰有圆形花饰。倘若如此，它就是一个人工做成的物体，是膜拜神明的一根柱子，上面有太阳女神的三个不同的象征符号：棕榈、双面斧、圆花饰。它类似于特里亚达石棺上雕刻的那些顶部站立了一只鸟的双面斧立柱（图10-5a）。②支撑双面斧的是一根棕榈树干，棕榈树的叶子已经被砍掉了，我们从树干粗糙的纹理可以得出这种推断。我们进一步可以将其与叙利亚印章上顶部饰有太阳圆花饰圆盘的棕榈崇拜的支柱做对比（图10-5b）。因为特里亚达双面斧上部边界的顶部被圆花饰所装饰，我们此处所探讨的克里特、叙利亚-黎凡特地区普遍存在一种视觉性象征语言的假设就要受到一些质疑。比阿特丽斯·特斯尔（Beatrice Teissier）认为："大树与带翅膀的太阳盘连在一起的象征符号源自黎凡特。"③

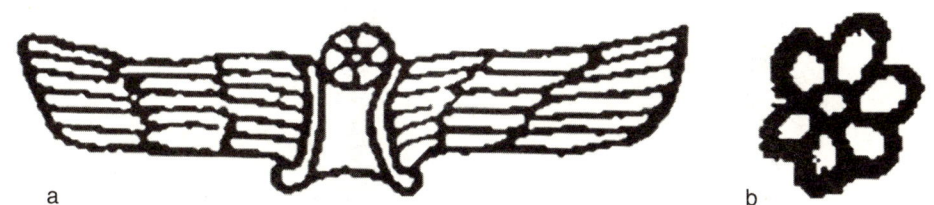

图10-3　赫梯的象形文字
a. 带翅膀的象征太阳的圆花饰　b. 没有翅膀的象征生命与健康的圆花饰

上述对比表明，太阳崇拜立柱在爱琴海两岸地区均存在。这些立柱一定非常高大，由棕榈树干做成，顶部有太阳神的象征物。

如果将其与太阳外观联系起来，那么双面斧与圆花饰的并置是可以理解的。但需要加以强调的是，尽管双面斧与圆花饰具有相关的语义价值，二者之间并不是等同的。我的看法是，圆花饰表明了太阳赋予生命的特性，而双面斧则表

---

① Evans PM II, fig. 254.
② 首次发掘时，绿色的树叶依然清晰可见，相关的评论参见 Jane E. Harrison. *Epilegomena and Themis: A Study of the Social Origins of Greek Religion.* New York: University Books, 1962, p. 162.
③ Beatrice Teissier. *Egyptian Topography on Syro-Palestinian Cylinder Seals of the Middle Bronze Age.* Orbis Biblicus et Orientalis Series Archaeologica 11. Fribourg: Academic Press Fribourg, 1996, p. 71.

图 10-4 科诺索斯器皿上的崇拜立柱

达了地平线上的太阳再生的特性。[①]至于棕榈树，我们在前面第四章中已经知道，它是米诺时期克里特的太阳树，在黎凡特地区也是如此（也可以参照第十二章）。[②]最后一个证据就是，近东地区出自卡辛特（Kassite）的印章（公元前 15 世纪左右）中有象征太阳的圆花饰，这里的圆花饰符号隐喻着太阳神夏玛什。[③]最后我们要指出，在科诺索斯的天花板上饰有圆花饰符号。[④]

图 10-5 崇拜立柱
a. 特里亚达石棺上装饰的双面斧，立于棕榈树的树干上　b. 叙利亚印章上的太阳盘（青铜时代中期）

[①] 将圆花饰解释为生命，是根据它在卢威语与赫梯象形文字的"生命"之意而确定的。

[②] Beatrice Teissier. *Egyptian Topography on Syro-Palestinian Cylinder Seals of the Middle Bronze Age*. Orbis Biblicus et Orientalis Series Archaeologica 11. Fribourg: Academic Press Fribourg, 1996, p. 71; Othmar Keel. *Goddesses and Trees, New Moon and Yahweh: Ancient Near Eastern Art and the Hebrew Bible*. Sheffield: Sheffield Academic Press, 1998, pp. 20-36. 不过奥思玛·基尔（Othmar Keel）并没有强调太阳与棕榈树在外观上的关联。

[③] Dominique Collon. *First Impressions: Cylinder Seals in the Ancient Near East*. Chicago: University of Chicago Press, 1987, p. 58.

[④] Evans PM III, pp. 30-31, col. PL. XV. 伊文思强调源自埃及的比较性材料。

裂开的抽象圆花饰

但是，圆花饰符号的故事尚未结束。圆花饰的形式之一就是中间有卵形的符号，在公元前 15 世纪的新宫殿时代，成为一种非常流行的图案。我们在前文中已经看到，圆花饰符号是如何与科诺索斯的御座室相关联的。在设在泰尔·埃里·达巴的埃及宫殿中，前厅壁画上也有这样的符号（图 10-6）。[①]在科诺索斯队列壁画的走廊中，一位女性形象的衣服褶皱上同样出现了圆花饰（图 10-7a）[②]，这是我们探讨的第二个例子。

对比一下米诺裂开的圆花饰与卢威、赫梯的象形文字，我们便会明白，二者具有同样的形式。在 1932 年，赫尔穆特－西奥多·博塞特是第一个指出这种类似性的学者。赫尔迦·罗思齐在 1958 年追随他的观点，但这两种文化机制之间的惊人关联似乎已经被忘却了。[③]这种类似性不大可能是巧合，因为对于这种巧合而言，它过于抽象。

图 10-6　裂开的圆花饰
埃及泰尔·埃里·达巴发现的米诺壁画

---

① Manfred Bietak, Nanno Marinatos, Clairy Palyvou. "The Maze Tableau from Tell elDab'a", in Susan Sherratt, ed. *The Wall Paintings of Thera. Proceedings of the First International Symposium, Thera, Hellas, 30 August-4 September 1997*. 3 vols. Piraeus: Patros M. Nomikos and the Thera Foundation, 2000, pp. 78-79; 我个人不赞同另外一种观点，参见 Michael Weiβl. "Halbrosetten oder Federfächer? Zu Bedeutung und Funktion eines ägäischen Ornamentes", in *Österreichische Forschungen zur Ägäischen Bronzezeit 1998. Akten der Tagung am Institut für Klassische Archäologie der Universität Wien 2.-3. Mai 1998*, ed. F. Blakolmer, 89-95. Wiener Forschungen zur Archäologie 3. Wien: Phoibos, 2000.

② Evans PM II, fig. 450.

③ Helmut T. Bossert. "Santas und Kupapa: Neue Beiträge zur Entzifferung der kretischen und hethitischen Bilderschrift", *Mitteilungen der Altorientalischen Gesellschaft* VI: 5-88. 1932; Helga Reusch. "Zum Wandschmuck des Thronsaales in Knossos", in Ernst Grumach, ed. *Minoica. Festschrift zum 80. Geburtstag von Johannes Sundwall*. Deutsche Akademie der Wissenschaften zu Berlin. Schriften der Sektion für Altertumswissenschaften 12. Berlin: Akademie Verlag, 1958, pp. 351-352.

图 10-7 裂开的圆花饰
a. 米诺圆花饰 b. 赫梯圆花饰

问题是如何在一种历史语境中解释这些类似性。赫梯人的这种符号是因上帝而出现的一个具有决定性意义的符号。这种意义与我的观点是一致的，即米诺人的这个符号是女神的象征。我认为米诺符号与赫梯符号的这种共性或许是可以通过王室成员之间的亲密交往得以最恰当的阐释（参见第十四章）。①我们同时考察一下如下两个图像，在这些图像中，二分的圆花饰用来确立作为圣物的一座建筑物。其中的一个是赫梯象形文字中的"神明居所"，它就像一个带有裂开的圆花饰的高层建筑（图10-8a）。第二个是源自迈锡尼竖井墓葬的金盘子（公元前1550—前1530年），上面也雕刻了神明的居所（图10-8b）。一言以蔽之，裂开的圆花饰是神明（尤其是太阳神），当它与建筑物连在一起时，就象征着神明的居所或者它在地上的对应物。

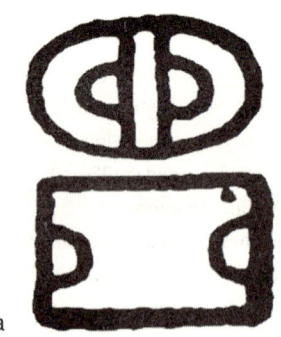

图 10-8 神明的居所
a. 赫梯象形文字 b. 迈锡尼竖井墓葬中的黄金盘装饰物

---

① 我们或许可以做出更为周全的推论。在卢威与赫梯的象形文字中，太阳与三重的裂开的圆花饰在一起出现。这就意味着圆花饰基本上是太阳的象征符号，这是精心编织的献给神的符号，参见 Emanuel Laroche. *Les Hiéroglyphes Hittites.* Paris: CNRS, 1960, no. 191.

两个毗邻在一起的卵形裂开的花瓣之间的缝隙所产生的形状或许可以称为"向内弯曲的台子"（图 10-9）。就像以前一样，伊文思首先注意到了米诺形态学的复杂性，即两个卵形的圆花饰并置在一起产生了第二个图形。①我认为，第二个图形是神圣的宇宙柱，一个介于宇宙的东方和西方二分的轴线。它以象形文字的表意符号形式出现，因此我们可以将其纳入我们的象形文字体系之中，同时作为崇拜符号考察。②

首先我们必须指出，带有这种符号的物体是在克里特出土的；伊文思认为它们具有神圣的特性，因而将其称呼为"向内弯曲的祭坛基座"。③尼尔森沿用了这种观点，他认为，在艺术中，这些符号被格里芬或狮子所把守（图 10-10）。④

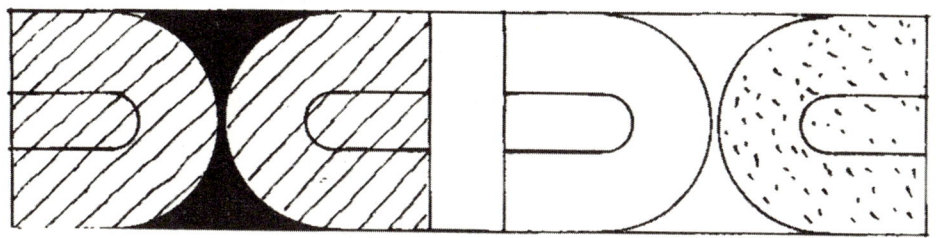

图 10-9　圆花饰与向内弯曲的符号

图 10-10　向内弯曲的祭坛，被格里芬所把守
迈锡尼出土印章

① Evans PM II, fig. 381.
② Evans PM I, fig. 214, no. 55.
③ Evans PM IV, p. 613.
④ Martin P. Nilsson. *The Minoan-Mycenaean Religion and Its Survival in Greek Religion*. 2d ed. Lund: Kungl. Humanistiska Vetenskapssamfundet, 1950, p. 253.

现在我们转向意义。这个物体并非祭坛,因为我们看到,它上面几乎没有什么祭品。就像马利亚·肖所指出的那样,这个符号与大门相关。我们已经看到,大门表明通向另外一个世界的出口。①但是,疑问依然存在:为何这个物体如此重要?

来自爱琴海另一边的图像或许可以帮助我们。埃及的象形与表意文字中有一个符号叫作威尔埃斯(weres),它具有类似的形状(图10-11)。这里的意义非常明晰:埃及的物体无疑是一个头托,与太阳旅行的路线具有象征性关联。②

图10-11 埃及表示太阳的头托(或支撑物)的象形文字,类似于米诺向内弯曲的祭坛

理查德·威尔金森写道:"这个头托与太阳的形象之间具有象征性关联,因为它托住了太阳,它像太阳一样,夜晚下沉,早上升上太空。"③实际上,在图特卡蒙的墓葬中,一个头托就被阿特拉斯(Atlas)形状的形象人格化了,阿特拉斯托住了苍天,阿特拉斯身边被地平线上的狮子所环绕。(图10-12a)

我相信,埃及人将作为宇宙轴的向内弯曲的物体概念化的现象能够很好地解释它在米诺艺术中的功能。我们可以对比一下克里特出土的一枚印章,在印章上面,两头狮子守卫着向内弯曲的基座,狮子上方是发光的太阳盘。(图10-12b)

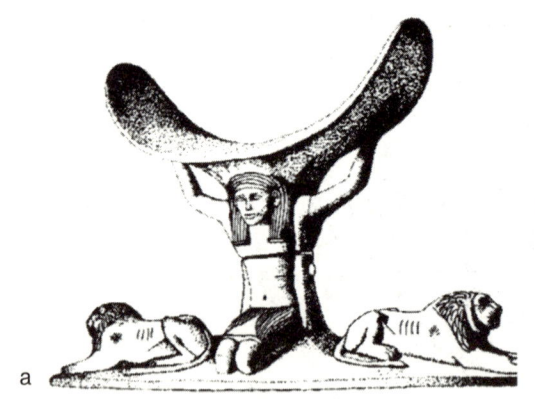 

图10-12 头托
a. 图特卡蒙墓葬出土　b. 克里特出土印章上作为宇宙柱的头托

---

① Maria C. Shaw. "The Lion Gate Relief of Mycenae Reconsidered", in *Philia Epi to George E. Mylonas to Commemorate His Sixty Years as an Excavator*. The Archaeological Society at Athens Library Series 103, vol. 1. Athens: The Archaeological Society at Athens, 1986, pp. 108-123.

② Richard H. Wilkinson. *Reading Egyptian Art: A Hieroglyphic Guide to Ancient Egyptian Painting and Sculpture*. London: Thames and Hudson, 1992, p. 159.

③ Richard H. Wilkinson. *Reading Egyptian Art: A Hieroglyphic Guide to Ancient Egyptian Painting and Sculpture*. London: Thames and Hudson, 1992.

这种情节单元上的巧合并非偶然。米诺与埃及的象征符号共享一个共同体，在这个共同体内，太阳崇拜占有重要地位。向内弯曲的台子被视为天空的支撑物，它是天空的支柱抑或至少是宇宙轴。米诺图像中神圣台子的使用就这样得到了诠释。

很多符号指向了宇宙与太阳：圆花饰、裂开的圆花饰、双面斧、向内弯曲的台

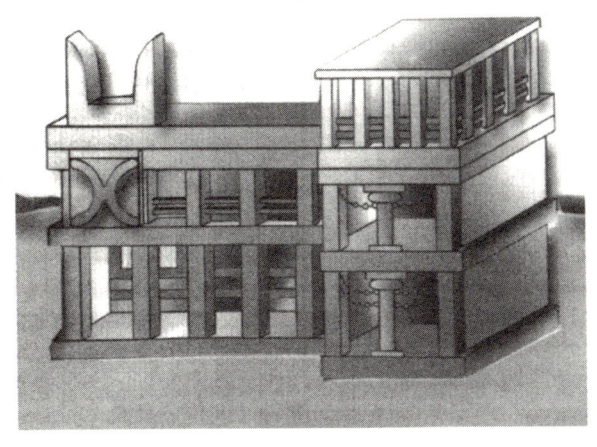

图10-13 "神圣的高楼"，上面装饰着裂开的圆花饰和宇宙柱
乔治·雷塞米塔科斯复原的伯罗斯戒指图像

子，这是为什么呢？这些符号中的每一个都是相互补充的。我们能够推测，存在一个相互交织的观念体系，它首先由其形态学所塑造，其次被其语义上的关联所塑造。这些符号要么被单独使用，要么被并置在一起，其目的是创造一个神圣的词汇表，多数符号都是围绕太阳而相互关联的。当一个系统被用来解读象形文字时，大部分符号会得到诠释，这就是例子中向内弯曲的台子同时也是两个毗邻的圆花饰的中心的原因。裂开的圆花饰象征着东方与西方的太阳；向内弯曲的台子是宇宙柱的隐喻，它同时也是构成神明居所的主导因素。譬如，在图10-13中，被乔治·雷塞米塔科斯（George Rethemiotakis）复原的伯罗斯戒指图像上的高层建筑物，上面有圣山、向内弯曲的台子、两个半圆的圆花饰（在台子的两边），这些符号都被刻画在内（参见图5-16）。我们在第五章中可以找到更多的案例。

我们必须指出，各种形式背后的观念是对称的，尽管这一点没什么用。我们从山的双峰、裂开的圆花饰、双面斧、向内弯曲的台子这些符号中认识到了这种二元的对称概念。对称是宇宙平衡的关键：左边与右边，东方与西方，上方与下方，天空与冥界。

只有考虑到埃及与近东宽广的地平线符号，我们才能够破译米诺的象形文字。安纳托利亚，黎凡特，米诺时代的克里特，迈锡尼时代的希腊，埃及，上述这些地区皆被纳入一个符号学框架内。要考虑重叠部分，尽管不是所有的符号都能够在所有的文化中找到。譬如，克里特与黎凡特地区普遍存在圆花饰，但

是克里特没有带翅膀的圆盘，而黎凡特与埃及则存在这种符号。埃及与克里特地区普遍有向内弯曲的祭坛，但黎凡特地区则没有。卢威与赫梯，以及米诺文化中普遍有裂开的圆花饰。作为地平线上的太阳的双面斧符号仅仅存在于克里特地区。

我们关于象形文字的破译就到此结束。对于理解宫殿的建筑学词语以及宫殿时代的象形文字语汇而言，这些符号具有极为重要的价值。一个巨大而完整的图像辞典即将诞生，对于爱琴海两岸符号的理解，这是一种必要的工具。在本书第十一章中，我们将对墓葬区域内的符号体系进行诠释。

第十一章　米诺的彼世信仰

现存的米诺文本中皆没有保存关于米诺彼世信仰的表述；尽管如此，我们并不缺少富有说服力的资料。这些资料由彩绘泥棺组成，时间大体在公元前14世纪和公元前13世纪，即科诺索斯宫殿崩溃（约公元前1375年）前后时段。[1]不幸的是，我们关于该时段之前的资料非常稀少，因为在宏伟的宫殿附近，很少有王室墓葬留存下来被伊文思发掘。

现存的第一个墓葬是位于伊索普塔的宏伟建筑物，遗憾的是，它毁于一战战火。现存的第二个墓葬直到1931年后期才被发掘，这就是伊文思在科诺索斯的辉煌成绩。[2]伊文思将其称为神庙墓葬，因为它在一座相同的建筑内将一座墓葬与圣殿连接了起来。陶器表明，在科诺索斯宫殿崩溃之后，这些坟墓依然在使用；这些情况表明，在后宫殿时代，对死去国王的崇拜依然在持续。[3]神庙墓葬构成了这样一种证据，即在克里特普遍存在统治者的神格化，就像埃及、叙利亚、安纳托利亚和乌迦特地区一样（参见第三章）。

在科诺索斯宫殿崩溃之后，对统治者的崇拜突然消失了。在这一时期之后，没有其他的建筑能够与王族墓葬相媲美，但就在这个时期，石棺成为最为流行的墓葬形式。值得庆幸的是，许多石棺被发现了，因为对后宫殿时期的米诺彼世信仰而言，它们构成了一种极有价值的材料。奇怪的是，伊文思与尼尔森二

---

[1] 关于这种资料的探讨，参见 Bogdan Rutkowski. *Larnaksy Egejskie*. Instytut Historii Kultury Materialnej Polskiej Akademii Nauk. Bibliotheca antique. vol. 7. Warszawa: Polskiej Akademii Nauk, 1966; Katerina Mavriyiannaki. *Recherches sur les larnakes minoennes de la Créte Occidentale*. Incunabula Graeca 54. Roma: Edizioni dell'Ateneo, 1972; Stylianos Alexiou. "Larnakes kai Aggeia ek Tafou para to Gazi Irakleiou", *Archaiologike Ephemeris*, pp. 1972,86-98; Vance L. Watrous. "The Origin and Iconography of the Late Minoan Painted Larnax", *Hesperia* 1991,60: 285-307; George Rethemiotakis. "Minoiki Larnaka apo to Klima Mesaras", *Archaiologike Ephemeris*, 1995, pp. 163-183; Nanno Marinatos. "Minoan and Mycenaean Larnakes: a Comparison", in J. Driessen and A. Farnoux, eds. *La Crète Mycénienne: Actes de la table Ronde Internationale Organisée par l'ecole Francaise d'Athènes, 26-28 Mars 1991*. BCH Suppl. 30. Paris: De Boccard, 1997, pp. 281-292.

[2] Evans PM IV, pp. 964-978.

[3] 这座圣殿现在已经被大规模修复，参见 Evans PM IV, pp. 964-968.

人均未将其视为研究米诺抽象理念的资源。自此之后，希腊的发掘者不断探讨这些案例，对这种独特图像进行阐释的出版物实在是汗牛充栋。①

作为地图的棺木功能与彼岸的旅行

石棺的形状是长方形的，还有一个山墙形的盖子，它模仿了带有屋顶的房子。石棺的形状也有浴缸模样的，尤其在克里特东部地区。石棺的形状各异，有时整个的场景都会在棺木上得以表现；有时棺材上描绘了各种圈养与狩猎的动物形象，比如公牛、山羊。在少数一些案例中出现了格里芬，人类极为罕见，不过他们还是偶尔出现了。②

因为图像变幻丰富多样，很难辨别支配米诺彼世信仰的连贯的神话。不过我们可以排除一些可能性。譬如，那些石棺上的场景看上去不大可能是传记式的。它们也不可能表明死者的职业或者表现死者的生活片段，如果在公元前 2000 年不是独有的话，这种形式的传记通常是非实用的。同样，石棺也不大可能刻画献祭仪式，就像某些学者业已论述的那样。③献祭仪式的实践建立在这样一种假设之上，即∪与双面斧皆为献祭仪式的工具，假如这种论断具有争议性（我在本

---

① 我特别要论及如下作者及其论著：Stylianos Alexiou. "Larnakes kai Aggeia ek Tafou para to Gazi Irakleiou", *Archaiologike Ephemeris*. 1972, pp. 86-98; George Rethemiotakis. "Minoiki Larnaka apo to Klima Mesaras", *Archaiologike Ephemeris*. 1995, pp. 163-183. Costis Davaras. "Proimes Minoikes Sfragides kai Sfragistiko Daktylidi apo to Spilaio Yerondomouri Lasithiou", *Archaiologike Ephemeris*. 1986, pp. 9-48. 上述这些作者在其论著中尤其提到了石棺，他们探讨米诺图像的希腊天堂图像。同时参见 Katerina Mavriyiannaki. *Recherches sur les larnakes minoennes de la Créte Occidentale*. Incunabula Graeca 54. Roma: Edizioni dell'Ateneo, 1972; Yiannis Tzedakis. "Larnakes Ysterominoikou Nekrotaphiou Armenon Kretes", *AAA* 4,1971, pp. 216-222; Athanasia Kanta. "Ysterominoiki Sarkophagos apo to Horion Maroulas Rethymnes", *Athens Annals of Archaeology* 6,1973, pp. 315-321; 弗梅勒（Vermeule）的研究关注的是狩猎图像。她认为之所以要杀死动物，是要使它们成为神圣之物，并将其献给与自然具有密切关系的精灵。参见 Emily Vermeule. *Aspects of Death in Early Greek Art and Poetry*. Berkeley: University of California Press, 1979, pp. 66-67. 我觉得这种逻辑很难接受。更为谨慎的观点参见 Sara A. Immerwahr. "Death and the Tanagra Larnakes", in Jane B. Carter and Sarah P. Morris, eds. *The Ages of Homer: A Tribute to Emily Townsend Vermeule*. Austin: University of Texas Press, 1995, pp. 109-122; Nanno Marinatos. *Minoan Religion: Ritual, Image and Symbol*. Columbia: University of South Carolina Press, 1993, Ch. 11. 更具综合性的阐释参见 Vance L. Watrous. "The Origin and Iconography of the Late Minoan Painted Larnax", *Hesperia* 60,1991, pp. 285-307, 他强调，米诺石棺上的图像与埃及的墓葬图像具有密切关联。

② 石棺上的一些情节主题成为宫殿时代陶器图像的原型，参见 Wolf-Dietrich Niemeier. *Die Palaststilkeramik von Knossos: Stil, Chronologie und historischer Kontext*. Archäologische Forschungen des Deutschen Archäologischen Instituts 13. Berlin: Gebr. Mann, 1985.

③ Vance L. Watrous. "The Origin and Iconography of the Late Minoan Painted Larnax", *Hesperia* 60: 285-307,1991, p. 303.

书第八章至第十章中已经论及这方面的内容），那么献祭的情节就不具有效性。这里存在第三种可能性：图像表述的是冥界的场景。现在我们要采纳第三种推论。我的阐释框架建立在近东与埃及宇宙论和冥界信仰之上。

在埃及与近东，死者要经历艰难的旅程，因为亡灵要通过冥界到达最后的归宿地天堂。但对于现代读者而言，"天堂"一定是一个具有误导性内涵的词语。在公元前2000年，冥界并非一个独立的地方，而是整个的宇宙，其中还有多样的土地与复杂的地理形态：高山、河流、湖泊。死者的旅行非常艰辛，充满了危险，因为他们要穿越这些界限。因此，死者必须借助于各种可视的或文本形式的工具，这样他们便能够安全通过"那些从未被发现的国度，从来就没有旅者渡过这些地方，他们甚至是有去无回"①。需要加以说明的是，米诺石棺上那些场景图是地形图，用来指引亡灵下到冥界，并表明了他们的最后归宿。

现在我们从埃及开始，在那里，关于亡灵的旅程的表述被保存在石棺、纸草及王室墓葬的壁画中。对于贵族与社会中的富裕者而言，葬礼上的纸草是被委托制造的。②在这些纸草上，我们看到了如下独特的场景：河流、繁茂的田园、带有棕榈树的墓穴。界限有时也被概念化地视为大门，我们已经探讨过这种理念，将其与∪形山脉联系在一起（参见第八章）。③

埃及冥界的形态并非是唯一的。它与美索不达米亚的宇宙论具有诸多共同之处。我们在第八章的一个泥版上看到了一幅巴比伦的宇宙图，在这个宇宙图中，圆形的宇宙被河流与高山所环绕（参见图8-10）。这些高山划分了居住的区域，并组成了其余世界的界限。④圆形之间三角形的区域被解释为岛屿或山脉。在这个巴比伦泥版的背面，有关于其余冥界区域的文本表述，它能够更好地帮助我们理解这种想象的地理学。在文本中，世界显然由七个区域组成。据说一个是在黑暗中生成的，"那里看不到太阳"，一个区域生有奇异树，另一个区域则被

---

① Shakespeare, *Hamlet,* Act 3, Scene 1, lines 79-80.
② 大部分源自第十九王朝时期，参见 Budge 1906.（英文原著提供的参考资料中并未出现该作者图书相关信息——译注）近期附有图像的补充性分析，参见 Erik Hornung. *The Valley of the Kings: Horizon of Eternity.* Transl. D. Warburton. New York: Timken Publisher, 1990.
③ 关于埃及冥界之门的研究，参见 Erik Hornung. *Conceptions of God in Ancient Egypt: The One and the Many.* Transl. J. Baines. Ithaca: Cornell University Press, 1982; Erik Hornung. *The Valley of the Kings: Horizon of Eternity.* Transl. D. Warburton. New York: Timken Publisher, 1990; Erik Hornung. *Das Totenbuch der Ägypter.* Zürich and München: Artemis, 1990.
④ Bruno Meissner. *Babylonien und Assyrien I-II.* Heidelberg: Carl Winters Universitätsbuchhandlung, 1920-1925, pp. 378-379; Wayne Horowitz. *Mesopotamian Cosmic Geography.* Mesopotamian Civilizations 8. Winnona Lake: Eisenbrauns, 1998, pp. 20-42; Nicolas Wyatt. *Space and Time in the Religious Life of the Ancient Near East.* The Biblical Seminar 85. Sheffield: Sheffield Academic Press, 2001, pp. 81-82.

称为"角牛之地"(参见下文关于图 11-3 的探讨)。能够肯定,这些区域中只有少数几个地方是极乐之地,类似于希腊的天堂或《圣经》中的伊甸园;其余一些地方可能比较恐怖或黑暗。

美索不达米亚史诗《吉尔伽美什》中描述了通往彼岸的路程。假定在爱琴地区与近东之间存在一种共同体,关于英雄历险的生动描述或许是一种有力的导引,指向了米诺石棺图像背后的精神世界。

在朋友恩启都死后,英雄吉尔伽美什不得不独自一人上路寻找生死的奥秘。他要寻找智者乌塔那匹什提姆,这是一位居住在世界边缘的老人,参加过诸神的会议。为了寻找智者乌塔那匹什提姆,吉尔伽美什不得不下到冥界,然后追随太阳的路线。换言之,英雄历险路线的原型是死者之旅。吉尔伽美什通过太阳门到达冥界,太阳门位于马舒山中间。马舒山是我们比较熟悉的宇宙山,在埃及与米诺艺术中一般被表述为双峰的样子,它同时也是通向冥界的边界与大门。吉尔伽美什穿过由蝎人把守的山门,并通过一条隧道抵达黑暗之国。吉尔伽美什与太阳比赛,最终抵达光明的天堂:

(那里没有光,极其深邃的黑暗。)

他前后什么都看不见。

当他召集到八个同伴时,就匆忙赶路。

那里没有光,极其深邃的黑暗。

……

他见到了太阳。

有了光。

他的面前出现了尖尖的灌木丛,花蕾中夹着宝石,

红宝石是结成的熟果。

悬挂在绿叶丛中,非常怡人。

天青石是树叶,

那里也硕果累累,令人心旷神怡。[①]

因为花园沐浴在阳光之下,其中有各类奇异之树,它显然是天堂。我们想起了希伯来《圣经》中的伊甸园(《圣经·创世记》2:8),这个园子同样位于东方,即接近太阳升起的地方。就像我们稍后会看到的那样,米诺人的天堂景观与不断升起的太阳相关。

---

① Tablet IX. v; Stephanie Dalley. *The Legacy of Mesopotamia*. Oxford: Oxford University Press, 1998, pp. 98-99.

《奥德赛》同样存在关于宇宙旅行的共同体传统。就像吉尔伽美什一样，奥德修斯到达了类似于世界边缘的天堂，那就是喀耳刻（Circe）的岛屿，这里是"日出之地"（《奥德赛》12.4）。喀耳刻与太阳家族具有某种关联，她是指引奥德修斯到达太阳岛的一位神明，太阳神的神圣牛群在岛屿上放养。我在其他地方已经指出，奥德修斯的历险是围绕宇宙的一种旅行，它以埃及亡灵下到冥界的历险路线为模型。①

带着这种思想背景，我们现在回到对米诺石棺的阐释上来。它有可能以一种图像的形式刻画了死后的旅行路线：花园或者是岩洞，一株圣树，一轮太阳。在进入花园之前，一些场景上刻画的是带有棕榈树的岩洞，百合花，以及其他一些枝叶卷曲的植物（比如，我们下文要探讨的图11-6就是一个例子）。我们在帕莱卡斯特罗出土的石棺上看到了太阳（图11-1右边的嵌板），一只格里芬紧挨着太阳出现。我们在科诺索斯王宫中的御座室内看到，格里芬是太阳女神的陪伴者（参见第四章）。我们在这里再次看到了格里芬的形象，它紧挨着太阳盘与纸草植物，出现在一种非常抽象的环境中；这个场景表述的一定是天堂——米诺人的天堂。正如伊文思指出的那样："我们在这里看到了光明而不是黑暗。我们现在不是在希腊原初传统里哈得斯的世界——到处是阴影与亡灵呢喃的冥界。这里是真正的天堂，一个非希腊理念下的极乐世界……"②

下面我们要考察的是将人类世界与冥界分割开来的各种边界。我们在巴比伦的地图上已经看到，宇宙被群山所环绕，一条宇宙河流将其包围。这样，山川与河流就构成了通向冥界的边界。史诗《吉尔伽美什》中的英雄吉尔伽美什必须穿过死亡之水才能够到达乌塔那匹什提姆居住的岛屿。但是，我们必须谨记：只有太阳才能够穿过死亡之水。③

在希腊人的思想中，宇宙同样也被一条河流所环绕。在《奥德赛》中，天堂被表述为一个接近大洋的地方。巫师普罗透斯（Proteus）对墨涅拉俄斯（Menelaus）

---

① Nanno Marinatos. "The Cosmic Journey of Odysseus", *Numen* 48, 2002, pp. 383-416.
② Evans PM III, pp. 155-156. 伊文思探讨了锻造的（涅斯托尔）戒指。不过这种描述是非常实用的。
③ *Gilgamesh,* Tablet X, ii; Stephanie Dalley. *The Legacy of Mesopotamia.* Oxford: Oxford University Press, 1998, p. 102. 乌塔那匹什提姆居住的岛屿有可能类似于《奥德赛》中的淮阿喀亚人的岛屿：其疆域属于半神族，一般的人难以企及，只有少数人在特殊条件下才能够到达。《奥德赛》中的淮阿喀亚人有可能是神明的伙伴。乌塔那匹什提姆居住的岛屿接近神明居住地的边界，参见Gisela Strasburger. "Die Fahrt des Odysseus zu den Toten im Vergleich mit Älteren Jenseitsfahrten", *Antike und Abendland* 44: 1-29, 1998.

图 11-1 天堂里的双面斧、太阳与格里芬
帕莱卡斯特罗出土石棺（约公元前 14—前 13 世纪）

说道："你已注定不会死在牧马的阿尔戈斯，被命运赶上。不朽的神明将把你送往埃琉西昂（Elysian，天堂也译为埃琉西昂）的原野，大地的边缘，金发的拉达曼提斯（Rhadamanthys）的住所，居住在那里的人们生活悠闲，那里没有风雪，没有严冬和淫雨，柔和的西风时时吹拂，轻声呢喃。奥克阿诺恩（Ocean）遣它给人们带来清爽。"（《奥德赛》4.561—568）还要看《奥德赛》中另外一段文字，珀涅罗珀表达了要寻死并要到奥克阿诺恩河的愿望。"哦，请把我的灵魂带走，或者让风暴带走，带我经过幽暗昏冥的条条道路，把我抛进环流的奥克阿诺恩的河口。"（《奥德赛》20.61—65）关于冥界的地形已经在《奥德赛》的最后一卷简洁地做了总结。当珀涅罗珀的那些求婚者被杀死之后，其亡灵不得不渡过奥克阿诺恩河，经过白色的岩石，经过太阳之门，经过梦幻之境（《奥德赛》24.1—14）。赫西俄德定居"在大洋深处的福地"。[①]最后，希罗多德见证了一幅叫作赫

---

① Hesiod. *Erga*. p. 171.

卡泰俄斯（Hekateus）的地图，在这幅地图上，宇宙被一条叫作奥克阿诺恩的河流所环绕（《历史》2.23）。①

这种表述与希腊神话之间具有某种分歧。它向我们表明，我们能够确定，爱琴与近东之间存在一种共同体，宗教共同体与关于边界的抽象概念将两种世界分割开来。更为重要的是，边界被明确化为水流或群山。

这恰恰是我们在米诺石棺上所发现的河流与山脉。以河流开始，我们常常会发现被波浪线围绕的冥界的场景。在米诺艺术中，波浪线是水与河流的象征符号。这些波浪线笔直地穿过石棺的边界，这些图案通常用来装饰石棺的支架。其中一个例子就是克里特西部阿美瑙埃（Armenoi）出土的一个石棺（图11-2）。

图 11-2 可能为冥界的狩猎图，由环绕神秘区域的河流所包围
阿美瑙埃出土石棺（公元前 13 世纪）

---

① 希罗多德在公元前 5 世纪进行写作，但却体现了一个世纪之前读者的观点。

我们在巴比伦宇宙图中已经看到，群山可能环绕宇宙（图 8-10）。假如这幅图画能够翻译成语言，假如我们能够在石棺上发现这种山的圆形，那么我们就能够发现，∪形符号环绕了冥界。我们同时也应该发现，太阳在两座山的地平线上升起。实际上，我们能够在阿美瑙埃出土的第二个石棺上看到（图 11-3）。在这个石棺的盖子上，我们看到了一个非同寻常的场景：一头带角的公牛紧紧挨着双面斧。难道这是其头作为我们在第九章中所探讨的公牛头的神话动物天牛吗？无论如何，有一点是毋庸置疑的：这是一种关于冥界的场景，并且这是一种神话场景，不是仪式场景。考察下文所说的乌迦特文本，我们看到，冥界的边界由两座山而确立：

> 你要面朝特戈兹山，
> 你要面朝什尔美格山，
> 面朝冥界统治者的双峰。①

图 11-3　群山与双面斧确立的界限，它们围绕成冥界的景观
阿美瑙埃出土石棺（公元前 13 世纪）

---

① KTU 1.4 viii; Nicolas Wyatt. *Religious Texts from Ugarit: The Words of Ilimilku and His Colleagues.* The Biblical Seminar 33.2d ed. Sheffield: Sheffield Academic Press, 2002, p. 112.

海底世界

米诺冥界景观的独特性就在于它们当中的很多都被想象为位于大海深处。这或许是对米诺时期克里特彼世地形的一种独特贡献。海平面同样是彼世与冥界的边界,但其范围却深不可测,不论是水平或垂直层面。就像陆地上的景象一样,石棺所刻画的另一个世界极为丰富与复杂。冥界位于大海深处,其间生长着植物、鱼类以及软体生物。章鱼在软体生物的景观中占据主要地位。章鱼是一种穴居生物,可能象征着大海的神秘与无边的奥妙。

凯弗洛克里出土的一具石棺上刻画了大洋深处的世界(图11-4)。我们在石棺侧挡上看到一株棕榈树和一只栖落在其上的鸟儿。在棕榈树近旁有一只软体生物,还有一架双轮战车,它载着死者驶向冥界。①这种奇特的景观由左右两边的河流所围绕,河流组成了冥界的边界。在这里,大陆与海底的景观已经并联在一起,构成了一个新的宇宙。在石棺的盖子上,重复出现了这种大陆与海底生物并置的场景。

图11-4 大海深处的冥界
凯弗洛克里出土石棺(公元前13世纪)

---

① George Rethemiotakis. "Larnakes kai Aggeia apo to Kavrochori Irakliou", *ArchDelt* 34, Meletai B2,1979, pp. 228-259.

图 11-5 对称并置的陆地与海洋
帕凯亚摩斯出土石棺（公元前 13 世纪）

图 11-6 作为生命树的棕榈
维萨卡·阿诺盖亚出土石棺，东部克里特（公元前 13 世纪）

在克里特东部帕凯亚摩斯（Pachyammos）出土的一具石棺上，我们看到了陆地与海洋并置的一种景观。石棺左侧挡板上刻画了一只巨大的章鱼，它象征着大海的深度；石棺的右侧挡板上刻画了一个长有棕榈树的树丛，这是天堂的象征。（图11-5）

在克里特东部阿诺盖亚（Anogeia）出土的石棺上，棕榈树位于中央（图11-6）。《圣经》中有类似的关于伊甸园的表述，这里刻画的是生长在园子中部的"生命树"（《圣经·创世记》2：9）。树的顶部聚集着一些鸟儿，底部则被鱼类围绕。棕榈树是宇宙轴，其根扎在大海深处，其顶部是天堂。①

从这些复合的景观中得出的一个重要的结论就是，这里表现的是宇宙的对称性；另一个结论是，这是位于大海深处的第二个世界。海底世界充满了再生的因素。比较一下《吉尔伽美什》，英雄吉尔伽美什被智者乌塔那匹什提姆告知，他得下到水底去找到永葆青春的植物。②吉尔伽美什照做了，在大海深处找到了神奇的不死草。因此，不死草只能在水底发现。

日出之地：游历的终极目的

可以推测，对于米诺人而言，亡灵旅行的最终目的为抵达太阳之地，这一点在双面斧中得以体现。这种理念与《吉尔伽美什》中的诗文所表达的思想非常契合：英雄追随太阳并到达被光明所覆盖的乐园。它更为符合埃及人的彼世信仰，根据这种信仰，亡灵的目的是不断追寻光明。③

假如双面斧是不断升起的太阳，就像本书第九章所探讨的那样，那么我们不难发现，太阳是石棺的表现主题。事实上就是如此。譬如，一口出自高斐拉科亚的石棺上就有一个双面斧符号，它在双峰之间升起，上面还栖息着一只鸟儿。（图11-7）鸟儿在歌唱太阳的升起。

同样，在我们前面已经探讨过的帕莱卡斯特罗出土的一口石棺上，我们注意到右边的嵌板上的太阳符号（图11-1）。在左边的嵌板上，我们看到了以双面斧形式出现的日出图像，太阳从百合花丛中升起。石棺侧挡上出现了太阳盘与双

---

① Spyridon Marinatos and Max Hirmer. *Kreta, Thera and das Mykenische Hellas,* München: Hirmer, 1976, pl. 130; Nanno Marinatos. *Minoan Religion: Ritual, Image and Symbol.* Columbia: University of South Carolina Press, 1993, pp. 231-232.

② *Gilgamesh,* Tablet XI, lines 209-307.

③ Erik Hornung. *The Valley of the Kings: Horizon of Eternity.* Transl. D. Warburton. New York: Timken Publisher, 1990; Erik Hornung. *Das Totenbuch der Ägypter.* Zürich and München: Artemis, 1990, pp. 55-57. Spells 15, 17, 18.

图 11-7 作为正在上升的太阳的双面斧
高斐拉科亚出土石棺（局部，公元前 13 世纪）

面斧，这是一种偶然吗？在本书第九章中我们已经讲过，这种图像的并置服务于这样一种假设，即双面斧是不断升起的太阳。实际上，如果我们采用近东共同体框架的视角，帕莱卡斯特罗出土的石棺上的图像或许非常容易理解。双面斧是地平线上再生的太阳，格里芬则是与太阳相关的生物（第四章），它生活在冥界之外的天堂。发光的太阳盘（它同样出现在石棺的盖子上）与双面斧同样是太阳的象征符号，它们存在于米诺人的极乐园中。至于百合，作为一种再生的象征符号，它与双面斧相关，这一点我们在第九章已经探讨过了。帕莱卡斯特罗出土的石棺上的百合花图像在理念上类似于埃及人的荷花，荷花是生产太阳婴孩的植物（图 11-8）。①

这样，各种聚合而来的理念就产生了一种连贯的体系，它们刻画了彼世景象：繁花盛开的植物与双面斧象征着再生；对称性与二元性反映了陆地与海洋中的领域，光明与黑暗，上与下，东与西。在近东与埃及的文化语境中，上述这些都是可以理解的，尽管一些特殊的习惯用语会有所改变。

埃及人非常恐惧黑暗，并被一种理念所震慑，即亡灵会在冥界之门落入陷阱，然后永远不能达到光明之地。我们看看《亡灵书》的第 91 段咒语："至于他，他明白这段咒语，他将成为冥界一个整装待发的灵魂，他不会被滞留于任何一扇西方之门中，惊恐而不知所措。"《亡灵书》第 164 段咒语表达了一种被困在黑暗之中的恐惧："他的灵魂不会被禁锢。"②

这些咒语反映了关于米诺彼世之谜的一些理念，这些谜底或许永远都不可能揭开，但是它们却能够补充一种重构米诺冥界的维度。米诺人就像其近邻埃及

---

① 出自阿尼纸草。参见 Raymond O. Faulkner. *The Ancient Egyptian Book of the Dead*. London: British Museum Press, 1985, p. 79; Richard H. Wilkinson. *Reading Egyptian Art: A Hieroglyphic Guide to Ancient Egyptian Painting and Sculpture*. London: Thames and Hudson, 1992, p. 121, with references.

② Raymond O. Faulkner. *The Ancient Egyptian Book of the Dead*. London: British Museum Press, 1985, p. 160, Spell 164.

人、美索不达米亚人、西部的闪族人一样,将黑暗与虚无之地并置在一起,这可能吗?倘若如此,米诺人是否将大洋的极深之处视为虚无之地的深渊?通过展示乐园美景与从黑暗中走向光明的双面斧,米诺石棺上的图像是否意味着去抵消这种消极的说法?

图11-8　从荷花中诞生的太阳神
埃及阿尼(新王国时期)墓葬纸草

石棺中死者为何人?

最后一个问题是要确定一下葬在石棺中死者的社会身份。从属于 LM III A 时期的宫殿时代末期到科诺索斯宫殿衰落这一时间范围内,我们能够发现这样一种事实,即我们在资料中发现了一种本质上不属于王族的意识形态。普通民众能够享有拥有彩绘石棺的权力吗?这里有两种相关的观点。首先,我们必须考虑彩绘石棺的普遍性。这些石棺在克里特岛屿非常普遍,每一个墓地上都有

第十一章　米诺的彼世信仰 | 189

好几种石棺类型。因此，我们不能说只有精英阶层才能够拥有石棺。相反，我们必须将中间阶层纳入其中，他们拥有进入这些理念与神话的权力。需要指出的是，宫殿时代的陶器上同样刻画了这些图像，在宫殿时代衰落之后，这些图像被广泛接受。

另外一个相关的观点就是，这些相互呼应的图像反映了一种对于冥界的认知，如果没有业已定型并被系统编撰的神话，这种认知模式很难得以传播。可以肯定的是，这种神话在宫殿时代已被具体化。相关的叙述与视觉性语法宇宙成为一种模板，足以穿越克里特地区，甚至在宫殿时代的神权政治崩溃之后也如此。

第十二章　王权下的太阳女神

伊文思留给后人的一大贡献就是关于大母神的概念。他将其想象为拥有凌驾于大地、天空与冥界之上权力的女神，负责丰产、再生，以及生命所有方面的事物。伊文思倾向于将这位大母神等同于希腊的瑞亚（Rhea）女神（希腊宗教中地位极为低微的一位女神）或者是弗吕癸亚（Phrygian）的库柏勒（Cybele）女神。①大母神的属下是一位男神，一位年轻的少年神明。

一个世纪之后，不论在大众文化学界还是专业学界，大母神依然非常活跃，尽管她已经拥有各种不同的面目。一些熟知近东对克里特影响的学者通过各种路径，已经将大母神与巴比伦的伊士塔尔女神或叙利亚－巴勒斯坦的亚斯塔特（Astarte）女神联系起来。②即便如此，大母神依然保留了植物与丰产母亲的面目。③

---

① Evans PM III, pp. 463-468.
② Charles Sugaya. "A Foreign Goddess in the Minoan World", *in Pepragmena tou Ogdoou Diethnous Cretologikou Synedriou, Herakleion, 9-14 September 1996*, vol. A3,273-286. Herakleion: Society of Cretan Historical Studies, 2000, pp. 273-282; Gareth A. Owens. "Evidence for the Minoan Language: The Minoan Libation Formula", *Cretan Studies* 5,1996, pp. 163-208; Gareth A. Owens. "'All Religions Are One'（William Blake 1757-1827), Astarte/Ishtar/Ishassaras/Asasarame: The Great Mother Goddess of Minoan Crete and the Eastern Mediterranean", *Cretan Studies* 5,1996, pp. 209-218. 在加雷思·欧文斯（Gareth A. Owens）的话语中，亚斯塔特与阿纳特伊士塔尔几乎没有什么区别。
③ 最富有影响力的应该是金芭塔丝（1995），她创造了一个包括新石器时代的概念。比较温和的应该是斯泰拉诺斯·亚历克西乌（Stylianos Alexiou）。他断言："能够与自然界的创造能力相媲美的应该是大母神的特性。"参见 Stylianos Alexiou. *Minoan Civilization*. Trans. C. Ridley. Herakleion: Crete, 1969, pp. 70-71. 胡德（Hood）指出："青铜时代的克里特人崇拜的神明显然是大母神；她既不是一位以不同面目出现的独一女神，也不是具有不同名字的一群女神，而是具有类似品性的女神。克里特人的女神是丰产女神的原型，在早期时代的近东受到普遍的崇拜。"参见 Sinclair Hood. *The Minoans: Crete in the Bronze Age*. London: Thames and Hudson, 1971, p. 131. 欧文斯（Gareth A. Owens）则认为："对于任何一种文化而言，大女神已经被视为以其面目出现的一种普遍现象。"参见 Gareth A. Owens. "'All Religions Are One'（William Blake 1757-1827), Astarte/Ishtar/Ishassaras/Asasarame: The Great Mother Goddess of Minoan Crete and the Eastern Mediterranean", *Cretan Studies*: 5: 209-218,1996, p. 212. 诺塔·考茹（Nota Kourou）指出："在他们的国家，树崇拜到了一种登峰造极的地步，树是大女神形象的化身。"参见 Nota Kourou. "The Sacred Tree in Greek Art. Mycenaean Versus Near Eastern Traditions", in Sergio Ribichini, Maria Rocchi, Paolo Xella. *La Question delle*

因为一些始料未及的原因，尼尔森对伊文思单身女神的理论持批评态度。因为米诺时代的克里特处于原始状态，非常接近自然而不是文化，尼尔森认为这个时候不可能形成标志着高等文化的母权制社会。在尼尔森看来，克里特非常原始，因此人们信奉多神教，人们的头脑中装满了自然神明。①关于母权制的概念，我们较少地归结于伊文思，而更多地要归结于 19 世纪人类学。尽管尼尔森赞同人类早期社会存在母权制这种观点，但他自己几乎没有论及这种观点。②

　　不论在公元前 2000 年的古代东方，还是在地中海的宫殿社会，文献记载中均未出现母权社会的相关表述。③另一方面，大母神以各种形式与面目出现，偶尔也是以母性社会为特征。大母神最为显著的特征就是保护她具有神性的儿子与配偶，以及人间的诸王。譬如，美索不达米亚的伊士塔尔被视为丰产女神，但她在宗教中却是作为国王的保护神而出现。这种特征从公元前 3000—前 2000 年

Influenze Vicino-Orientali sulla Religione Greca: Stato degil Studi e Pros Pettive della Ricerca. Atti del Colloquio Internazionale, Roma, 20-22 maggio 1999. Roma: Consiglio Nationale delle Ricerche. 怀疑论的极端表述直接指向了神话学阐释。卡尔·托马斯与米歇尔·韦德（Carl Thomas and Michael Wedde）同样探讨了图像与线形文字 B（迈锡尼资源），然后总结道："尽管在书写资料中非常醒目，但在线形文字B中，'Potnia'的特征化并不明显。书写资料无法与考古学资料对等。"参见 Carl Thomas and Michael Wedde. "Desperately Seeking Potnia", in Robert Laffineur and Robin Hägg, eds. *Potnia: Deities and Religion in the Aegean Bronze Age. Proceedings of the 8th International Aegean Conference, Göteborg University, 12-15 April 2000.* Aegeaum 22. Liège: Université de Liège, 2001, pp. 3-14. 关于大女神方法论的批评，参见 Kenneth Lapatin. *Mysteries of the Snake Goddess: Art, Desire, and the Forging of History.* Boston: Houghton Miffin, 2002, pp. 66-90.

① Martin P. Nilsson. *The Minoan-Mycenaean Religion and Its Survival in Greek Religion.* 2d ed. Lund: Kungl. Humanistiska Vetenskapssamfundet, 1950, p. 393.

② Evans PM Ⅲ, p. 406. 近期的重新评判参见 Othmar Keel and Sylvia Schroer. *Eva-Mutter alles Lebendingen: Frauen-und Göttinenidole aus dem Alten Orien,* 2d ed. Fribourg: Academic Press Fribourg, 2006.

③ 母权社会的理念最初出自巴霍芬（最早的论著出版于 1861 年），不过巴霍芬所说的 "Mutterecht" 与母权社会并不是一回事儿。根据巴霍芬的理论，一个社会进化论的学术流派建立了起来，它对伊文思、赫丽生，以及其他一些学者都产生了重要影响。关于近东母权社会观念的探讨，以及社会进化情况（现在已经过时），参见 Kenneth Lapatin. *Mysteries of the Snake Goddess: Art, Desire and the Forging of History.* Boston: Houghton Miffin, 2002, pp. 66-90; Urs Winter. *Frau und Göttin. Exegetische und Ikonographische Studien zum Weiblichen Gottesbild im Alten Israel und in dessen Umwelt.* Orbis Biblicus et Orientalis 53. Göttingen: Vandenhoeck und Ruprecht, 1983, pp. 416-420. 另外一方面，母系社会是一种社会现象，对于乌迦特而言，应该很有可能性，至少王族如此，相关情况参见 Nicolas Wyatt. "Religion of Ugarit: An Overview", in Wilfred Watson G. E. and Nicolas Wyatt, eds. *Handbook of Ugaritic Studies.* Handbook of Oriental Studies, Part One: The Near and Middle East 39. Leiden: Brill, 1999, p. 544.

一直存在，在亚述时代尤为显著。为了确认伊士塔尔的丰产女神或植物女神身份，人们不得不否定她的社会职责。不过，倘若神话世界中有与真实社会相关的表述，那么我们一定要在图像背后找到这种社会范式。

母亲与儿子

克里特与希腊大陆出土了数枚戒指，上面刻画了端坐在御座上的女神形象。女神端坐的姿态预示了女神的特殊荣光与尊贵，显示了她在圣殿中的身份。不难看出，女神身边围绕着神话动物或可怕的动物，诸如格里芬与狮子。这些动物要么守卫着御座，要么站在御座的侧面（图12-1）。为何女神要端坐在御座上？哪种类型的姿态表明了女神的权威？[①]下面的这些场景会具有准叙述学的特征，因为端坐的女神与站立的男性具有关联。那么，这位男性是如何与女神发生关联的？

迈锡尼出土了一枚戒指，上面刻画了一个端坐在御座上的女神形象，御座后面刻画的是山的形状的图像；女神面前站立着一位手拿长矛的男性。（图12-2）双方手交叉呈十字形，且都伸出了手指。显然，女神与男性形象在热烈交谈。[②]

伊文思在其相关论著中讲到了女神与男性形象之间的亲密关系，但尼尔森却认为这只是一种日常生活场景的表述："图像表述的是大女神与其配偶之间的神

---

① Paul Rehak. "Enthroned Figures in Aegean Art and the Function of the Mycenaean Megaron", in Paul Rehak, ed. *The Role of the Ruler in the Prehistoric Aegean. Proceedings of a Panel Discussion Presented at the Annual Meeting of the Archaeological Institute of America, New Orleans, Louisiana, 28 December 1992.* Aegaeum 11. Liège: Université de. Liège, 1995, pp. 95-118.

② 我在先前相关表述（Nanno Marinatos. *Minoan Religion: Ritual, Image and Symbol.* Columbia: University of South Carolina Press, 1993; Nanno Marinatos. "Minoan-Cycladic Syncretism", in David A. Hardy et al, eds. *Thera and the Aegean World III. Proceedings of the Third International Congress, Santorini, Greece, 3-9 September 1989.* Vol. 1. London: Thera Foundation, 1990, pp. 370-377, with notes 73-75）中将那些抓住女性手腕的男性形象的动作视为一种具有色情意味的姿态，我现在觉得这种情况不大可能。近期的研究参见 Robert B. Koehl. "The 'Sacred Marriage' in Minoan Religion and Ritual", in Robert Laffineur and Robin Hägg, eds. *Potnia: Deities and Religion in the Aegean Bronze Age. Proceedings of the 8th International Aegean Conference, Göteborg University, 12-15 April 2000.* Aegeaum 22. Liège: Université de Liège, 2001.

图 12-1　端坐的太阳女神
a. 梯林斯出土戒指　b. 迈锡尼出土戒指

圣对话，尽管对我来说，我必须承认，整个场景的世俗性让我非常吃惊。"① 但

---

① Evans PM III, p. 464; Martin P. Nilsson. *The Minoan-Mycenaean Religion and Its Survival in Greek Religion*. 2d ed. Lund: Kungl. Humanistiska Vetenskapssamfundet, 1950, p. 405; Evans PM III, p. 464; Nota Dimopoulou and G. Rethemiotakis. "The 'Sacred Conversation' Ring from Poros", in Walter Müller, ed. *Minoisch-mykenische Glyptil: Stil, Ikonographie, Funktion: Ergebnisse eines Internationalen Siegelsymposiums, Marburg 23-25. September 1999*. CMS Beiheft 6. Berlin: Gebr. Mann, 2000.

是，作为确凿证据的山形御座却表明，尼尔森错了：身为凡人的女性不会拥有山形的御座，只有神明才有资格拥有山形的御座（参见第四章）。现在我们指出两个补充性的要素：第一，女性形象的身体的尺寸与外形的端庄表明她是母亲；这就与男性形象的短小尺寸形成了鲜明对比，男性显然比女性年轻了许多，外形也很小。第二，女性形象端坐的姿态表明她身份高贵。当我们论及交谈的性质时，我们必须将二者年龄之间的差异考虑在内。同样比较醒目的是，女性形象的身份要比男性形象的身份要高贵很多。

现存于日内瓦的一枚石头圆筒印章上刻画了类似的场景模式。与上述热烈交谈场景形成对比的是，在石头圆筒印章刻画的场景中，画面中的两个人物形象分别向彼此伸出了手，处于一种极为亲密的状态之中（图12-3）。需要加以指出的，这种姿态不是拥抱。在这两个形象的上方，我们看到一个想象出来的物体，最好将其视为一颗流星或彗星（参见第七章），或者是一个端坐的孩子形象，这个孩子我暂时还无法解读。星星或孩子这两个物体可能作为天空的象征而被想象出来。如果这样，那么天空就是敞开的，其中有一些超自然的符号存在，当然，还有一些神明在其中。

在希腊大陆的底比斯出土了一枚戒指，上面刻画了一位女神端坐在貌似宫殿的建筑的上部，有可能这个宫殿属于女神。（图12-4）较之于前面的场景，这个图像中的男性形象非常健壮和高大；可以将画面上的两个形象解释为在相互问候。在他们的上方有一条水平线，水平线上有一个在半空中发光的太阳盘。这就表明，图像中的女神是太阳女神。

我们在本书第七章中讲到伯罗斯出土的戒指，第九章中讲到了迈锡尼出土的戒指。伯罗斯出土的戒指上刻画了一位端坐的女神，她面对着一个男性形象。男性形象伸出的手臂表明他是一位统治者兼神明（图7-10）。[①]迈锡尼出土的戒指上刻画了一位女神端坐在大树下，在接受一位从天空而来的男神的问候

---

① Wolf-Dietrich Niemeier. "Das Stuckrelief des 'Prinzen mit der Federkrone' aus Knossos und Minoische Götterdarstellungen", *AM* 102,1987, pp. 65-98; Wolf-Dietrich Niemeier. "Zur Ikonographie von Gottheiten und Adoranten in den Kultszenen auf Minoischen und Mykenischen Siegeln", in Walter Müller, ed. *Fragen und Probleme der Bronzezeitlichen Ägäischen Glyptik: Beiträge zum 3. Internationalen Marburger Siegel- Symposium 5-7 September 1985.* CMS Beiheft 3. Berlin: Gebr. Mann, 1989.

(图9-21)。象征天空的太阳与月亮符号表明，这些神明是星体之神；女神端坐的姿势表明，她在概念上等同于王后。

上面探讨的这些场景都将端坐的女神与站立的男性并置在一起，前者显然是圣殿中的主神，因为她端坐在御座上。我认为，她不仅仅是一位神王，还是比男性神明要年长很多的女神。

接下来我们要探讨一下这两位神明之间的关系。第一种可能性就是，他们是伴侣（就像伊文思首次提到的那样）；倘若如此，二者上方的植物圆圈可能暗示了这一点。①但是我们应该注意到，伊文思将他们假想为母亲与儿子。考察了一枚迈锡尼出土的戒指（图12-2），伊文思写道："戒指上刻画的场景表明，他们是儿子与母亲的关系，而不是丈夫与妻子或情人的关系。"②伊文思是对的：女神体态丰腴而匀称，这些特征皆为刻意夸张而为，所有这些表明了她作为母亲的特征。我进一步指出，我们可以以一种复合的方式解读他们：他们是神话形象，是基于社会范式之上而塑造的形象。套用一句神话学的术语就是，母亲给予了儿子教诲并授予其权威（我们应该返回第三章，在本书第三章中我们探讨了近东神话）。借用一句社会学的术语就是，端坐的神明是太后，站立的男性形象是国王。从这个视角来看，这枚著名的迈锡尼出土的戒指（图9-21）上的场景或许可以这样理解，这是太阳女神与其儿子之间的一种会面，后者可能是月神。③

---

① 尼尔森的观点是，大女神象征了衰老以及植物的复苏。参见 Martin P. Nilsson. *The Minoan-Mycenaean Religion and Its Survival in Greek Religion*. 2d ed. Lund: Kungl. Humanistiska Vetenskapssamfundet, 1950, pp. 401-403, with Discussion.

② Evans PM III, p. 464.

③ 这种解释被两种证据所支持。第一，是出自克里特的伯罗斯的一枚戒指，我要为此而感谢那些慷慨的发掘者，那就是诺塔·戴蒙普劳（Nota Dimopoulou）与乔治·雷塞米塔科斯（Giogos Rethemiotakis——应当为 George Rethemiotakis——译注），他们二位向我展示了端坐的女神与站立的男性图像。上面的女神是太阳女神；男神是月神。第二，在埃及，月神被视为太阳神的儿子。

图 12-2 交谈中的女神与男神,男神可能在接受教诲
迈锡尼出土戒指

图 12-3 女神及其儿子,天空中还有相关符号
现存于日内瓦

图 12-4 端坐在神殿上的女神在面对自己的儿子(他们之间出现了太阳符号,可将女神视为太阳女神)
底比斯出土戒指

第十二章 王权下的太阳女神 | 197

近东图像中类似的端坐女神

端坐的女神以及站立的男神，这些视觉性图式并不是克里特地区所独有的。比克里特稍早的叙利亚出土的一枚圆筒印章上，我们看到了端坐在动物身上的女神形象；女神的对面站着两位男神，他们穿着带褶皱的短裙，手里拿着武器，这种姿态与米诺男神的姿势有些类似。①（图 12-5）两个男神中的一个较为高

图 12-5 端坐的女神与风暴神
古代叙利亚印章

大，站立在一头带翅膀的狮子身上。他是风暴神。其他的一些神明尺寸较小，很难确定其身份。女神端坐在御座上的事实表明她是年岁较长的神后（不是至高神）。那么，那个身材较小的男神是她的儿子吗？

出自叙利亚的另外一枚圆筒印章上刻画了一位坐在牛科动物身上被太阳符号所围绕的女神（图 12-6）。②与女神面对而立的一个男人，身着短裙，穿着长袍；女神身后是一位送出祝福的神明。在这个案例中，站立的形象多半可能为国王，而不是神明，因为这位男性不是站在动物身上。尤其要注意的是，叙利亚的雕

---

① Dominique Collon. "Bull-Leaping in Syria", *Ägypten und Levante IV*, 1994, pp. 81-88. 多米尼克·科伦认为，这种情节单元可能与 Alalakh level Ⅶ时期相关，即与公元前 7 世纪相关。根据传统年表，我们的场景要晚两个世纪，但是新的年表（基于锡拉火山爆发的科学证据）以及被尼梅尔所改变的年表将会创造出新的米诺宫殿时代，它与 Alalakh 时代处于同一个时期。我将传统年表作为自己的证据而使用。

② 尼克塔尼布（Nectanebo）二世统治时期的埃及浮雕上也有类似的图像。参见 Izak Cornelius. *The Many Faces of the Goddess: The Iconography of the Syro-Palestinian Goddesses Anat, Astarte, Qedeshet, and Asherah c. 1500-1000 BCE*. Orbis Biblicus et Orientalis 204. Fribourg: Academic Press Fribourg, 2004, p. 43, fig. 33.

刻艺术在神明与国王之间做了一种区分（参见第二章）。①假如这个男性形象是国王，那么印章就会向我们展现一种国王与其保护神之间的特殊关系。

图 12-6　被太阳符号围绕的端坐的女神在面对统治者
叙利亚圆筒印章

在塞浦路斯发现的一枚圆筒印章上同样刻画了一个端坐的女神形象（伊士塔尔？），很有可能这枚戒指有着叙利亚源头，这位女神手持两枝带有果实的棕榈枝（图12-7）。一位崇拜者面对女神而站立，他献上了一只活的猛禽作为祭品；这位男性极有可能是一位国王。图像的左边是一位站立在牛背上的男神，他面对女神而站立，很有可能这是一位战神。②在这个个案中，男神与国王都出现在图像中，二者皆站立在端坐的女神的面前。

最后，在出自黑铁时代的新亚述时代的戒指上，它比迈锡尼时代的戒指要晚一些，我们同样发现了端坐的女神。在这里，女神同样面对风暴神而端坐（图12-8）。

---

①　尤斯·温特（Urs Winter. *Frau und Göttin. Exegetische und Ikonographische Studien zum Weiblichen Gottesbild im Alten Israel und in dessen Umwelt.* Orbis Biblicus et Orientalis 53. Göttingen: Vandenhoeck und Ruprecht, 1983, p. 452）指出，这位男性是国王。我们在本书第二章中探讨了服饰的相似性与神明的特性。在探讨设在亚兹利卡亚的赫梯神明时，这是一个大话题。参见 Kurt Bittel, Rudolf Nauman, Heinz Otto. *Yazilikaya: Architektur, Felsbilder, Inschriften und Kleinfunde.* Wissenschaftliche Veröffentlichung der Deutschen Orientgesellschaft 61. Leipzig: Hinrichs, 1941, p. 67（其中编号为34中的神明看上去极像国王）。

②　Urs Winter. *Frau und Göttin. Exegetische und Ikonographische Studien zum Weiblichen Gottesbild im Alten Israel und in dessen Umwelt.* Orbis Biblicus et Orientalis 53. Göttingen: Vandenhoeck und Ruprecht, 1983, p. 449.

图 12-7 面对统治者的端坐的女神
塞浦路斯出土古代叙利亚印章

图 12-8 面对风暴神端坐的
女神，带翅膀的太阳盘伴随其左右
安纳托利亚马拉塔亚（Malatya）
黑铁时代的浮雕

图 12-9 由儿子陪伴的赫帕特
亚兹利卡亚出土赫梯浮雕（公元前 13 世纪）

　　一种范式开始出现：端坐的女神成为圣殿中的主神，不仅在克里特如此，就是在叙利亚和安纳托利亚地区也是如此。偶尔，端坐的女神会等同于太阳女神，她面对的男性是风暴神或国王。

　　现在我们来看亚兹利卡亚出土的赫梯浮雕（公元前 13 世纪），浮雕上的女神形象与其儿子被证明具有密切关联。赫梯圣殿中的主神是赫帕特，她与太阳女神阿瑞纳是一体的，阿瑞纳是王权的主要保护神，也是最为伟大的大地女神，她

200 ｜ 米诺王权与太阳女神——一个近东的共同体

是国王与王后的保护者。①阿瑞纳经常以端坐的姿态出现（不在本案例中）。②在图 12-9 中，她处于整个画面的中心，站立在一只猫科动物身上。③颇有意味的是，她由其儿子沙鲁玛（Sharuma）陪伴，沙鲁玛站在女神身后，身材非常矮小。沙鲁玛也是国王的监护神，其穿着类似于国王。沙鲁玛就像其母一样站在一只猫科动物身上，他手持作为象征符号的双面斧。这样，我们在亚兹利卡亚看到了女神及其儿子的确切案例，女神儿子的身材较小。

叙利亚与安纳托利亚出土的浮雕表明，端坐的女神与站立的男神这种图像程式并非克里特所独有。此外，浮雕表明端坐的女神是王后。"大女神"这一命名无疑是正确的；不过，这并不意味着母权制。这种假说不仅是非历史的，它还去除了国王的角色，国王作为女神想象的儿子是神话范式的隐匿主角。④我们将会进一步看到，在叙利亚与黎凡特，站立的男神或许就等同于风暴神。我们在下面的章节中将会对其以及克里特的对等形象做进一步探讨。我们已经看到，在叙利亚的宝石雕刻艺术中，端坐的女性形象与太阳具有关联；在一些场合，米诺女神同样有太阳盘陪伴。

如果男性神明反映了国王的角色，端坐的女神反映了太后的角色，那么这就表明，在克里特，王后与太后具有很高的社会地位，这并非因为克里特是母系社会，而是因为它是神权社会。怀亚特曾经就乌迦特与早期以色列的王后做过

---

① Kurt Bittel, Rudolf Nauman, Heinz Otto. *Yazilikaya: Architektur, Felsbilder, Inschriften und Kleinfunde*. Wissenschaftliche Veröffentlichung der Deutschen Orientgesellschaft 61. Leipzig: Hinrichs, 1941, p. 86. 阿而布雷克特·戈特兹（Albrecht Götze. *Kleinasien. Kultutrgeschichte des Alten Orients*. München: Beck, 1957, pp. 136-137）的阐释还包括一些源自圣歌的证据。

② Kurt Bittel. *Die Hethiter: Die Kunst Anatoliens vom Ende des 3. bis zum Anfang des 1. Jahrtausends vor Christus*. München: Beck, 1976, fig. 198. 阿拉卡·胡玉克（Alaca Hoyük）的一块浮雕表明，女神是坐着的，三位男神在接近她。参见 Kurt Bittel. *Die Hethiter: Die Kunst Anatoliens vom Ende des 3. bis zum Anfang des 1. Jahrtausends vor Christus*. München: Beck, 1976, fig. 216.

③ 参见 Hans G. Güterbock. "Hethitische Götterdatstellungen und Götternamen", in 26 Sayili Belletin den Ayri Basim, Ankara, 1943, pp. 297-317, p. 307; Albrecht Götze. *Kleinasien. Kultutrgeschichte des Alten Oriernts*. München: Beck, 1957, pp. 139-146. 很有可能这块浮雕出自图达利亚四世统治时期，参见 Kurt Bittel, Rudolf Nauman, Heinz Otto. *Yazilikaya: Architektur, Felsbilder, Inschriften und Kleinfunde*. Wissenschaftliche Veröffentlichung der Deutschen Orientgesellschaft 61. Leipzig: Hinrichs, 1941, p. 86; Kurt Bittel. *Die Hethiter: Die Kunst Anatoliens vom Ende des 3. bis zum Anfang des 1. Jahrtausends vor Christus*. München: Beck, 1976, p. 167.

④ 艾萨克·科尼利厄斯（Izak Cornelius）在考察乌迦特女神亚舍拉时也得出了这种结论。参见 Izak Cornelius. *The Many Faces of the Goddess: The Iconography of Syro-Palestinian Goddesses Anat, Astarte, Qedeshet, and Asherah c. 1500-1000 BCE*. Orbis Biblicus et Orientalis 204. Fribourg: Academic Press Fribourg, 2004. 艾萨克·科尼利厄斯几乎引用了所有可以利用的图像资料。

类似的阐释。①赫梯神话的范式为此提供了支撑性证据。在赫梯神话中,太阳神阿瑞纳既是神明的母亲,也是国王的母亲。赫梯的王后蒲杜海芭(Puduhepa)向她祈祷,并且说出太阳女神是风暴神奈瑞卡(Nerik)与国王的母亲。②

两则近东神话叙述中的母神与太后

我们已经对克里特和东方的图像进行了相关考察,现在要转向范式的神话层面。源自近东图像的表述表明,圣殿中作为主神的女神既是母亲又是王后。第一个例子源自巴比伦故事,讲的是尼尼微妖怪安祖(Anzu)的故事(公元前7世纪)。一只可怕的怪鸟从神明那里偷走了命运之板,导致天下大乱。③主神安努(Anu)召集诸神集会。圣殿之中,诸神一筹莫展。安努建议他们向女神贝蕾特-伊丽/玛米(Belet-ili/Mami)呼救:

他们向我呼救,诸神的姐妹贝蕾特-伊丽,
诸神兄弟的智慧的保护者。
诸神在集会中宣告她无上荣光,
诸神在集会中赋予她荣耀:
我将会告诉她我心底的想法……
先前的(我们称呼您)玛米,
(但)现您(您的名字将会)是我们所有神的女主人。
赋予您强有力的杰出的心爱的人,
宽广的胸怀,他组建了战斗的队列!
给予尼努塔(Ninurta),您杰出的心爱的人,
宽广的胸怀,他组建了战斗的队列!
(然后他的名字)将会是集会中伟大神明的主人,
让他表明自己的英武(向神明,他的名字富有权威)。④

女神召集其子,其子将接受主神的请求而去与怪鸟决战。玛米是女神的旧名,现在她的新名是女主人。女神的权力(远远比伏在其脚下亲吻脚跟的伊吉

---

① Nicolas Wyatt. *Space and Time in the Religious Life of the Ancient Near East*. The Biblical Seminar 85. Sheffield: Sheffield Academic Press, 2001, pp. 168-169.
② ANET, p. 393.
③ 此种叙述存在于公元前2000年早期以及公元前1000年的视觉文本中,这里引用的就是所谓标准的巴比伦人,参见 Stephanie Dalley. *The Legacy of Mesopotamia*. Oxford: Oxford University Press, 1998, p. 203.
④ *Anzu* I in Stephanie Dalley. *The Legacy of Mesopotamia*. Oxford: Oxford University Press, 1998, pp. 210-211.

吉等诸神的权力强大）源自这样一种事实，即她是太后。女神在万神殿中的地位并不归结于她是丰产女神，而归结于她委派儿子尼努塔去打败可怕的怪鸟。在关于尼努塔的史诗中有女神与王权之间的关联的证据；我们看到，史诗的形式反映了亚述国王的王权意识形态。①

这种形式的叙述并非是巴比伦文化所独有。在乌迦特的巴力史诗中，我们发现了与女神类似的角色。创造之神埃尔的配偶亚舍拉拥有女神的所有特征，因此被赋予富有权力的称号。她被称为"践踏亚姆（Yam）的伟大女性"，亚姆是混沌之蛇。②她同时拥有"伟大"（rbt）的称号。亚舍拉同时被称为"诸神之母"。③就像巴比伦的玛米女神一样，亚舍拉拥有任命继承人的权力。譬如，当年轻的风暴神巴力打算拥有一座宫殿（确立他在神殿中的地位）时，他就向亚舍拉求助，祈求她在创造之神埃尔面前通融一下。亚舍拉的允诺看上去非常必要。

在另一段诗文中，埃尔自己向亚舍拉女神呼救。巴力已经失踪了，另一位神明或者国王将要取代埃尔的位子，埃尔因此非常绝望。埃尔请求亚舍拉女神任命一个继承人：

> 埃尔向践踏亚姆的伟大女性大声疾呼：
> 哦，仔细听我倾诉，践踏亚姆的伟大女性啊，
> 赐给我您的头生子，
> 我使他成为君王。④

亚舍拉女神同意了。她最后选择将亚斯塔尔男神作为统治大地而不是天空的继承者。这样，作为国王母亲的亚舍拉女神就有权力决定继承者。正如怀亚特所言，亚舍拉女神的儿子是人类王权机制的最佳人选，并且，乌迦特神殿中亚

---

① Amar Annus. "Ninurta and the Son of Man", in Whiting 2001, pp. 7-17（该书在本书英文版参考资料中并未列出——译注）; Nicolas Wyatt. "The Religious Role of the King: The Ritual Tradition", in *Ugarit at 75: Its Environs and the Bible. Mid-West Meeting of AOS/SBL/ASOR, 18-20 February 2005,* Chicago, 2006, p. 5.

② KTU 1.6i 45, 48; Nicolas Wyatt. *Religious Texts from Ugarit: The Words of Ilimilku and His Colleagues.* The Biblical Seminar 33.2d ed. Sheffield: Sheffield Academic Press, 2002, pp. 131-132.

③ 诸多例子中的两个：KTU 1.4 iv 33, in Nicolas Wyatt. *Religious Texts from Ugarit: The Words of Ilimilku and His Colleagues.* The Biblical Seminar 33.2d ed. Sheffield: Sheffield Academic Press, 2002, p. 99; KTU 1.8 ii 2, in Nicolas Wyatt. *Religious Texts from Ugarit: The Words of Ilimilku and His Colleagues.* The Biblical Seminar 33.2d ed. Sheffield: Sheffield Academic Press, 2002, p. 152.

④ KTU 1.6i 44-47, in Nicolas Wyatt. *Religious Texts from Ugarit: The Words of Ilimilku and His Colleagues.* The Biblical Seminar 33.2d ed. Sheffield: Sheffield Academic Press, 2002, p. 131.

舍拉女神的地位反映了王后的尊重身份,王后是王权继承中的核心人物。①另外,亚舍拉以乳汁哺育了未来的君王。在乌迦特关于凯瑞特的史诗中,国王的继承人亚斯伯(Yasib)"要饮用亚舍拉的乳汁"。②需要指出的是,亚舍拉被视为太阳女神;我们将要看到,这些会为米诺王权的阐释补充相关的资料。③

上述这些叙述都证明了古代东方社会中母亲或王后的极高地位,证实了这些传统的普遍性。在埃及,女神伊西斯是这种传统的代表,她是国王荷露斯与哈索尔的母亲,其名字的意思是"荷露斯的居所"。在米诺宗教中,女神是万神殿中统治所有男神的母亲。与此同时,女神是国王神话世界中的母亲,赋予国王以权威。这样,通过近东的视角,我们就能够阐释端坐的女神与站立的男神这种场景。端坐的女神赋予她站立的儿子权威的地位,并宣布他将继承女神的权威。我们在第二章中已经讲到,男神与国王之间的类似性是富有意味的,它带来的不是混乱,而是蓄意的含混性。正是在这种含混性中,王权范式得以诞生。

作为驯龙者的女神

现在我们考察另外一些米诺证据,这些资料展现了太阳女神不同的一面。在一枚出自默科劳斯(Mochlos)的戒指图像上,女神端坐在龙舟之中,女神的圣殿出现在图像的边缘。(图12-10)④女神的上方是一个方形的发光体,其意义不甚明了,不过在卢威的象形文字中,这是太阳或月亮的象征。另外,在古代近

---

① Nicolas Wyatt. "Religion of Ugarit: An Overview", in Wilfred G. E. Watson and Nicolas Wyatt, eds. *Handbook of Ugaritic Studies*. Handbook of Oriental Studies, Part One: The Near and Middle East 39. Leiden: Brill, 1999, pp. 540-544; Nicolas Wyatt. *Religious Texts from Ugarit: The Words of Ilimilku and His Colleagues*. The Biblical Seminar 33.2d ed. Sheffield: Sheffield Academic Press, 2002, p. 132.

② KTU 1.15 ii. 27, in Nicolas Wyatt. *Religious Texts from Ugarit: The Words of Ilimilku and His Colleagues*. The Biblical Seminar 33.2d ed. Sheffield: Sheffield Academic Press, 2002, p. 209.

③ Nicolas Wyatt. "Religion of Ugarit: An Overview", in Wilfred G. E. Watson and Nicolas Wyatt, eds. *Handbook of Ugaritic Studies*. Handbook of Oriental Studies, Part One: The Near and Middle East 39. Leiden: Brill, 1999, p. 544.

④ 这枚戒指已经佚失,不过其复制品已经制作了出来,并且依然存在。CMS II. 3, p. 252; Martin P. Nilsson. *The Minoan-Mycenaean Religion and Its Survival in Greek Religion*. 2d ed. Lund: Kungl. Humanistiska Vetenskapssamfundet, 1950, pp. 269-270; Christiane Sourvinou-Inwood. "On the Lost 'Boat' Ring from Mochlos", *Kadmos* 12, 1973, pp. 149-158; Wolf-Dietrich Niemeier. "Zur Ikonographie von Gottheiten und Adoranten in den Kultszenen auf Minoischen und Mykenischen Siegeln", in Walter Müller, ed. *Fragen und Probleme der Bronzezeitlichen Ägäischen Glyptik: Beiträge zum 3. Internationalen Marburger Siegel-Symposium 5-7 September 1985*. CMS Beiheft 3. Berlin: Gebr. Mann, 1989, p. 182; Nanno Marinatos. *Minoan Religion: Ritual, Image and Symbol*. Columbia: University of South Carolina Press, 1993, pp. 162-163, fig. 150.

东,小船是神明的交通工具,尤其是巴比伦的神明夏玛什与埃及人的神明荷露斯的交通工具。在一些例子中,太阳之舟以活态龙的形式出现,龙已被驯服并成为神祇的坐骑。

图 12-10　海-龙舟之中的太阳女神即要到达其圣殿
默科劳斯出土戒指

　　作为一种思想实验,我们借助于乌迦特神话就能够阐释米诺女神的龙舟。乌迦特万神殿中的主神亚舍拉有一个绰号叫作"践踏亚姆的伟大女性",或者是"践踏海龙的伟大女性"。[①]亚舍拉这个绰号背后隐藏着一个故事,遗憾的是这个故事已经不复存在了。我们能够推测,这个故事与女神如何驯服海蛇相关。能够支持这种假设的证据是,穿行在大海之上的冥界太阳女神夏普什是亚舍拉的对应形象。大海是大蛇亚姆。乌迦特女神拥有科萨哈-安德·希斯作为向导。[②]

　　在海怪与龙的海面上,
　　科萨哈-安德·希斯为你带路,
　　科萨哈-安德·希斯为你掌舵。[③]

　　默科劳斯出土的米诺戒指上的图像事实上验证了乌迦特的神话文本,因为海龙是女神的坐骑。如果我们借用近东的视角观照默科劳斯出土的戒指上的图像,

---

① "rbt atrt ym". William F. Albright. *Yahweh and the Gods of Canaan: A Historical Analysis of Two Contrasting Faiths*. London: Athlone Press, 1968, p. 105; Nicolas Wyatt. *The Mythin Mind: Essays on Cosmology and Religion in Ugaritic and Old Testament Literature*. Bible World. London: Equinox, 2005.

② Nicolas Wyatt. *The Mythic Mind: Essays on Cosmology and Religion in Ugaritic and Old Testament Literature*. Bible World. London: Equinox, 2005, pp. 18-37, at. pp. 19-20.

③ KTU 1.6 iv 45-52, in Nicolas Wyatt. *The Mythic Mind: Essay on Cosmology and Religion in Ugaritic and Old Testament Literature*. Bible World. London: Equinox, 2005, p. 20.

那么其内涵就非常丰富，这是思想实验的关键所在。

作为太阳女神的母神

有很多方式使得我们走近太阳女神。在本书第三章中，关于特里亚达石棺的阐释部分，我们看到石棺前后挡板上描绘的女神形象与双面斧崇拜有关。在梯林斯、迈锡尼，以及底比斯出土的戒指上（图2-25、图9-21、图12-4），端坐的女神与太阳盘、双面斧、裂开的花瓣，或者三者的混合体之间具有某些关联。需要特别指出的是源自梯林斯的金戒指上的图像，在女神及其侍从的上方是布满流星、太阳与月亮的天空（图12-11）。上述这种场景规定了女神具有天空的特征。女神下面是一排圆形的裂开的花饰，上面还有太阳的符号（第十章）。最后，女神的圣殿被一朵裂开的圆花饰符号装扮。这样，所有的探寻都指向了这样一种理念，即米诺万神殿中的主神是一位太阳女神。

图12-11 太阳女神与天空王后在其天空圣殿中接受狮状怪物侍从的奠酒
梯林斯出土戒指（公元前14世纪）

双面斧是谁的化身

倘若就像本书第九章所探讨的那样，将双面斧阐释为地平线上的太阳，那么双面斧一定是太阳神的化身。对于伊文思而言，这位神明是女神。尼尔森也这样认为:"米诺的双面斧从未作为男性的象征而出现。"①

图 12-12 太阳女神及其化身
a. 一只手持有圆花饰的女神
b. 手持双面斧的女神
斯忒亚出土模具

　　这种假说被在克里特东部的斯忒亚(Siteia)发现的一个模具上的诸多形象所证实。很显然,这些形象是为制造主要的女神神像及其符号而设计的。(图 12-12) 在这个模具的一面,女神挨着太阳盘而出现,她的左手捧着一个圆花饰。(图 12-12a) 在模具的另一面,女神的每一只手中均持有双面斧,一个太阳盘同时出现(图 12-12b)。我们在这里看到了一个意义相关的形象群,它指向了相关的意义:女神、太阳盘、双面斧、圆花饰。这些符号同时出现在一个模具中,彼此相关,可以重点考察。因此,可将其视为特别重要的证据,即这些形象在语义上是相互关联的,用来表明太阳女神及其表现形式。这样的结论可能完全在伊文思意料

---

① Martin P. Nilsson. *The Minoan-Mycenaean Religion and Its Survival in Greek Religion*. 2d ed. Lund: Kungl. Humanistiska Vetenskapssamfundet, 1950, p. 223.

之外。他将太阳盘视为"发光的太阳,是双面斧女神的象征符号"①。

在后宫殿时期,太阳女神的地位依然非常重要,一系列高举手臂的泥像表明了这一点。太阳女神戴着一顶帽子,太阳盘与圣山、鸟儿、蛇等符号同时出现在帽子上。②

特里亚达石棺上的太阳神与冥界

在本书第三章,我们已经揭示了特里亚达泥棺上作为大祭司的国王与王后的身份。国王向神格化的先辈献祭,但我们当时并未探寻以其名义献祭的神祇。问题的关键之处在于泥棺左右挡板上所描述的双面斧符号。这种重复的仪式场景表明,他们膜拜的是同一位神灵。通过对石棺上描绘的神明身份的辨认,我们现在可以验证这种假说,即双面斧是石棺上描绘的拥有王权的神明的化身。

这些神明具有人类的形状,但他们仅仅出现在石棺前后挡板上而不是左右挡板上。在一块嵌板上,女神及其车手均头戴羽冠,身穿长袍。(图12-13a)她们打扮得像王后,这就很清楚地揭示了王室成员与神明之间是如何相互映照的。我们知道,坐在车中的是女神,因为其车辆被带翅膀的格里芬所拉。

在石棺另一个挡板上有两个或更多的女神出现:她们各自驾驭一辆由骡子所拉的车或一艘船(图12-13b)。③这两块嵌板非常相似,它们实际上是相互对称的。但是第二块嵌板较为特殊:其场景被描绘在棺木的底部而不是作为第一块嵌板的对应物出现。这个位置一定是精心设计的,它表明神明是从冥界出现的。事实上,壁龛之内的场景(围绕底部)是死去国王的坟墓。神明上方是一块未被保存完整的嵌板,似是一只行进中的男性的脚,或许是那些参加祭礼的先辈的脚。④

嵌板图像上这两个场景的完全对称使得我们很难避开这样一种结论,即相同的女神及其同伴,抑或同一对神明的不同化身,她们被表述为在天空与冥界进

---

① Evans PM IV, p. 94.
② 尤其是出土格尔尼亚(Gournia)与伽兹(Gazi)的女神,参见Stylianos Alexiou. "I minoiki thea meth'ypsomenon xeiron", *Kretika Chronika* 12,1958, pp. 179-299. pls. E3, Z; Nanno Marinatos. *Minoan Religion: Ritual, Image and Symbol*. Columbia: University of South Carolina Press, 1993, p. 226, fig. 229.
③ Charlotte L. Long. *The Ayia Triadha Sarcophagus: A Study of Late Minoan and Mycenaean Funerary Practices and Beliefs*. SIMA XLI. Göteborg: Paul Åströms, 1974, pp. 54-55.
④ 夏洛特·L. 朗(Charlotte L. Long)认为,这些祖先是男性,但是男性不可能与女神在一起被描绘。因此,他们一定是死者。参见 Charlotte L. Long. *The Ayia Triadha Sarcophagus: A Study of Late Minoan and Mycenaean Funerary Practices and Beliefs*. SIMA XLI. Göteborg: Paul Åströms, 1974, p. 73.

图 12-13　特里亚达石棺前后挡板

行旅行。我们还能够观察到这样一个细节：一些圆花饰将天空中的场景（图 12-13a）分为上下两部分。在冥界的场景中（图 12-13b），马车的上面绘有波浪线。这样，女神就在水下了。我将这些装饰性符号视为一种地形学的指示，它们暗示了宇宙中神明的位置所在；圆花饰表明了太阳的领域，波浪线是水的象征，它构成了冥界的边界。这只有一种可能，即这是为这种类型的神明出行准备的，神明是太阳神，它是唯一能够跨越多个边界并进入多个领域的神明。乌迦特的女神夏普舒肩负引导亡灵，以及灵魂的向导的工作，与此类似，米诺的太阳女神看上去也具有这种双重的身份。[1]当伊文思将其大女神置于这种双重属性之中时，他已经接近了真相。在伯罗奔尼撒出土的一枚金戒指的图像上，两个头戴羽冠的神明坐在一辆格里芬拉动的车里（图 12-14）。这表明，石棺上的图像并非是独有的。需要指出的是，羽冠和格里芬的出现均可作为太阳的象征符号加以解释，它们表述了天堂的景观（参见第四章、第十章、第十一章）。

---

[1] 考察下面的文本，它们表明，夏普舒到了世界的边缘："母亲夏普舒给居住在两河源头与交汇处的伊鲁带来了一则消息。"或者"母亲夏普舒给卡菲特托尔（Caphtor，克里特）的科塔鲁-瓦-哈西舒 Kotaru-wa-Hashishu 带来了一则消息"。关于 RS 24.244，参见 Dennis Pardee. *Ritual and Cult at Ugarit*. Writings from the Ancient World 10. Society of Biblical Literature. Atlanta: Brill, 2002, p. 174, pp. 177-179.

图 12-14　佩戴羽冠的神明坐在格里芬拉动的车内
伯罗奔尼撒出土戒指

米诺女神的名字难以辨析，不过还是有一些线索可以利用，这就是线形文字 A 与奠酒台上的还愿石，这些东西上屡次出现"A-sa-sa-ra"这个名字。我们通过使用线形文字 B 的发音并将其转换到线形文字 A 中来重构这个单词的发音。"A-sa-sa-ra"一定是图像上所描绘的女神的名字。那么，她是谁？这个名字与希腊神话中的任何一位形象均毫无关联。①早在 1958 年，尼古劳斯·普拉同（Nikolaos Platon）颇为羞怯地指出，"A-sa-sa-ra"很可能是从乌迦特语言"Atrt"（Athirat）中改编的一个语词。②尼古劳斯·普拉同的言论或许是对的，尽管我本人并不打算强调这一观点。对于此论点而言，这种引用是非常充分的。

通过使用不同的方法，卢西·古迪森认为，太阳女神存在于青铜时代；古迪森将太阳女神视为青铜时代的主神，她在黑铁时代被一位男神所取代。③古迪森

---

① 马瑞纳托斯·斯派雷登（Spyridon Marinatos）认为，她可能是"A-ka-ka-lis"，其结论基于一个音节可以在线形文字 A 和希腊神话中同时重复出现这种事实。

② 更多的参考见 Nikolaos Platon. "Inscribed Libation Vessel from a Minoan House at Prassa, Herakleion", in Ernst Grumach, ed. *Minoica. Festschrift zum 80. Geburtstag von Johannes Sundwall*. Deutsche Akademie der Wissenschaften zu Berlin. Schriften der Sektion für Altertumswissenschaften 12. Berlin: Akademie Verlag, 1958, pp. 305-318. 近期的资料参见 Stefan Hiller. "Die Kretischen Schriftsysteme und die Palatiale Administration", in Harald Siebenmorgen, ed. *Im Labyrinth des Minos: Kreta—die erste europäische Hochkultur. Ausstellung des Badischen Landesmuseums 27.1 bis 29.4.2001, Karlsruhe, Schloss*. München: Biering & Brinkmann: Archäologische Veröffentlichungen des Badischen Landesmuseums, 2000, pp. 107-135; Gareth A. Owens. "'All Religions Are One'（William Blake 1757-1827）, Astarte/Ishtar/Ishassaras/Asasarame: The Great Mother Goddess of Minoan Crete and the Eastern Mediterranean", *Cretan Studies* 5, 1996, pp. 209-218.

③ Lucy Goodison. *Death, Women and the Sun: Symbolism of Regeneration in Early Aegean Religion*. BICS Suppl. 53. London: Institute of Classical Studies, 1989, pp. 173-176; M. L. Moss. *The Minoan Pantheon: Towards an Understanding of Its Nature and Extent*. BAR International Series 343. Oxford: John and Erica Hedges Ltd, 2005.

的推理建立在一种历史发展的观点上，即一些重要的女性神明后来被一些男神边缘化并被取代。我在此并不认可古迪森倡导的部分观点，因为作为圣殿中主神的太阳女神在公元前2000年就已存在，其范围在安纳托利亚与黎凡特地区，在这些地方，太阳女神是国王与王后的保护神。因为研究方法的分歧，需要特别强调的是，古迪森第一个指出了太阳女神在米诺宗教中的存在。

我认为，这位太阳女神具有双重角色，她既是冥界女神也是天空女神；她很有可能有两个不同的名字，每一个名字都指向女神不同的属性。这种双重性被描绘在特里亚达石棺的前后挡板上，通过太阳所有的象征符号的对称形式被加以表现：双面斧、裂开的花瓣、向内弯曲的台子。

在近东与埃及的神话共同体中，太阳女神时常作为母亲或姐妹与冥界女神相关（参见表12-1）。

表12-1　太阳女神与冥界女神的关联

地域	关系	名字
美索不达米亚	姐妹	伊士塔尔与厄里什基迦勒（Ereshigal）
埃及	姐妹	哈索尔与伊西斯
希腊	母亲或女儿	德墨忒耳与珀耳塞福涅
乌迦特	未知	亚舍拉与夏普舒

很有可能，在米诺语言中，太阳女神具有"伟大"或"女主人"这类绰号。这纯属推测，但基于一种可能性之上，即太阳女神的形象是一位端坐的女神，对应于"伟大的女主人"这种绰号。迈锡尼人将太阳女神称为"po-t-ni-ja"，乌迦特人则将其叫作"rht"，希腊人称她是"potnia"。[①]"女主人"并不是原始的女猎手或丰产女神，这是尼尔森的叫法。相反，"女主人"是"天空女王"。我们对比一下乌迦特语言中的阿纳特与亚斯塔特——"天空女士"，再看看《圣经·耶利米书》（*Jeremiah*）7：18、44：19。[②]太阳女神也是冥界女神——驯龙者，更为重要的是，是风暴神与国王的母亲。[③]科诺索斯的御座属于这位太阳女神，但是国王坐在御座上，似乎坐在女神的膝上。国王的权力与声望源自女神。

[①] Walter Burkert. *Greek Religion: Archaic and Classical*. Trans. J. Raffan. Oxford: Blackwell, 1985, pp. 43-46.

[②] Izak Cornelius. *The Iconography of the Canaanite Gods Reshef and Ba'al: Late Bronze Age and Iron Age I periods (c.1500-1000 BCE)*. Orbis Biblicus et Orientalis 140. Fribourg: Academic Press Fribourg, 1994, pp. 80-81.

[③] Mark H. Munn. *The Mother of the Gods, Athens, and the Tyranny of Asia: A Study of Sovereignty in Ancient Religion*. Berkeley: University of California Press. 2006.

第十三章　风暴神

尽管米诺万神殿中的太阳女神具有原始的角色,但万神殿中男神的图像却变化多端并更加有趣。一种普遍的观点是,这些男神的地位并不像女神那样重要。这是伊文思留给后人的遗产之一。①但伊文思本人在米诺宗教中仅仅发现了一个男神形象。伊文思有时称其为童神,有时称其为一位"勇敢好战的年轻神明"。②男神死去然后再生;他是塔穆兹或希腊的阿多尼斯,他被母神所抚育。③这种理念归结于伊文思的同龄人与同事弗雷泽爵士,后者极力倡导垂死的植物神这种概念。但我们今天已经知道,弗雷泽的叙述是受到质疑的,因为他们存在于自身的神话之中,是在19世纪解释关于古代信仰的过程中被创造出来的。④

尼尔森沿着伊文思的足迹前进。尼尔森认为,米诺男神是一位狩猎之神,是"一个自然界妖怪的遗留物"。⑤但是后来埃里克·哈拉格尔在喀尼亚发掘出戒指印章,亚历山大·麦克吉里弗雷在帕莱卡斯特罗发掘出象牙雕塑,诺塔·戴蒙普劳在伯罗斯发掘出三枚金戒指。上述事实表明,男神的地位无疑是非常重要

---

① 参见 Stylianos Alexiou. *Minoan Civilization*. Trans. C. Ridley. Herakleion: Crete, 1969. "对于女神统治的米诺宗教体系内狭小的万神殿而言,奥林匹斯强大的宙斯、波塞冬、阿波罗这些神明都是外来者。"参阅沃尔特·伯克特(Walter Burkert)的相关总结式评论:"克里特的米诺文明非常缺乏战士形象。"参见 Walter Burkert. "Migrating Gods and Syncretisms: Forms of Cult Transfer in the Ancient Mediterranean", In Walter Burkert, Laura Gemelli Marciano, Franzisca Egli, Lucius Hartmann, Andreas Schatzmann, eds. *Kleine Schriften II: Orientalia*. Hypomnemata Suppl. -Reihe 2. Göttingen: Vandenhoeck and Ruprecht, 2003, p. 23.

② Evans PM III, p. 464.

③ Evans PM III, pp. 464-465; James G. Frazer. *The Golden Bough: A Study of Magic and Religion*. Abridged ed. London: Macmillan, 1949, pp. 327-329.

④ Walter Burkert. *Structure and History in Greek Mythology and Ritual*. Berkeley: University of California Press, 1979.

⑤ Martin P. Nilsson. *The Minoan-Mycenaean Religion and Its Survival in Greek Religion*. 2d ed. Lund: Kungl. Humanistiska Vetenskapssamfundet, 1950, pp. 400-412, esp. 411.

的。男神不再被视为大女神的追随者，而是米诺神明星座中一颗璀璨的明星。[①]尽管新发现层出不穷，男神的神话人格依然局限于弗雷泽的丰产宗教概念中，局限于死亡、再生，以及季节性的象征这些理论中。

因为某种类型的神话（古代或现代）对于考察一位神明具有必要性，我建议我们考察近东神话的模式，而不是探寻希腊神话或人类学理论关于原始宗教的阐释。我们的首要任务是考察戒指图像上主神的类型学与形态学。我们立即就会发现，与太阳女神不同的是，男神总是站立着，从来不就座。

米诺神明的形态学

年轻的男神健壮而朝气蓬勃，其体魄被他几乎总是穿着的短裙所强调。男神经常全副武装，拥有一支长矛；有时他拥有一副弓箭甚至是一个盾牌。如果他没有全副武装，那么可以从其命令的姿态来辨别他（参见图 13-1）。他偶尔还戴着一顶尖尖的三重冠，这个时候他就与赫梯和叙利亚的神明（参见图 13-3a—d）有些相似了。[②]需要指出的是，在叙利亚、赫梯、安纳托利亚地区，这种三重冠是王族与神明的标志。这就意味着，米诺的神明在其神殿中有可能被视为一位国王。它还进一步意味着，我们从来就不清楚一块特殊的印章壁画是否为神明或国王的象征符号。因为这种含糊性是有意而为之，它并不需要我们过多的关注。

[①] Eric Hallager. *The Master Impression: A Clay Sealing from the Greek-Swedish Excavations at Kastelli, Khania*. SIMA LXIX. Göteborg: Paul Åströms, 1985; Wolf-Dietrich Niemeier. "Das Stuckrelief des 'Prinzen mit der Federkrone' aus Knossos und Minoische Götterdarstellungen", *AM* 102,1987, pp. 65-98; Wolf-Dietrich Niemeier. "Zur Ikonographie von Gottheiten und Adoranten in den Kultszenen auf Minoischen und Mykenischen Siegeln", in Walter Müller, ed. *Fragen und Probleme der Bronzezeitlichen Ägäischen Glyptik: Beiträge zum 3. Internationalen Marburger Siegel- Symposium 5-7 September 1985*. CMS Beiheft 3. Berlin: Gebr. Mann, 1989; Nanno Marinatos. *Minoan Religion: Ritual, Image and Symbol*. Columbia: University of South Carolina Press, 1993, pp. 166-174, with bibl; Nota Dimopoulou and G. Rethemiotakis. "The 'Sacred Conversation' Ring from Poros", in Walter Müller, ed. *Minoisch-mykenische Glyptik: Stil, Ikonographie, Funktion: Ergebnisse eines Internationalen Siegelsymposiums, Marburg, 23. -25. September 1999*. CMS Beiheft 6. Berlin: Gebr. Mann, 2000; Joseph A. MacGillivray. "The Religious Context", in J. A. MacGillivray, J. M. Driessen, L. H. Sackett, eds. *The Palaikastro Kouros: A Minoan Chryselephantine Statuette and Its Aegean Bronze Age Context*. BSA Studies 6. London: British School at Athens, 2000, pp. 123-130.

[②] Othmar Keel and Christoph Uehlinger. *Göttinnen, Götter und Gottessymbole: Neue Erkenntnisse zur Religionsgeschichte Kanaans und Israels Aufgrund Bislang Unerschlossener Ikonographischer Quellen*. Quaestiones Disputatae 134. Fribourg, Basel, Wien: Herder, 1995, pp. 66-68, fig. 35, fig. 56-57; 同时参见 Izak Cornelius. *The Iconography of the Canaanite Gods Reshef and Ba'al: Late Bronze Age and Iron Age I periods (c. 1500-1000 BCE)*. Orbis Biblicus et Orientalis 140. Fribourg: Academic Press Fribourg, 1994, 该书中有关于迦南男神的表述。

图 13-1 科诺索斯出土戒指印章　　　　图 13-2 作为兽主的神明
　　　　　　　　　　　　　　　　　　　　　希腊大陆出土印章

男神有时以猎手与动物之主的面目出现（比如图 13-1、图 13-2），有时是抵御动物的战士。就像尼尔森指出的那样，这些图像的范畴没有必要表示不同的神明。当尼尔森陈述图像范畴表述的语义时，他得出了一个错误的结论。但类型学可以帮助我们理解万神殿中关于那些神明角色的一些东西。那么，男性的权力是如何被表述的？这些男性抵御的是谁？很有可能每一个图像类型的后面都隐藏着许多神明，这些一定是付之阙如的条件。①

一种类型是野兽的管理者。这里有一系列不同的视觉表现形式：有时神明是一位猎手，他有时走在狮子身边（图13-1），有时像动物之主那样抓住野兽（图13-2）。这样，一种确凿的事实就是男神的权力是凌驾于具有危险性的野兽之上而被加以表现的。

表现权力的一种可供选择的方式是通过男神伸展的手臂而传达的。②在喀尼

---

① 参见 Erik Hornung. *Conceptions of God in Ancient Egypt: The One and the Many.* Transl. J. Baines. Ithaca: Cornell University Press, 1982. 针对埃及宗教图像之间的关联，该书作者在书中提出了许多颇有创意的观点。另一方面，从事希腊宗教研究的一些学者，无休无止地争论几何时代或古风时代艺术品中的女兽主是雅典娜还是阿耳忒弥斯，抑或赫拉。如果我们知道，统治者拥有很多名字，并且承认艺术会带给我们关于后者而不是前者的信息，那么上述这些关于女神身份的疑难问题就会得到解决。

② Wolf-Dietrich Niemeier. "Das Stuckrelief des 'Prinzen mit der Federkrone' aus Knossos und Minoische Götterdarstellungen", *AM* 102,1987, pp. 65-98; Wolf-Dietrich Niemeier. "Zur Ikonographie von Gottheiten und Adoranten in den Kultszenen auf Minoischen und Mykenischen Siegeln", in Walter Müller, ed. *Fragen und Probleme der Bronzezeitlichen Ägäischen Glyptik: Beiträge zum 3. Internationalen Marburger Siegel- Symposium 5-7 September 1985.* CMS Beiheft 3. Berlin: Gebr. Mann, 1989.

亚出土的一枚印章上，男神伸出的手臂表明他是整个城市的统治者，他将自己确立为"城邦之主"（图 5-10）。在伯罗斯出土的一枚戒指上（图 7-10），以及在科诺索斯出土的印章上，我们看到了另外两个形象，他们手臂伸展以此突出自己的权威。

驾驭动物与权威是通过命令的姿态表现的，它们显然是与米诺神明相关的权力的两种类型，但它们并不是反映两种不同神明的必要条件。

接下来，我们要以相似的形态学方法考察近东的神明形象。在图 13-3 中，我们已经看到，这些神明源自安纳托利亚、叙利亚与克里特。我们将米诺神明与爱琴海对面的近邻所崇拜的神明做出区分，难度很大。我们在这里要阐释神明的普遍特征，同时还包括这样一种事实，即神明（国王）偶尔还会有猫科动物陪伴。特别需要注意米诺神明（图 13-3a）与赫梯神明沙鲁纳（Sharuna）之间的类似之处，沙鲁纳是源自亚兹利卡亚的神明赫帕特之子（图 13-3b）。同样的，叙利亚的拉什普（图 13-3d）与米诺神明（图 13-3c）在图像上也有某种近亲关系。①

关于图像的考察能够使我们得出一些关于年轻男神的初步结论。此处的大部分近东神

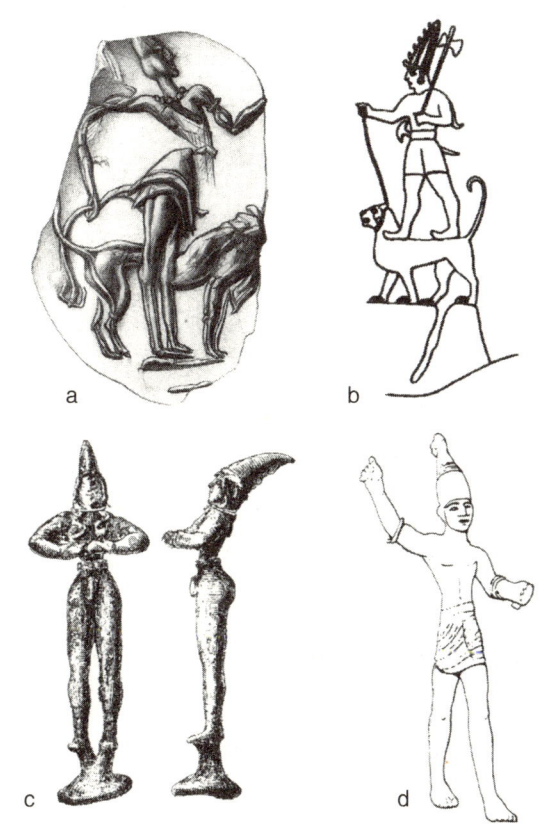

图 13-3　a. 特里亚达出土戒指印章上的神明或国王
　　　　　b. 亚兹利卡亚出土石雕上的赫梯神明沙鲁玛
　　　　　　（公元前 13 世纪）
　　　　　c. 作为米诺小雕像的神明或国王
　　　　　d. 神明拉什普（Reshep），叙利亚雕像

---

① 关于神明与狮子，参见 Izak Cornelius. *The Iconography of the Canaanite Gods Reshef and Ba'al: Late Bronze Age and Iron Age I periods*（*c. 1500-1000 BCE*）. Orbis Biblicus et Orientalis 140. Fribourg: Academic Press Fribourg, 1994, pp. 195-208, pls. 49-51. 也可参见 William J. Fulco. *The Canaanite God Reshep*. American Oriental Society Essay 8. New Haven, Conn.: American Oriental Society, 1976.

明都是武士与风暴神,就像人类一样,他们拥有驾驭动物的权力。可以通过高而尖的三重冠冕来辨别这些神明,他们身边时常陪伴着猫科动物。这种形态上的类似性表明,爱琴海两岸的神明在概念上具有近亲关系。倘若如此,那么我们就有余力探寻近东神话中的米诺神明的身份,而不是希腊神话或弗雷泽人类学理论下的季节性寓言故事。

因为这样一种事实,即我们无法分辨米诺戒指上神明与国王之间的差异,我们有了他们是合并的形象这种进一步的证据。

米诺戒指上的神话叙事

抛开地形学,现在我们阐释更富有理论基础的叙事内容。我确信米诺戒指上描绘的故事反映了那些佚失的米诺神话,但这仅为个人观点。为探讨起见,在进入反映论之外,有必要界定一下什么是叙述意味。我更愿意像唐·凯恩(Dawn Cain)那样采纳热内特(Genette)的"一有行动即有事件"的观点。[①]行为是叙述的一种极为重要的要素,我们一定要将其与陈述区分开来。为了创造一种视觉性叙事,没有必要陈述行为,但却要充分展示关系。譬如,图13-1与图13-3中的多数例子是关于神明的陈述,但并未构成一种叙事。为了讲述一则故事,艺术家不得不将包含行为的线索纳入陈述之中,就像将行为之后的事件纳入陈述中那样。如果故事不是非常通俗易懂,那么观众可能会在脑中重构故事。[②]

那么,我们如何从直觉进入现实并开始真正阅读故事?这是更为深入的要求,即对观众关于整个行为序列知识的认知的要求。因为米诺的叙述性文本非常缺乏,所以理解米诺图像一定存在障碍。一些人可能会说,这个任务不可能完成。[③]不过,如果我们认为,米诺与爱琴、近东之间存在共同性的因素,就像我们已经表明的那样,图像的情节单元之间存在某种共性,那么我们为何不尝试着采用近东的视角探寻米诺戒指图像上的神明行为背后的近东故事呢?这种命名或许会产生意料不到的好结果。

---

① Gerard Genette. *Narrative Discourse: An Essay in Method.* Transl. J. E. Lewin. Ithaca: Cornell University Press, 1980, pp. 22-23.

② C. Dawn Cain. "Dancing in the Dark: Deconstructing a Narrative of Epiphany on the Isopata Ring", *AJA* 105: 27-49, 2001, p. 29.

③ C. Dawn Cain. "Dancing in the Dark: Deconstructing a Narrative of Epiphany on the Isopata Ring", *AJA* 105, 2001, pp. 27-49.

近东风暴神的神话传记

在概述近东的故事之前,我们要看一看近东的神话人物,或者最好说考察一下近东神话中的风暴神。"风暴神"这一称呼是一个使用起来非常便利的术语,比较适合美索不达米亚、叙利亚、安纳托利亚、埃及的众多神明。在赫梯语言中,风暴神是特舒伯(Teshub,胡里安语),在新赫梯帝国语言中,风暴神是珊塔什(Shantash);在乌迦特语言中,风暴神是巴力;在巴比伦语言中,风暴神是尼努塔,尽管马杜克也比较适合这种形象模式。①在埃及神话中,风暴神是塞特,他与迦南人的神明巴力一起被吸收到尼罗河三角洲的阿瓦瑞斯(Avaris)国度中。②在叙利亚-黎凡特海岸,风暴神是拉什普,这种神明具有一种特殊的能力,就是发起或终止瘟疫。③在希腊,风暴神是宙斯,是万神殿中的神王。不过阿波罗也是风暴神的后裔,与叙利亚的风暴神拉什普非常接近;就像拉什普一样,阿波罗也能发起瘟疫并终止瘟疫。④

根据此处的模式,这里要确定一些共同之处。风暴神总是很年轻;他有很多敌人,其中包括人形的与妖怪模样的对手;他经常与别人打斗,但最后总是获胜并成为国王。不过,如果不付出代价,战斗不可能获得胜利。在乌迦特史诗中,风暴神巴力被穆特肢解了,然后被太阳女神夏普什带到了冥界。不过巴力最后并没有死掉,在同伴也就是阿纳特女神的帮助下,巴力重新获得了光明四射的御座。在赫梯人统治的安纳托利亚语言中,风暴神与毒龙伊

---

① 关于赫梯的各种风暴神,参见 Albrecht Götze. *Kleinasien. Kultutrgeschtchte des Alten Orients.* München: Beck, 1957, pp. 130-134. 标准的巴比伦版本为公元前 720 年左右的图像,具体参见 Amar Annus. "Ninurta and the Son of Man", in Whiting 2001(原书参考资料中并未列出该作者的这部论著——译注), pp. 7-17.

② Manfred Bietak. *Avaris: The Capital of the Hyksos: Recent Excavations.* London: British Museum Publications Ltd. 1996, p. 41; Meindert Dijkstra. "The Weather God on Two Mountains", *Ugarit Forschungen* 23, 1991, pp. 127-140.

③ 萨克·科尼利厄斯(Izak Cornelius)指出,拉什普从未有过对手,他是一位保护神——瘟疫的终止者——这一点与巴力不同。拉什普是最为原始的治疗神,也是一位瘟疫之神。参见 Izak Cornelius. *The Iconography of the Canaanite Gods Reshef and Ba'al: Late Bronze Age and Iron Age I Periods (c. 1500-1000 BCE).* Orbis Biblicus et Orientalis 140. Fribourg: Academic Press Fribourg, 1994, p. 258.

④ Walter Burkert. "Resep-Figuren, Apollon von Amyklai und die 'Erfindung' des Opfers auf Cypern. Zur Religionsgeschichte der 'Dunklen Jahrhunderte'", *Grazer Beiträge* 4, 1975, pp. 51-79; Walter Burkert, Laura Gemelli Marciano, Franzisca Egli, Lucius Hartmann, Andreas Schatzmann, eds. *Kleine Schriften II: Orientalia.* Hypomnemata Suppl.-Reihe 2. Göttingen: Vandenhoeck and Ruprecht, 2003.

卢岩卡（Illuyanka）(s)打斗。可怕的大蛇弄掉了风暴神的眼睛并使他失去了力量。①后来一场婚姻与一个谎言救活了风暴神。最后，风暴神取回自己的器官并恢复如初。在这个故事中，风暴神的伙伴非常重要。巴比伦人的风暴神尼努塔不得不与好几个妖怪打斗，不过最后还是获胜了。②埃及的风暴神塞特同样与一条大蛇搏斗；塞特的形象是巨龙的对手，被埃及的墓葬纸草所证实（譬如，本书中的图13-10）。

这些故事证明了一种普遍的模式，即发生在古代东方的神话中的一种模式。这里没有什么变化，实际上的确没有变化，但是却持续证明了共同体假说。或者可以这样说，风暴神的历险与胜利构成了与其相关的神话叙事。③年轻的植物男神的复活反映了季节的变更，这种观点再也站不住脚了。④相反，我们可以将这些神话看作王权意识形态的反映，一种面临种种危险的机制，因为从老国王

---

① Albrecht Götze. *Kleinasien. Kultutrgeschichte des Alten Orients.* München: Beck, 1957, p. 139; TUAT, pp. 808-811. 基于比较基础上的神话分析，参见 Volkert Haas. *Hethitische Berggötter und Hurritische Steindämonen: Ritten, Kulte und Mythen. Eine Einführung in die Altkleinasiatischen Religiösen Vorstellungen.* Kulturgeschichte der Antiken Welt 10. München: Philipp von Zabern, 1982, pp. 118-125; Walter Burkert. *Structure and History in Greek Mythology and Ritual.* Berkeley: University of California Press; Christoph Uehlinger. "Drachen und Drachenkämpfe im Alten Vorderen Orient und in der Bibel", in *Auf Drachenspuren: Ein Buch zum Drachenprojekt des Hamburgischen Museums für Völkerkunde,* edited by B. Schmelz und R.Vossen. Bonn: Holos, 1995,55-101; ANET, pp. 125-128.

② Amar Annus. "Ninurta and the Son of Man", in Whiting 2001（原书参考资料中并未列出该作者的这部论著——译注), pp. 7-17.

③ 参见基尔论著中关于近东 "Chaoskampf"（抵御混乱的战争）的探讨，参见 Othmar Keel. *The Symbolism of the Biblical World: Ancient Near Eastern Iconography and the Book of Psalms.* Transl. T. J. Hallett. New York: Seabury Press, 1978; Volkert Haas. *Hethitische Berggötter und Hurritische Steindämonen: Ritten, Kulte und Mythen. Eine Einführung in die Altkleinasiatischen Religiösen Vorstellungen.* Kulturgeschichte der Antiken Welt 10. München: Philipp von Zabern, 1982, pp. 118-125; Christoph Uehlinger. "Drachen und Drachenkämpfe im Alten Vorderen Orient und in der Bibel", in *Auf Drachenspuren: Ein Buch zum Drachenprojekt des Hamburgischen Museums für Völkerkunde,* edited by B. Schmelz und R. Vossen, 55-101. Bonn: Holos, 1995; Amar Annus. "Ninurta and the Son of Man", in Whiting 2001, pp. 7-17; Nicolas Wyatt. *The Mythic Mind: Essays on Cosmology and Religion in Ugaritic and Old Testament Literature.* Bible World. London: Equinox, 2005; Nicolas Wyatt. "There's Such Divinity Doth Hedge a King", in *Selected Essays of Nicolas Wyatt on Royal Ideology in Ugaritic and Old Testament Literature.* Society for Old Testament Study Monographs. Aldershot and Burlington: Ashgate, 2005.

④ 这种观点在今天依然广为流传。参见 Brinna Otto. "Der Altkretische Jahresgott und seine Feste", in A. Kyriatsoulis, eds. *Kreta und Zypern: Religion und Schrift. Von der Frühgeschichte bis zum Ende der Archaischen Zeit. 26.-28.2.1999, Ohlstadt / Oberbayern-Deutschland.* Altenburg: PZA Verlag für Kultur und Wissenschaft 2001. pp. 27-48.

到年轻继承者的秩序转换有可能被外来者瓦解或争夺。①神话反映了社会中的种种混乱:在获得王位之前,年轻的风暴神必须与敌人搏斗。我将这种搏斗模式看作王权继承者面临危险的一种反映。②

　　风暴神的另一个特征是与王权具有密切关联。风暴神的一个职责就是保护宇宙的秩序,通过与妖魔、野兽以及各种混乱力量(chaoskampf)斗争而捍卫自己的统治。③在这个层面上,风暴神是文明化的中介,使得世界免受妖怪与各种野兽的伤害,这些野兽生活在高山、沙漠或者深海之中。风暴神制服野兽的武器有时是弓箭,有时是长矛。④

　　这种关于风暴神的简介当然不够充分;不可能花费太多精力将近东神话的每一个故事在时空上做细节性的考察。不过这些具有写生风格的因素表明,在这些名字的背后存在一种连续的范式。古人看到了这些因素的类似性并将风暴神文化转化成另一种宗教习语。⑤这样,巴力就在希腊语中变成了宙斯·卡希俄斯(Zeus Cassios),在埃及语言中成为塞特。耶和华已经与迦南人的创造神埃尔,以及风暴神巴力融合为一体了(详见第十四章内容)。

---

　　① 关于尼努塔探讨的例子,参见 Amar Annus. "Ninurta and the Son of Man", in Whiting 2001(原书参考资料中并未列出该作者的这部论著——译注), pp. 7-17. 其中有关于王权的探讨。

　　② Nicolas Wyatt. "Ilimilku's Ideological Programme: Ugaritic Royal Propaganda, and a Biblical Postscript", *Ugarit-Forschungen, Internationales Jahrbuch für die Altertumskunde Syrien-Palästinas* 29: 775-796, 1997; Nicolas Wyatt. "There's Such Divinity Doth Hedge a King", *Selected Essays of Nicolas Wyatt on Royal Ideology in Ugaritic and Old Testament Literature.* Society for Old Testament Study Monographs. Aldershot and Burlington: Ashgate, 2005.

　　③ Christoph Uehlinger. "Drachen und Drachenkämpfe im Alten Vorderen Orient und in der Bibel", in *Auf Drachenspuren: Ein Buch zum Drachenprojekt des Hamburgischen Museums für Völkerkunde,* edted by B. Schmelz und R. Vossen, 55-101. Bonn: Holos, 1995; Nicolas Wyatt. "There's Such Divinity Doth Hedge a King", *Selected Essays of Nicolas Wyatt on Royal Ideology in Ugaritic and Old Testament Literature.* Society for Old Testament Study Monographs. Aldershot and Burlington: Ashgate, 2005.

　　④ 他通常有七位或十二位对手。赫拉克勒斯与尼努塔共享这一特征。参见 Amar Annus. "Ninurta and the Son of Man", in Whiting 2001(原书参考资料中并未列出该作者的这部论著——译注), pp. 109-121; Walter Burkert. *Structure and History in Greek Mythology and Ritual.* Berkeley: University of California Press, 1979, pp. 78-88.

　　⑤ 相关的深入阐释,参见 Othmar Keel and Christoph Uehlinger.*Göttinnen, Götter und Gottessymbole: Neue Erkenntnisse zur Religionsgeschichte Kanaans und Israels Aufgrund Bislang Unerschlossener Ikonographischer Quellen. Quaestiones Disputatae* 134. Fribourg, Basel, Wien: Herder, 1995, pp. 55-109. 伯克特的论著中同样也有总结性的阐释,参见 Walter Burkert. "Migrating Gods and Syncretisms: Forms of Cults Transfer in the Ancient Mediterranean", in Walter Burkert, Laura Gemelli Marciano, Franzisca Egli, Lucius Hartmann, Andreas Schatzmann, eds, *Kleine Schriften II: Orientalia.* Hypomnemata Suppl.-Reihe 2. Göttingen: Vandenhoeck and Ruprecht, 2003, pp. 17-36.

作为秩序的保护者，风暴神是国王的化身，他与国王在外形上非常相似。①毋庸置疑，凡是王权存在的地方，人们就非常崇拜风暴神。②

乌迦特的巴力·埃普斯（Baal Epos）及其王权

对于米诺风暴神的研究而言，乌迦特神话中关于巴力的故事群这种特殊的叙事具有极大的价值，因为克里特与乌迦特之间具有密切的关联。巴力故事群中有一些半独立存在的故事情节，其中讲到了叫作伊利米库（Ilimiku）的一个人物。怀亚特曾经指出，这个人物是尼库马杜三世到四世（Niqmaddu III-IV）王室家族雇佣的一个人物，极有可能，伊利米库在王族的授意下创造了这个特殊形式的文本。③倘若如此，那么关于巴力的文本就可以作为档案与促进王族自我表述的议程一起加以分析。换言之，这些叙事不应被视为一种口头传统中的传奇故事（这是很多学者眼中的神话），而应是一位特殊保护者授意下的一个特殊时代的产物。④

我们或许应该在神话书写文本与神话的视觉性叙述之间做一些分析，宫殿时代的戒指就是其中的一个视觉性叙述典范。或许我们已经注意到，这些金戒指上所刻画的场景并非是任意的，那么其意图是否是描绘确立王权机制的神话？那么它们会传播催生王朝的意识形态吗？⑤主角是否为早期地上统治者原型的国王？

---

① Othmar Keel and Christoph Uehlinger. *Göttinnen, Göttier und Gottessymbole: Neue Erkenntnisse zur Religionsgeschichte Kanaans und Israels Aufgrund Bislang Unerschlossener Ikonographischer Quellen. Quaestiones Disputatae* 134. Fribourg, Basel, Wien: Herder, 1995, pp. 134-138; Nicolas Wyatt. "The Religious Role of the King: The Ritual Tradition", in *Ugarit at 75: Its Environs and the Bible. Mid-West Meeting of AOS/ASOR, 18-20 February 2005,* Chicago, 2006.

② 对这种政治尺度的探讨，参见 Christoph Uehlinger. "Drachen und Drachen kämfe im Alten Vorderen Orient und in der Bibel" in *Auf Drachenspuren: Ein Buch zum Drachenprojekt des Hamburgischen Museums für Völkerkunde,* edted by B. Schmelz und R. Vossen. 55-101. Bonn: Holos, 1995.

③ Nicolas Wyatt. "The Religious Role of the King: The Ritual Tradition", in *Ugarit at 75: Its Environs and the Bible. Mid-West Meeting of AOS/ASOR, 18-20 February 2005,* Chicago, 2006.

④ Nicolas Wyatt. "Ilimilku's Ideological Programme: Ugaritic Royal Propaganda, and a Biblical Postscript", *Ugarit-Forschungen, Internationales Jahrbuch für die Altertumskunde Syrien-Palästinas* 29: 775-796, 1997, pp. 778-779, 该部分有较为系统的补充性资料。

⑤ 该时段与新宫殿时代是一致的，具体参见 Ingo Pini. "Der Aussagewert von Bildthemen für die Chronologie der Spätbronzezeitlichen Glyptik", in Walter Müller, ed. *Minoisch-mykenische Glyptil: Stil, Ikonographie, Funktion: Ergebnisse eines Internationalen Siegelsymposiums, Marbueg 23-25. September 1999.* CMS. Berlin: Gebr. Mann, 2000, pp. 239-244.

解读米诺戒指上的风暴神

我们已经看到,金戒指上刻画的许多叙事背后的神话人物就是风暴神。我们现在要转向米诺证据上描绘的风暴神。

第一个例子是出自帕莱卡斯特罗的戒指上的一个形象(图13-4a)。在戒指的正面,雕刻了一个正常的狩猎场景,背景中有一位男性猎手,还有一只前额被猎狗攻击的巨大山羊。但是近期的考察表明,对于一位人类猎手而言,这个场景实在不同寻常,因为山羊过于庞大。一个猜疑是,图像中的主角同样是一位男神,因为他摆出了一副命令的姿态,这是叙利亚与迦南神明典型的打击姿态(图13-3)。值得注意的是,神明持有武器,不过,不幸的是这一部分保存得不好。我们看到,出自帕莱卡斯特罗的戒指上的猎手形象(图13-4a)与尼罗河三角洲南部泰尔·埃里·达巴出土的印章上早期叙利亚神明形象(图13-4b)有些类似。泰尔·埃里·达巴出土的印章上的神明站在一座双峰山上,双峰山象征着神明统治的世界,有可能是神明统治的宇宙。[1]神明的下方是海蛇亚姆,在狮子的帮助下,神明打败了这条海蛇。迦南与米诺的神明皆有这种阔步前进与打击的姿态。两个神明都在击打山羊,泰尔·埃里·达巴出土的印章上的山羊躺在地上。需要指出的是,这两个例子中的山羊都是被捕杀的动物:它们是务必要被驯服的野生动物。尽管泰尔·埃里·达巴出土的印章的日期要比出自帕莱卡斯特罗的印章早几个世纪,这些共同的图像却验证了一种悠久而普遍的传统。[2]这种类似性的确立意味着,帕莱卡斯特罗出土的印章上刻画的形象实际上是一位神明;如果我们采用近东的视角来看的话,那么他就是一位风暴神。

第二个例子是特里亚达出土的戒指印章。[3]此处的场景更具有戏剧意味:一位带着项链的男性,抓住了对手的头发。(图13-5a)有一只猎犬在帮助这位男性,猎犬在追随飞奔的主人。这种姿势是法老追击敌人形象的副本,这是埃及

---

[1] 迈因迪克·迪杰克斯塔(Meindert Dijkstra)辨认出两座特殊的地形学位置的山峰,参见 Meindert Dijkstra. "The Weather God on Two Mountains", *Ugarit Forschungen* 23: 127-140,1991. 但在我看来,它们是标明凌驾于整个世界之上的统治区域。

[2] Edith Porada. "The Cylinder Seal from Tell el Dab'a", *AJA* 88,1984, pp. 485-488.

[3] 最早的出版物参见 Doro Levi. "Le cretule di Zakro", *ASAtene* 8-9,1925-1926, pp. 157-201, no. 114; Ingo Pini. "Zur 'Richtigen' Ansicht Minoisch-Mykenisher Siegel-und Ringdarstellungen", in Walter Müller, ed. *Fragen und Probleme der Bronzezeitlichen Ägäischen Glyptik: Beiträge zum 3. Internationalen Marburger Siegel- Symposium 5-7 September 1985.* CMS Beiheft 3. Berlin: Gebr. Mann, 1989: 201-218, p. 203, fig. 1; CMS II. 6,16. 皮尼指出,神明的武器是剑。或许可以认为,米诺人的打斗的男性形象是国王,但在米诺艺术中,国王与神明的形象是可以互换的,这使得二者之间并无大的差异。

第十九王朝到第二十王朝普遍流行的一种图像范式（图 13-5b 与图 13-5c）。埃及相似的这种图像范式表明，我们的男性形象有可能是一位国王，但也很有可能是一位神明，在其职责范围内，他作为武士要与各种敌对力量斗争。总之，埃及与叙利亚-巴勒斯坦图像中呈现打斗之态的男性很有可能是国王或神明。①基尔（Keel）与尤林格（Uehlinger）曾经指出，在公元前 2000 年后期，"胜利与支配的神明"这种图像非常普遍；这里无须再次强调，这些神明是国王的神话范式。②我们应该能够发现，米诺艺术中这些好战的神明形象证明了一种王权类型的存在，在这种王权模式下，国王不仅仅是大祭司，还是主要的武士。在后宫殿时代，国王的保护神是风暴神。

奔跑不已、击打敌人的神明形象有可能出现在另一种类型的场景中，在这种情景下，男神再次作为胜利者而存在。这里有两个场景，一枚出自喀尼亚的戒指印章（图 13-6a）和另一个出自雅典的戒指（图 13-6b），画面上有一个男性身后拖着捆绑的犯人。在第一个场景中，犯人是男性；另一个场景中的犯人是女性。③近东与埃及艺术有很多类似的场景。这里要考察的一个例子就是出自迦南梅吉多（Megiddo）的一块象牙板上的图像（图 13-6c），时间在公元前 13 世纪或者公元前 12 世纪，比我们的图像要晚一些。国王站在战车上，他在战争后带着俘虏胜利而归。战俘们赤身裸体，手脚被捆绑在一起，满脸愧色地走在国王的前面；国王的胜利因保护神的表述而得以确立，太阳盘高高悬挂在战马的上方。④米诺戒指上刻画的图 13-6a 与图 13-6b 中的那些被捆绑的俘虏图像主题，肯定是胜利的王权图像的副本。需要指出的是，不要忽视米诺与迦南图像

---

① Othmar Keel. *The Symbolism of the Biblical World: Ancient Near Eastern Iconography and the Book of Psalms.* Transl. T. J. Hallett. New York: Seabury Press, 1978, pp. 293-297; Othmar Keel and Christoph Uehlinger. *Göttnnen, Götter und Gottessymbole: Neue Erkenntnisse zur Religionsgeschichte Kanaans und Israels Aufgrund Bislang Unerschlossener Ikonographischer Quellen. Quaestiones Disputatae* 134. Fribourg, Basel, Wien: Herder, 1995, pp. 84-92.

② Othmar Keel and Christoph Uehlinger. *Göttnnen, Götter und Gottessymbole: Neue Erkenntnisse zur Religionsgeschichte Kanaans und Israels Aufgrund Bislang Unerschlossener Ikonographischer Quellen. Quaestiones Disputatae* 134. Fribourg, Basel, Wien: Herder, 1995, p. 129.

③ Helmut T. Bossert. *Altkreta: Kunst und Handwerk in Griechenland Kreta und in der Ägais von den Anfangen bis zur Eisenzeit.* Berlin: Wasmuth, 1937, fig. 400f.; Martin P. Nilsson. *The Minoan-Mycenaean Religion and Its Survival in Greek Religion.* 2d ed. Lund: Kungl. Humanistiska Vetenskapssamfundet, 1950, p. 40; CMS5: 173 with bibl.

④ Gordon Loud. *The Megiddo Ivories.* Chicago: University of Chicago, 1939, pl. 4; Joseph Wiesner. "Die Kunst Altsyriens", in Jürgen Thimme et al, *Frühe Randkulturen des Mittelmeerraumes: Kykladen, Zypern, Malta, Altsyrien.* Kunst der Welt. Baden-Baden: Holley, 1968, p. 190, fig. 39.

图13-4 a. 帕莱卡斯特罗出土戒指 b. 击打山羊（此处加黑突出）的风暴神 埃及泰尔·埃里·达巴出土叙利亚印章（公元前17世纪）

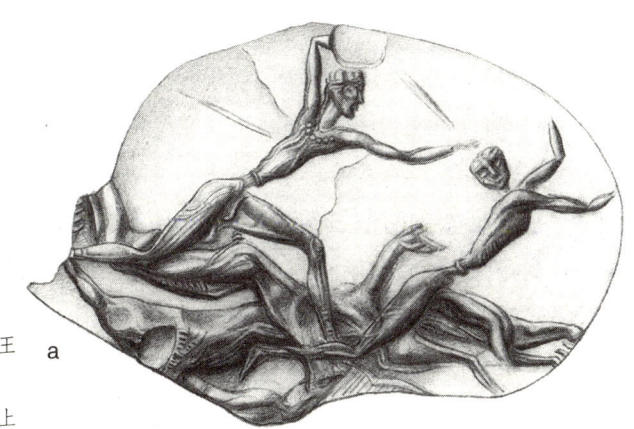

图13-5 战胜敌人的神明或国王
a. 特里亚达出土戒指印章
b. 叙利亚-巴勒斯坦出土印章上埃及化的法老形象（新王国时期）
c. 阿布·辛贝神庙中的拉姆西斯二世（约公元前13世纪）

第十三章 风暴神 | 223

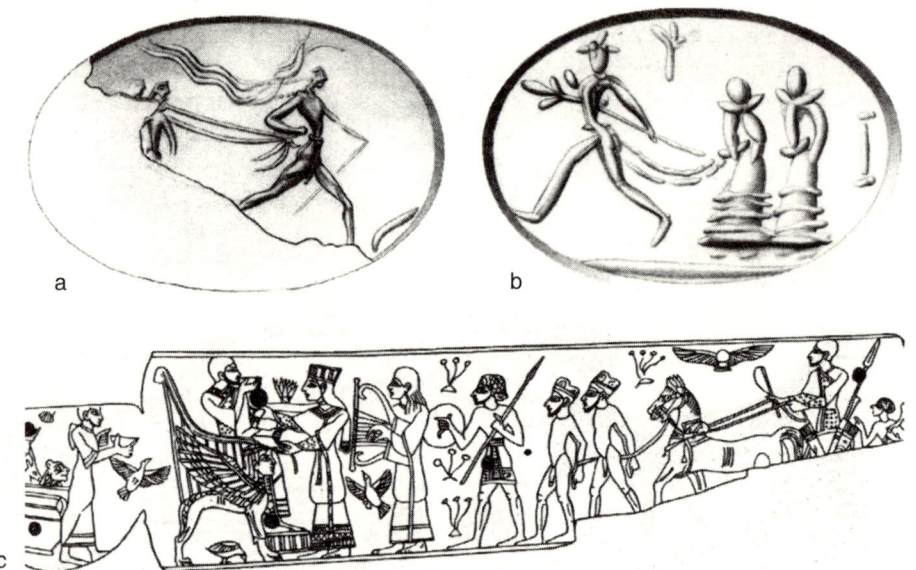

图 13-6 与被捆的战俘在一起的胜利的神明（或国王）
a. 喀尼亚出土戒指印章 b. 雅典出土戒指 c. 梅吉多出土象牙板（约公元前 13 世纪）

之间在时间上的巨大差异，因为在爱琴海两岸，这是一种视觉性传统的延续。

但是，雅典出土的戒指上的图像（图 13-6b）中有一种令人迷惑不解的因素。犯人是女性，这一点不同寻常。我能够提供的唯一可能的解释就是，这是一种神话叙述，从该案例中我们能够推测出，此处的女性犯人是风暴神的对手。这种不同寻常的图像同样难倒了尼尔森："雅典阿古拉（Agora）出土的金戒指上的图像非常古怪。一个男子拿着一根王杖（？）在绑架两个妇女，他用绳子将其绑住，很有可能这两个妇女是战俘。"（尼尔森似乎误读了这幅图像，因为只有一位妇女是战俘。）然后，尼尔森又说道："将这种场景解释为米诺陶及其战俘的做法显然非常草率。珀森将其视为赫尔墨斯·普绪科蓬波斯（Hermes Psychopompos）的祖先，这位祖先的职责是将死者带向冥界。"[1]

将希腊神话的主题加到米诺戒指的图像上的做法并不奏效，就像尼尔森意识到的那样，虽然他的努力已经接近这种独特的研究方法了。较为妥当的一种方法是，我们现在转向近东，寻找类似的神话范式，这使得我们想起，近东的风暴神经常面对其女性对手。[2]

---

[1] Martin P. Nilsson. *The Minoan-Mycenaean Religion and Its Survival in Greek Religion.* 2d ed. Lund: Kungl. Humanistiska Vetenskapssamfundet, 1950, p. 40.

[2] 譬如，《埃努玛-埃利什》（*Enuma Elish*）中的马杜克要面对提雅马特（Tiamat），尼尔伽利（Nergal）不得不"驯服"艾雷什基迦尔（Ereshkigal）。具体参见 Stephanie Dalley. *The Legacy of Mesopotamia.* Oxford: Oxford University Press, 1998, Tablets iv-v, pp. 165-177, pp. 255-260.

我们关于米诺神明的故事群要论及另一个奔走的神明的案例。这位神明被刻画在近期从卡陶·西梅（Kato Syme）圣殿出土的戒指上（显然，这枚戒指是祭奠用的，被其主人保存得很好）。①图像中央是一位奔跑者（图13-7），近期的发掘者刚刚确认其身份。奔跑者的上方是一颗流星，就像我们在其他戒指上已经看到的那样，这种符号与占卜具有密切关联。②这样，流星意味着某位神明的出现，而不是一般的运动事件的发生（参见图7-6b、图7-10、图9-8）。奔跑者在两个形象间移动，右边是一个女性形象，左边是一个男性（？）形象。我们能够想象到，女神站在轨道的起点上，她举起了一只胳膊。男性站在轨道的终点上，在展示一个意义不太明确的物体，其外形有些像后来的希腊字母ω。③看样子，这个东西是作为奔跑者完成战斗使命的奖赏而出现的。但是这是一种什么样的奖赏呢？就像我们将要展示的那样，它是一种类型的帽子，但不是体育运动的帽子，诸如橄榄枝或月桂枝编织而成的给希腊运动员奖励的帽子。我们的ω形的帽子仅仅作为太阳女神的冠饰物而存在，有时以双层冠冕的形式出现（图13-8）。有时这种帽子被行进的男人所佩戴，就像锡拉壁画所描绘的那样。在锡拉的壁画上，帽子上装饰着太阳女神的象征符号双面斧。④

王冠与女神之间的关联使得我们得出了一种关于奔跑者身份的权宜结论。因为他要将王冠献给太阳女神，那么这位奔跑者就是女神的保护者。进一步的结论就是，奔跑者要么是女神的儿子风暴神，要么是女神神话世界的儿子，也就是地上的君王。需要指出的是，在赫伯-塞得（Heb-Sed）庆典期间，埃及的法

---

① Aggeliki Lebessi, Polymnia Muhly, George Papassavas. "The Runner's Ring. A Minoan Athlete's Dedication at the Syme Sanctuary, Crete", *AM* 119: 1-31, 2004, pp. 21-29; 我并不赞同发掘者将主人视为运动员的阐释。

② 关于此种辨别的具体阐释，参见 Evangelos Kyriakidis. "Unidentified Objects on Minoan Seals", *AJA* 109: 137-154, 2005, pp. 137-154; Aggeliki Lebessi, Polymnia Muhly, George Papassavas. "The Runner's Ring. A Minoan Athlete's Dedication at the Syme Sanctuary, Crete", *AM* 119,2004, pp. 1-31.

③ ω形的物体通常被解读为蛇形或一对角的形状。参见 Evans PM IV, p. 175; Martin P. Nilsson. *The Minoan-Mycenaean Religion and Its Survival in Greek Religion*. 2d ed. Lund: Kungl. Humanistiska Vetenskapssamfundet, 1950, pp. 363-364, figs. 62-65; Robin Hägg and Yvonne Lindau. "The Minoan 'Snake Frame' Reconsidered", *OpAth* 15,1984, pp. 66-77. 关于物体的描述，参见 Aggeliki Lebessi, Polymnia Muhly, George Papassavas. "The Runner's Ring. A Minoan Athlete's Dedication at the Syme Sanctuary, Crete", *AM* 119: 1-31, 2004, pp. 18-19, 其中的表述尤为精彩。关于外衣的考察表明，并不存在将祭奠的祭司典型化的做法，具体参见 Aggeliki Lebessi, Polymnia Muhly, George Papassavas. "The Runner's Ring. A Minoan Athlete's Dedication at the Syme Sanctuary, Crete", *AM* 119: 1-31,2004, p. 18, p. 23.

④ 壁画源自凯斯忒4（Xeste 4）大厦。该壁画尚未公开。我的信息源自克里斯特斯·波尔提斯（Christos Boulotis）与安德烈亚斯·弗拉考普劳斯（Andreas Vlachopoulos）。

图 13-7　向奖品奔跑的神明（或国王），奖品是ω形的太阳女神王冠　克里特的卡陶·西梅圣殿出土戒指

图 13-8　佩戴ω形饰物王冠的太阳女神　现存于哈佛福格艺术博物馆的印章

老被描绘为一位奔跑者，因为对于法老而言，展示气力与健壮的身体是非常重要的。①

迄今为止，我们的考察表明，米诺的风暴神是一位猎手，一位战士，一位运动健将。

蛇怪与风暴神

米诺风暴神的另一种特征就是，在其职责内斩杀妖怪。在近东，风暴神最危险的对手是居住在深海中的蛇怪。因为蛇怪是混乱的化身，一定要杀死它。②

蛇怪这种生物被明确地刻画在科诺索斯的米诺戒指上，尽管很少有人注意到它，除了最早注意它的伊文思与后来的斯派雷登·马瑞纳托斯。这里表述的一种不成系统的思想就是，伊文思发现了一个妖怪在一条小船内攻击一位男性（图 13-9）③这位男性双脚立定，手持武器（很不幸武器没有保存下来，不过我会尝试着进行修复）；显然，他在击杀妖怪，妖怪有着狮子一样的脑袋，张开的大嘴随时都有可能吞噬对方。④因为搏斗发生在小船内，妖怪一定是海中的生物。

---

① Wolfgang Decker. *Sport und Spiel im Alten Ägypten.* Munich Beck, 1987, pp. 38-42.

② Othmar Keel. *Das Recht der Bilder Gesehen zu Werden: Drei Fallstudien zur Methode der Interpretation Altorientalischer Bilder.* Orbis Biblicus et Orientalis 122. Fribourg: Academic Press Fribourg, 1992; Christoph Uehlinger. "Drachen und Drachenkämpfe im Alten Vorderen Orient und in der Bibel", in *Auf Drachenspuren: Ein Buch zum Drachenprojekt des Hamburgischen Museums für Völkerkunde*, edited by B. Schmelz und R. Vossen, 55-101. Bonn: Holos, 1995. 关于公元前 3000 年龙神的表述，参见 Pierre Amiet. *La Glyptique Mésopotamienne Archaique.* Paris: CNRS, 1980, pp. 177-181, pl. 106.

③ Evans PM IV, p. 925, fig. 921.

④ Spyridon Marinatos. "Minoiki kai Homeriki Skylla", *Archaiologikon Deltion* X: 51-62, 1926, p. 51; Martin P. Nilsson. *The Minoan-Mycenaean Religion and Its Survival in Greek Religion.* 2d ed. Lund: Kungl. Humanistiska Vetenskapssamfundet, 1950, p. 37.

我们在希腊神话内能够发现类似的生物,它就是荷马笔下的斯库拉(Scylla)或者卡律布狄斯(Charybdis)。不过我们最好还是看看近东。乌迦特神话中有一个妖怪叫利塔努(Litanu),它同时出现在希伯来《圣经》中,名字是利微散(Leviathan)。[1]这两个妖怪一个是风暴神巴力的对手,另一个是耶和华的敌人。[2]在埃及的一张纸草上,太阳神的小舟被阿波菲斯(Apophis)攻击,塞特负责保护小舟与太阳神,塞特是荷露斯的舵手(图13-10)。

同样,叙利亚的风暴神也被刻画为蛇怪的斩杀者,主要在青铜时代中期与晚期的印章上(图13-11a、图13-11b),但美索不达米亚的蛇形象在公元前3000年前就已经出现了,一直延续到公元前9—前8世纪亚述人的印章上。

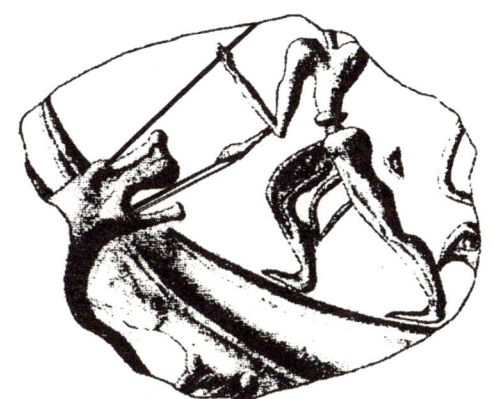

图13-9 海怪攻击船中的风暴神
科诺索斯出土戒指(南诺·马瑞纳托斯做了细微的修复)

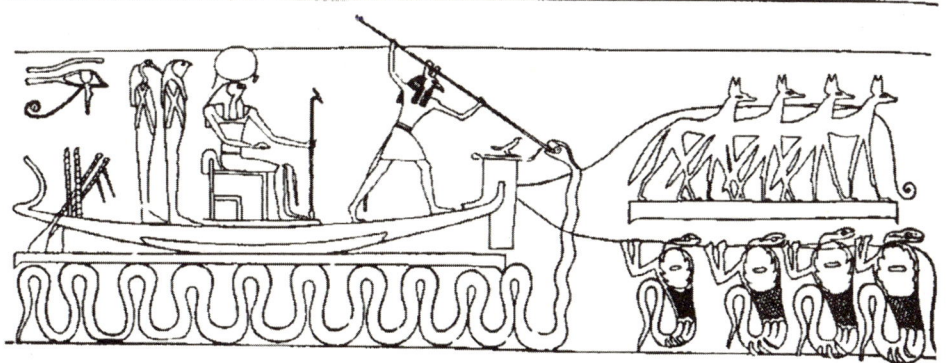

图13-10 阿波菲斯攻击荷露斯之舟,塞特加以还击
埃及纸草(新王国时期)

---

[1] KTU1.5i1; Nicolas Wyatt. *Religious Texts from Ugarit: The Words of Ilimilku and His Colleagues.* The Biblical Seminar 33.2d ed. Sheffield: Sheffield Academic Press, 2002, p. 115.
[2] Nicolas Wyatt. *Religious Texts from Ugarit: The Words of Ilimilku and His Colleagues.* The Biblical Seminar 33.2d ed. Sheffield: Sheffield Academic Press, 2002, pp. 115.

图 13-11　风暴神斩杀蛇怪
a. 叙利亚印章　b. 叙利亚印章（局部）

风暴神的武器

如果前面这些图像描绘的关于风暴神的神话存在诸多正确性，那么我们就必须寻找其武器。在古代近东的仪式与神话中，神明与君王的武器占有极为重要的地位。一个乌迦特人在为城市安全而祷告的过程中，提到了具有神性的长矛与双面斧。①不论是谁拥有武器，武器总是保护他取得胜利。因此，盾牌、长矛，以及其他的神性武器在近东总是受到崇拜。

在巴比伦人写于公元前2000年的文本《埃努玛－埃利什》（Enuma Elish）中，特别强调了风暴神马杜克接受的一张大弓，因为它是神明获胜的工具。②在打仗前，神明马杜克必须拥有一件新武器："（马杜克）造了一张大弓，将其作为自己的武器。"（Enuma Elish, Tablet IV）③

后来，马杜克打败对手，在其被任命为诸神之王之后，这张大弓得到了颂扬："我主马杜克得到了大弓，在他们（即集会的诸神）面前放下武器。父辈的神明观看弓的网络，观看弓箭……父辈们称赞马杜克的这种行为。安努在诸神的集会上夸赞这种大弓并发表讲话。他亲吻了大弓。'她会闻风丧胆的。'"（Enuma Elish, Tablet VI）④

---

① KTU 1.65; Nicolas Wyatt. *Religious Texts from Ugarit: The Words of Ilimilku and His Colleagues.* The Biblical Seminar 33.2d ed. Sheffield: Sheffield Academic Press, 2002, pp. 363-365.
② Stephanie Dalley. *The Legacy of Mesopotamia.* Oxford: Oxford University Press, 1998, pp. 228-232.
③ Stephanie Dalley. *The Legacy of Mesopotamia.* Oxford: Oxford University Press, 1998, p. 251.
④ Stephanie Dalley. *The Legacy of Mesopotamia.* Oxford: Oxford University Press, 1998, p. 263.

乌迦特关于巴力的史诗（约公元前 14 世纪）中同样讲到了风暴神的武器的重要性，这个时段接近克里特人的米诺时代。神明拥有战胜对手亚姆的武器，工匠之神科萨哈－安德·希斯为风暴神打造了这件具有魔力的武器。巴力使用双锤与亚姆搏斗。在另外一个场合中，巴力猎取了一头野牛，然后使用了弓箭："他（左）手持弓，（右）手持箭。"①

希腊神话中同样存在神奇武器的主题：《伊利亚特》中描绘阿喀琉斯武器的部分占据了半部书的篇幅，《奥德赛》中英雄奥德修斯的弓箭成为其获胜的关键因素。这就表明，希腊神话是爱琴海冗长的叙事共同体的一部分。在这种共同的神话中，神圣而不可思议的武器占有重要地位，是神明、国王、英雄与众不同的一部分。米诺时代的克里特与迈锡尼时代的希腊是这种共同体的一部分，这一点是经得起验证的。

在一枚出自克里特保存于柏林的戒指上，弓箭是视觉性场景情节单元的核心（图 13-12）。一男一女两个人紧紧地把持着弓箭。②在右边的场景中，我们看到了一位迷狂者的形象，我们在本书第七章已经探讨过迷狂。迷狂者的出现表明，这些形象包括神明与中介。如果男性形象是风暴神，那么女性形象应该是太阳女神，这种事实被她头部上方的双面斧符号所证实。远一点的符号还有公牛头与流星，我们在前文中已经探讨过了（参见第七章至第十章）。③极有可能，画面中央的男性是持有武器的风暴神。那么这个女性形象是谁呢？她是否在努力地将这种神性武器从风暴神手中拿走？④或者她将武器递给风暴神？神话不可能完全被重构，不过我们可以在这里浏览真正的米诺神话，在这个神话中，弓箭占据核心地位。

---

① KTU. 1.10. ii6-7; Nicolas Wyatt. *Religious Texts from Ugarit: The Words of Ilimilku and His Colleagues*. The Biblical Seminar 33.2d ed. Sheffield: Sheffield Academic Press, 2002, p. 156.

② CMS XI, p. 29，其中论及前面所说的许多参考书目。

③ Ingo Pini. "Echt oder Falsch?—Einige Fälle", in Wolf-Dietrich Niemeier. *Studien zur Minoischen und Helladischen Glyptic: Beiträge zum 2. Marburger Siegel-Symposium 26-30 September 1978*. CMS Beiheft 1. Berlin: Gebr. Mann, 1981; Evangelos Kyriakidis. "Unidentified Objects on Minoan Seals", *AJA* 109: 137-154, 2005, pp. 140-141. 同时参见本书第七章。

④ 一个乌迦特文本中说，一张弓被一位女神与年轻的英雄阿迦特（Aqhat）夺走了。具体参见 Nicolas Wyatt. *Religious Texts from Ugarit: The Words of Ilimilku and His Colleagues*. The Biblical Seminar 33.2d ed. Sheffield: Sheffield Academic Press, 2002, pp. 246-312. 它使我们不禁将米诺描述与乌迦特文本联系起来，不过这种搭配并不严谨。

图 13-12　风暴神与持弓的太阳女神
克里特出土戒指，现存于柏林

更为有力的证据表明，弓箭在界定风暴神的身份上具有重要性。这个证据刻画在一枚出自科诺索斯的戒指上，不过它现在保存在牛津的阿什莫林博物馆中。男神和弓箭的形象非常小，飘浮在半空中，男神在展示其武器（图 13-13）。这是一个占卜的场景。根据我在第七章中的阐释，这种场景是用来预测的。见证者是王后（左边，头上戴着一顶羽冠的女性）与倚靠在石头上的女性。① 她们可能是同一人物形象，处于两个不同的阶段之中。

图 13-13　持弓的风暴神，被迷狂者所见
科诺索斯出土戒指，现存于牛津阿什莫林博物馆

---

① 这里的女性可能是同一个人（王后），她已经为潜伏仪式更换了衣服。上面所列的田野中的肖像——一只耳朵与一只眼睛——或许意味着她看到神明并听到了神明的话语。

关于神圣武器的观点与神权政治的王权模式非常吻合，因为国王可能宣称他们是神明，神明通过国王而得以统治世界。一份出自马里的文本描述了祭司如何将风暴神阿达德（Adad）的神圣武器递给国王济姆里利姆；这种仪式标志着国王统治的合法化，就像关于神明之战的表述一样。① 在乌迦特，仪式将国王与武器直接连接起来，这一点显然源自关于巴力的神话，就像怀亚特所阐释的那样。② 需要指出的是，神明的武器也是国王的武器；风暴神的图像使我们再次回到了王权意识形态。③

跪拜

关于风暴神王冠的探讨，或许有一种场景可以使用，因为它构成了克里特王权范式存在的证据。在扎格罗斯出土的一枚戒指印章上，刻画了一位男性在向着另一位男性跪拜（希腊术语是 proskynesis）。图 13-14 就表现了这枚戒指上的图像（图 13-14a）与我的修复（图 13-14b）。在画面的左边，我们看到一位年轻的男性。他有一种权威的姿态并拿着一根棍子。他的右边是另外一位与他穿着类似的男性，这位男性在磕头。距离这位男性更远的地方有两位身着长袍的男性，在为这一事件做见证。

出自乌迦特与美索不达米亚的文本恰好解释了扎格罗斯出土的戒指印章场景：这是一种跪拜的行为，要亲吻神明面前的土地。在神授王权的社会，接受跪拜的对象一般是神明或国王，跪拜是对后来的神明或超然地位的一种认可。现在我们考察一下乌迦特巴力史诗中的一些语段，在其中有一位神明向另外一位神明说的话：

> 在穆特的脚下俯首并且跪倒，
> 向他致敬并赞美其荣耀。④

---

① Nicolas Wyatt. "There's Such Divinity Doth Hedge a King", in *Selected Essays of Nicolas Wyatt on Royal Ideology in Ugaritic and Old Testament Literature*. Society for Old Testament Study Monographs. Aldershot and Burlington: Ashgate, 2005, pp. 151-189.

② Nicolas Wyatt. "Just How 'Divine' Were the Kings of Ugarit?" in *Arbor Scientiae: Estudios del Proximo Oriente Antiguo Dedicados a Gregorio del Olmo Lete con Ocasion de su 65 Aniversario*, edited by M. Molina, I. Marquez Rowe, J. Sanmartin. *Aula Orientalis* 17-18: 133-141, 1999-2000, pp. 135-136.

③ 赫梯同时存在崇拜武器的风俗；我们可以逐字证明，祭品是献给达拉（Dala）的盾牌之神的，具体参见 Helmut T. Bossert. *Ein Hethitisches Königssiegel: Neue Beiträge zur Geschichte und Entzifferung der Hethitischen Hieroglyphenschrift*. Istanbuler Forschungen 18. Berlin: Wasmuth, 1944, p. 57. 迈锡尼出土的彩绘壁画或许表明了盾牌崇拜。

④ KTU 1.4. viii 27-28; Nicolas Wyatt. *Religious Texts from Ugarit: The Words of Ilimilku and His Colleagues*. The Biblical Seminar 33. 2d ed. Sheffield: Sheffield Academic Press, 2002, p. 113.

在埃尔脚下俯首并且跪倒,

向他致敬并赞美其荣耀。①

约在公元前7世纪,亚述的安祖文本中讲述了诸神亲吻智慧的埃亚(Ea)之足:

伊吉吉(Igigi)倾听大神的演讲

伊吉吉获得自由(从焦灼中)并亲吻埃亚的脚。②

在《圣经》文本中同样发现了献给神明的跪拜,其中讲到上帝告知先知以利亚(Elijah),他只能单独活在七千名以色列人中间:"是未曾向巴力屈膝的,未曾与巴力亲嘴的。"(《圣经·列王纪上》19:18,RSV)

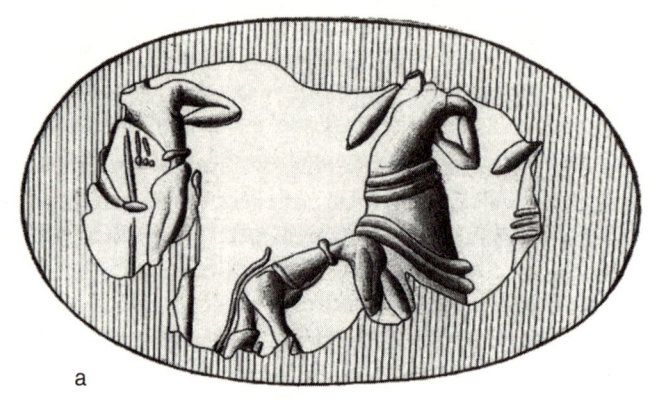

a

b

图 13-14　向神明或国王下跪的场景
a. 扎格罗斯出土的戒指印章　b. 修复的戒指印章

---

① KTU1.4.iv 25;Nicolas Wyatt. *Religious Texts from Ugarit: The Words of Ilimilku and His Colleagues.* The Biblical Seminar 33.2d ed. Sheffield: Sheffield Academic Press, 2002, p. 99.

② *Anzu* I, iii. Stephanie Dalley. *The Legacy of Mesopotamia.* Oxford: Oxford University Press, 1998, p. 210.

不过，不只是神话叙述中才有跪拜。我们在诸侯写给国王的王宫信件中同样发现了作为修辞套语的跪拜，即国王要比诸侯伟大，因此他们像神明一样得到尊敬。在公元前 14 世纪的阿玛纳的档案中，有叙利亚-巴勒斯坦小国王写给埃及法老的信件。他们一般祈求法老的青睐并用一种程式化的表述开头："向着国王，我的主人……在我主国王的脚下，我七次匍匐，七次跪拜。"① "向着我主国王，我的圣殿，我的太阳神，天空的太阳神：这样，韦蒂亚（Widia），阿什凯隆（Ashkelon）王子，你的仆人，跪倒在您脚下，做您忠实的御马。在国王我主的脚下，我七次跪拜，七次跪拜俯伏。"②

希腊人没有神圣王权，他们拒绝跪拜的理念。希罗多德叙述了斯巴达的两个年轻人斯珀塞斯（Sperthies）与布里斯（Boulis）到达波斯王宫，波斯官员要求他们在伟大的国王面前跪拜："当他们到达苏撒（Susa），他们来到了国王面前，这个时候侍卫们要求并强迫他们匍匐跪拜在国王面前，他们说绝不肯这样做，即便他们被头朝下栽地也绝不肯这样做。因为他们说他们没有对凡人跪拜的习惯，而且这也不是他们来此的目的。"（《历史》7.136，A. D. Godley 翻译，作者略有改动）

我们将扎格罗斯的戒指印章上的场景解释为一则神话，我们见证了风暴神的胜利，或者我们将其看作米诺王宫之间举行的一种仪式性表演，我们一定会得出结论说，克里特有着像近东一样的神权模式。最后的观点同样可以用来界定神圣王权。毕竟，伊文思是对的；克里特确实存在神圣王权。统治者（其神话原型是风暴神）作为神明被确立。

关于形态学与米诺神明角色的最后思考

此处要探讨的图像在前文均已论及，它们是刻画在金戒指上的图像。这些图像是其他类型的场景所欠缺的，譬如壁画或石瓶；这些图像仅为戒指的主人所拥有。

戒指图像中的许多场景具有叙事性特征，这就意味着图像中有一些戏剧性的行为并且伴有一系列事件发生。所有的戒指都属于新宫殿时期，即约公元前 16—

---

① EA, no. 250. ANET, 264. Transl. W. F. Albright.
② EA, no. 320. ANET, 483-490. Transl. W. F. Albright.

前15世纪（根据传统年表）。①或许可以推测，新宫殿时期的戒指与风暴神之间具有密切的关系，这是有历史原因的。戒指在一个王朝统治下被创造（它们可能经历了四到五个国王），这种王朝催生了风暴神作为王权的保护神。这个时期与埃及的第十八王朝时期处于同一个时代。许多戒指是在王宫中被发现的，尤其是在科诺索斯宫殿与扎格罗斯宫殿中。

这里就会出现一个问题：为何风暴神没有树立自己的象征物？在希腊艺术中，只有在古风时代才确立了神明的象征符号，在此之前不存在神明的象征符号。在几何时代与东方化时代（公元前8—前7世纪），不可能在艺术品中根据名字辨别神明：只有他们的角色是醒目的。

我并不相信，固定的象征符号的缺乏使得古代观众无法辨别神明；他们能够根据叙述语境辨别神明的身份，这一点他们非常擅长，就像他们创造属于自己文化的神话那样。这里一定要指出的就是，象征符号具有被不断缩减的缺点。它们使得界定身份的神明的名字与外形之间保持绝对对等；这就丧失了一些意义非常模糊的图像，其中包括那些将神明与王族混合起来的图像。另一方面，图像研究是非常灵活的（比如风暴神伸展的手臂与僵硬的身姿），它允许对图像进行双重阐释，国王与神明的图像均如此。不幸的是，这种模糊性使得学者们非常困惑。

另外需要考虑的一点就是，古人并不认为，他们的"神明是这个神明或那个神明"，就像怀亚特所指出的那样。②有一件事情是非常确定的：我们关于"我们"的范畴是创造出来的。我们习惯于将神明分为冥神与天神，但这并不能够反映米诺人、埃及人、乌迦特人或希腊人关于他们神明的概念化程度。③只有图像能够反映这种方式，在图像中，风暴神与太阳女神是米诺人自己想象出来的。这些图像意味着，太阳女神不仅仅被想象为自然女神，还是一位拥有王权的女王，但风暴神最初却被想象为一位孔武有力而嗜战的武士。最为重要的是，风

---

① Ingo Pini. "Der Aussagewert von Bildthemen für die Chronologie der Spätbronzezeitlichen Glyptik", in Walter Müller, ed. *Minoisch-mykenische Glyptik: Stil, Ikonographie, Funktion: Ergebnisse eines Internationalen Siegelsymposiums, Marburg 23.-25. September 1999*. CMS Beiheft 6. Berlin: Gebr. Mann, 2000, pp. 239-244.

② Nicolas Wyatt. "Understanding Polytheism: Structure and Dynamic in a West Semitic Pantheon", *Journal of Higher Criticism* 5: 24-63,1998, p. 39.

③ 尼古拉斯·怀亚特曾经指出（Nicolas Wyatt. "Understanding Polytheism: Structure and Dynamic in a West Semitic Pantheon", *Journal of Higher Criticism* 5,1998, pp. 24-63），乌迦特人的许多范畴是关于丰产女神亚舍拉的七十个儿子、栖息地（天堂之地），以及僧侣（伟大之神）的。

暴神是一位国王，就像跪拜场景所描绘的那样（图13-14）。①

毋庸置疑，米诺的万神殿中还有其他神明（或许扎格罗斯出土的戒指上已经表现了四位，参见图13-14），但只有风暴神与太阳女神是可以进行图像研究的人物形象。无疑，这归结于其作为国王的原始保护神的角色。

---

① 我的第一反应就是，万神殿的女性主神与男神如何被米诺人所接受，参见 Nanno Marinatos. *Minoan Religion: Ritual, Image and Symbol.* Columbia: University of South Carolina Press, 1993，以及本书第七章。

第十四章　宗教共同体中神明的转化

没有哪一种宗教是纯粹的（从这种意义上说，它具有其他宗教所无法包容的极为独特的因素）或静止的（就是说它并不改变）。宗教是动力机制，当宗教面对环境的持续改变，以及与其他宗教竞争时，它会经历各种变化，适应各种新环境。就像生物物种一样，宗教可以共享一种共同的基因库，在经历了世事沧桑之后，它导致了活态而互动的连续性的空间。

如果将这种生物学模式应用在宗教系统中，我们就可以论及一种宗教基因库，即群体特征，一种依然在持续的本土身份：这是一种共同体（koine）。无论如何，一种陈词滥调就是，宗教是保守的，它一定要被重新对待，也许它是集体被抛弃的。

或许我们进一步要界定一下宗教的变化。首先，存在一种宗教品质的"共同体"（synthesis），这个语词适合用来表述融合。① 譬如，区域性的神明会与外来的神明融合在一起。在共同的崇拜中，他们会获得一种新的社会功能与角色，并且随着岁月的流逝，他们失去另外一方。② 这种新的品质会使其从邻近的文化中借来类似的神明。弗里茨·格雷夫（Fritz Graf）使用一种自然论模式来解释这种共同体，其中论及文化之间存在的一种具有渗透性的程序。③ 但埃纳·托马斯森却补充道，共同体有时是一种程序，这是一种有目的政治或社会的共同体。例如，在一个圣殿中，为了促进共同体的崇拜，管理者会做相关举措。其中的一

---

① Einar Thomassen. "Musings on Syncretism", in *Unterwegs: Neue Pfade in der Religionswissenschaft*, Festschrift für Michael Pye zum 65. Geburtstag, edited by C. Kleine, M. Schrimpf, and K. Triplett, 137-147. München: Biblion, 2004.

② 例如，赫尔墨斯（Hermes）是羊神，也是牧羊人的神明，但是他也是冥界之神或成年仪式的神明。在其诸功能之间并无必然逻辑关联；他们是宗教共同体体系多年运行的结果。每一个神明的角色都在其绰号中得以反映；譬如，宙斯·克尼俄斯（Zeus Xenios），宙斯·克托尼俄斯（Zeus Chthonios），等等。

③ Fritz Graf. "What Is Ancient Mediterranean Religion?" in Sarah I. Johnston. *Religions of the Ancient World: A Guide.* Harvard University Press Reference Library. Cambridge: Belknap Press, 2004, pp. 3-16.

个例子就是赛拉匹斯（Serapis），他是希腊化时代的希腊-埃及神明，在同一座圣殿中被希腊人与埃及人所尊崇。①

其次，有一种宗教"转化"，沃尔特·伯克特使用了这个术语，这就意味着一种宗教系统中的神明与另外一种近邻的宗教是等同的（比如，参见表14-1）。②希腊人的德墨忒耳等同于伊西斯，因为她们皆为重要神明的母亲。

不过，转化并非不证自明的。它以崇拜中对神明角色的共同的宗教感知与理解为预设前提；并且因为它假定了类似的概念化，它与文化相对论完全不相容。因此很难想象，不在爱琴与近东的宗教共同体中，转化能够进行。③那么，我们如何了解这种共同体呢？充分说来就是，如果没有它的存在，希罗多德不可能在公元前1000年将埃及宗教转化到希腊的宗教中。④因为相同的原因，我们时代的学者（比如奥思玛·基尔）讲，要尽力创造一种富有意味的图像字典，它包括近东、《圣经》与埃及的观念。⑤

宗教共同体结构中王室政策的作用

王室政策的作用是确立文化共性的重要因素之一，而这一点还未被充分意识

---

① Einar Thomassen. "Musings on Syncretism", in *Unterwegs: Neue Pfade in der Religionswissenschaft*, Festschrift für Michael Pye zum 65. Geburtstag, edited by C. Kleine, M. Schrimpf, and K. Triplett, 137-147. München: Biblion, 2004. 这些例子或许很容易复制。参见希罗多德：《历史》, 2.41.2,43.1,46.1,48.1,51.1, etc.

② Walter Burkert. "Migrating Gods and Syncretisms: Forms of Cult Transfer in the Ancient Mediterranean", in Walter Burkert, Laura Gemelli Marciano, Franzisca Egli, Lucius Hartmann, Andreas Schatzmann, eds. *Kleine Schriften II: Orientalia*. Hypomnemata Suppl. -Reihe 2. Göttingen: Vandenhoeck and Ruprecht, 2003, pp. 17-36. 通过人类学将一种文化转化为另外一种文化，要面对一种共同的问题，参见 Edward Evan Evans-Pritchard. *Social Anthropology*. Glencoe: Free Press, 1951.

③ 埃文斯-普里查德对此持相反观点，参见 Edward Evan Evans-Pritchard. *Social Anthropology*. Glencoe: Free Press, 1951. 他指出，正视人类学者的观点就是一种转化——寻找一种从一种思想到另一种文化世界的方式。

④ Herodotus ii. 41-63. 有趣的是，他颇为自信地将埃及人的神明转化为希腊人的对等物。阿蒙（Amon）就是宙斯，奥西里斯就是狄俄尼索斯，伊西斯就是德墨忒耳。更为有趣的是，当论及埃及风俗（比如，动物献祭）时，希罗多德就强调了差异之处，而不是类似之处，尽管风俗不可被精确地转化。

⑤ 参见 Othmar Keel and Christoph Uehlinger. *Göttinnen, Götter und Gottessymbole: Neue Erkenntnisse zur Religionsgeschichte Kanaans und Israels Aufgrund Bislang Unerschlossener Ikonographischer Quellen. Quaestiones Disputatae* 134. Fribourg, Basel, Wien: Herder, 1995; Izak Cornelius. *The Iconography of the Canaanite Gods Reshef and Ba'al: Late Bronze Age and Iron Age I periods* (c. 1500-1000 BCE). Orbis Biblicus et Orientalis 140. Fribourg: Academic Press Fribourg, 1994, pp. 1-11; Walter Burkert. *The Orientalizing Revolution: Near Eastern Influence on Greek Culture in the Early Archaic Age*. Transl. W. Burkert and M. E. Pinder. Cambridge: Harvard University Press, 1992.

到。我将要探讨四个案例：首先是赫梯或埃及的条约，其次是王室信件摘要，然后是一个乌迦特人的形象，最后是赫梯人与米诺人共同象征符号的使用。

我们从赫梯国王与埃及国王之间的誓言开始探讨。

关于赫梯的伟大国王与埃及国王拉姆西斯（Meri Amon）①之间的盟誓之语，所有这些都写在银板上——至于这些话语，它们是赫梯土地上成千上万的男神与女神之间的话语，以及埃及土地上成千上万的男神与女神之间的话语，我是听到这些话语的见证者：

拉神，天空之主，

拉神，阿瑞纳城之主，

塞特，天空之主，

塞特，赫梯之主，

塞特，阿瑞纳城之主，

塞特，辛帕兰达（Zippalanda）城之主，

塞特，佩提雅瑞科［Pe（tt）iyarik］城之主，

塞特，埃雷珀（Aleppo）之城之主，

塞特，利兹那（Lihzina）城之主，

等等。

天空女王；诸神，盟约之主；女神，大地之神；盟约之神伊夏拉（Ishara）；赫梯山之女主人与陆地上河流的女主人；科祖瓦达纳（Kizuwadna）土地上的男神；阿蒙；拉；塞特；男神；女神；埃及土地上的山神与河神；天空；土地；大海；清风；白云。②

现在要阐释这些条约。我们指出，因为诸神是见证者，他们一定是埃及、赫梯这些国度的象征性代表。这些对称与修辞上的夸张是匹配的。这涉及埃及与赫梯帝国的数千位神明，这些神明有男有女。这个庞大的数字是必要的，因为神明越多，条约越有效。这种语言的夸张被反映在艺术的夸张中。譬如，在石雕艺术中，也就是赫梯伟大的亚兹利卡亚圣殿的石雕中，出土了很多看上去完全相同的神像，其性别介于男性与女性之间（性别模糊——译者）。

我们需要指出的另一点就是，条约中提到的埃及男神塞特、拉，他们是埃及王权的保护神。埃及（而不是赫梯）名字的选择表明了对埃及原始宗教的认可；

---

① 这里指的是拉姆西斯二世。

② Transl. J. A. Wilson; ANET 200-201. 这是卡尔那克与拉姆西斯的阿蒙神庙墙壁上所表述的盟约。赫梯文本中有对等的条约。

这一点颇有道理，因为条约的版本为埃及语。不过我们注意到，盟约之神已经被赫梯环境改变了，因为他们在亚洲的城市中被地方化了。条约还讲到了另外一些神明，他们是山脉与河流的象征，既是土地自身人格化，又是土地富有力量的化身（同时参见《伊利亚特》第三卷第 267 行所描述的特洛伊人与亚加亚人条约中关于太阳与土地祈祷的表述）。

埃及－赫梯人的条约是探讨宗教转化与共同体的绝佳典范。拉与塞特是赫梯本土的城市之神，尽管他们拥有一个埃及名字。结果就是创造了调节盟约保护神的共同性宗教。①

第二个例子来自米坦尼的国王图什拉塔写给埃及法老阿蒙霍特普三世（约公元前 14 世纪）的信件。在这里，另一位伟大的君王共同确立了一位神明："也许天空女神莎犹夏伽（Shaushga）会保佑我和我的兄弟一千年，也许我们的女神会赐给我们大喜乐。难道莎犹夏伽不是我的女神和我兄弟的女神吗？"②（W. L. Moran 翻译）在这些信件中，我们发现使用的修辞强调了意图的公共性："我和我的兄弟"，"我们的女神"，"我的女神和我兄弟的女神"。

第三个关于宗教共同体的例子是乌迦特的一个女神形象，其雕刻在乌迦特米内特·埃尔·贝达（Minet el Beida，公元前 14 世纪）墓葬中一个象牙盒盖上。③ 在这里，王室的作用并不明显，不过物体是奢侈品，它当然表达了精英阶层的意识形态。神明被表述为一个端坐的女兽主形象，身边围绕着一些山羊。（图 14-1）尽管这个形象的艺术风格是叙利亚式的，譬如发饰、裸露的乳房，但其服装类型却包括所有的米诺要素。我们在本书第十二章中已界定过端坐的姿态，它是伴随万神殿中资格较老的女神肖像而出现。这种神明在乌迦特很容易被视为亚舍拉女神，但米诺人与迈锡尼人可能会同时将其视为他们的太阳女神，其名字可能是"A-sa-sa-ra"。

---

① 饶有趣味的是，这里并未提及赫梯万神殿中最有影响力的女神阿瑞纳，可能因为，作为一位女神，她并没有被转化到埃及的宗教方言中。实际上，我们见到了男神拉及其赫梯同伴，就是男性太阳神阿瑞纳。

② Marc Van de Mieroop. *A History of the Ancient Near East.* Oxford: Blackwell, 2004, p. 129, pp. 61-62.

③ Izak Cornelius. *The Many Faces of the Goddess: The Iconograpgy of the Syro-Palestinian Goddesses Anat, Astarte, Qedeshet, and Asherah c. 1500-1000 BCE.* Orbis Biblicus et Orientalis 204. Fribourg: Academic Press Fribourg, 2004, pp. 110-111, with bibl.

图 14-1 端坐的米诺女神 / 女兽主
乌迦特附近米内特·埃尔·贝达墓葬中的象牙盒盖

我们会论及更多的合成形象。其中之一就是迦南人的裸体女神形象，它出现在埃及人的石碑上。女神戴着一顶饰有太阳盘的角状王冠。她是哈索尔的化身，但迦南的崇拜者却将其转化为一位全新的神明，她身上同时体现了迦南与埃及的特性。[①]

[①] Rainer Stadelmann. *Syrisch-Palästinensische Gottheiten in Ägypten*. Probleme der Ägyptologie 5. Leiden: Brill, 1967; Othmar Keel and Christoph Uehlinger. *Göttinnen, Götter und Gottessymbole: Neue Erkenntnisse zur Religionsgeschichte Kanaans und Israels Aufgrund Bislang Unerschlossener Ikonographischer Quellen. Quaestiones Disputatae* 134. Fribourg, Basel, Wien: Herder, 1995, pp. 29-48; Izak Cornelius. *The Iconography of the Canaanite Gods Reshef and Ba'al: Late Bronze Age and Iron Age I periods*（c. 1500-1000 BCE）. Orbis Biblicus et Orientalis 140. Fribourg: Academic Press Fribourg, 1994; Izak Cornelius. *The Many Faces of the Goddess: The Iconograpgy of the Syro-Palestinian Goddesses Anat, Astarte, Qedeshet, and Asherah c. 1500-1000 BCE*. Orbis Biblicus et Orientalis 204. Fribourg: Academic Press Fribourg, 2004, pp. 20-21.

最后一个关于宗教共同体的例子是米诺人不带花瓣的裂开的圆花饰（图14-2b）。我们已经讲到，这些圆花饰是如何被赫梯人与米诺人作为一种图像而加以使用的（图10-7）。我们已经指出，裂开的圆形花饰表达了从冥界升起的地平线上的太阳盘的永恒特性。不过，迄今并未有其他方式表明，这个符号是在哪里被首次创造的，是安纳托利亚还是米诺时代的克里特。我认为，爱琴海两岸同时采用圆花饰，这表明爱琴海沿岸诸国度之间出现了一种共同的宗教理念。早在1944年，赫梯研究者赫尔穆特-西奥多·博塞特已认可了这一点，并且指出，米诺宗教与赫梯宗教极为接近。[①]我在这里补充的是，共同的象征符号是被一种共同的王族策略与意识形态所催生的。

米诺人、赫梯人、埃及人，以及叙利亚人共同使用的一种象征符号是T形

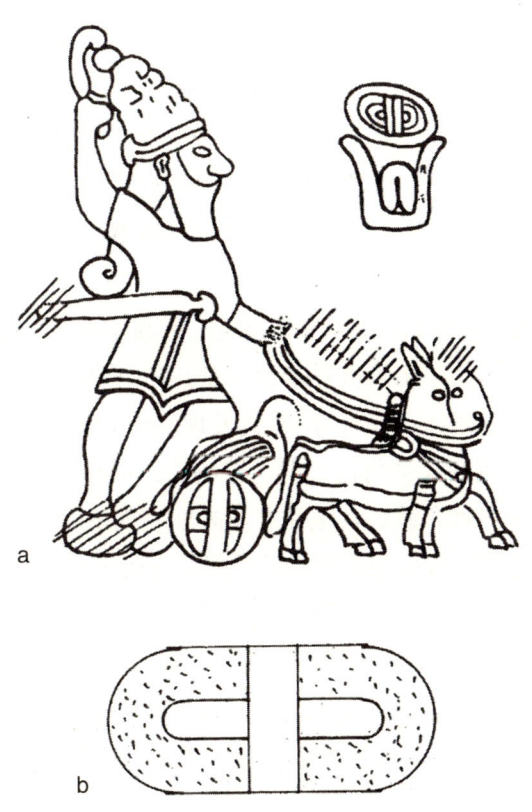

图14-2　与新赫梯风暴神桑塔什（Santash）在一起的裂开的圆花饰
a. 马拉塔亚石雕（公元前1300/1200年）b. 科诺索斯御座基底

---

① Helmut T. Bossert. *Ein Hethitisches Königssiegel: Neue Beiträge zur Geschichte und Entzifferung der Hethitischen Hieroglyphenschrift*. Istanbuler Forschungen 18. Berlin: Wasmuth, 1944, p. 10. "[die] Religionen beider Länder [waren] auf engste miteinader verwandt."

十字符号。①我们在第九章中已经看到，T形十字符号象征着太阳神的生命与祝福。T形十字符号也可以被视为太阳崇拜公共语言的一部分，并且因为它被王族印章所利用，通过一种共同的视觉性语言，它促进了国王之间的交流。

共同体中的神明

博塞特先生在20世纪40年代所设想的统一世界现在已经被马克·范德·迈鲁普复原了，他简洁而富有洞见地描述了整个近东的历史。事实上，米诺时代的克里特在这个共同体世界处于缺席状态，因为它缺乏文本，不过在马克·范德·迈鲁普的书中，爱琴地区被通过迈锡尼时代的希腊描述。马克·范德·迈鲁普将此在文化上视为政治性的交往，而不单单是贸易伙伴关系。

近东的角色被视为隶属于一种公共体系，它包含了整个的近东区域。从它们在外交与军事术语的互动的方式能够明显看出，它们同时共享一种类似的意识形态，这种意识形态是关于国家之内的社会结构与主要的活态角色的。尽管国家的政治性机制在不断变化，它们的主要特征通过获取财富与权力的巨大差异而得以彰显，这是介于各种少数精英与大众之间的一种差异。一个国际性的精英阶层由此出现，其参与者与另外一个区域内的同事之间的共性超过了与本土的底层人民之间的共同性。②

我认为，在创造共同的宗教共同体过程中，王族与贵族之间的交流发挥了主要（尽管不是唯一）作用。尤为重要的是，表14-1中所标明的神明的转化。

这个表格在许多方面都是有益的。我们发现，多数穿越界限被转化的神明是风暴神与母神。但后者的社会角色占据主导地位，只有小部分的角色与丰产相关。母神仅仅是一个名称，我们甚至在希腊晚期发现了"meter theon"这个名字，但她并未完全直接被转化为万神殿的神明。在公元前2000年后半叶，这些女神通常是太阳神，是国王与王后的女保护神。

我将要指出，米诺人未必是不独自拥有一位风暴神与太阳母神。这种评价是建立在历史可信性的基础上的，而不是建立在图像分析的基础上的。因为迄今这种主要的方法是后起的，这两种方法（历史可信性与艺术-历史分析）充分聚集在一起。

---

① Jeremy Black and Anthony Green. *Gods, Demons and Symbols of Ancient Mesopotamia: An Illustrated Dictionary*. Austin: University of Texas Press, 1992, p. 74.

② Marc Van de Mieroop. *A History of the Ancient Near East*. Oxford: Blackwell, 2004, p. 137.

表 14-1 共同体中的神明

神明类型	叙利亚迦南乌迦特	安纳托利亚	美索不达米亚	埃及	克里特	米诺时代的希腊（公元前 2000 年）	历史时期的希腊（公元前 1000 年）
风暴神	哈大达（阿达德）巴力 达甘 拉什普	特舒伯	尼努塔 马杜克	塞特	年轻神明	宙斯	宙斯 阿波罗 阿瑞斯
造物主或父神	埃尔			阿图姆	?		科诺索斯
母后与太阳神	亚舍拉 亚舍拉（?）	太阳女神 阿瑞纳 赫帕特	尼格苏（?） 玛米	哈索尔 伊西斯	A-sa-sa-ra	Po-t-ni-ja	赫拉（并非太阳女神）[转化为叙利亚的阿塔伽提斯（Atargatis）]①
爱神	阿纳特 亚舍拉 亚斯塔特 库达什	莎犹夏伽	伊士塔尔 伊南娜	哈索尔 伊西斯	?	?	阿弗洛狄忒
男性太阳神		沙鲁玛	夏玛什 尤图	荷露斯	?	?	许珀昂

　　同样明显的就是，在爱琴海的作品中安置一种共同的宗教情节单元比将希腊神话置于青铜时代要好得多。在乌迦特与赫梯万神殿中能够发现米诺同一女神的匹配物，但这并未出现在希腊万神殿中，因为太阳女神不能够与赫拉或德墨忒耳等同，或者与奥林匹斯万神殿中的其他女神等同。瑞亚有可能，但后者在希腊崇拜从来都不占据重要地位，她很少有自己的神庙。

　　不过，我们或许可以认为，阿瑞斯（Ares）是米诺时代的战争神，阿弗洛狄忒是阿瑞斯的伴侣；阿波罗是年轻的战神，他就像乌迦特的神明巴力与拉什普一样。阿波罗的伙伴阿耳忒弥斯就像少女阿纳特，只是她是一位姐妹而不是一位情人。阿波罗的母亲勒托是棕榈树女神，她是米诺太阳女神的遥远回音。

　　这里有跨越时代的回音，而不是转化。我们可以确信，希腊宗教已经保存了

---

① 根据 Lusian, *Dea Syria*, 31-33. Othmar keel. *Goddesses and Trees, New Moon and Yahweh: Ancient Near Eastern Art and the Hebrew Bible.* Sheffield: Sheffield Academic Press, 1998, p. 23.

米诺神明与迈锡尼神明的一些特性，但系统自身是变化不已的。这是从表14-1提供的信息中得出的结论之一。

这一表格同样表明了另一种事实：太阳崇拜非常繁荣，尤其是君主政权存在的地方。那么为何太阳从未在希腊与犹太人中流行（Ezek. 8：16—17）呢？那么废弃太阳崇拜符号是否意味着从王权中解放出来呢？

第十五章　结语：献给伊文思

本书始于一张包括爱琴与近东的地图，该图作为连接两个世界的象征性符号而被加以利用。为解读米诺文化的符码，我们采用了近东的视角。下面就最为重要的研究做七点总结：

1. 如果将米诺文化视为一种国际性环境的组成部分，那么它就能够得到恰当的解读。科诺索斯与叙利亚、黎凡特地区、埃及、米坦尼帝国，以及安纳托利亚的赫梯帝国之间具有特别的关联，时间在公元前1650—前1400年。在公元前15世纪末叶，科诺索斯与埃及之间的联系尤为密切。这一点被尼罗河三角洲东部埃及的泰尔·埃里·达巴的王宫壁画，以及埃及贵族墓葬中关于凯弗提乌（米诺人）的描述所证实，时间在哈特谢普苏特与图特摩斯三世统治时期。我们已经看到，宗教共同体是一种最大程度上的王权成就（参见第一章至第三章、第十四章）。

2. 实际上，克里特存在神圣王权。国王是介于人类社会与神界之间唯一的合法中介，他作为大祭司而服务于神明。在大祭司（男性与女性）与国王、王后之间做区别是一种毫无意义的工作，因为在艺术表述中，男性大祭司就是国王，女性大祭司就是王后。但是，什么是神圣王权？此处给出的界定不同于（弗雷泽倡导）一种理念，即神圣的国王是巫师国王。① 我的定义限定在两个方面：国王死后的神格化；当国王直接进入与神明感通时的本体论状态，以及后来国王不得不退出的状态（返俗，参见第三章）。

3. 在整个爱琴与古代东方，国王和王后与太阳具有关联，就像他们在克里特时期与迈锡尼时期的希腊世界所做的那样。太阳崇拜具有一种政治蕴含，正如它具有宇宙论层面的蕴含一样；太阳是王权的绝佳象征符号，因为它统治了宇宙的每一个领域（第八章至第十一章）。

---

① James George Frazer. *Man God and Immortality: Thoughts on Human Progress, Passages Chosen from the Writings of Sir James George Frazer,* rev. ed. New York: Macmillan, 1927, pp. 229-235; James George Frazer. *The Golden Bough: A Study of Magic and Religion.* Abridged ed. London: Macmillan, 1949, pp. 84-91.

米诺万神殿中的主神是太阳女神及其儿子风暴神。通过使用近东共同体视角，我们能够重构风暴神及其母亲的神话（第十二章、第十三章）。双面斧是太阳女神的象征符号（第九章、第十章）。

4. 带有双峰的圣山，弯曲的祭坛，圆花饰，双面斧，这些符号是太阳旅行的标志，抑或太阳盘的变形。上述所有符号与科诺索斯王宫均具有关联，这就表明王宫是宇宙的中心，同时是神明的居所（第五章、第八章至第十章）。

5. 作为一种未解之谜，米诺的符号的每一种形状皆为精心创造。裂开的圆花饰，双面斧，弯曲的祭坛，这些符号并非它们最初所显现的那样。理解这些符号的关键是其形状的对称性，对称性反映了太阳在天空与冥界两个世界的旅行状态。从该视角来看，米诺人的符号是非常复杂的，就像其近邻埃及人的符号一样（第四章、第五章、第八章至第十一章）。

6. 金戒指上的图像反映了统治者的意识形态，因为戒指是王权的工具。在许多戒指所描绘的场景中，尤其是占卜与预言场景中，国王与王后（或太后）被刻画为主角（第一章、第六章、第七章）。

7. 本书根据伊文思创造的概念性机制，从而探索一种未知的世界，尽管它迥异于今天，伊文思还以这种方式组织并排列了这种信息，通过这种方式，图像的破译工作能够得以展开。尽管伊文思误读了一些符号，譬如将山脉误读为公牛角，但伊文思并未完全与这种符号隔断。实际上，米诺人有意含糊了"牛角"与"山峰"的意义，因为在神话思维中，母牛或公牛，以及山脉，它们都能够拥抱太阳；在某些方面，这些物体生出了太阳。米诺人有意并置了这些符号：牛角就像山峰（图 15-1），埃及人同样如此，我们在马尔卡塔（Malkata）王宫的天花板上看到了这一点（图 15-1d）。

伊文思发现了"斧头刀口的奇特复本"，并将这种双面性解释为神明的两面性。[①]与这种观点相反的是，我将斧头的两面性看作太阳神在天空与冥界的两种特征的象征。不过，伊文思正确地觉察到了象征符号的双面性。

此外，伊文思认为"大女神"是母亲。他是对的：万神殿中女神的社会角色是母性的（第十二章）。[②]伊文思同时认识到，埃及宗教与米诺时代的克里特宗教具有密切关联。我们在本书第九章与第十章中已经表明，在克里特，公牛头、双面斧、圆花饰，以及太阳盘，这些象征符号之间彼此关联。埃及同样存在类似

---

① Arthur J. Evans. "The Mycenaean Tree and Pillar Cult and Its Mediterranean Relations", *JHS* 21: 99-204,1901, p. 108.

② Evans PM III, p. 464.

图 15-1　山峰或公牛角间升起的米诺双面斧
a. 泥制器皿　b. 阿尔戈斯出土印章　c. 珀塞拉器皿　d. 埃及马尔卡塔天花板

的视觉性与观念性象征符号。让我们比较一下米诺崇拜器皿上带有双面斧的公牛头（图 15-1c），以及马尔卡塔的阿蒙霍特普三世王宫中的带有圆花饰的公牛头（图 15-1d）。这种比较会使我们相信，甚至使持怀疑论观点的人也会认为，埃及人与米诺人的认知性世界是相关的，这一点是伊文思所一贯主张的。

最后，伊文思关于米诺时代克里特的神圣王权本质的直觉具有充分的合理性。我们拥有具有历史性的正确意义上的米诺神圣王权理念，首先应归功于他。

参 考 资 料

略语采用《美国考古学杂志》缩略语系统。

ANET	*Ancient Near Eastern Texts Relating to the Old Testament.* Eds. J. B. Pritchard, 3rd ed. Princeton: Princeton University Press, 1955.
CMS	*Corpus der minoischen and mykenischen Siegel.* Eds. F. Matz, H. Biesantz, and I. Pini. Mainz, Berlin: Akademie der Literatur and Wissenschaften, 1964-.
Evans PM I-IV	Volumes 1-4 of The Palace of Minos: a Comparative Account of the Successive Stages of the Early Cretan Civilization as Illustrated by the Discoveries at Knossos by A. Evans. London: Macmillan, 1921-1935.
KBo	Keilschrifttexte aus Boghazkoi. Berlin: Gebr. Mann.
KTU	*Die Keilalphabetischen Texte aus Ugarit. Einschliesslich der Keilalphabetischen Texte Ausserhalb Ugarit. Teil 1 Transkription.* Eds. M. Dietrich, O. Loretz, and J. Sanmartin, with H. W. Kisker. Alter Orient und Altes Testament 24. Kevelaer and Neukirchen-Vluyn: Verlag Butzon & Bercker, 1976.
RS	Ras Shambra.
RSV	*Holy Bible.* New Revised Standard Version.
TUAT	*Texte aus der Umwelt des Alten Testaments.* Eds. K. Hecker, W. G. Lambert, G. G. W. Müller, W. von Soden, and A. Ünal. Volume III. Mythen und Epen II. Gütersloh: G. Mohn, 1983-1994.

Albright, William F. 1968. *Yahweh and the Gods of Canaan: A Historical Analysis of Two Contrasting Faiths.* London: Athlone Press.

Alexiou, Stylianos. 1958. "I minoiki thea meth ' ypsomenon xeiron." *Kretika Chronika* 12: 179-299.

Alexiou, Stylianos. 1964. "Minoikoi Istoi Simeon." *Kretika Chronika* 17: 339-351.

Alexiou, Stylianos. 1969a. *Minoan Civilization.* Trans. C. Ridley. Herakleion: Crete.

Alexiou, Stylianos. 1969b. "Istoi Minoikon Ieron kai Aigyptiakoi Pylones (Supports des sanctuaires minoéns et des pylons égyptienes)." *AAA* 2: 84-88.

Alexiou, Stylianos. 1971. "Nea Parastasis Ploiou epi Minoikis Larnakos." In *Pepragmena tou Tritou Diethnous Kretologikou Synedriou, Rethymno, 18-23 September 1971,3-12.* Rethymno: Dimos Rethymnis.

Alexiou, Stylianos. 1972. "Larnakes kai Aggeia ek Tafou para to Gazi Irakleiou." *Archaiologike Ephemeris,* 86-98.

Alexiou, Stylianos. 1987. "Minoan Palaces as Centres of Trade and Manufacture." In Hägg and Marinatos 1987, 251-253.

Al-Khalesi, Yasin. 1978. *Court of the Palms: A Functional Interpretation of the Mari Palace.* Malibu: Undena.

Alp, Sedat. 1983. *Beiträge zur Erforschung des hethitischen Tempels. Kultanlagen im Lichte der Keilschrifttexte. Neue Deutungen.* Ankara: Turk Tarih Kurumu Basimevi.

Alram-Stern, E. and Georg Nightingale, eds. 2007 *Keimelion.* Band, Vienna: Österreichische Akademie der Wissenschaften. Denkschriften.

Amiet, Pierre. 1980. *La Glyptique Mésopotamienne Archaique.* Paris: CNRS.

Amiet, Pierre. 1992. *Corpus des Cylindres de Ras Shamra-Ugarit II. Sceaux-cylindres en Hématite et Pierres Diverses.* Ras Shamra-Ugarit IX. Paris: Editions Recherche sur les Civilisations.

Andreasen, Niels. -Erik A. 1983. "The Role of the Queen Mother in Isrealite Society." *Catholic Biblical Quarterly* 45: 179-194.

Annus, Amar. 2001. "Ninurta and the Son of Man." In Whiting 2001, 7-17.

Arnaud, Daniel. 1987. *Recherches au Pays d' Astata. Emar.* Vol. VI. 4: *Textes de la Bibliothèque. Transcriptions et Traductions.* Paris: Editions Recherche sur les

Civilisations.

Aruz, Joan. 1995. "Syrian Seals and the Evidence for Cultural Interaction between the Levant and Crete." In Müller 1995, 2-21.

Bachofen, Johann J. 1941. *Mutterrecht und Urreligion. Eine Auswahl. Herausgegeben von R. Marx.* Stuttgart: Kröner.

Badawy, Alexander. 1966. *Architecture in Ancient Egypt and the Near East.* Cambridge: MIT Press.

Bernett, Monika and Othmar Keel. 1998. *Mond, Stier und Kult am Stadttor: Die Stele von Betsaida (et-Tell).* Orbis Biblicus et Orientalis 161. Göttingen: Vandenhoeck and Ruprecht.

Betancourt, Philip P. 1990. *The Final Neolithic through Middle Minoan III Pottery.* Vol 2 of *Kommos: An Excavation of the South Coast of Crete.* Princeton: Princeton University Press.

Betancourt, Philip P. 2002. "Who Was in Charge of the Palaces?" In Driessen, Schoep, and Laffineur 2002, 207-211.

Betancourt, Philip P. and Costis Davaras, eds. 1995. *Pseira I: Minoan Buildings on the West Side of Area A.* University Museum Monograph 90. Philadelphia: University Museum of Pennsylvania.

Betancourt, Philip P. and Costis Davaras, eds. 1999. *Pseira IV: Minoan Buildings in Areas B, C, D, and F.* Philadelphia: University Museum of Pennsylvania.

Betancourt, Philip P., Vassos Karageorghis, Robert Laffineur, and Wolf-Dietrich Niemeier, eds. 1999. *Meletemata: Studies in Aegean Archaeology Presented to Malcolm H. Wiener as He Enters His 65th Year.* Aegaeum 20. 3 vols. Liège: Université de Liège.

Betts, John H. 1981. "The Seal from Shaft Grave Gamma: A 'Mycenaean Chieftain'?" *TUAS* 6: 2-8.

Bietak, Manfred. 1994. "Die Wandmalereien aus Tell el Dab'a/'Ezbet Helmi: Erste Eindrücke." *Ägypten und Levante* IV: 44-58.

Bietak, Manfred. 1996. *Avaris: The Capital of the Hyksos: Recent Excavations.* London: British Museum Publications Ltd.

Bietak, Manfred. 2004. "Review of Manning, W. 'A Test of Time.'" *Bibliotheca*

Orientalis LXI: 199-221.

Bietak, Manfred, Nanno Marinatos, and Clairy Palyvou. 2000. "The Maze Tableau from Tell el Dab' a." In Sherratt 2000: 77-90.

Bietak, Manfred, Nanno Marinatos, and Clairy Palyvou. 2007. *Taureador Scenes in Tell el-Dab' a (Avaris) and Knossos*. Vienna: Österreichische Akademie der Wissenschaften.

Bin-Nun, Shoshana R. 1975. *The Tawananna in the Hittite Kingdom*. Texte der Hethiter 5. Heidelberg: Carl Winter.

Biran, Abraham, ed. 1981. *Temples and High Places in Biblical Times. Hebrew Union College Colloquium, 14-16 March 1977*. Jerusalem: The Nelson Glück School of Biblical Archaeology.

Bittel, Kurt. 1976. *Die Hethiter: Die Kunst Anatoliens vom Ende des 3. bis zum Anfang des 1. Jahrtausends vor Christus*. München: Beck.

Bittel, Kurt, Rudolf Nauman, and Heinz Otto. 1941. *Yazilikaya: Architektur, Felsbilder, Inschriften und Kleinfunde*. Wissenschaftliche Veröffentlichung der Deutschen Orientgesellschaft 61. Leipzig: Hinrichs.

Black, Jeremy and Anthony Green. 1992. *Gods, Demons and Symbols of Ancient Mesopotamia: An Illustrated Dictionary*. Austin: University of Texas Press.

Bleeker, Claas J. 1967. *Egyptian Festivals: Enactments of Religious Renewal*. Leiden: Brill.

Bonnet, Hans. 2000. "Amduat." In *Reallexikon der Ägyptischen Religionsgeschichte*: 17-20. Berlin and New York: W. De Gruyter.

Bosanquet, Robert C. and Richard M. Dawkins. 1923. *The Unpublished Objects from the Palaikastro Excavations, 1902-1906*. BSA Suppl. no. 1. London: Macmillan& Co.

Bossert, Helmut T. 1932. "Santas und Kupapa: Neue Beiträge zur Entzifferung der kretischen und hethitischen Bilderschrift." *Mitteilungen der Altorientalischen Gesellschaft* VI: 5-88.

Bossert, Helmut T. 1937. *Altkreta: Kunst und Handwerk in Griechenland Kreta und in der Ägais von den Anfangen bis zur Eisenzeit*. Berlin: Wasmuth.

Bossert, Helmut T. 1944. *Ein Hethitisches Königssiegel: Neue Beiträge zur Geschichte und Entzifferung der Hethitischen Hieroglyphenschrift.* Istanbuler Forschungen 18. Berlin: Wasmuth.

Boulotis, Christos. 1987. "Nochmals zum Prozessionsfresko von Knossos: Palast und Darbringung von Prestige-Objekten." In Hägg and Marinatos 1987, 145-156.

Buccholz, Hans-Günter. (Buccholz, Hans-Günter 为 Buchholz, Hans-Günter——译注) 1959. *Zur Herkunft der kretischen Doppelaxt. Geschichte und auswartige Beziehungen eines minoischen Kultsymbols.* München: Kiefhaber & Elbl.

Buchholz, Hans-Günter. 1999. *Ugarit, Zypern und Agais: Kulturbeziehungen im zweiten Jahrtausend v. Chr.* Alter Orient und Altes Testament, Bd 261. Münster: Ugarit Verlag.

Burkert, Walter. 1975. "Resep-Figuren, Apollon von Amyklai und die 'Erfindung' des Opfers auf Cypern. Zur Religionsgeschichte der 'Dunklen Jahrhunderte.'" *Grazer Beiträge* 4: 51-79.

Burkert, Walter. 1979. *Structure and History in Greek Mythology and Ritual.* Berkeley: University of California Press.

Burkert, Walter. 1985. *Greek Religion: Archaic and Classical.* Trans. J. Raffan. Oxford: Blackwell.

Burkert, Walter. 1992. *The Orientalizing Revolution: Near Eastern Influence on Greek Culture in the Early Archaic Age.* Transl. W. Burkert and M. E. Pinder. Cambridge: Harvard University Press.

Burkert, Walter. 1996. *Creation of the Sacred: Tracks of Biology in Early Religions.* Cambridge: Harvard University Press.

Burkert, Walter. 2000. "Migrating Gods and Syncretisms: Forms of Cult Transfer in the Ancient Mediterranean." In Burkert et al. 2003, 17-36.

Burkert, Walter. 2004a. *Babylon, Memphis, Persepolis: Eastern Contexts of Greek Culture.* Cambridge: Harvard University Press.

Burkert, Walter. 2004b. "Epiphanies and Signs of Power." In Shanzer and Marinatos 2004, 1-24.

Burkert, Walter, Laura Gemelli Marciano, Franzisca Egli, Lucius Hartmann, and Andreas Schatzmann, eds. 2003. *Kleine Schriften II: Orientalia.* Hypomnemata Suppl. -Reihe 2. Göttingen: Vandenhoeck and Ruprecht.

Cain, C. Dawn. 2001. "Dancing in the Dark: Deconstructing a Narrative of Epiphany on the Isopata Ring." *AJA* 105: 27-49.

Cameron, Mark A. S. 1967. "Unpublished Fresco Fragments of a Chariot Composition from Knossos." *AA* 82: 330-344.

Cameron, Mark A. S. 1987. "The Palatial Thematic System in the Knossos Murals." In Hägg and Marinatos 1987, 321-329.

Carter, Jane B. and Sarah P. Morris, eds. 1995. *The Ages of Homer: A Tribute to Emily Townsend Vermeule.* Austin: University of Texas Press.

Caubet, Annie. 1999. *l' Acrobat au Taureau: Les découvertes de Tell el-Dab'a et l'archéologie de la Méditerranée orientale. Actes du Colloque Organisée au musée du Louvre, 3 Decémbre 1994.* Paris: Musée du Louvre.

Chadwick, John. 1970. *The Decipherment of Linear B.* Cambridge: Cambridge University Press.

Clifford, Richard J. 1972. *The Cosmic Mountain in Canaan and the Old Testament.* Cambridge: Harvard University Press.

Cline, Eric. 1987. "Amenhotep III and the Aegean: A Reassessment of Egypto-Aegean Relations in the 14th Century BC." *Orientalia* 56: 1-36.

Cline, Eric. 1995. "'My Brother, My Son': Rulership and Trade Between the Late Bronze Age Aegean, Egypt and the Near East." In Rehak 1995a, 143-150.

Cline, Eric H. and Diane Harris-Cline, eds. 1998. *The Aegean and the Orient in the Second Millennium. Proceedings of the 50th Anniversary Symposium, University of Cincinnati, 18-20 April 1997.* Aegaeum 18. Liège: Université de Liège.

Collon, Dominique. 1972. "The Smiting God: A Study of a Bronze in the Pomerance Collection in New York." *Levant* 4: 111-134.

Collon, Dominique. 1982. *Catalogue of the Westen Asiatic Seals in the British Museum.* Vol. 2, Akkadian, Post Akkadian, Ur III periods. London: Trustees of the British Museum.

Collon, Dominique. 1987. *First Impressions: Cylinder Seals in the Ancient Near East.* Chicago: University of Chicago Press.

Collon, Dominique. 1994. "Bull-Leaping in Syria." *Ägypten und Levante* IV: 81-88.

Cornelius, Izak. 1994. *The Iconography of the Canaanite Gods Reshef and Ba'al: Late Bronze Age and Iron Age I periods (c. 1500-1000 BCE).* Orbis Biblicus et Orientalis 140. Fribourg: Academic Press Fribourg.

Cornelius, Izak. 2004. *The Many Faces of the Goddess: The Iconography of the Syro-Palestinian Goddesses Anat, Astarte, Qedeshet, and Asherah c. 1500-1000 BCE.* Orbis Biblicus et Orientalis 204. Fribourg: Academic Press Fribourg.

Crouwel, Joost H. 1981. *Chariots and Other Means of Transport in Bronze Age Greece.* Allard Pierson Series 3. Amsterdam: Allard Pierson Museum.

Crowley, Janice L. 1995. "Images of Power in the Bronze Age Aegean." In Laffineur and Niemeier 1995, 475-491.

Cultraro, Massimo. 2000. "l'Affresco del Cantore di Pilo e l'Investitura del Potere." *Ostraka* IX: 9-30.

Cultraro, Massimo. 2001. *l'Anello di Minosse: Archeologia della Regalitá Nell' Egeo Minoico.* Biblioteca di Archeologia. Milano: Longanesi & C.

Dalley, Stephanie. 1989. *Myths from Mesopotamia: Creation, the Flood, Gilgamesh, and Others.* Oxford: Oxford University Press, 2000.

Dalley, Stephanie. 1998. *The Legacy of Mesopotamia.* Oxford: Oxford University Press.

Danthine, Hélène. 1937. *Le Palmier-dattier et les Arbres Sacrés dans l'Iconographie de l'Asie Occidentale Ancienne.* 2 vols. Paris: Republique Française.

Darcque, Pascal and Jean-Claude Poursat, eds. 1985. *l'Iconographie Minoenne: Actes de la Table Ronde d'Athènes, 21-22 Avril 1983.* BCH Suppl. XI. Paris: Diffusion de Boccard.

Davaras, Costis. 1976. *Guide to Cretan Antiquities.* Park Ridge, N. J.: Noyes Press.

Davaras, Costis. 1986. "Proimes Minoikes Sfragides kai Sfragistiko Daktylidi apo to Spilaio Yerondomouri Lasithiou." *Archaiologike Ephemeris,* 9-48.

Davaras, Costis. 2003. *Führer zu den Altertümen Kretas.* Athen: Eptalofos.

Davaras, Costis and Jeffrey Soles. 1995. "A New Oriental Cylinder Seal from Mochlos." *Archaiologike Ephemeris,* 30-66.

Davis, Ellen N. 1995. "Art and Politics in the Aegean: The Missing Ruler." In Rehak 1995a, 11-22.

Davis, Simon. 1967. *The Decipherment of the Minoan Linear A and Pictographic Scripts*. Johannesburg: Witwatersand University Press.

Decker, Wolfgang. 1987. *Sport und Spiel im Alten Ägypten*. Munich: Beck.

Demargne, Pierre. 1949. "La Robe de la Déese Minoenne sur un Cachet de Mallia." *Mélanges d'archéologie et d' histoire offerts à Charles Picard*. RA 29-30: 280-288.

Dickinson, Oliver T. P. K. 1994. *The Aegean Bronze Age*. Cambridge: Cambridge University Press.

Dietrich, Bernard C. 1988. "The Instrument of Sacrifice." In Hägg et al. 1988,35-40.

Dijkstra, Meindert. 1991. "The Weather God on Two Mountains." *Ugarit Forschungen* 23: 127-140.

Dimopoulou, Nota and George Rethemiotakis. 2000. "The 'Sacred Conversation' Ring from Poros." In Müller 2000, 39-56.

Dossin, George. 1939. "Les archives économiques du palais de Mari." *Syria* 20: 102-113.

Doumas, Christos, ed. 1978. *Thera and the Aegean World I: Papers Presented at the Second International Scientific Congress, Santorini, Greece, August 1978*. London: Thera and the Aegean World.

Doumas, Christos, ed. 1980. *Thera and the Aegean World II*. London: Thera and the Aegean World.

Doumas, Christos. 1992. *The Wall Paintings of Thera*. Athens: Thera Foundation & Petros M. Nomikos.

Doumas, Christos. 2000. *Museum of Prehistoric Thera*. Athens: Ministry of Culure.

Driessen, Jan, Ilse Schoep and Robert Laffineur, eds. 2002. *Monuments of Minos: Rethinking the Minoan Palaces. Proceedings of the International Workshop "Crete of the Hundred Palaces?", Université Catholique de Louvain-la-Neuve, 14-15 December 2001*. Aegaeum 23. Liège: Université de Liège.

Durand, Jean. -Marie. 1997. "Les prophéties des textes de Mari." In *Oracles et Prophéties dans l' Antiquité. Actes du Colloque de Strasburg, 15-17 Juin 1995*. Ed. J. -G. Heintz, 115-134. Paris: Diffusion de Boccard.

Evans, Arthur J. 1901. "The Mycenaean Tree and Pillar Cult and Its Mediterranean Relations." *JHS* 21: 99-204.

Evans, Arthur J. 1909. *Scripta Minoa: The Written Documents of Minoan Crete, with Special Reference to the Archives of Knossos.* Vol 1. Oxford: Clarendon Press.

Evans, Arthur J. 1914. "The 'Tomb of the Double Axes' and Associated Group, and the Pillar Rooms and Ritual Vessels of the 'Little Palace' at Knossos." *Archaeologia* 65: 1-94.

Evans-Pritchard, Edward Evan. 1951. *Social Anthropology.* Glencoe: Free Press.

Farnoux, Alexandre. 1995. "La fondation de la Royauté Minoenne: XXème Siècle Avant ou Après Jésus-Christ?" In Laffineur and Niemeier 1995, 323-333.

Faulkner, Raymond O. 1985. *The Ancient Egyptian Book of the Dead.* London: British Museum Press.

Fitton, J. Leslie. 1996. *The Discovery of the Greek Bronze Age.* Cambridge: Harvard University Press.

Fleming, Daniel E. 1992. *The Installation of Baal's High Priestess at Emar: A Window on Ancient Syrian Religion.* Harvard Semitic Studies 42. Harvard: Harvard Semitic Museum.

Foster, K. Pollinger and R. Laffineur, eds. 2003. *Metron, Measuring the Aegean Bronze Age.* Aegaeum 24. Liège: Université de Liège.

Frankfort, Henri. 1948. *Kingship and the Gods: A Study of Ancient Near Eastern Religion as the Integration of Society and Nature.* Chicago: University of Chicago Press.

Frankfort, Henri. 1954. *The Art and Architecture of the Ancient Orient.* Harmondsworth: Penguin.

Frazer, James George. 1927. *Man God and Immortality: Thoughts on Human Progress, Passages Chosen from the Writings of Sir James George Frazer.* Rev. ed. New York: Macmillan.

Frazer, James G. 1949. *The Golden Bough: A Study of Magic and Religion.* Abridged ed. London: Macmillan.

Fulco, William J. 1976. *The Canaanite God Reshep.* American Oriental Society Essay 8. New Haven, Conn.: American Oriental Society.

Gaballa, G. A. 1976. *Narrative in Egyptian Art.* Mainz: Philipp von Zabern.

Gaerte, Wilhelm. 1922. "Die 'Horns of Consecration.'" Archiv für Religionswissenschaft 21: 72-75.

Genette, Gerard. 1980. *Narrative Discourse: An Essay in Method.* Transl. J. E. Lewin. Ithaca: Cornell University Press.

Gerard-Rousseau, Monique. 1968. *Les Mentions Religieuses dans les Tablettes Mycéniennes.* Incunabula Graeca 29. Rome: Edizioni dell'Ateneo.

Gesell, Geraldine C. 1985. *Town, Palace, and House Cult in Minoan Crete.* SIMA LXVII. Göteborg: Paul Åströms.

Gimbutas, Marija. 1995. *The Language of the Goddess.* San Francisco: Harper.

Goodison, Lucy. 1989. *Death, Women and the Sun: Symbolism of Regeneration in Early Aegean Religion.* BICS Suppl. 53. London: Institute of Classical Studies.

Goodison, Lucy. 2001. "From Tholos Tomb to Throne Room: Perceptions of the Sun in Minoan Ritual." In Laffineur and Hägg 2001, 77-88.

Götze, Albrecht. 1957. *Kleinasien. Kultutrgeschichte des Alten Orients.* München: Beck.

Graf, Fritz. 2004. "What Is Ancient Mediterranean Religion?" In Johnston 2004, 3-16.

Grumach, Ernst, ed. 1958. *Minoica. Festschrift zum 80. Geburtstag von Johannes Sundwall.* Deutsche Akademie der Wissenschaften zu Berlin. Schriften der Sektion für Altertumswissenschaften 12. Berlin: Akademie Verlag.

Guichard, Michaël. 1999. "Les mentions de la Crète à Mari." In Caubet 1999, 165-177.

Gurncy, Oliver R. 1952. *The Hittites.* Harmondsworth: Penguin.

Güterbock, Hans G. 1943. "Hethitische Götterdatstellungen und Götternamen." In 26 Sayili Belletin den Ayri Basim, Ankara: 297-317.

Güterbock, Hans G. and Theo P. J. van den Hout. 1991. *The Hittite Instruction for the Royal Bodyguard.* Oriental Institute of Chicago Assyriological Studies 24. Chicago: David Brown Book.

Güterbock, Hans G. and Timothy Kendall. 1995. "A Hittite Silver Vessel in the Form of a Fist." In Carter and Morris 1995, 45-60.

Haas, Volkert. 1982. *Hethitische Berggötter und Hurritische Steindämonen: Ritten, Kulte und Mythen. Eine Einführung in die Altkleinasiatischen Religiösen Vorstellungen.* Kulturgeschichte der Antiken Welt 10. München: Philipp von Zabern.

Hägg, Robin. 1986. "Die Göttliche Epiphanie im Minoischen Ritual." *AM* 101: 41-62.

Hägg, Robin. 1987. "On the Reconstruction of the West Façade of the Palace of Knossos." In Hägg and Marinatos 1987, 129-134.

Hägg, Robin, ed. 1997. *The Function of the "Minoan Villa". Proceedings of the Third International Symposium at the Swedish Institute in Athens, 6-8 June 1992.* SkrAth 4°, 46. Stockholm: Paul Åströms.

Hägg, Robin, and Yvonne Lindau. 1984. "The Minoan 'Snake Frame' Reconsidered." *OpAth* 15: 67-77.

Hägg, Robin and Nanno Marinatos, eds. 1981. *Sanctuaries and Cults in the Aegean Bronze Age. Proceedings of the First International Symposium at the Swedish Institute in Athens, 12-13 May 1980.* SkrAth 4°, 28. Stockholm: Paul Åströms.

Hägg, Robin and Nanno Marinatos, eds. 1984. *The Minoan Thalassocracy: Myth and Reality. Proceedings of the Third International Symposium at the Swedish Institute in Athens, 31 May-5 June 1982.* SkrAth 4°, 32. Stockholm: Paul Åströms.

Hägg, Robin and Nanno Marinatos, eds. 1987. *The Function of the Minoan Palaces. Proceedings of the Fourth International Symposium at the Swedish Institute in Athens, 10-16 June 1984.* SkrAth 4°, 35. Stockholm: Paul Åströms.

Hägg, Robin, Nanno Marinatos and Gullög C. Nordquist, eds. 1988. *Early Greek Cult Practice. Proceedings of the Fifth International Symposium at the Swedish Institute in Athens, 26-29 June 1986.* SkrAth 4°, 38. Stockholm: Paul Åströms.

Hall, Jonathan M. 2007. *A History of the Archaic Greek World.* Oxford: Blackell.

Hallager, Eric. 1985. *The Master Impression: A Clay Sealing from the Greek-Swedish Excavations at Kastelli, Khania.* SIMA LXIX. Göteborg: Paul Åströms.

Hallager, Eric. 1990. "Roundels Among Sealings in Minoan Administration: A Comprehensive Analysis of Function." In Palaima 1990, 121-148.

Hallager, Eric. 1996. *The Minoan Roundel and Other Sealed Documents in the Neopalatial Linear A Administration.* Aegaeum 14. 2 vols. Liège: Université de Liège.

Hamilakis, Yiannis, ed. 2002. *Labyrinth Revisited: Rethinking 'Minoan' Archaeology.* Oxford: Oxbow.

Hardy, David A., Christos G. Doumas, John A. Sakellarakis and Peter M. Warren, eds. 1990. *Thera and the Aegean World III. Proceedings of the Third International Congress, Santorini, Greece, 3-9 September 1989*. Vol. 1. London: Thera Foundation.

Harrison, Jane E. 1962. *Epilegomena and Themis: A Study of the Social Origins of Greek Religion*. New York: University Books.

Helck, Wolfgang. 1979. *Die Beziehungen Ägyptens und Vorderasiens zur Ägäis bis ins 7. Jahrhundert v. Chr.* Darmstadt: Wissenschaftliche Buchgesellschaft.

Hiller, Stefan. 2000. "Die Kretischen Schriftsysteme und die Palatiale Administration." In Siebenmorgen 2000, 121-142.

Hitchcock, Louise A. 2000. *Minoan Architecture: A Contextual Analysis*. SIMA Pocket Book 55. Jonsered: Paul Åströms.

Hitchcock, Louise A. and Paul Koudounaris. 2002. "Virtual Discourse: Arthur Evans and the Reconstructions of the Minoan Palace at Knossos." In Hamilakis 2002, 40-58.

Hoffner, Harry A. and Gary M. Beckman, eds. 1986. *Kanissuwar. A Tribute to Hans G. Güterbock on his Seventy-fifth Birthday, May 27, 1983*. Assyriological Studies No. 23. Chicago: The Oriental Institute of the University of Chicago.

Hood, Sinclair. 1971. *The Minoans: Crete in the Bronze Age*. London: Thames and Hudson.

Hood, Sinclair. 1977. "Minoan Town Shrines?" In *Greece and the Eastern Mediterranean in Ancient History and Prehistory: Studies Presented to Fritz Schachermeyr on the Occasion of his Eightieth Birthday*. Ed. K. H. Kitzl, 158-172. Berlin: de Gruyter.

Hood, Sinclair. 1978. *The Arts in Prehistoric Greece*. Harmondsworth: Penguin.

Hornung, Erik. 1982. *Conceptions of God in Ancient Egypt: The One and the Many*. Transl. J. Baines. Ithaca: Cornell University Press.

Hornung, Erik. 1990a. *The Valley of the Kings: Horizon of Eternity*. Transl. D. Warburton. New York: Timken Publisher.

Hornung, Erik. 1990b. *Das Totenbuch der Ägypter*. Zürich and München: Artemis.

Horowitz, Wayne. 1998. *Mesopotamian Cosmic Geography*. Mesopotamian Civilizations 8. Winnona Lake: Eisenbrauns.

Immerwahr, Sara A. 1990. *Aegean Painting in the Bronze Age*. University Park: Pennsylvania State University Press.

Immerwahr, Sara A. 1995. "Death and the Tanagra Larnakes." In Carter and Morris

1995, 109-122.

Jakob-Rost, Liane, Evelyn Klengel-Brandt, Joachim Marzahn and Ralf-B. Wartke. 1992. *Das Vorderasiatische Museum.* Berlin: Staatliche Museen zu Berlin und Preusischer Kulturbesitz: Philipp von Zabern.

Johnston, Sarah I., ed. 2004. *Religions of the Ancient World: A Guide.* Harvard University Press Reference Library. Cambridge: Belknap Press.

Jones, Donald W. 1999. *Peak Sanctuaries and Sacred Caves in Minoan Crete: A Comparison of Artifacts.* SIMA Pocket Book 156. Jonsered: Paul Åströms.

Jung, Helmut. 1989. "Methodisches zur Hermeneutik der minoischen und mykenischen Bilddenkmäler." In Müller 1989, 91-110.

Kanta, Athanasia. 1973. "Ysterominoiki Sarkophagos apo to Horion Maroulas Rethymnes." *Athens Annals of Archaeology* 6: 315-323.

Karageorghis, Vassos and Nikolaos Stambolidis, eds. 1998. *Eastern Mediterranean: Cyprus, Dodecanese, Crete 16th-6th cent. BC. Proceedings of the International Symposium, Rethymnon, 13-16 May 1997.* Athens: University of Crete, A. G. Leventis Foundation.

Karetsou, Alexandra. 1981. "The Peak Sanctuary of Mt. Juktas." In Hägg and Marinatos 1981, 137-153.

Karetsou, Alexandra, ed. 2000. *Crete and Egypt: Three Thousand Years of Cultural Links (Herakleion Archaeological Museum).* Athens: Greek Ministry of Culture.

Karo, Georg. 1930-1933. *Die Schachtgräber von Mykenai.* München: Bruckmann.

Keel, Othmar. 1978. *The Symbolism of the Biblical World: Ancient Near Eastern Iconography and the Book of Psalms.* Transl. T. J. Hallett. New York: Seabury Press.

Keel, Othmar. 1992. *Das Recht der Bilder Gesehen zu Werden: Drei Fallstudien zur Methode der Interpretation Altorientalischer Bilder.* Orbis Biblicus et Orientalis 122. Fribourg: Academic Press Fribourg.

Keel, Othmar. 1994. *The Song of Songs.* Minneapolis: Augsburg Fortress.

Keel, Othmar. 1995. *Corpus der Stempelsiegel-Amulette aus Palästina/Israel von den Anfangen bis zur Perserzeit Einleitung.* Orbis Biblicus et Orientalis Series Archaeologica 10. Friburg: Academic Press Fribourg and Göttingen: Vandenhoeck and Ruprecht.

Keel, Othmar. 1998. *Goddesses and Trees, New Moon and Yahweh: Ancient Near Eastern Art and the Hebrew Bible.* Sheffield: Sheffield Academic Press.

Keel, Othmar and Sylvia Schroer. 1985. *Studien zu den Stempelsiegeln aus Palästina/ Israel I.* Orbis Biblicus et Orientalis 67. Fribourg: Academic Press Fribourg.

Keel, Othmar and Sylvia Schroer. 1998. "Darstellungen des Sonnenlaufs und Totenbuchvignetten auf Skarabäen." *ZÄS* 125: 13-29.

Keel, Othmar and Sylvia Schroer. 2006. *Eva-Mutter alles Lebendingen: Frauen- und Göttinenidole aus dem Alten Orien.* 2d ed. Fribourg: Academic Press Fribourg.

Keel, Othmar and Christoph Uehlinger. 1995. *Göttinnen, Götter und Gottessymbole: Neue Erkenntnisse zur Religionsgeschichte Kanaans und Israels Aufgrund Bislang Unerschlossener Ikonographischer Quellen. Quaestiones Disputatae* 134. Fribourg, Basel, Wien: Herder.

Kenna, Victor E. G. 1971. *Catalogue of the Cypriote Seals of the Bronze Age in the British Museum.* Göteborg: Paul Åströms.

Kilian-Dirlmeier, Imma. 1987. "Das Kuppelgrab von Vapheio (Lakonien): Die Beigabenausstattung in der Steinkiste: Untersuchungen zur Sozialstruktur in späthelladischer Zeit." *Jahrbuch des Römisch-Germanischen Zentralmuseums* 34: 197-212.

Kitchen, Kenneth A. 1982. *Pharaoh Triumphant: The Life and Times of Ramesses II.* Cairo: Benben.

Koehl, Robert B. 1986. "The Chieftain Cup and a Minoan Rite of Passage." *JHS* 106: 99-110.

Koehl, Robert B. 1995. "The Nature of Minoan Kingship." In Rehak 1995a, 23-36.

Koehl, Robert B. 1997. "The Villas at Ayia Triada and Nirou Chani and the Origin of the Cretan *andreion*." In Hägg 1997, 137-149.

Koehl, Robert B. 2001. "The 'Sacred Marriage' in Minoan Religion and Ritual." In Laffineur and Hägg 2001, 237-243.

Kourou, Nota. 2001. "The Sacred Tree in Greek Art. Mycenaean Versus Near Eastern Traditions." In Ribichini et al. 2001, 31-54.

Krattenmaker, Kathleen. 1995a. "Palace, Peak and Sceptre: The Iconography of Legitimacy." In Rehak 1995a, 49-62.

Krattenmaker, Kathleen. 1995b. "Architecture in Glyptic Cult Scenes: The Minoan Examples." In Müller 1995, 117-133.

Krzyszkowska, Olga and Lucia Nixon, eds. 1983. *Minoan Society. Proceedings of the Cambridge Colloquium 1981.* Bristol: Bristol Classical Press.

Kyriakidis, Evangelos. 2005. "Unidentified Objects on Minoan Seals." *AJA* 109: 137-154.

Laffineur, Robert, ed. 1987. *Thanatos: Les coutumes funéraires en Egée à l'âge du Bronze. Actes du colloque de Liège, 21-23 Avril 1986.* Aegaeum 1. Liège: Université de Liège.

Laffineur, Robert, ed. 1989. *Transition: Le monde égéen du Bronze moyen au Bronze récent. Actes de la 2e Rencontre égéenne internationale de l' Université de Liège, 18-20 Avril 1988.* Aegaeum 3. Liège: Université de Liège.

Laffineur, Robert and Janice Crowley, ed. 1992. *Eikon: Aegean Bronze Age Iconography: Shaping a Methodology. Proceedings of the 4th International Aegean Conference, University of Tasmania, Hobart, Australia, 6-9 April 1992.* Aegaeum 8. Liège: Université de Liège.

Laffineur, Robert and Robin Hägg, eds. 2001. *Potnia: Deities and Religion in the Aegean Bronze Age. Proceedings of the 8th International Aegean Conference, Göteborg University, 12-15 April 2000.* Aegaeum 22. Liège: Université de Liège.

Laffineur, Robert and Wolf-Dietrich Niemeier, eds. 1995. *Politeia: Society and State in the Aegean Bronze Age. Proceedings of the 5th International Aegean Conference, University of Heidelberg, Archäologisches Institut, 10-13 April 1994.* Aegaeum 12. 2 vols. Liège: Université de Liège.

Lambert, Wilfred G. 1996. *Babylonian Wisdom Literature.* Winona Lake, Ind.: Eisenbrauns.

Lang, Mabel L. 1969. *The Frescoes.* Vol 3 of *The Palace of Nestor at Pylos in Western Messenia.* Princeton: Princeton University Press.

Lange, Kurt, Max Hirmer. 1956. *Aegypten: Architektur, Plastik, Malerei in Drei Jahrtausenden.* 2nd ed. München: Hirmer.

Lapatin, Kenneth. 2002. *Mysteries of the Snake Goddess: Art, Desire and the Forging of History.* Boston: Houghton Miffin.

Laroche, Emanuel. 1960. *Les Hiéroglyphes Hittites.* Paris: CNRS.

Lebessi, Aggeliki and Polymnia Muhly. 1990. "Aspects of Minoan Cult: Sacred Enclosures. The Evidence from the Syme Sanctuary (Crete)." *AA*: 315-336.

Lebessi, Aggeliki, Polymnia Muhly, and George Papassavas. 2004. "The Runner's Ring. A Minoan Athlete's Dedication at the Syme Sanctuary, Crete." *AM* 119: 1-31.

Levi, Doro. 1925-1926a. "Le cretule di Hagia Triada presso Phaistos." *ASAtene* 8-9: 71-156.

Levi, Doro. 1925-1926b. "Le cretule di Zakro." *ASAtene* 8-9: 157-201.

Long, Charlotte L. 1974. *The Ayia Triadha Sarcophagus: A Study of Late Minoan and Mycenaean Funerary Practices and Beliefs.* SIMA XLI. Göteborg: Paul, Åströms.

Loud, Gordon. 1939. *The Megiddo Ivories.* Chicago: University of Chicago.

Lurker, Manfred. 1980. *The Gods and Symbols of Ancient Egypt.* London: Thames and Hudson.

MacGillivray, Joseph A. 2000a. "The Religious Context." In *The Palaikastro Kouros: A Minoan Chryselephantine Statuette and Its Aegean Bronze Age Context.* Eds. J. A. MacGillvray, J. M. Driessen and L. H. Sackett, 123-130. BSA Studies 6. London: British School at Athens.

MacGillivray, Joseph A. 2000b. "Labyrinths and Bull-Leapers." *Archaeology* 53: 53-56.

MacGillivray, Joseph A. 2000c. *Minotaur: Sir Arthur Evans and the Archaeology of the Minoan Myth.* London: Jonathan Cape.

Manning, Sturt W. 1999. *A Test of Time: The Volcano of Thera and the Chronology and History of the Aegean and East Mediterranean in the mid-Second Millennium B. C.* Oxford: Oxbow.

Maran, Joseph and Eftychia Stavrianopoulou. 2007. "Potnios Aner: Reflections on the Ideology of Mycenaean Kingship." In Alram-Stern and Nightingale, 350.

Marinatos, Nanno. 1984a. "The Date-palm in Minoan Iconography and Religion." *OpAth* 15: 115-122.

Marinatos, Nanno. 1984b. "Minoan Threskeiocracy on Thera." In Hägg and Marinatos 1984, 167-178.

Marinatos, Nanno. 1986. *Minoan Sacrificial Ritual: Cult Practice and Symbolism*. SkrAth 8°, IX. Stockholm: Paul Åströms.

Marinatos, Nanno. 1987. "Public Festivals in the West Courts of the Palaces." In Hägg and Marinatos 1987,135-143.

Marinatos, Nanno. 1989. "The Tree as a Focus of Ritual Action in Minoan Glyptic Art." In Müller 1989,127-143.

Marinatos, Nanno. 1990. "Minoan-Cycladic Syncretism." In Hardy et al. 1990,370-377.

Marinatos, Nanno. 1993. *Minoan Religion: Ritual, Image and Symbol*. Columbia: University of South Carolina Press.

Marinatos, Nanno. 1995. "Divine Kingship in Minoan Crete." In Rehak 1995a, 37-48.

Marinatos, Nanno. 1997. "Minoan and Mycenaean Larnakes: a Comparison." In *La Crète Mycénienne: Actes de la table Ronde Internationale Organisée par l'ecole Francaise d'Athènes, 26-28 Mars 1991*. Eds. J. Driessen and A. Farnoux, 281-292. BCH Suppl. 30. Paris: De Boccard.

Marinatos, Nanno. 2000. "Nature as Ideology: Landscapes on the Theran Ships." In Sherratt 2000,907-913.

Marinatos, Nanno. 2002. "The Cosmic Journey of Odysseus." *Numen* 48: 383-416.

Marinatos, Nanno. 2004. "The Character of Minoan Epiphanies." In Shanzer and Marinatos 2004: 25-42.

Marinatos, Nanno and Robin Hägg. 1983. "Anthropomorphic Cult Images in Minoan Crete？" In Krzyszkowska and Nixon 1983,185-20l.

Marinatos, Spyridon. 1926. "Minoiki kai Homeriki Skylla." *Archaiologikon Deltion* X: 51-62.

Marinatos, Spyridon. 1939. "The Volcanic Destruction of Minoan Crete." *Antiquity* 13: 425-439.

Marinatos, Spyridon. 1967. *Kleidung Haar-und Barttracht*. Archaeologia Homerica, Band 1: A, B. Göttingen: Vandenhoeck & Ruprecht.

Marinatos, Spyridon. 1976. *Excavations at Thera VII. 1973 Season*. Athens: Archaeological Society at Athens.

Marinatos, Spyridon and Max Hirmer. 1976. *Kreta, Thera and das Mykenische Hellas*.

München: Hirmer.

Markoe, Glenn. 1985. *Phoenician Bronze and Silver Bowls from Cyprus and the Mediterranean.* Classical Studies 26. Berkeley: University of California Publication.

Matthiae, Paolo. 1984. *I Tesori di Ebla.* Roma-Bari: Laterza.

Matz, Friedrich. 1958. *Göttererscheinung und Kultbild im minoischen Kreta.* Abhandlungen der Geistes und Sozialwissenschaftlichen Klasse, Akademie der Wissenschaften und der Literatur in Mainz vol. 7. Wiesbaden: Akademie der Wissenschaften und der Literatur.

Mavriyiannaki, Katerina. 1972. *Recherches sur les larnakes minoennes de la Créte Occidentale.* Incunabula Graeca 54. Roma: Edizioni dell'Ateneo.

Meissner, Bruno. 1920-1925. *Babylonien und Assyrien I-II.* Heidelberg: Carl Winters Universitätsbuchhandlung.

Mettinger, Tryggve N. D. 1995. *No Graven Image? Israelite Aniconism in Its Ancient Near Eastern Context.* Coniectanea Biblica. Old Testament Series 42. Stockholm: Almqvist & Wiksell.

Mettinger, Tryggve N. D. 2001. *The Riddle of Resurrection. Dying and Rising Gods in the Ancient Near East.* Coniectanea Biblica. Old Testament Series 50. Stockholm: Almqvist & Wiksell.

Mirie, Sieglinde. 1979. *Das Thronraumareal des Palastes von Knossos. Versuch einer Neuinterpretation seiner Entstehung und seiner Funktion.* Saarbrücker Beiträge zur Altertumswissenschaft 26. Bonn: Habelt.

Moran, William L. 1992. *The Amarna Letters.* Baltimore: Johns Hopkins University Press.

Morgan, Lyvia. 1985. "Idea, Idiom and Iconography." In Darcque and Poursat 1985, 5-19.

Morgan, Lyvia. 1988. *The Wall Paintings from Thera: A Study in Aegean Culture and Iconography.* Cambridge: Cambridge University Press.

Morgan, Lyvia, ed. 2005. *Aegean Wall Painting: A Tribute to Mark Cameron.* BSA Studies 13. London: British School at Athens.

Morris, Christine. 2001. "The Language of Gesture in Minoan Religion." In Laffineur and Hägg 2001, 245-251.

Moss, M. L. 2005. *The Minoan Pantheon: Towards an Understanding of Its Nature and Extent.* BAR International Series 343. Oxford: John and Erica Hedges Ltd.

Müller, Walter, ed. 1989. *Fragen und Probleme der Bronzezeitlichen Ägäischen Glyptik: Beiträge zum 3. Internationalen Marburger Siegel-Symposium 5-7 September 1985.* CMS Beiheft 3. Berlin: Gebr. Mann.

Müller, Walter, ed. 1995. *Sceaux Minoens et Mycéniens.* CMS Beiheft 5. Berlin: Gebr. Mann.

Müller, Walter, ed. 2000. *Minoisch-mykenische Glyptik: Stil, Ikonographie, Funktion: Ergebnisse eines Internationalen Siegelsymposiums, Marburg, 23.-25. September 1999.* CMS Beiheft 6. Berlin: Gebr. Mann.

Munn, Mark H. 2006. *The Mother of the Gods, Athens, and the Tyranny of Asia: A Study of Sovereignty in Ancient Religion.* Berkeley: University of California Press.

Nickelsburg, George W. E. 2001. *1 Enoch 1: A Commentary on the Book of 1 Enoch, Chapters 1-36; 81-108.* Minneapolis: Fortress.

Niemeier, Wolf-Dietrich. 1981. *Studien zur Minoischen und Helladischen Glyptik: Beiträge zum 2. Marburger Siegel-Symposium 26-30 September 1978.* CMS Beiheft 1. Berlin: Gebr. Mann.

Niemeier, Wolf-Dietrich. 1985. *Die Palaststilkeramik von Knossos: Stil, Chronologie und historischer Kontext.* Archäologische Forschungen des Deutschen Archäologischen Instituts 13. Berlin: Gebr. Mann.

Niemeier, Wolf-Dietrich. 1986. "Zur Deutung des Thronraumes im Palast von Knossos." *AM* 101: 63-95.

Niemeier, Wolf-Dietrich. 1987. "Das Stuckrelief des 'Prinzen mit der Federkrone' aus Knossos und Minoische Götterdarstellungen." *AM* 102: 65-98.

Niemeier, Wolf-Dietrich. 1989. "Zur Ikonographie von Gottheiten und Adoranten in den Kultszenen auf Minoischen und Mykenischen Siegeln." In Müller 1989, 163-186.

Niemeier, Wolf-Dietrich and Barbara Niemeier. 1999. "The Minoans of Miletus." In Betancourt et al. 1999: 543-554.

Niemeier, Wolf-Dietrich and Barbara Niemeier. 2000. "Aegean Frescoes in Syria-Palestine: Alalakh and Tel Kabri." In Sherratt 2000, 763-802.

Nilsson, Martin P. 1950. *The Minoan-Mycenaean Religion and Its Survival in Greek Religion.* 2d ed. Lund: Kungl. Humanistiska Vetenskapssamfundet.

Nissinen, Martti. 2001a. "Akkadian Rituals and Poetry of Divine Love." In Whiting 2001, 93-136.

Nissinen, Martti, ed. 2003. *Prophets and Prophecy in the Ancient Near East.* Writings from the Ancient World 12. Society of Biblical Literature. Atlanta: Brill.

Nissinen, Martti. 2004. "What Is Prophecy? An Ancient Near Eastern Perspective." In *Inspired Speech: Prophecy in the Ancient Near East. Essays in Honor of Herbert B. Huffmon.* Eds. J. Kaltner and L. Stulman, 17-37. Journal for the Study of the Old Testament, Supplement Series 378. London and New York: T&T Clark.

Oates, Joan. 1986. *Babylon.* 2d ed. London: Thames and Hudson.

Olyan, Saul M. 1988. *Asherah and the Cult of Yahweh in Israel.* Society of Biblical Literature Monograph Series. Atlanta: Scholars Press.

Ornan, Tallay. 2001. "Istar as Depicted on Finds from Israel." In *Studies in the Archaeology of the Iron Age in Israel and Jordan.* Eds. A. Mazar and G. Mathias, 235-256. *Journal for the Study of the Old Testament.* Supplement Series 331. Sheffield: Sheffield Academic Press.

Otto, Adelheid. 2000. *Die Entstehung und Entwicklung der Klassish-Syrischen Glyptik.* Untersuchungen zur Assyriologie und Vorderasiatische Archaeologie 8. Berlin: de Gruyter.

Otto, Brinna. 2001. "Der Altkretische Jahresgott und seine Feste." In *Kreta und Zypern: Religion und Schrift. Von der Frühgeschichte bis zum Ende der Archaischen Zeit. 26.-28.2.1999, Ohlstadt/Oberbayern-Deutschland.* Eds. A. Kyriatsoulis, 27-48. Altenburg: DZA Verlag für Kultur und Wissenschaft.

Owens, Gareth A. 1996a. "Evidence for the Minoan Language: The Minoan Libation Formula." *Cretan Studies* 5: 163-208.

Owens, Gareth A. 1996b. "'All Religions Are One' (William Blake 1757-1827), Astarte/Ishtar/Ishassaras/Asasarame: The Great Mother Goddess of Minoan Crete and the Eastern Mediterranean." *Cretan Studies* 5: 209-218.

Palaima, Thomas G., ed. 1990. *Aegean Seals, Sealings and Administration. Proceedings of the NEH-Dickson Conference of the Program in Aegean Scripts and Prehistory of the Department of Classics, University of Texas at Austin, January 11-13,1989.* Aegaeum 5. Liège: Université de Liège.

Palaima, Thomas G. 1995. "The Nature of the Mycenaean Wanax: Non-Indo-European Origins and Priestly Functions." In Rehak 1995a, 119-142.

Palyvou, Clairy. 2005. "Architecture in Aegean Bronze Age Art: Façades with No Interiors." In Morgan 2005,185-198.

Pardee, Dennis. 2002. *Ritual and Cult at Ugarit.* Writings from the Ancient World 10. Society of Biblical Literature. Atlanta: Brill.

Paribeni, Roberto. 1904. "Ricerche nel Sepolcreto di Haghia Triada presso Phaestos." *Monumenti Antichi* 14: 677-755.

Paribeni, Roberto. 1908. "Il sarcophago dipinto di Hagia Triada." *Monumenti Antichi* 19: 5-87.

Parrot, André. 1958. *Mission archéologique de Mari.* Vol. II, *Le Palais.* Paris: Geuthner.

Peatfield, Alan A. 1983. "The Topography of Minoan Peak Sanctuaries." *BSA* 78: 273-279.

Peatfield, Alan A. 1987. "Palace and Peak: The Political and Religious Relationship between Palaces and Peak Sanctuaries." In Hägg and Marinatos 1987,89-93.

Peatfield, Alan A. 1990. "Minoan Peak Sanctuaries: History and Society." *OpAth* 18: 117-132.

Peatfield, Alan A. 1992. "Rural Ritual in Bronze Age Crete: The Peak Sanctaury at Atsipadhes." *CAJ* 2: 59-87.

Pecchioli Daddi, Franca. 2001. "Lotte di dèi per la supremazia celeste." In Ribichini et al. 200l, 403-411.

Pelon, Olivier. 1995. "Royauté et Iconographie Royale dans la Crète Minoenne." In Laffineur and Niemeier 1995,309-321.

Pendlebury, John D. S. 1939. *The Archaeology of Crete: An Introduction.* London: Methuen.

Perrot, Georges and Charles Chipiez. 1887. *Histoire del'Art dans l'Antiquité Tome IV: Judée, Sardaigne, Syrie, Cappadoce.* Paris: Librairie Hachette et Cie.

Persson, Axel W. 1942. *The Religion of Greece in Prehistoric Times*. Berkeley: University of California Press.

Pini, Ingo. 1971. "Ein Siegelabdruck im Archäologischen Museum Iraklion." In *Pepragmena tou Tritou Diethnous Cretologikou Synedriou, Rethymno, 18-23 September 1971,221-230*. Rethymno: Dimos Rethymnis.

Pini, Ingo. 1981. "Echt oder Falsch?—Einige Fälle." In Niemeier 1981,135-158.

Pini, Ingo. 1989. "Zur 'Richtigen' Ansicht Minoisch-Mykenisher Siegel- und Ringdarstel- lungen." In Müller 1989,201-218.

Pini, Ingo. 2000. "Der Aussagewert von Bildthemen für die Chronologie der Spätbronzezeitlichen Glyptik." In Müller 2000,239-244.

Platon, Lefteris. 2003. "To Anaglypho Rhyto tis Zakrou Kato Apo Ena Neo Semasiologiko Prisma." In *Argonautis: Fetschrift for Prof. Doumas*. Eds. A. Vlachopoulos and K. Birtaha, 331-366. Athens: I Kathimerini.

Platon, Nikolaos. 1951. "To Ieron Maza kai ta Minoika Iera Koryfis." *CretChron* 5: 96-160.

Platon, Nikolaos. 1954. "Ta minoika oikiaka iera." *CretChron* 8: 428-483.

Platon, Nikolaos. 1958. "Inscribed Libation Vessel from a Minoan House at Prassa, Herakleion." In Grumach 1958,305-318.

Platon, Nikolaos. 1971. *Zakros: The Discovery of a Lost Palace of Ancient Crete*. New York: Scribner.

Popham, Mervyn. 1974. "Sellopoulo Tombs 3 and 4. Two Late Minoan Graves near Knossos." *BSA* 69: 195-257.

Porada, Edith. 1984. "The Cylinder Seal from Tell el Dab'a." *AJA* 88: 485-488.

Pötscher, Walter. 1990. *Aspekte und Probleme der Minoischen Religion: Ein Versuch*. Religionswissenschaftliche Texte und Studien 4. Hildesheim, Zurich and New York: Olms.

Poursat, Jean-Claude. 1977. *Catalogue des Ivoires Mycèniens du Museè National d' Athènes*. Bibliotheque des ecoles Françaises d'Athènes et de Rome fasc. 230. Athènes: ecole Francaise d'Athènes.

Powell, Barry B. 1977. "The Significance of the So-Called 'Horns of Consecration.'"

Kadmos 16: 70-82.

Preziosi, Donald and Louise A. Hitchcock. 1999. *Aegean Art and Architecture.* Oxford: Oxford University Press.

Ramsey, J. T. 2006. *A Descriptive Catalogue of Comets from 500 BC to AD 400.* Syllecta Classics XVII. Iowa: University of Iowa.

Reade, Julian. 1983. *Assyrian Sculpture.* British Museum. London: British Museum Publications.

Redford, Donald B. 1984. *Akhenaten: The Heretic King.* Princeton: Princeton University Press.

Reeves, Nicholas. 1990. *The Complete Tutankhamun: The King, the Tomb, the Royal Treasure.* London: Thames and Hudson.

Rehak, Paul. 1994. "The Aegean 'Priest' on CMS I. 223." *Kadmos* 33: 76-84.

Rehak, Paul, ed. 1995a. *The Role of the Ruler in the Prehistoric Aegean. Proceedings of a Panel Discussion Presented at the Annual Meeting of the Archaeological Institute of America, New Orleans, Louisiana, 28 December 1992.* Aegaeum 11. Liège: Université de Liège.

Rehak, Paul. 1995b. "Enthroned Figures in Aegean Art and the Function of the Mycenaean Megaron." In Rehak 1995a, 95-118.

Rehak, Paul. 2002. "The Isopata Ring." In Müller 2000, 269-275.

Rehak, Paul and John Younger. 2001. "Review of Aegean Prehistory VII: Neopalatial, Final Palatial, and Postpalatial Crete; Addendum 1998-1999." In *Aegean Prehistory: A Review.* Ed. T. Cullen, 383-465. AJA Suppl. 1. Boston: Archaeological Institute of America.

Renfrew, Colin. 1985. *The Archaeology of Cult: The Sanctuary at Phylakopi.* BSA Suppl. 18. London: Thames & Hudson.

Rethemiotakis, George. 1979. "Larnakes kai Aggeia apo to Kavrochori Irakliou." *Arch-Delt* 34, Meletai B2: 228-259.

Rethemiotakis, George. 1995. "Minoiki Larnaka apo to Klima Mesaras." *Archaiologike Ephemeris,* 163-183.

Rethemiotakis, George. 1997. "A Chest-Shaped Vessel and Other LM IIIC Pottery from Kastelli Pediada." In *La Crète Mycénienne: Actes de la table Ronde Internationale Organisée par l'ecole Francaise d'Athènes, 26-28 Mars 1991*. Eds. J. Driessen and A. Farnoux, 407-421. BCH Suppl. 30. Paris: De Boccard.

Rethemiotakis, George. 1999. "The Hearths of the Minoan Palace at Galatas." In Betancourt et al. 1999, 721-728.

Rethemiotakis, George. 2002. "Evidence of Social and Economic Changes at Galatas and Pediada in the New-Palace Period." In Driessen et al. 2002, 55-69.

Rethemiotakis, George. 2003. "The Sacred Mansion Ring from Poros, Herakleion." *AM* 118: 1-22.

Reusch, Helga. 1958. "Zum Wandschmuck des Thronsaales in Knossos." In Grumach 1958, 334-358.

Ribichini, Sergio, Maria Rocchi, and Paolo Xella. 2001. *La Question delle Influenze Vicino-Orientali sulla Religione Greca: Stato degil Studi e Prospettive della Ricerca*. Atti del Colloquio Internazionale, Roma, 20-22 maggio 1999. Roma: Consiglio Nationale delle Ricerche.

Rieu, E. V. and Peter Jones, transl., with D. C. H. Rieu. 2003. *Homer's Iliad*. Rev. ed., New York: Penguin Books.

Rutkowski, Bogdan. 1966. *Larnaksy Egejskie*. Instytut Historii Kultury Materialnej Polskiej Akademii Nauk. Bibliotheca antiqua; vol. 7. Warszawa: Polskiej Akademii Nauk.

Rutkowski, Bogdan. 1981. *Frühgriechische Kultdarstellungen*. AM Beiheft 8. Berlin: Gebr. Mann.

Rutkowski, Bogdan. 1986. *The Cult Places of the Aegean*. New Haven: Yale University Press.

Rutkowski, Bogdan. 1988. "Minoan Peak Sanctuaries: The Topography and Architecture." *Aegaeum* 2: 71-100.

Sakellarakis, Effie and Yannis Sakellarakis. 1984. "The Keftiu and the Minoan Thalassocracy." In Hägg and Marinatos 1984, 197-203.

Sakellarakis, John A. 1967. "Minoan Cemeteries at Arkhanes." *Archaeology* 20: 276-281.

Sakellarakis, John A. 1971. "Über die Echtheit des Sogenannten Nestorringes." In

Pepragmena tou Tritou Diethnous Cretologikou Synedriou, Rethymno, 18-23 September 1971,303-318. Rethymno: Dimos Rethymnis.

Sakellarakis, John and Effie Sakellarakis. 1991. *Crete: Archanes*. Athens: Ekdotiki Athinon.

Saleh, Mohamed and Hourig Sourouzian. 1986. *Die Hauptwerke im Ägyptischen Museum Kairo*. Offizieller Katalog. Mainz: Philipp von Zabern.

Sapouna-Sakellaraki, Effie. 1971. *Minoikon Zoma (Minoan Zoma)*. The Archaeological Society at Athens Library Series 71. Athens: The Archaeological Society at Athens.

Schroer, Sylvia. 1985. "Der Mann in Wulstsaummantel. Ein Motiv der Mittelbronzezeit IIB." In Keel and Schroer 1985.

Shanzer, Danuta, ed., and Nanno Marinatos, guest ed. 2004. *Divine Epiphanies in the Ancient World*. Illinois Classical Studies 29. Urbana: University of Illinois.

Shaw, Joseph. 1978. "Evidence for the Minoan Tripartite Shrine." *AJA* 82: 429-448.

Shaw, Maria C. 1970. "Ceiling Patterns from the Tomb of Hepzefa." *AJA* 74: 25-30.

Shaw, Maria C. 1986. "The Lion Gate Relief of Mycenae Reconsidered." In *Philia Epi to George E. Mylonas to Commemorate His Sixty Years as an Excavator, 108-123*. The Archaeological Society at Athens Library Series 103, vol. 1. Athens: The Archaeological Society at Athens.

Shaw, Maria C. 2004. "The 'Priest-King' Fresco from Knossos: Man, Woman, Priest, King, or Someone Else?" In *Charis: Essays in Honor of Sara A. Immerwahr*. Ed. A. P. Chapin, 65-84. Hesperia Supplement 33. Princeton: American School of Classical Studies at Athens.

Sherratt, Susan, ed. 2000. *The Wall Paintings of Thera. Proceedings of the First International Symposium, Thera, Hellas, 30 August-4 September 1997.3* vols. Piraeus: Petros M. Nomikos and the Thera Foundation.

Siebenmorgen, Harald, ed. 2000. *Im Labyrinth des Minos: Kreta—die erste europäische Hochkultur. Ausstellung des Badischen Landesmuseums 27.1 bis 29.4.2001, Karlsruhe, Schloss*. München: Biering & Brinkmann: Archäologische Veröffentlichungen des Badischen Landesmuseums.

Sippel, Donald V. 1986a. "The Supposed Site of the Cretan Labyrinth." *The Ancient*

World 14: 67-79.

Sippel, Donald V. 1986b. "Minoan Religion and the Sign of the Double Axe." *The Ancient World* 14: 87-94.

Smith, Mark. 2004. "Israel Monotheism." In Johnston 2004, 402-403.

Sourvinou-Inwood, Christiane. 1971. "On the Authenticity of the Ashmolean Ring 1919.56." *Kadmos* 10: 60-69.

Sourvinou-Inwood, Christiane. 1973. "On the Lost 'Boat' Ring from Mochlos." *Kadmos* 12: 149-158.

Sourvinou-Inwood, Christiane. 1989. "Space in Late Minoan Religious Scenes in Glyptik: Some Remarks." In Müller 1989, 241-257.

Stadelmann, Rainer. 1967. *Syrisch-Palästinensische Gottheiten in Ägypten.* Probleme der Ägyptologie 5. Leiden: Brill.

Steel, Louise. 1994. "Representations of a Shrine on a Mycenaean Chariot Krater from Kalavassos-Ayios Dimitrios, Cyprus." *BSA* 89: 201-211.

Stevenson Smith, William S. 1965. *Interconnections in the Ancient Near East: A Study of the Relationships between the Arts of Egypt, the Aegean, and Western Asia.* New Haven: Yale University Press.

Strasburger, Gisela. 1998. "Die Fahrt des Odysseus zu den Toten im Vergleich mit Älteren Jenseitsfahrten." *Antike und Abendland* 44: 1-29.

Sugaya, Charles. 2000. "A Foreign Goddess in the Minoan World." In *Pepragmena tou Ogdoou Diethnous Cretologikou Synedriou, Herakleion, 9-14 September 1996.* Vol. A3, 273-286. Herakleion: Society of Cretan Historical Studies.

Teissier, Beatrice. 1984. *Ancient Near Eastern Cylinder Seals from the Marcopoli Collection.* Berkeley: University of California Press.

Teissier, Beatrice. 1996. *Egyptian Topography on Syro-Palestinian Cylinder Seals of the Middle Bronze Age.* Orbis Biblicus et Orientalis Series Archaeologica 11. Fribourg: Academic Press Fribourg.

Thimme, Jürgen, Paul Aström, Giovanni Lilliu and Joseph Wiesner. 1968. *Frühe Randkulturen des Mittelmeerraumes: Kykladen, Zypern, Malta, Altsyrien.* Kunst der Welt. Baden-Baden: Holley.

Thomas, Carl and Michael Wedde. 2001. "Desperately Seeking Potnia." In Laffineur and Hägg 2001, 3-14.

Thomassen, Einar. 2004. "Musings on Syncretism." In *Unterwegs: Neue Pfade in der Religionswissenschaft. Festschrift für Michael Pye zum 65. Geburtstag*. Eds. C. Kleine, M. Schrimpf and K. Triplett, 137-147. München: Biblion.

Time-Life Education. 1993. *Wondrous Realms of the Aegean*. Lost Civilizations. Alexandria, Virginia: Time-Life Education.

Troy, Lana. 1986. *Patterns of Queenship in Ancient Egyptian Myth and History*. Boreas, Uppsala Studies in Ancient Mediterranean and Near Eastern Civilizations 14. Uppsala: Acta Universitatis Upsaliensis.

Turner, Victor. 1967. *The Forest of Symbols. Aspects of Ndembu Ritual*. Ithaca: Cornell University Press.

Tzedakis, Yiannis. 1971. "Larnakes Ysterominoikou Nekrotaphiou Armenon Kretes." *AAA* 4: 216-222.

Uehlinger, Christoph. 1995. "Drachen und Drachenkämpfe im Alten Vorderen Orient und in der Bibel." In *Auf Drachenspuren: Ein Buch zum Drachenprojekt des Hamburgischen Museums für Völkerkunde*. Eds. B. Schmelz und R. Vossen, 55-101. Bonn: Holos.

Uehlinger, Christoph, ed. 2000. *Images as Media. Sources for the Cultural History of the Ancient Near East and the Eastern Mediterranean (1st Millennium BCE). Proceedings of an International Symposium Held in Fribourg, 25-29 November 1997*. Orbis Biblicus et Orientalis 175. Fribourg: Academic Press Fribourg and Göttingen: Vandenhoeck and Ruprecht.

Unger, Eckhard. 1922. *Assyrische und Babylonische Kunst*. Berlin: Bruno Cassirer.

Van den Hout, Theo P. J. 1998. *Purity of Kingship: An Edition of Cht 569 and Related Hittite Oracle Inquiries of Tuthaliya IV.* （书名应为 *The purity of kingship: An Edition of CTH 569 and Related Hittite Oracle Inquiries of Tuthaliya IV.*——译注）Leiden:Brill.

Van de Mieroop, Marc. 2004. *A History of the Ancient Near East*. Oxford: Blackwell.

Van de Mieroop, Marc. 2005. *King Hammurabi of Babylon*. Oxford: Blackwell.

Van Gennep, Arnold. 1960. *The Rites of Passage*. Translated from the French. 1913 by M. B. Vizedom and G. L. Caffe. London: Routledge & Keegan Paul.

Ventris, Michael and John Chadwick. 1973. *Documents in Mycenaean Greek.* 2d ed. Cambridge: Cambridge University Press.

Vercoutter, Jean. 1911. *l'Egypte et le monde égéen préhellénique: étude critique des sources égyptiennes (du début de la XVIIIe à la fin de la XIXe dynastie).* Bibliothèque d'Étude t. 22. Cairo: Impr. de l'Institut français d'archéologie orientale.

Vermeule, Emily. 1964. *Greece in the Bronze Age.* Chicago: University of Chicago Press.

Vermeule, Emily. 1979. *Aspects of Death in Early Greek Art and Poetry.* Berkeley: University of California Press.

Vernant, Jean-Pierre. 1980. *Myth and Society in Ancient Greece.* Transl. J. Lloyd. Sussex: Harvester Press.

Wallis Budge, Ernest A. 1906. *The Egyptian Heaven and Hell.* London: Kegan Paul, Trench, Trübner & Co.

Warren, Peter M. 1986. *Minoan Religion as Ritual Action.* SIMA Pocket Book 72. Göteborg: Paul Åströms.

Warren, Peter. 1990. "Of Baetyls." *OpAth* 18: 193-206.

Warren, Peter and Vrowny Hankey. 1989. *Aegean Bronze Age Chronology.* Bristol: Bristol Classical Press.

Watrous, Vance L. (Vance L. 应为 L. Vance——译注) 1989. "Egypt and Crete in the Early Middle Bronze Age: A Case of Trade and Cultural Diffusion." In Cline and Harris-Cline 1989,19-28.

Watrous, Vance L. 1991. "The Origin and Iconography of the Late Minoan Painted Larnax." *Hesperia* 60: 285-307.

Watrous, Vance L. 1995. "Some Observations on Minoan Peak Sanctuaries." In Laffineur and Niemeier 1995, 393-403.

Watson, Wilfred G. E. and Nicolas Wyatt, eds. 1999. *Handbook of Ugaritic Studies.* Handbook of Oriental Studies, Part One: The Near and Middle East 39. Leiden: Brill.

Wedde, Michael. 1992. "Pictorial Architecture: For a Theory-Based Analysis of Imagery." In Laffineur and Crowley 1992, 181-203.

Wedde, Michael. 1999. "Talking Hands: A Study of Minoan Mycenaean Ritual Gesture—

Some Preliminary Notes." In Betancourt et al. 1999, 911-920.

Weiβl, Michael. 2000. "Halbrosetten oder Federfächer? Zu Bedeutung und Funktion eines ägäischen Ornamentes." In *Österreichische Forschungen zur Ägäischen Bronzezeit 1998. Akten der Tagung am Institut für Klassische Archäologie der Universität Wien 2.-3. Mai 1998.* Ed. F. Blakolmer, 89-95. Wiener Forschungen zur Archäologie 3. Wien: Phoibos.

Werner, Rudolf. 1991. *Kleine Einführung ins Hieroglyphen-Luwische.* Orbis Biblicus et Orientalis 106. Fribourg: Academic Press Fribourg.

West, Martin L. 1997. *East Face of Helicon: West Asiatic Elements in Early Poetry and Myth.* Oxford: Clarendon Press.

Wiener, Malcolm H. 1984. "Crete and the Cyclades in LM I: The tale of the Conical Cups." In Hägg and Marinatos 1984, 17-26.

Wiener, Malcolm H. 2003. "Time Out. The Current Impasse in Bronze Age Archaeological Dating." In Foster and Laffineur 2003, 363-395.

Wiese, André. 1990. *Zum Bild des Königs auf Ägyptische Siegelamuletten.* Orbis Biblicus et Orientalis 96. Fribourg: Academic Press Fribourg.

Wiesner, Joseph. 1968. "Die Kunst Altsyriens." In Thimme et al. 1968.

Wilkinson, Richard H. 1992. *Reading Egyptian Art: A Hieroglyphic Guide to Ancient Egyptian Painting and Sculpture.* London: Thames and Hudson.

Wilkinson, Richard H. 1994. *Symbol and Magic in Egyptian Art.* London: Thames and Hudson.

Winter, Urs. 1983. *Frau und Göttin. Exegetische und Ikonographische Studien zum Weiblichen Gottesbild im Alten Israel und in dessen Umwelt.* Orbis Biblicus et Orientalis 53. Göttingen: Vandenhoeck und Ruprecht.

Winter, Irene. 2000. "Le Palais Imaginaire: Scale and Meaning in the Iconography of Neo-Assyrian Cylinder Seals." In Uehlinger 2000, 51-88.

Wyatt, Nicolas. 1997. "Ilimilku's Ideological Programme: Ugaritic Royal Propaganda, and a Biblical Postscript." *Ugarit-Forschungen, Internationales Jahrbuch für die Altertumskunde Syrien-Palästinas* 29: 775-796.

Wyatt, Nicolas. 1998. "Understanding Polytheism: Structure and Dynamic in a West

Semitic Pantheon." *Journal of Higher Criticism* 5: 24-63.

Wyatt, Nicolas. 1999. "Religion of Ugarit: An Overview." In Watson and Wyatt 1999, 529-585.

Wyatt, Nicolas. 1999-2000. "Just How 'Divine' Were the Kings of Ugarit?" In *Arbor Scientiae: Estudios del Proximo Oriente Antiguo Dedicados a Gregorio del Olmo Lete con Ocasion de su 65 Aniversario.* Eds. M. Molina, I. Marquez Rowe, and J. Sanmartin. *Aula Orientalis* 17-18: 133-141.

Wyatt, Nicolas. 2001. *Space and Time in the Religious Life of the Ancient Near East.* The Biblical Seminar 85. Sheffield: Sheffield Academic Press.

Wyatt, Nicolas. 2002. *Religious Texts from Ugarit: The Words of Ilimilku and His Colleagues.* The Biblical Seminar 33.2d ed. Sheffield: Sheffield Academic Press.

Wyatt, Nicolas. 2005a. *The Mythic Mind: Essays on Cosmology and Religion in Ugaritic and Old Testament Literature.* Bible World. London: Equinox.

Wyatt, Nicolas. 2005b. "There's Such Divinity Doth Hedge a King." In *Selected Essays of Nicolas Wyatt on Royal Ideology in Ugaritic and Old Testament Literature.* Society for Old Testament Study Monographs. Aldershot and Burlington: Ashgate.

Wyatt, Nicolas. 2006. "The Religious Role of the King: The Ritual Tradition." In *Ugarit at 75: Its Environs and the Bible. Mid-West Meeting of AOS/SBL/ASOR, 18-20 February 2005.* Chicago.

Younger, John G. 1988. *The Iconography of Late Minoan and Mycenaean Sealstones and Finger Rings.* Bristol: Bristol Classical Press.

Younger, John G. 1995. "The Iconography of Rulership in the Aegean. A Conspectus." In Rehak 1995a, 151-211.

图　录

第一章

图 1-1　东部地中海地图

第二章

图 2-1　科诺索斯出土壁画残片，摹自 Evans PM III, fig. 504b

图 2-2　科诺索斯出土戒指印章，CMS II, 8, 248

图 2-3　科诺索斯出土象牙镜把手，摹自 Evans PM II, fig. 506a

图 2-4　叙利亚印章，摹自 Teissier 1996, no. 142

图 2-5　哈吉亚·特里亚达石棺，摹自 Evans PM I, fig. 317

图 2-6　尼梅尔修复的"百合王子"，摹自 Niemeier 1987, fig. 24

图 2-7　吉莱伦与伊文思复原的"百合王子"，摹自 Evans PM II, pl. XIV

图 2-8　赫梯国王，普利亚兹卡（V. Pliatsika）描绘，摹自 Haas 1982, 80, fig. 18

图 2-9　古代叙利亚印章，摹自 Winter 1983, fig. 127

图 2-10　赫梯拳状银制器皿，摹自 Gütterbock and Kendall, 1995, 52, fig. 3.7

图 2-11　叙利亚卡特纳出土小雕像，公元前 2000 年后半期，摹自 Winter 1983, fig. 227

图 2-12　耶利哥出土圣甲虫印章，摹自 Schroer 1985, 79, fig. 33

图 2-13　科诺索斯出土印章，摹自 Evans PM IV, 414, fig. 343

图 2-14　a. 拉库尼亚瓦菲奥出土印章，摹自 CMS I, 223　b. CMS X, 268

图 2-15　特里亚达出土"丰收"器皿，摹自 Marinatos and Hirmer 1975, pl. 105

图 2-16　a. 科诺索斯出土印章，摹自 CMS II, 3, 13, b. 墓圈 A 中的墓葬 V 出土面具/半身雕像，普利亚兹卡（V. Pliatsika）描绘，摹自 Taylour 1997, pl. 16

图 2-17　石制印章，摹自 CMS X, 278, 瑞士私人藏品

图 2-18　巴勒斯坦南部出土埃及化印章，摹自 Keel and Uehlinger 1995, 93, fig. 96

图 2-19　迈锡尼墓葬 V 竖井墓出土石碑，摹自 Evans PM IV, 251, fig. 189

图 2-20　特里亚达、斯卡拉沃卡姆普斯与阿卡鲁提里出土戒指印章上面的合成图，摹自 CMS VS, 3, 391

图 2-21　科诺索斯出土戒指印章，摹自 CMS II, 8, 193

图 2-22　科诺索斯出土队列场景，摹自 Cameron 1967

图 2-23　a. 科诺索斯王宫走廊壁画，摹自 Evans PM II, fig. 436　b. 科诺索斯御座室饰带，摹自 Evans PM IV, fig. 894

图 2-24　科诺索斯出土壁画，摹自 Bossert 1937, fig. 233

图 2-25　梯林斯出土金戒指，摹自 CMS I, 179

图 2-26　a. 迈锡尼竖井墓 IV 出土迈锡尼手镯，摹自 Karo 1933, 76, pl. XLII, no. 263　b. 阿苏尔那西巴尔王浮雕，摹自 Jakob-Rost et al. 1992, cat. no. 109

图 2-27　亚兹利卡亚石头圣殿中赫梯国王与太阳神，摹自 Bittel 1976, pls. 249, 234

第三章

图 3-1　a—b. 科诺索斯王宫出土双面印章，摹自 CMS II, 3, 13　c. 克里特出土印章，摹自 CMS II, 3, 196

图 3-2　a. 特里亚达出土"丰收"器皿，出自赫拉克利昂博物馆，戴蒙普劳　b. 科诺索斯出土戒指印章，摹自 CMS II, 7, 16　c. 特里亚达石棺局部，摹自 Marinatos 1993, fig. 27

图 3-3　塞提一世神庙出土浮雕，摹自 Keel 1978, fig. 379

图 3-4　a. 迈锡尼出土戒指，摹自 CMS I, 86　b. 迈锡尼出土戒指，摹自 CMS I, 108

图 3-5　迈锡尼出土戒指，摹自 CMS I, 128

图 3-6　a—b. 特里亚达石棺侧挡，摹自 Evans PM I, fig. 317　c—d. 特里亚达石棺侧挡，帕帕乔治欧（L. Papageorgiou）绘，摹自 Marinatos 1993, fig. 27

图 3-7　亚述国王图库尔提·尼努尔塔一世的膜拜姿势，柏林博物馆，摹自 Jakob-Rost et al. 1992, 161

图 3-8　特里亚达石棺，摹自 Marinatos 1993, fig. 27-29

图 3-9　a. 赫梯银杯，摹自 Gütterbock and Kendal 1995　b. 特里亚达石棺，

B 面（局部），摹自 Evans PM I, fig. 317

第四章

图 4-1　科诺索斯的御座室，摹自 Evans PM IV, fig. 895

图 4-2　a. 科诺索斯的御座室，摹自 Evans PM IV, fig. 877　b. 马里的御座室平面，摹自 Al-Khalesi 1978, pl. iii

图 4-3　科诺索斯国王典礼路线及御座室平面，摹自 Evans PM IV, fig. 877 和 Niemeier 1989，略有修改

图 4-4　a. 扎格罗斯出土戒指印章，摹自 CMS II, 7　b. 科诺索斯出土印章，摹自 Evans PM I, fig. 312a

图 4-5　科诺索斯御座室前厅中内木制御座，斯塔斯纳普鲁斯（M. Stasinopoulos）拍摄

图 4-6　埃及法老与荷露斯雕像，摹自 Keel 1978, fig. 353，基尔（Hildi Lieu-Keel）绘

图 4-7　科诺索斯棕榈场景与御座，摹自 Evans PM IV, pl. xxxiii

图 4-8　a. 科诺索斯石制御座，摹自 Evans PM IV, fig. 895（局部）　b. 扎格罗斯王宫出土的石制角杯（局部），摹自 Platon 2003, 338, fig. 6

图 4-9　马里御座室壁画，摹自 Parrot 1958, 280, fig. 346

图 4-10　a. 叙利亚印章，摹自 Teissier 1996, no. 193　b. 叙利亚圆筒印章，摹自 Teissier 1996, fig. 189

图 4-11　乌迦特印章，摹自 Amiet 1992, no. 464

图 4-12　米诺戒指印章，摹自 CMS II, 8, 192

图 4-13　米诺/迈锡尼印章，摹自 CMS XIII, 39

图 4-14　纳克索斯出土米诺/迈锡尼印章，摹自 CMS V, 608

图 4-15　a. 迈锡尼金戒指，摹自 CMS I, 87　b. 叙利亚埃及化印章，摹自 Teissier 1996, 192

第五章

图 5-1　扎格罗斯石制角杯，绘自 Platon 2003, 338, fig. 6

图 5-2　东部克里特圣殿模板，重绘自 Davaras 2003, 254, fig. 25c

图 5-3　科诺索斯出土戒指印章，CMS II, 8, 256

图 5-4　底比斯出土戒指，CMS V, 199

图 5-5　塞浦路斯出土器皿，摹自 Buchholz 1999, fig. 97

图 5-6　伯罗斯出土戒指，摹自 Rethemiotakis 2003, fig. 1

图 5-7　科诺索斯出土戒指，现藏于牛津，摹自 Evans PM I, fig. 115

图 5-8　迈锡尼出土戒指，CMS I, 119

图 5-9　艾杜尼亚出土戒指，CMS VS 1B, 114

图 5-10　喀尼亚屋舍出土戒指印章，CMS V1 A, 142

第六章

图 6-1　汉谟拉比国王的闪长岩石碑，摹自 Keel 1978, fig. 390, Hildi Keel Leu 绘

图 6-2　叙利亚-巴勒斯坦印章，摹自 Teissier 1996, 66. no. 79

图 6-3　a. 柏林戒指，CMS XI, 28　b. 牛津戒指，摹自 Evans PM I, fig. 115

图 6-4　麦西尼亚（希腊南部）戒指上的占卜场景，CMS I, 292

图 6-5　a. 科诺索斯戒指印章，CMS II, 8, 125　b. 叙利亚印章（局部），摹自 Winter（Urs）1983, fig. 240

图 6-6　亚述圆筒印章，摹自 Winter（Irene）2000

第七章

图 7-1　罗马-推罗硬币，摹自 Mettinger 1992, fig. 5.6

图 7-2　a. 塞勒派勒出土戒指，CMS 档案，摹自 Popham 1974, fig. 14D　b. 特里亚达出土戒指印章，摹自 CMS II, 6, 4

图 7-3　科诺索斯出土印章上的潜伏仪式，摹自 Warren 1986, fig. 9

图 7-4　a. 米诺印章，CMS XII, 264　b. 叙利亚-巴勒斯坦印章，摹自 Kccl and Uehlinger 1995, fig. 233

图 7-5　迈锡尼出土戒指，CMS I, 126

图 7-6　a. 阿卡尼斯出土戒指，CMS 档案，Sakellarakis 1991　b. 瓦菲奥出土戒指，CMS I, 219

图 7-7　a. 扎格罗斯出土戒指印章，CMS II, 7, 6　b. 特里亚达出土戒指印章，CMS II, 6, 4

图 7-8　扎格罗斯出土戒指，CMS II, 7, 41

图 7-9　a. 斐斯托斯附近的卡莱瓦亚（Kalyvia）墓葬出土戒指，CMS II, 3, 114　b. 塞勒派勒出土戒指，CMS 资料，Popham 1974, fig. 14D

图 7-10　位于科诺索斯附近的伯罗斯墓葬出土金戒指，摹自 Dimopoulou and Rethemiotakis 2000, 4c

第八章

图 8-1 米诺象形文字，摹自 Evans PM I, fig. 214

图 8-2 科诺索斯王宫出土的朱克塔斯山与米诺的双峰山，摹自 Evans PM II, 159, fig. 81

图 8-3 卢浮宫内的石碑，摹自 Perrot-Chipiez IV, 1887, 392, fig. 206

图 8-4 a. 米诺的双峰圣山，摹自 Marinatos 1993, fig. 2 b. 埃及地平线上的山形符号，摹自 Wilkinson 1992, 135 c. 阿卡迪亚印章，摹自 Keel 1978, fig. 9（局部） d. 叙利亚印章（局部）上的双峰山

图 8-5 佩赛克罗出土还愿板，摹自 Evans PM I, 632, fig. 470

图 8-6 瓦菲奥出土石制印章，CMS I, 231

图 8-7 a. 西部克里特凯多尼亚出土印章，摹自 CMS V, 201 b. 从山中升起的埃及神明盖伯（Geb），摹自 Wilkinson 132, fig. 1 c. 亚兹利卡亚石制浮雕，摹自 Haas 1982, fig. 8

图 8-8 a. 克里特东部石头圣殿出土米诺泥制模型，摹自 Marinatos 1993, fig. 86, 根据达瓦拉斯描绘所制 b. 埃及丧葬纸草中的装饰图案，摹自 Keel 1978, fig. 10

图 8-9 a. 阿卡迪亚印章，摹自 Keel 1978, 23, fig. 9 b. 阿卡迪亚印章，公元前 3000 年，摹自 Keel 1994, 244, fig. 138

图 8-10 巴比伦泥板，现藏于不列颠博物馆，摹自 Wyatt 2001, 81

第九章

图 9-1 埃及山形符号，摹自 Wilkinson 1992, 135

图 9-2 a. 米诺泥制画瓶（局部），摹自 Buchholz 1999, fig. 98m b. 高斐拉科亚出土石棺（局部），摹自 Buchholz 1998, fig. 98k

图 9-3 塞提一世石棺，第十九王朝（局部），摹自 Wilkinson 1992, 56.2

图 9-4 a. 阿尔戈斯出土的迈锡尼印章，摹自 Evans PM I, fig. 312 b. 埃及圣甲虫印章，摹自 Keel and Schroer 1998, 13-29, pl. iii

图 9-5 a. 朱克塔斯出土米诺印章，摹自 Karetsou in Hägg and Marinatos 1981 b. 佩赛克罗出土米诺印章，摹自 CMS II, 3, 289 c. 森穆特墓葬出土埃及壁画（局部），Evans PM II, fig. 338

图 9-6 伯格哈兹凯出土戒指印章，摹自 Bernett and Keel 1998, fig. 57

图 9-7 a. 叙利亚印章，摹自 Bernett and Keel 1998, fig. 50 b. 乌迦特出

土叙利亚—巴勒斯坦印章，摹自 Bernett and Keel 1998，fig. 51

图 9-8　瓦菲奥出土戒指（局部），CMS I，219

图 9-9　科诺索斯出土戒指印章，CMS II，8，325

图 9-10　原始荷花图，摹自 Wilkinson 1992，121

图 9-11　珀塞拉出土器皿（局部），摹自 Betancourt and Davaras 1995，fig. 16

图 9-12　科诺索斯出土奢口陶坛，摹自 Evans PM IV，fig. 286

图 9-13　米诺器皿上双面斧与十字架结合的图形，摹自 Niemeier 1985，fig. 57，nos. 21-24

图 9-14　伊西斯的花结，摹自 Wilkinson 1992，121，V 39

图 9-15　米诺与赫梯的双面斧与 T 形十字架，摹自 Bossert 1932，figs. 5-6

图 9-16　古代叙利亚印章，摹自 Winter 1983，fig. 127

图 9-17　a. 帕莱卡斯特罗出土角杯，摹自 Bossert 1923，pl. 166　b. 帕莱卡斯特罗出土角杯（局部），摹自 Evans PM II，fig. 312e

图 9-18　a. 凯弗洛克里出土石棺（泥棺）头挡，摹自 Rethemiotakis 1979，228-259　b. 泥制圆柱形器皿，摹自 Evans PM II，fig. 390

图 9-19　a. 珀塞拉出土崇拜瓶盖，东部克里特，摹自 Betancourt 1995，fig. 15，BQ15　b. 珀塞拉出土崇拜器皿，东部克里特，摹自 Nilsson 1950，fig. 96

图 9-20　科诺索斯出土戒指印章，CMS II，8，125

图 9-21　迈锡尼出土金戒指，CMS I，17

图 9-22　a. 米诺双面斧　b. 埃及圣甲虫，摹自 Wilkinson 1992，113

第十章

图 10-1　米诺象形文字，摹自 Evans PM I，221

图 10-2　a. 米坦尼印章，摹自 Winter 1983，fig. 125　b. 玛特纳公主的印章，摹自 Teissier 1996，fig. 186

图 10-3　赫梯的象形文字，摹自 Laroche 1960，nos. 189，190-191

图 10-4　科诺索斯出土器皿（局部），摹自 Evans PM II，fig. 254

图 10-5　a. 特里亚达石棺（局部）　b. 叙利亚印章（局部），摹自 Teissier 1996，fig. 193

图 10-6　埃及泰尔·埃里·达巴发现的米诺壁画（局部），摹自 Bietak, Marinatos and Palyvou 2000，fig. 1

图 10-7　a. 科诺索斯出土米诺壁画（局部）：科诺索斯女性服饰上的图案，

摹自 Evans PM II, fig. 450　b. 赫梯的象形文字, 摹自 Laroche 1960, nos. 190-191

图 10-8　a. 赫梯象形文字, 摹自 Laroche 1960, 133, no. 249　b. 迈锡尼竖井墓葬中的黄金盘装饰物, 摹自 Evans PM II, fig. 381

图 10-9　圆花饰与向内弯曲的符号, 摹自 Evans PM II, fig. 379

图 10-10　迈锡尼出土印章, CMS I, 73

图 10-11　埃及表示太阳头托（或支撑物）的象形文字, 摹自 Wilkinson 1992, 159

图 10-12　a. 图特卡蒙墓葬出土头托, 摹自 Wilkinson 1992, 158, fig. 2　b. 克里特出土印章, CMS II, 8, 326

图 10-13　伯罗斯出土戒指上描绘的建筑物复原图, 摹自 Rethemiotakis 2003, fig. 5

第十一章

图 11-1　帕莱卡斯特罗出土石棺, 摹自 Marinatos and Hirmer 1976, pl. 137

图 11-2　阿美瑙埃出土石棺, 摹自 Tzedakis 1971, fig. 4

图 11-3　阿美瑙埃出土石棺, 摹自 Tzedakis 1971, fig. 7

图 11-4　凯弗洛克里出土石棺, 摹自 Rethemiotakis 1979

图 11-5　帕凯亚摩斯出土石棺, 摹自 Marinatos 1993, fig. 234

图 11-6　维萨卡·阿诺盖亚出土石棺, 摹自 Marinatos 1993, fig. 237

图 11-7　高斐拉科亚出土石棺（局部）上的双面斧, 摹自 Buchholz 1999, fig. 98m

图 11-8　阿尼出土的埃及墓葬纸草上的图景, 摹自 Faulkner 1985, 79, 并重绘

第十二章

图 12-1　a. 梯林斯出土戒指, 摹自 CMS I, 178　b. 迈锡尼出土戒指, CMS I, 128

图 12-2　迈锡尼出土戒指, 摹自 CMS I, 101

图 12-3　现存于日内瓦的印章, 摹自 CMS X, 261

图 12-4　底比斯出土戒指, 摹自 CMS V, 199

图 12-5　古代叙利亚印章, 摹自 Keel 1998, fig. 27

图 12-6　塞浦路斯出土叙利亚圆筒印章, 摹自 Winter 1983, 452, fig. 489

图 12-7　塞浦路斯出土叙利亚印章, 风暴神与端坐的女神, 摹自 Winter 1983, 449, fig. 484

图 12-8　安纳托利亚马拉塔亚黑铁时代的浮雕, 摹自 Winter 1983, 63, fig. 6

图12-9　亚兹利卡亚出土赫梯浮雕，摹自 Bittel et al. 1941，fig. 29，重绘

图12-10　克里特的默科劳斯出土戒指，摹自 CMS II, 3, 252

图12-11　梯林斯出土戒指，CMS I, 179

图12-12　斯忒亚出土模具，东部克里特，摹自 Zervos 1956, pls. 745-746

图12-13　特里亚达石棺头挡，摹自 Marinatos 1993, fig. 31，弗朗兹（A. Franz）慷慨拍摄

图12-14　绘有格里芬的战车，上有佩戴羽冠的神明，CMS V 1 B, 137

第十三章

图13-1　科诺索斯出土戒指印章，摹自 Evans PM III, fig. 325

图13-2　希腊大陆出土印章，摹自 Nilsson 1950, fig. 168

图13-3　a. 特里亚达出土戒指印章，CMS II, 6.36　b. 亚兹利卡亚出土石雕上的赫梯风暴神沙鲁玛形象，摹自 Bittel et al. 1941, 87, fig. 29　c. 米诺小雕像，摹自 Evans PM II, fig. 132　d. 拉什普神，叙利亚雕像，摹自 Cornelius 1994, fig. 27a

图13-4　a. 米诺神明，帕莱卡斯特罗出土戒指（局部），摹自 A. MacGillivray　b. 埃及境内的泰尔·埃里·达巴出土叙利亚印章，摹自 Bietak 1994, fig. 19

图13-5　a. 特里亚达出土戒指印章，CMS II, 6.15　b. 叙利亚—巴勒斯坦埃及化的印章，摹自 Keel and Uehlinger 1995, 93, fig. 97b　c. 埃及阿布·辛贝神庙出土拉姆西斯二世浮雕，摹自 Keel 1978, fig. 404

图13-6　a. 喀尼亚出土戒指印章，CMS VS. 1 S, 133　b. 雅典出土戒指，CMS V, 173　c. 梅吉多出土象牙板残片，摹自 Loud 1939, pl. 4

图13-7　卡陶·西梅出土戒指，摹自 Lebessi et al. 2004, pl. 1

图13-8　现存于福格艺术博物馆的印章，摹自 CMS XIII, 39

图13-9　科诺索斯出土印章，CMS II, 8, 234。N. Marinatos 稍作修复

图13-10　埃及纸草，摹自 Keel 1978, fig. 55

图13-11　a. 叙利亚印章，摹自 Keel 1992, fig. 233　b. 叙利亚印章，摹自 Keel 1992, fig. 237

图13-12　现存于柏林的印章，CMS XI, 29

图13-13　现存于牛津阿什莫林博物馆的戒指

图13-14　a. 扎格罗斯出土戒指印章，CMS II, 7, 3　b. 扎格罗斯戒指，N. Marinatos and A. Wiegand 复原

第十四章

图 14-1　乌迦特出土象牙盒盖，摹自 Cornelius 2004, pl. 2.7

图 14-2　a. 石制浮雕，摹自 Bossert 1932, fig. 25a　b. 裂开的圆花饰，摹自 Evans PM II, fig. 379

第十五章

图 15-1　a. 泥制器皿（局部），摹自 Buchholz 1999, fig. 98 M　b. 阿尔戈斯出土印章，摹自 Evans PM I, fig. 312　c. 珀塞拉器皿（局部），摹自 Marinatos and Hirmer 1976, pl. 81　d. 马尔卡塔壁画，摹自 Karetsou 2000, pl. 289a

译名表

Abraham	亚伯拉罕
Abydos	阿拜多斯
Achaemenid	阿契美尼德
Adad	阿达德
Adonis	阿多尼斯
Ahab	亚哈
Aidonia	艾杜尼亚
Akkadian	阿卡迪亚
Aleppo	埃雷珀
Alexander MacGillivray	亚历山大·麦克吉里弗雷
Alexandra Karetsou	亚历山大·卡雷特苏
Amarna	阿玛纳
Amasis	阿玛希斯(埃及国王)
Amenhotep III	阿蒙霍特普三世(埃及法老)
Amphiaraus	安菲阿刺俄斯
Anat	阿纳特
Annunitum	安努尼图姆
Anogeia	阿诺盖亚
Anu	安努
Anzu	安祖
Apophis	阿波菲斯
Arsu wa Sanuma	阿苏·瓦·萨努玛
Archanes	阿卡尼斯
Ares	阿瑞斯
Argos	阿尔戈斯

Arinna	阿瑞纳
Armenoi	阿美瑙埃
Asa	阿撒（国王）
Asherah/Athirat	亚舍拉
Ashmolean	阿什莫林
Ashurbanibal	阿舒巴尼巴尔
Assur	阿舒尔
Assurnassipal	阿苏尔那西巴尔（国王）
Assur-uballit	阿述尔－乌巴列
Astarte	亚斯塔特
Athtar/Athtart	亚斯塔尔
Attary	阿塔里
Axel W. Persson	阿克塞尔·W. 珀森
Baal	巴力
Baal Epos	巴力·埃普斯
Babylon	巴比伦
Balu	巴鲁
Barry Powell	巴里·鲍威尔
Beatrice Teissier	比阿特丽斯·特斯尔
Belet-ili/Mami	贝蕾特－伊丽/玛米
Bill Regier	比尔·赖格尔
Boghazköy	伯格哈兹凯
Book of Enoch	《以诺书》
Boulis	布里斯
Burr-Buriash	伯尔－伯利亚什（国王）
Carmel	迦密（以色列山名）
Chania	喀尼亚
Charybdis	卡律布狄斯
Christoph Uehlinger	克里斯托夫·尤林格
Circe	喀耳刻
Colin Renfrew	科林·伦福儒

Costis Davaras	科斯蒂斯·达瓦拉斯
Croesus	克罗萨斯（吕底亚国王）
Cultural Koine	文化共同体
Cybele	库柏勒
Cyprus	塞浦路斯
Dagan	达甘（男神）
Dagan-Malik	达甘－马里克
Dawn Cain	唐·凯恩
Deborah	底波拉（以色列先知）
Dennis Pardee	戴尼斯·帕迪
Dimitris Kyrtatas	迪米特里斯·凯利塔塔斯
Dominique Collon	多米尼克·科伦
Ea	埃亚
Ebla	埃卜拉（叙利亚地名）
Edward B. Tylor	爱德华·B. 泰勒
Einar Thomassen	埃纳·托马斯森
El	埃尔
Elhul	埃耳哈尔
Elisha	以利沙（以色列先知）
Elysion	埃琉西昂
Emile Gilliéron	埃米尔·吉利隆
Enuma Elish	《埃努玛－埃利什》（巴比伦史诗）
ephod	以弗得
Ereshkigal	厄里什基迦勒
Eric Hornung	埃里克·霍尔农
Erik Hallager	埃里克·哈拉格尔
Ethiopians	埃塞俄比亚人
Euphrates	幼发拉底河
feast of opet	奥帕特仪式
Friedrich Matz	弗里德里希·马茨
Fritz Graf	弗里茨·格雷夫

Genette	热内特
George Rethemiotakis	乔治·雷塞米塔科斯
Gideon	基甸
Giofyrakia	高斐拉科亚
Hagia Triada	哈吉亚·特里亚达
Hammurabi	汉谟拉比
Harran	哈兰
Hathor	哈索尔
Hatshepsut	哈特谢普苏特（埃及国王）
Hattushili	哈图士利（哈图西利斯的另一种称呼）
Hattusilis	哈图西利斯
Hebron	希布伦
Heb-Sed	赫伯-塞得（仪式）
Hekateus	赫卡泰俄斯
Helga Reusch	赫尔迦·罗思齐
Helmuth Theodor Bossert	赫尔穆特-西奥多·博塞特
Hepat	赫帕特（女神）
Herakleion	赫拉克莱昂
Hermes Psychopompos	赫尔墨斯·普绪科蓬波斯
Horemheb	霍尔赫布（埃及国王）
huwasi	胡瓦斯（圣石）
Igigi	伊吉吉
Ilimilku	伊利米库
Ilu	伊鲁
Illuyanka	伊卢岩卡
Ingo Pini	英格·皮尼
Irene Winter	艾琳·温特
Ishara	伊夏拉
Isis	伊西斯（埃及女神）
Isopata	伊索普塔
Jacob	雅各

Jean-Marie Durand	琼-马里·杜兰德
Jeremiah	耶利米
Jericho	耶利哥
Jerusalem	耶路撒冷
Jezebel	耶洗别
John Chadwick	约翰·查德威克
Juktas	朱克塔斯（山名）
kalmush	考马什（赫梯权力象征符号）
Kaphtor	迦斐托（克里特岛别名）
Kaptaru	迦斐塔鲁（克里特岛别名）
Kato Syme	卡陶·西梅
Kavrochori	凯弗洛克里
Keftiu	凯弗提乌（克里特人别名）
Kenneth Lapatin	肯尼斯·拉帕廷
Keret	凯瑞特
Khepri	凯布里
Kimmary	基玛里
Kizuwadna	科祖瓦达纳
Kotaru	克塔鲁
Kothar-and-hasis	科萨哈-安德·希斯
kptr	迦斐托（克里特的乌迦特语别名）
Kutash	卡塔施
Kydonia	凯多尼亚
Leto	勒托
Lihzina	利兹那
Litanu	利塔努
Louvre	卢浮宫
Lucy Goodison	卢西·古迪森
M. P. Nilsson	马丁·尼尔森
Malatya	马拉塔亚
Malkata	马尔卡塔

Mamre	幔利
Manfred Bietak	曼弗雷德·比塔克
Marc Van de Mieroop	马克·范德·迈鲁普
Marc van Mieroop	马克·范迈鲁普
Marduk	马杜克
Mari	马里
Maria Shaw	马利亚·肖
Mark Cameron	马克·卡梅隆
marratu	马拉图（宇宙河）
Martin West	马丁·韦斯特
Martti Nissinen	马蒂·尼森恩
Mashu	马舒（宇宙山）
Massimo Cultraro	马斯西莫·卡尔塔鲁
Medinet Habu	麦地尼特·哈布
Megiddo	梅吉多
Memphis	孟菲斯
Menahem Haran	梅纳汉·哈然
Menelaus	墨涅拉俄斯
Messenia	麦西尼亚
Minet el Beida	米内特·埃尔·贝达
Mitanni	米坦尼（帝国）
Mochlos	默科劳斯
Mot	穆特
Nabonidus	纳波尼杜斯
nagu	纳谷
Naram Sin	纳拉姆·辛
Naxos	纳克索斯
Nerik	奈瑞卡
Nicolas Wyatt	尼古拉斯·怀亚特
Nikkal	尼卡尔
Nikolaos Platon	尼古劳斯·普拉同

Nimrud	尼姆罗德
Nineveh	尼尼微
Ninurta	尼努塔
Niqmaddu III	尼库马杜三世
Nota Dimopoulou	诺塔·戴蒙普劳
Ocean	奥克阿诺恩
Olivier Pelon	奥利维尔·佩隆
Othmar Keel	奥思玛·基尔
Pachyammos	帕凯亚摩斯
Palaikastro	帕莱卡斯特罗
Paul Griffiths	保罗·格里菲思
Phaecians	淮阿喀亚人(希腊神话中族群)
Philip Betancourt	菲利普·贝坦考特
Philistines	非利士人
Phrygian	弗吕癸亚
Poros	伯罗斯
Praeneste	普拉恩斯特
Proteus	普罗透斯
Pseira	珀塞拉
Psychro	佩赛克罗
Ptah	帕塔
Puduhepa	蒲杜海琶
Pylos	派罗斯
Pythia	皮提亚(希腊地名)
Qatna	卡特纳
Recheo	凯俄
Rekmire	鲁克密利
Reshep	拉什普
Rhadamanthys	拉达曼提斯
Rhea	瑞亚
Richard Wilkinson	理查德·威尔金森

Robin Hägg	罗宾·哈基
Santash	桑塔什
Saphon	萨芬（神山）
Saul	扫罗
Scylla	斯库拉
Sebastian Anderson	塞巴斯蒂安·安德森
Selebum	塞勒芭穆
Sellopoulo	塞勒派勒
Senacherib	塞纳齐里布
Senmut	森穆特
Serapis	赛拉匹斯
Seth	塞特
Shaft Graves	竖井墓
Shamash	夏玛什
Shantash	珊塔什
Shapsh	夏普什
Shapshu	夏普舒（太阳女神）
Sharuma	沙鲁玛
Sharuna	沙鲁纳
Siteia	斯忒亚
Solomon	所罗门
Sperthies	斯珀塞斯
Spyridon Marinatos	斯派雷登·马瑞纳托斯（希腊考古学者）
Stylianos Alexiou	斯泰拉诺斯·亚历克西乌
Susa	苏撒
Sylvia Schroer	西尔维亚·施罗尔
Tamuz	塔穆兹
Tarrumannuma	塔拉曼努玛（女神）
Tell el Dab'a	泰尔·埃里·达巴（埃及地名）
Terqa	特卡（城）
Teshub	特舒伯

Thebes	底比斯
Thera	锡拉（希腊境内岛屿）
Thomas Staubi	托马斯·斯托比
Tryggve Mettinger	特里格维·梅厅葛
Tudhaliya IV	图达利亚四世（国王）
Tukulti Ninurta	图库尔提·尼努尔塔
Tushratta	图什拉塔
Tutankhamun	图特卡蒙
Utnapishtim	乌塔那匹什提姆
Vance Watrous	万斯·沃特洛斯
Vapheio	瓦菲奥（伯罗奔尼撒境内）
Vassiliki Pliarsika	瓦西里科·普利亚斯卡
Walter Burkert	沃尔特·伯克特
wanax	瓦那科斯
Widia	韦蒂亚
William Moran	威廉·莫兰
Wolf-Dietrich Niemeier	沃尔夫-德里奇·尼梅尔
Yam	亚姆
Yamu	雅姆
Yasib	亚斯伯
Yarihu	亚里胡
Yazilikaya	亚兹利卡亚
Zeus Cassios	宙斯·卡希俄斯
Zimrilim	济姆里利姆
Zippalanda	辛帕兰达

译后记

翻译这本书，纯属个人学术爱好。

早在 2009 年到陕西师范大学做博士后研究时，我就在南诺·马瑞纳托斯个人的学术简介上看到了这本书的名字，但并不知道其具体内容。因我博士后课题为"神话学文明起源研究"，其中涉及神话图像与宗教意识形态、权力机制，以及地中海文明共同体等相关方面的探讨，而《米诺王权与太阳女神》一书的名字似乎暗示它探讨的恰是这方面的内容。因此，当这本书一出版，我便立即从网上购买了这本书的英文原本。

拿到书后，我便放下了手头所有的阅读与写作任务，潜心阅读，终于在一周内读完了这本书。最后，我决定立即把这本书翻译成中文，然后联系出版社在中国出版。我知道这意味着也许我的博士后报告很难按时交付，而且还要面临诸多自己难以预料的苦难。于是，从 2010 年 5 月 1 日开始，每天晚上，在忙碌了一天之后，我都会抽出两小时的时间，坐下来静静翻译这本书。终于，在 2012 年 7 月，经历了七百多个夜晚之后，我翻译完了这本书，也算是圆了自己的独立翻译此书的梦想。唯一让我感到遗憾的是，我没有在做博士后研究期间完成这部书的翻译，而是在出站后完成了译稿。

就内容而言，《米诺王权与太阳女神》是一部跨学科的论著，尽管其作者南诺·马瑞纳托斯是一位多年从事考古发掘与研究的学者。该书探讨的内容主要是近东文明共同体，即宗教意识形态、王权机制与神话图像之间的互建共构关系。从时间上讲，近东文明共同体的时间在公元前 1650—前 1380 年，也就是米诺文明的新宫殿时期，即亚瑟·伊文思眼中的米诺鼎盛时期。从空间上讲，近东文明共同体涉及的区域包括克里特、利比亚、安纳托利亚、埃及、黎凡特等。就作者使用的"近东"一词来看，其视角依然拘囿于欧洲，某种程度上带有浓郁的欧洲中心主义意味。但这并不能抹杀其学术价值以及给文明起源研究带来的巨大启发意义。

近东文明共同体实际上提出了这样一个问题：地中海沿岸的文明究竟有无一

个共同体性的源头？尽管作者并未给出正面回答，但从中不难看出，答案是肯定的。进一步推究下去便可知道，这种地中海文明共同体的源头实为一种关于女神的宗教信仰，它是史前地中海沿岸所有文明的核心。那么，美国学者马丽加·金芭塔丝所倡导的"女神文明"假说便有了特定时段的证据。实际上，近东文明共同体所提出的宗教意识形态、王权建构模式对中国文明起源研究具有莫大的启发意义。长久以来，我们一直习惯了从文字、城邦、金属冶炼技术等方面探讨文明起源，但却忽视了神话图像在宗教意识形态与王权机制方面的建构性作用。上述内容恰恰是《米诺王权与太阳女神》一书所探讨的内容。因此，该书的价值就不言自明了。

当今国际神话学界发生的一种变化就是，多数学者的关注焦点从文本资料转向了图像与实物，可以将此种趋向称为图像转向。在引导学术潮流方面，《米诺王权与太阳女神》无疑起到了一种示范性作用。更为重要的是，它所倡导的就图像的特定语境探讨问题的学术规约——情境性原则——是值得所有从事神话图像研究的学者遵循的。毕竟，对神话图像的阐释离不开其相关情境：文化的、物理的、结构的、历史的。我相信，该书的阐释模式与阐释规约，会对中国的神话学研究产生一定的影响，并带来学术范式的改变。

我的导师叶舒宪先生长久以来一直倡导文学人类学研究的方法论问题，其中的第四重证据法尚存在巨大的阐释空间。比如，当阐释者使用图像与实物证据来阐释问题时，能不能用出自现代的第四重证据来证明源于古代的第四重证据？或者可以这样说，当古代的视觉资料与现代的视觉资料表述的内容有所出入时，到底哪一种证据更为可信？尽管各类证据可以相互疏证，但至少应该有一个底线或者最低的限度。就这方面的内容而言，《米诺王权与太阳女神》无疑提供了一种具有参照性的阐释模式。

在翻译过程中，考虑到该书具有的诸多价值，以及其参考资料的借鉴意义，译者仅仅将原书的注释译成了中文，而参考资料则参照原书形式附于其中。因中文译文已将相关内容译成中文，故省略原书中索引而补充译名表。另外，部分注释中缺少了涉及的论文与论著的具体信息，笔者曾经联系过南诺·马瑞纳托斯本人，但她并未就此提供遗漏的相关信息，敬请各位读者谅解。另外，原书的注释为章后注，为方便阅读并查阅，译者将其改为当页脚注，涉及相关内容不做改动。

恩师叶舒宪先生在百忙中就该书部分关键词的翻译提出了修订意见，并将部分译稿推荐到《百色学院学报》《比较神话学与文明探源 诗学研究》等期刊与论著发表，并最终将《米诺王权与太阳女神》列入"神话学文库"。拜师数载，无以为报，唯有不断努力。感谢陕西师范大学出版总社邓微编辑的信任，她让我协助出版社做了一些本书版权购进的书信来往翻译工作，使得本书最终能够及时出版。

  译稿完成后，我的同事陆春讲师帮助校正了译稿中的部分错别字，在此表示感谢。整本书的翻译到最后的校正，皆由我一人负责，所有过错当由我一人承担。

王倩

2013 年 3 月 4 日于淮北龙溪水岸